김선표 대사의
국제정치학과 국제법&경제학
핵심이론 강의

외교관후보자 선발시험 대비

김선표

박영사

머리말

　이 책은 국제정치학, 국제법, 경제학의 핵심이론을 원리 체계에 따라 알기 쉽게 그리고 깊이 이해할 수 있도록 하기 위해 쓰여졌다. 어려운 것일수록 핵심의 본질을 정확하고도 간결하게 이해하는 것이 가장 쉬운 길이기 때문이다. 외교관 선발시험에 대비하여 방대한 양의 공부를 하면서 국제정치학, 국제법, 경제학의 기본 이론을 터득하는 데 몇 년씩 걸리는 사람도 많다. 어떤 사람은 기본 원리도 터득하지 못하고 광대한 공부의 바다에 빠져 나오지 못하는 채 낙방하여 포기하는 사람도 많다. 이 책은 이들에게 광명을 줄 것으로 믿는다.

　외교관 선발시험을 준비하는 학생들은 이 책으로 국제정치학, 국제법, 경제학 세 과목의 이론의 골격을 탄탄하게 세운 다음에 역대 기출문제를 꼼꼼히 분석하면서 실제 시험 문제의 경향에 맞추어 준비하길 바란다. 이를 위해서는 이 책과 함께 각 과목별로 참고도서도 필요하리라고 본다. 탄탄한 이론의 기반 위에 기출 문제들을 분석하여 체계적으로 답안을 쓸 수 있는 능력이 축적되어야 한다. 이 능력이 축적되면 합격이다. 그러기 위해서는 역시 이론의 체계를 제대로 알고 세우는 것이 중요하다. 이 책으로 이론의 체계를 바르고 탄탄하게 세우기 바란다.

　국제정치학은 국제사회에서 전쟁을 막고 평화를 유지하기 위한 관점에서 국가들의 행동원인을 이론적으로 설명하는 학문이다. 한스 모르겐소(Hans J. Morgenthau)로부터 시작하여 많은 학자들이 논객으로 등장한다. 각 학자들이 주장하는 이론의 핵심을 이해하기 위해서는 각 이론들 간의 연계성을 이해하는 것이 중요하다. 국제정치학에는 아직 커다란 하나의 포괄적 이론 체계가 없고 발전 중에 있다. 따라서 개별 학자들의 이론을 잘 이해하고 이론의 발전 흐름을 잘 이해하여야 한다. 그러나 국제정치학의 이론 공부가 구체적인 외교사의 사례와 결부되지 않는다면 피상적인 공부에 머무르게 된다. 따라서 외교사 공부도 병행하여야 한다. 외교사를 공부하다 보면 각 시대의 상황에서 국가들이 어떤 동기에서 어떤 대외정책을 추진하였고 왜 실패하였고 왜 성공하였는지 알 수 있다. 이 책은 복잡한 서양 외교사의 흐름을 알기 쉽게 정리하였다. 외교사의 주요 흐름과 주요 사건의 연도는 암기하도록 하자.

국제법은 국가 간의 권리와 의무를 규율하는 살아있는 실정법이므로 수험공부를 위해서는 학자들의 이론이 중요한 것이 아니고 법으로서의 기본 원리와 주요 규범의 내용을 잘 이해하여야 한다. 대학원에서 국제법을 전공하는 경우에는 서구의 국제법 대가들이 주장하는 이론적 쟁점을 잘 이해하여야 하지만 수험용이나 실무에 적용하는 것이라면 우선 실정 국제법의 내용과 연혁을 잘 이해하는 것이 중요하다. 또한 국제법은 '법'이므로 리갈 마인드를 잘 세워야 한다. 외교관 선발시험에서 주어진 문제와 관련되는 국제법 규정과 관련 케이스를 잘 원용하면서 답안을 써나가야 한다. 이 책은 독자들이 국제법의 핵심 논리를 잘 구축할 수 있도록 구성하였다. 이 책에 주어진 설명만 읽지 말고 이 책 중간 중간에 실린 원본 판례와 원본 조문을 여러 번 읽고 스스로 깨우쳐 가기 바란다.

경제학은 우선 미시, 거시, 국제 경제학의 전반을 체계적으로 이해를 하여야 한다. 본서에서는 경제학(국제경제학 포함)의 핵심 이론 체계를 설명하고 있다. 시험에 자주 나오는 주요 수식들은 관련 자료를 참고하여 보충하면서 수식 풀이를 연습하길 바란다. 경제학의 경우, 시험에 나올 수 있는 수식은 한정되어 있다.

외교관 시험에서는 국제정치학, 국제법, 국제경제를 통합한 문제도 나온다. 그러나 현실적으로 이 세 과목을 통합한 테마로 시험문제를 내기란 쉽지 않다. 그래서 통합분야에 나오는 문제의 테마와 유형이 대체로 한정되어 있다. 그러나 통합문제는 국제정치학과 국제법, 국제경제학 및 영어독해 수준이 상당한 수준에 도달하지 않으면 풀 수가 없다. 통합문제에 대비하기 위해서는 제시된 지문으로부터 핵심이 되는 쟁점들을 도출하는 연습을 하길 바란다. 핵심 쟁점은 국제정치학, 국제법, 경제학의 핵심 이론의 틀에서 나오는 것이기 이 책으로 공부하면서 통합문제와 관련된 이론적 쟁점을 잘 마스터하기 바란다.

이 책에 서술된 내용은 많은 원서 교재 및 원본 문건들을 바탕으로 하였고 이 책의 서술이 정확하고 오류가 없도록 여러 번 다각도로 체크하였다. 원본 서적과 원본 문헌에 근거하는 것을 원칙으로 하였으나 온전한 원본의 입수가 곤란한 경우에는 인터넷이나 여타 문헌에 게재된 관련 부분을 끌어오기도 한 점, 양해를 구한다. 원본, 원문에 집착한 것은 오리지널 학자나 원본 문건의 원래 의도와 맥락이 무엇인지 확인하여 그것을 전반적 흐름에 맞추어 설명하기 위함이었다. 책의 중간 중간에 영어 원문을 그대로 넣은 이유는 수험생들이 장문의 영어 원문을 읽고 쟁점을 파악하기 위한 능력을 키우고자 한 것이니 어렵더라도 천천히 원문을 읽고 정확하게 해석하고 큰 틀에서 분석해보는 연습을 하길 바란다. 정확한 영어독해는 외교 실무와 원서를 통한 심화학습에도 꼭 필요하다. 실제 외교관 선발 시험의 지문도 장문의 영어로 많이 나온다. 일부는 번역을 함께 실었고 일부는 번역을 일부러 달지 않았다. 이 책에 수록된 영어 원문은 해당 분야의 이론과 사례에 중요한 의미를 가지는 중요한 것들만 엄선한 것이므로 여러 번 읽으면서 그 뜻을 잘 음미하기 바란다.

더 중요한 건 합격이후이다. 왜 무엇 때문에 다른 분야의 공무원이 아니고 외교관이 되려고 하는가? 좋은 책과 선생을 찾아 공부한다면 대한민국의 다른 고시도 합격할 수 있다. 잘 알아보고 또 생각해서 본인이 국제관계에 흥미가 있고 외교관이 되겠다고 일단 마음을 먹었다면 이 책을 가지고 열심히 공부하여 합격하기 바란다. 외교관이 되면 무엇보다도 나라와 민족을 위한 애국심과 전문지식을 가진 겸손한 공복의 자세로 국가에 기여하고 동료와 후배를 배려하는 따뜻한 마음을 지닌 멋진 외교관이 되길 기원한다. 독일의 비스마르크와 같이 애국심과 외교적 전략으로 독일을 통일하고 말년에는 젊은 황제의 제국주의적 팽창주의에 반대해서 초연히 공직에서 물러난 그런 외교가가 되길 바란다. 이 책으로 공부하는 분들에게 성공이 있으리라.

많은 분들에게 감사를 드린다. 나를 가르쳐주신 모교의 여러 은사님들께 깊은 감사를 드린다. 특히, 국제정치분야는 이호재 교수, 강성학 교수, 김병국 교수의 학창시절 가르침이 이 책의 토대가 되었다. 또 외교부에서 긴박한 외교현안에 직면하여 보고서를 작성했던 경험과 외교교섭에 참가했던 많은 실무 경험이 없었다면 나의 통찰력도 발전하지 못했을 것이다. 감사하게도 대학에서 가르칠 수 있는 기회를 얻어 강의할 때 부족한 나의 강의를 진지하게 들어주고 질문을 던져준 학생들에게 감사를 드린다. 오랫동안 국제법 강의기회를 주신 박기갑 교수께 감사를 드린다. 강의기회가 없었다면 나의 국제법 이론 구성도 발전하지 못했을 것이다. 이 책이 나오기까지 많은 분의 격려와 협조가 있었다. 국제정치학 이론 구성을 함께 고민해준 미야자키 국제대학의 홍정표 교수(국제정치학)께 감사드린다. 3과목 통합본 출간의 필요성에 공감하고 조언해 준 한양대학교 김성원 교수(국제법, 통합논술, 출제위원역임)께 감사를 드린다. 또 집필과 출판을 격려해 준 히로시마 시립대의 손현진 교수(국제법, 국제관계)께 감사를 드린다. 이 책의 경제학 부분을 읽고 코멘트 해준 한양대학교 경제금융학부의 강효석 군에게 감사를 드린다. 단국대학교 김석현 교수께 늘 감사드린다. 한국외대의 박희권 대사께 감사를 드린다. 이 책이 학생들에게 도움이 될 것이라며 출간을 축하해 주신 고려대학교 정치외교학과 김성은 교수께 감사드린다. 출판이 가능하도록 도와준 박영사 일본 법인의 송병민 지사장, 박영사의 손준호 과장께 감사를 드린다. 이 책을 멋지게 편집해 준 박영사의 양수정 님께 감사드린다. 이 책의 원고를 꼼꼼하게 읽고 교정을 봐준 최은석 박사에게 감사들 드린다.

2022. 6.
다르에스살람에서 김 선 표

III

경제학의 핵심 이론

International Politics

국제정치학의 핵심이론

I 국제정치학의 핵심이론

1 국제정치학의 주된 테마와 발전과정

국제정치학은 어떻게 해야 국가들 간에 전쟁을 막고 어떻게 해야 평화를 유지할 수 있는가 하는 관점에서 출발한 학문이다. 전쟁을 하고 평화를 유지하는 주체(actor)는 국가들이기 때문에 국제정치학은 국제사회에서의 국가들의 행동 동기(motive)를 분석하고 이론화하여 국제정치현상을 분석·예측하고 나아가 평화를 위한 처방을 제시하려는 학문이라고 할 수 있다.

이러한 국제정치학은 국제사회에서 자국의 안보(생존)와 이익을 추구하는 외교관에게는 필수적인 학문 분야이다.[1] 외교관은 국제사회에서 자국의 안보와 이익을 위한 외교적 전략을 수립하고 이를 위해 상대국의 입장과 외교 전략을 예리하고 정확하게 분석·예측하여야 한다.

외교관은 해외에 주재하면서 본국의 외교정책 및 훈령에 따라 주재국의 입장, 전략, 상황 변화를 주의 깊게 관찰하고 보고하며 주재국내에서 본국의 입장을 직간접으로 주재국에 효과적으로 잘 전달하여야 한다. 외교관으로서 자국이 국제관계에서 취하여야 할 입장 및 타국의 예상되는 입장과 전략 및 외교 교섭의 결과를 정확하게 예측하고 대비하기 위해서는 국제정치학의 체계적 이해가 요구된다.[2]

외교관의 또 하나의 중요한 기능은 국가 간의 이해와 소통의 촉진이다. 외교관은 외국에 주재하면서 또는 외국 정부 대표를 만나면서 원활한 소통을 통해 오해 없이 정확하게 상대국의 입장과 이해관계를 파악하는 것이 중요하다. 국제정치학을 공부하게 되면 국가 간의 오해 없는 소통과 협력을 통한 신뢰구축의 중요성도 깨닫게 되고 상대국의 입장과 이해관계를 분석하는 능력도 함양된다. 우리는 국제정치학에 대한 깊은 이

---

1   물론 국제정치학 공부는 외교관뿐만 아니라, 국가지도자, 정치인, 공무원, 언론인, 민주시민들에게 국제관계에 대한 안목과 국가이익을 객관적으로 보는 능력을 키워준다.

2   모든 정치현상을 독재의 폐단으로 보거나, 음모론으로 보거나, 제국주의의 폐단으로 보거나, 정부의 발표와 언론을 그대로 믿거나, 자기의 관점에서 나쁜 놈(bad guy)을 그저 비난하거나, 자국의 이익만 주장하는 수준을 벗어나려면 체계적인 공부를 통해 지성인이 되어야 한다. 그리고 이 책을 공부하면서도 각 이론의 핵심과 그 장단점 및 현실 문제와의 관련성을 잘 생각해 보면서 지성을 키우는 것이 중요하다.

해를 통해서 국가가 자국의 입장만을 상대국에 강요하는 것이 오히려 상대국을 자극하여 자국에 불리한 상황을 초래할 수 있다는 것을 깨달을 수 있다. 국제정치의 현실은 국가 간의 작용과 반작용의 세계이기 때문에 일방적인 주장은 설득력을 잃고 상대국의 반발만 초래할 수 있다. 현실주의적 국제정치시각에서 본다면 무정부적 국제정치체제에서의 신중하지 못한 국가의 대외적 행동은 불신과 오해를 불러일으켜 불필요한 국제 갈등이나 전쟁을 야기할 수 있다. 따라서 외교관에게는 애국심과 함께 냉철하게 상대국의 입장을 이해하고 분석할 수 있는 능력이 있어야 한다. 국제정치학에 대한 공부는 외교관이 자국과 상대방 국가들이 추구하는 것을 보다 체계적으로 분석하는 능력을 제고시켜 줄 수 있다.

그러나 국제정치학 이론을 그저 수험공부를 위해 단순 암기만 할 경우에는 현실적 외교정책과 관계없는 피상적 공부에 그칠 수 있다. 외교관은 국제관계의 실무자로서 국제정치학 이론에 대한 깊은 이해가 필요하며 또한 국제정치학 이론이 가지는 현실적 함의를 항상 생각해 보아야 한다. 한편으로는 국제정치학 이론이 아직 설명하지 못하는 국제정치의 실제 현상과 문제에 대해서도 고민하고 대책을 검토하여야 한다. 국제정치학 이론은 이론대로 체계적으로 이해할 필요가 있으며 기존 이론이 설명하지 못하는 국제정치 현실에 대해서도 과학적으로 고찰하려는 자세가 필요하다. 한편, 국제정치학 이론은 외교관이 국제관계의 현실에서 일어나는 작용과 반작용의 메커니즘에 빠져 미처 생각하지 못했던 부분을 지적해 준다. 국제정치학 이론의 발전은 기존 이론과 현실과의 부단한 비교 고찰을 통해 이루어진 것이다. 현재의 국제정치학 이론은 하나의 일반적인 이론적 틀이 만들어진 단계에 이른 것은 아니고 계속 발전하고 있으며 시대에 따라 새로운 이론들이 나오고 있다.

외교관은 국제정치학 이론뿐 아니라 외교사(국제정치사)에 대한 깊은 이해와 지식이 있어야 자기가 검토하는 외교정책관련 보고서의 내용이 역사적 사례에 비추어 공허한 것은 아닌지 살펴볼 수 있다. 따라서 국제정치학 공부는 이론뿐 아니라 외교사에 대한 공부도 같이 하여야 한다. 한국의 외교관은 유럽외교사뿐만 아니라 구한말 한반도를 중심으로 전개된 청일전쟁과 러일전쟁을 둘러싼 동북아의 외교사와 대한민국 정부 수립과 관련된 현대 외교사에 대해서도 잘 알고 있어야 우리 한국이 앞으로 나아갈 방향을 제대로 모색할 수 있을 것이다.

오늘날 우리가 공부하고 있는 국제정치학은 왜 끔찍한 제2차 세계대전이 일어났는지 되돌아보면서 전쟁을 막고 평화를 유지하려면 어떻게 해야 하는가에 대해서 체계적으로 연구하려는 움직임에서 발생하였다. 오늘날 우리가 대학에서 배우는 국제정치학의 기본적 이론은 한스 모르겐소(Hans J. Morgenthau)가 1948년 출간한 'Politics among Nations' (1948년 초판, 1973년 제6판)에 기초를 두고 있다[3] 한스 모르겐소에 바로 앞서 2차 세계대전이 발발한 해이던 1939년 영국의 외교관 출신의 역사학자이며 국제정치학자인 카(E.H Carr)는 'The Twenty Years' Crisis'를 저술하여 우드로 윌슨의 민족자결주의에 입각한 이상주의적 접근을 비판하고 국제연맹(League of Nations)도 비현실적이라고 주장하였다. 카는 국제정치에서 힘의 관계를 바탕으로 하여 현실적으로 평화를 모색하여야 한다는 현실주의적 입장을 주장을 하였다. 그러나 한편, 카의 'The Twenty Years' Crisis'를 읽어보면 다소 혼란스럽다. 그의 주장은 때로는 너무나 원칙 없이 현실에 대응하는 것이어서 영국의 나치 독일에 대한 유화정책(appeasement)을 현실적인 정책이라고 옹호하고 있다. 이와 같이 카는 한편으로 원칙 없는 상대주의적인 현실주의의 모습을 보였지만, 그럼에도 그는 국제정치학에서 현실주의를 주창한 선구자임에는 틀림없다. 카의 현실주의는 보다 체계적으로 미국 시카고 대학의 한스 모르겐소로 이어졌다.

한스 모르겐소는 제2차 세계대전의 원인이 나치 독일의 팽창주의적 제국주의 정책에 대해서 연합국측이 유화정책으로 나이브하게 대처한 데 있다고 보고 힘에는 힘으로 단호히 대처하여야 한다고 주장한다. 모르겐소는 이와 같이 국제정치의 본질이 국가 간의 세력(힘) 투쟁(struggle for power)인데도 불구하고 이를 간과하고 나이브하게 인간성을 신뢰하면서 평화를 찾는 것을 이상주의라고 불렀다. 다른 사람의 철학이나 학문을 '이상주의'라고 부르는 것은 어떻게 보면 그 이론이나 사상이 비현실적이라는 냉소적인 비판이기도 하다. 이상주의는 인간 이성의 합리성과 이에 기초한 국제사회의 진보를 신뢰하는 것으로 17세기 로크의 자유주의 철학의 연장선 위에 있다. 그러나 국제정치의 본질이 힘의 관계이고 국가들이 때로는 과도하게 이기적으로 자국의 국가이익을 추구하는 현실에서 인간의 선한 이성과 합리성을 신뢰하고 제도를 좀 바꾼다고 해서 국가 간

---

3   이호재(1937-2009) 교수가 1987년에 이 책의 번역본인 「현대 국제정치론」을 출간했다. 이호재 교수는 시카고 대학교에서 한스 모르겐소로부터 직접 배웠다고 한다. 필자는 이호재 교수로부터 모르겐소의 원본을 교재로 국제정치학을 배웠다. 당시 대학 구내서점에 산 모르겐소의 원서를 지금까지 틈틈이 읽으면서 지냈다. 한스 모르겐소의 현실주의는 단지 국제정치에서의 통찰과 지혜를 주는 것이 아니라 인생을 살아가는 데 지혜를 준다. 모르겐소의 원서는 영어 문장이 다소 어렵기도 하고 방대한 역사적 사례를 들어서 설명을 하고 있기 때문에 쉽지 않다. 하지만 필자가 공부할 때에도 그 원서를 혼자 번역해 가면서 여러 번 읽는 수험생들이 있었다. 물론 그런 분들은 다 합격했다. 우리는 모르겐소의 책을 통해서 많은 지혜를 배울 수 있다. 예컨대, 인생에서 성취할 수 있는 것과 성취할 수 없는 이상을 구별하고 현실적인 선택을 해나가야 한다는 것, 관여해야 할 때와 관여하지 말아야 할 때 구별하는 것, 자신(자국)의 이기적 입장을 절대시하면 안 된다는 것들을 깨달을 수 있다. 또한 역사 속에서 한 민족이 살아남기 위해 어떻게 해야 하는가도 배울 수 있다. 모르겐소는 또한 강대국이 이데올로기의 위선으로 자국의 이익을 위해 전쟁을 하는 것에 대해서도 경고하고 있다.

갈등과 전쟁이 막아질 수는 없는 것이다. 국내정치에서는 로크가 말하는 사회계약이 가능하지만 국제정치에서는 사회계약이 요원하다. 그래서 자유주의를 '이상주의'라고 냉소적으로 불리는 것이다. 가치중립적으로는 '자유주의'라고 하는 것이 타당하다.

모르겐소는 냉전 초기에 소련에 맞서 봉쇄정책(containment policy)으로 대응해야 한다고 주장했다. 이후 미소 냉전을 거치면서 우려했던 바와 달리 국제사회가 안정되고 평화로워지자 신현실주의자 케네츠 월츠(Kenneth N. Waltz)는 1979년 'The Theory of International Politics'에서 국제체계가 국가들의 대외 행동을 결정하며 국제체계는 결국 세력균형으로 나아간다고 하는 신현실주의 이론을 제시하였다. 월츠의 신현실주의는 국가 간의 관계의 본질을 힘으로 파악한다는 점에서 분명 모르겐소의 현실주의를 기반으로 하고 있으나 시스템(체계)의 개념으로 국제정치를 이론화하려고 했다. 물론 월츠에 앞서 모르겐소 역시 국제정치의 과학화와 이론화를 주장하면서 이론은 가설을 가지고 현실을 분석하고 미래를 예측하는 것이라고 하면서 해박한 외교사 지식으로 그의 주장을 뒷받침하였으나, 월츠는 이를 바탕으로 한 걸음 더 나아가 국가들의 상대적 힘의 구조를 바탕으로 한 국제체계 이론을 정립함으로써 이후의 국제정치학의 이론적 논쟁을 촉발시켰다. 월츠는 국제정치이론에 대한 순수 이론(pure theory)를 제시하였고 외교사에 대한 언급이 거의 없다. 그는 스스로 국제정치이론은 외교정책이론과 관계없다고 하면서 순수 이론으로 나아갔다. 그럼에도 불구하고 월츠의 구조주의는 국제정치학에서 활발한 이론적 논의를 촉진시키고 발전시키는 기반(화두, 話頭)을 제공했다. **오늘날 우리가 배우는 국제정치학의 기초는 한스 모르겐소가 놓았다고 한다면 오늘날 우리가 배우는 국제정치학의 이론들의 논쟁의 토대는 케네츠 월츠가 놓았다고 할 수 있다.**

월츠는 국제사회에 존재하는 국가 간 힘의 배분에 따른 구조가 국가의 대외적 행동을 결정하며 국가들은 안보를 위해 자동적으로 균형으로 나아가게 되어 있다고 보았다. 또한 그는 양극 체제가 다극체제보다 더 안정적으로 관리될 수 있다고 보았다. 월츠의 구조적 현실주의는 방어형 현실주의 이론, 공격형 현실주의 이론, 안보딜레마 이론, 공격-방어 균형 이론으로 이어졌다.

냉전종식 후 1990년대 후반에 등장한 구성주의는 현실주의자들이 전제하는 국제사회의 무정부 상태를 인정하면서도 **국가들이 인식하기에 따라서는 협력도 가능하다고 보았다.** 구성주의자들은 국제관계에서 과거의 적이 영원한 적이 아니며 협력이 가능함을 주장했다. 1999년 **웬트는**(Alexander Wendt)는 'Social Theory of International Politics'에서 국가들의 행동에 가장 크게 영향을 미치는 것은 물질적인 체계(힘의 구조)가 아니라 국가들이 가지고 있는 국제사회에 대한 인식이라고 주장했다. 구성주의의 이론은 한

마디로 'The anarchy is what states make of it'으로 요약이 된다. 미국과 러시아 간에 서로를 어떻게 인식하느냐에 따라서 협력이 가능하다는 것이다. 결국 구성주의는 냉전시대의 적이었던 미국과 러시아가 냉전을 종식하고 서로 평화롭게 지내고 있는 이유를 새로운 시각에서 설명하고 있는 것이다. 인식이 바뀌었기 때문인 것이라는 것이다.

냉전종식 이후 등장한 **신고전현실주의**는 미소냉전 종식에 따른 양극체제 붕괴이후에도 국제사회가 안정됨에 주목하여 신현실주의의 체계결정론의 문제점을 지적하고 국가들이 자동적으로 힘의 균형으로 나아가는 것이 아니라 이익의 균형을 추구하며 나라마다 각기 내부 이해관계(이익)에 따라 현상유지 또는 현상타파를 선택하기 때문에 국가들이 구체적으로 어떤 정책을 추구하는지 또 각 국가의 내부적 상황은 어떠한지를 고려하여야 한다는 것이다. 이에 따르면 앞으로 중국이 앞으로 어떤 선택을 할 것인지 또 러시아가 어떤 선택을 할 것인지는 중국, 러시아가 가지고 있는 상대적 힘과 함께 중국, 러시아의 내부 이해관계와 기타 국내적 사정이 복합적으로 작용한다고 보는 것이다.

이 책에서 설명하고자 하는 주요 논객은 고전적 현실주의 한스 모르겐소(Hans J. Morgenthau, 1904-1980, 시카고대 교수 역임), 신현실주의 케네츠 월츠(Kenneth N. Waltz, 1924-2013, 버클리대 교수 역임), 그 뒤를 이은 스테픈 월트(Stephen Walt, 하버드대 교수, 방어형 현실주의), 미어샤이머(John Mearsheimer, 1947년생, 시카고대학 교수, 공격형 현실주의), 로버트 저비스(Robert Jervis, 1940년생, 콜롬비아대학 교수, 공격-방어형 균형이론), 반에버라(Stephen Van Evera, 1948년생 MIT 교수, 공격-방어형 균형이론), 신고전현실주의 랜달 슈웰러(Randall Schweller, 오하이오 주립대 교수), 신자유주의적 제도주의 로버트 코헤인(Robert Keohane, 1941년생 프린스턴대 명예교수), 신자유주의 조셉 나이(Joseph Nye, 1937년생 하버드대 명예교수), 구성주의 웬트(Alexander Wendt, 1958년생 오하이오 주립대 교수) 등을 중심으로 하여 각 주요 이론들을 국제정치학의 전반적 틀에 비추어 조망하고자 한다.

2 현실주의(Realism)와 투키디데스의 함정

현실주의자들은 국제정치의 본질을 힘(power, 세력)의 관계로 파악한다. 현실주의자들이 힘의 관계를 중요시하는 이유는 국제사회가 무정부 상태(anarchy)로서 자국의 생존(안보)을 개별국가들이 스스로 해결해야 하는 자구체제(self-help system)이기 때문에 개개의 국가들이 생존(안보)을 위해서는 힘이 가장 중요하다고 보기 때문이다.[4]

---

4   한스 모르겐소가 국제사회가 무정부상태(anarchy)라고 언급한 것은 아니다. 추후 현실주의자들의 이론적 전제가 무정부 상태라고 분석한 것이다. 물론 타당한 분석이다. 신현실주의자 월츠가 무정부상태라는 개념

국제정치학에서 현실주의의 시조는 고대 그리스의 투키디데스(Thucydides, BC 471-400)이다. 투키디데스는 원래 펠로폰네소스 전쟁(BC 431-411)에서 아테네측의 장군으로 활약하다가 암피폴리스 전투에서 실패하자 면직되어 추방당한 후 20년간 망명생활을 하면서 펠로폰네소스 전쟁관련 자료를 수집하여 8권에 이르는 방대한 책「펠로폰네소스 전쟁사(History of the Peloponnesian War)」를 저술하였다. 투키디데스는 펠로폰네소스 전쟁이 일어난 원인과 전쟁이 어떻게 흘러간 갔는지 왜 그렇게 되었는지를 힘의 관계의 관점에서 객관적으로 밝혀내고자 하였다. 투키디데스가 관심을 가진 것은 전쟁의 직접적 원인보다도 그 내재적인 원동력(underlying forces)이었다. 그는 자신의 역사책을 통해서 미래 일어날 일에 대해서 교훈을 주고자하는 의도를 분명하게 보이고 있다. 투키디데스는 펠로폰네소스 전쟁의 원인에 대해서 다음과 같이 적고 있다.

> 그리스인들에게 일어난 대규모의 전쟁의 원인은 누가 보더라도 잘 보일 수 있다. 그러나 나의 입장에서 보면 그러한 것들은 전쟁의 진짜 원인이 될 수 없다. 전쟁을 피할 수 없게 된 진짜 원인은 아테네의 힘(power)이 커졌고 여기에 스파르타가 공포를 갖게 된 것이다. 이것이 진짜 전쟁의 원인이다.

투키디데스에 따르면 고대 그리스 세계에서 스파르타(펠포폰네소스 동맹의 맹주)가 기존의 패권국이었는데 아테네(델로스 동맹 맹주)가 페르시아 전쟁 이후에 새롭게 강대국으로 부상하자 이에 스파르타가 위협을 느끼고 있었던 것이 펠로폰네소스 전쟁의 원인이었던 것이다. 이러한 상황에서 펠로폰네소스 동맹국들이 스파르타를 부추겨 먼저 아테네를 공격하게 한 것이다.[5]

을 명시적으로 전제하였다. 무정부 상태(anarchy)는 중앙집권적 정부가 없다는 의미이지만 그렇다고 아나키가 곧 무질서이거나 또는 혼돈은 아니다. 무정부적 상태에서도 예컨대 세력균형을 통해 질서가 있을 수 있으며 패권국가를 통해 질서가 있을 수 있다. 현실주의는 국제사회가 무정부적 상태라는 본질적 현실을 강조하고 이러한 상태에서 평화와 안정이 가능한가에 대한 연구라고 할 수 있다.

5   당시 전쟁이 촉발된 상황을 좀 더 상세히 살펴보자. 그리스·페르시아 전쟁 후 아테네는 페리클레스라는 지도자를 중심으로 민주주의 정치를 발전시키고 점점 강성해지고 있었다. 아테네는 에게 해와 소아시아(지금의 터키) 주변의 폴리스들을 모아서 '델로스 동맹'을 만들었다. 델로스는 에게 해에 있는 섬이다. 아테네가 번영하자 경쟁 도시 국가인 스파르타는 과거부터 있던 펠로폰네소스 동맹을 재정비했다. 에피담노스(케르키라 식민지)를 두고 코린토스와 케르키라(지금의 코르푸 섬) 간에 싸움이 일어났다. 케르키라는 코린토스의 식민지로 출발했지만, 독립하여 코린토스와 경쟁하는 사이가 되어 있었던 것이다. 케르키라와 코린토스의 싸움에 아테네가 케르키라의 편을 들자(BC 433), 코린토스는 아테네에 불만을 품게 되었다. 이밖에도 메가라를 비롯해서 아테네에 불만을 가진 도시국가들이 여럿 있었다. 코린토스와 메가라 등은 펠로폰네소스 동맹회의를 열고 아테네와의 전쟁을 결의, 스파르타를 부추겨서 스파르타가 먼저 아테네를 공격하게 하였다. 25년에 걸친 전쟁에서 아테네는 마침내 스파르타에 항복하고 말았다. 아테네는 함대를 스파르타에

미국 하버드 대학의 그레이엄 앨리슨 교수(Graham T. Allison, 1940년 생)[6]는 투키디데스의 통찰력을 이용하여 '투키디데스의 함정(Thucydides' Trap)'이라는 용어를 만들었다. 즉, 기존 패권국이 있는 상황에서 새로운 강대국이 부상하여 기존의 패권국에 도전하는 경우에 극심한 구조적 긴장과 갈등 상황에 빠진다는 것이다. 앨리슨 교수는 그의 저서 「예정된 전쟁」(Destined for War, 2017년)에서 지난 500년간 국제사회에서 기존 패권국과 신흥강대국 간 16건의 충돌 사례가 있었다고 하며, 이 중 12건이 실제 전쟁으로 이어졌다고 분석한다. 그는 투키디데스의 함정이라는 개념으로 오늘날 미중관계를 설명하고 있다. 앨리슨 교수에 따르면 "미중관계는 악화될 수밖에 없는 운명이며, 새로 부상하는 강대국이 기존 강대국의 자리를 위협하면 반드시 엄청난 경고음이 울린다. 이러한 것은 인류역사에서 계속 되풀이 되어왔다"고 지적한다.[7]

이와 관련, **로버트 길핀**(Robert Gilpin, War and Change in World Politics, 1981)은 국제체계에서 새로운 강대국이 부상하면 기존의 질서에 도전하며 기존의 강대국은 이를 저지하여 현상을 유지하려고 한다고 주장한다. 부상하는 강대국은 국제체제를 지배하는 규범의 변경, 영향력 범위의 분할, 영역의 국제적 재분배를 요구하게 된다는 것이다. 기존 강대국이 부상하는 강대국의 도전에 대응하여 자국의 정책 변화를 통해서 힘의 균형을 회복하려고 하는데 이에 실패하면 전쟁이 일어난다고 한다. 그는 이러한 전쟁을 '**패권 전쟁**(hegemonic war)'이라고 부르고 있다.

> As its relative power increases, a rising state attempts to change the rules governing the international system, the division of the spheres of influence, and, most important of all, the international distribution of territory. In response, the dominant power counters this challenge through changes in its politics that attempt to restore equilibrium in the system. The historical record reveals that if it fails in this attempt, the disequilibrium will be resolved by war.[8]

인도하고 요새를 헐었으며 델로스 동맹을 해산했다. 패권을 잃은 아테네는 군사, 정치적으로 쇠망하고 정치적, 경제적 중심이 아닌 문화적 중심으로 변모하였다. 한편 스파르타는 패권을 장악하였으나 전쟁에 너무 많은 국력이 소진하여 쇠망의 원인이 되었다.

6 그레이엄 앨리슨 교수는 1971년에 출간한 그의 저서 결정의 본질(Essence of Decision)에서 1962년 쿠바미사일 사건을 둘러싸고 일어난 미국과 소련의 외교정책결정 과정을 체계화하여 설명하고 있다.

7 동아일보, 2020년 8월 18일. 그레이엄 앨리슨 교수 인터뷰 기사 참고. "미·중 충돌 위험한 상황, 대만-한반도에서 시작될 수도"

8 Robert Gilpin, *War and Change in World Politics*, Cambridge University Press, 1981년, p.187.

그렇다면 강대국으로 부상하고 있는 중국과 이를 막으려는 미국 간의 패권을 다투기 위한 전쟁은 불가피 한 것일까? 나중에 설명할 구조주의적 입장에서는 어떠할까?

생각해 볼 문제

1. 오늘날 미중관계를 G-2라고 하며, 과거 미소 간 냉전체제와 비교하여 신냉전체제라고 하기도 한다. 구냉전체제와 신냉전체제의 다른 점은 무엇인가? 중국의 부상은 미국에 위협인가? 혹 미국이 부상하는 중국을 두려워하여 중국을 견제하고 자극함으로써 중국을 미국에 위협적으로 만드는 것은 아닌가?

2. 미국 트럼프 대통령은 중국의 전자통신업체 화웨이에 제재를 가하고 있다. 트럼프 대통령이 내세우는 주요 근거는 무엇인가? 화웨이의 전자통신 기술은 방어형인가 공격형인가? 미국의 이러한 중국 견제 활동은 어떻게 이해할 수 있을까? 국제법적으로 어떻게 이러한 제재가 가능할까?

3. 동중국해에서 미국과 중국이 대립관계에 있다. 국제정치적 측면과 국제법의 관점에서 설명해 보자. 동중국해 갈등에서 중국의 편을 드는 국가는 누구인가? 동중국해의 갈등에서 미국편을 드는 국가는 어디인가? 미국은 동중국해 갈등을 통해서 동남아 국가들을 자국 편으로 끌어들이는 데 성공할 수 있을까?

4. 고대 그리스에서 펠로폰네소스 전쟁이 일어난 과정을 설명해보고 이 과정을 미중 간의 관계에 적용하여 설명하여 보자. 만약 당신이 펠로폰네소스 당시 스파르타의 정부에서 근무하는 외교관이라고 하자. 아테네를 먼저 공격하여야 하는 이유(주전론)와 아테네를 공격할 필요가 없는 이유(화평론)를 각 사각에서 생각해 보자. 한편, 당신이 아테네의 외교관이라고 가정하고 강대국 스파르타와의 전쟁을 피하기 위해 아테네는 어떻게 하여야 하는지에 대한 전략 보고서를 구상해 보자.

5. 로버트 길핀의 패권 전쟁 이론을 미중관계에 적용하여 설명해 보자. 중국이 미국에 요구하는 것은 무엇인가. 미국은 어떤 식으로 중국의 요구를 제한적으로 수용하고 있는가? 중국은 미국의 이러한 대응에 만족하겠는가? 로버트 길핀의 패권 전쟁이론을 미중 간 대립과 관련하여 한반도에 적용하여 설명하여 보자.

6. 2022년 1월 미국과 NATO는 우크라이나를 NATO의 회원국으로 끌어들이려고 하고 있고 러시아는 이에 대해 결사반대를 하면서 무력적 행동도 불사하겠다는 입장을 보이고 있다. 누가 먼저 도발한 것인가? 해결책은 무엇인가?

3 한스 모르겐소의 현실주의(고전적 현실주의)

가. 힘의 관계로서의 국제정치의 본질

한스 모르겐소는[9] 국제정치의 본질을 '국가들 간 힘(세력)을 위한 투쟁'(struggle for power among nations)으로 파악한다.[10] 모르겐소는 국가 간의 힘(세력)을 위한 투쟁은 이기심과 권력욕이라는 인간본성에서 비롯된 것으로 파악한다. 국가들은 이기적으로 자국의 국가이익을 추구하는데, 국가들이 추구하는 국가이익의 핵심 요체는 힘(세력)이라는 것이다. 정치(politics)의 본질이 힘(power)의 추구인 것처럼 국제정치에서 국가들이 추구하는 것 역시 힘(power)으로 정의되는 이익(the concept of interests defined in terms of power)이라는 것이다.

> International politics, like all politics, is a struggle for power. Whatever the ultimate aims of international politics, power is always the immediate aim.[11]
>
> 국제정치는 모든 정치와 마치가지로 힘(세력)을 향한 투쟁이다. 국제정치의 궁극적인 목표가 무엇이든지 간에 힘(세력)은 언제나 직접적 목표이다.

> The main signpost that helps political realism to find its way through the landscape of international politics is the concept of interests defined in terms of power. We assume that statemen think and act in terms of interest defined as power, and the evidence of history bears that assumption out.[12]
>
> 국제정치의 현장에서 정치적 현실주의가 길을 찾을 수 있도록 도와주는 중요한 이정표는 힘(세력)의 관점에서 정의된 국가이익이라는 개념이다. 우리(현실주의자)는 국가의 정치가들이 힘(세력)으로 정의된 국가 이익이라는 관점에서 생각하고 행동한다고 보고 있으며, 역사의 증거들이 이를 잘 보여 주고 있다.

---

9 한스 모르겐소(1904-1980)는 독일에서 출생한 유대인으로 제네바에서 국제법 및 외교사를 공부하였으며 시카고 대학 교수 역임.

10 정치학에서 말하는 'power'는 우리말로 권력, 힘, 세력 등 여러 가지 용어로 번역되는데 국제정치학의 맥락에서는 'power'는 우리말로 '세력'이라는 단어와 가장 맥락과 의미에 들어맞는 것으로 보인다. balance of power도 세력균형이라는 용어로 쓰이고 있다. struggle for power도 국가간 권력투쟁이라고 하기 보다는 보다는 국가간의 세력투쟁, 또는 세력다툼이라고 하는 것이 더 현실과 우리의 인식에 부합하는 것으로 보인다. 오늘날 미중관계도 결국 권력투쟁이 아니라 세력다툼이라고 할 수 있다. 다만, 'national power'는 국가가 현재 가지고 있는 능력을 의미하므로 국력으로 번역하는 것이 맞다.

11 H. Morgenthau, *Politics among Nations*, p.27

12 H. Morgenthau, *Politics among Nations*, p.5.

현실주의자들은 국제관계에서 국가의 행동은 결국 군주나 대통령과 같은 최고 지도자가 자국 이익의 극대화를 위해 합리적으로 행동한다고 가정한다. 얼마나 합리적인가? 체스판을 생각해 보자. 체스를 두는 두 사람의 경기자는 체스에서 이기기 위해서 나름대로의 전략을 가지고 체스를 둔다. 체스에서 진 사람도 이긴 사람도 모두 이기기 위해 계산하면서 체스를 두었을 것이고 그런 의미에서 두 경기자는 합리적으로 행동한 것이라고 할 수 있는 것이다. 그러므로 어느 나라의 외교정책을 이해하기 위해서는 그 나라의 이익의 관점에서 보아야 한다. 그렇게 함으로써 그 나라가 왜 그러한 외교정책을 선택하였는지 알 수 있게 된다.

> Thinking in terms of interest defined in terms of power, we think as he(a stateman) does, and as disinterested observers we understand his thoughts and actions perhaps better than he, the actor on the political scene, does himself.[13]
>
> 우리는 이해관계가 없는 관찰자로서 정치가(국가 지도자)가 생각하는 것처럼 권력의 관점에서 정의되는 국가 이익의 관점에서 생각함으로써 정치가의 생각과 행동을 정치가 자신보다도 더 잘 이해할 수 있다.

현실주의는 국제관계에서 개별 국가들이 각각 하나의 단일체(unitary actor)로서 국가 이익을 추구하기 위해 합리적으로 행동한다고 본다. 한 국가의 외교정책은 국가 마인드를 가진 최고 지도자가 결정하는 것으로 상정하기 때문에 국가라고 하는 단일체는(마치 당구공처럼) '하나의 목소리로 이야기 한다(speaking with one voice)'고 여긴다.[14]

국가가 국제관계에서 합리적으로 행동한다는 것은 마치 경제학에서 소비자가 자신의 예산의 범위 내에서 최대의 효용을 얻기 위해 합리적으로 행동하는 것을 가정하는 것과 같다. 물론 과소비하는 사람도 있고 물건을 잘못 사는 사람도 있지만 소비자는 나름 자기의 효용 극대화를 위해 이기적으로 행동하는 것과 같다. 다른 말로 하면 국가들은 자국의 이익(그 핵심은 power)을 위해 합리적으로 계산하여 행동한다는 것이다. 한스 모르겐소는 다음과 같이 설명하고 있다.

> We assume that statemen think and act in terms of interest defined in terms of power, and the evidence of history bears that assumption out. That assumption

---

13 H. Morgenthau, *Politics among Nations*, p.5.

14 모르겐소가 unitary unit라는 용어를 쓰거나 '합리적'이라는 용어를 쓰거나 또는 'speaking with one voice' 라는 말을 쓴 것은 아니다. 모르겐소 이후에 국제정치학자들이 그런 용어들을 사용해 현실주의자의 이론을 설명한 것이다.

allows us to retrace and anticipate, as it were, the steps a stateman-past, present, or future-has taken or will take on the political scene.[15]

우리(현실주의자)는 국가의 정치가들이 힘(세력)으로 정의된 국가 이익이라는 관점에서 생각하고 행동한다고 보고 있으며, 역사의 증거들이 이를 잘 보여 주고 있다. 이러한 우리의 전제는 정치가가 과거, 현재, 미래에 취했거나 취할 행동을 추적하고 예측하는 것을 가능하게 해 준다.

현실주의에 따르면 국제정치에서 국가들의 세력투쟁(power for struggle)은 세 가지 정책으로 나타난다. 첫째, 현상유지정책(policy of status quo); 둘째, 세력확장정책(제국주의정책, policy of imperialism, policy to increase power); 셋째, 세력시위정책(policy of prestige)이 그것이다. 한스 모르겐소는 각 국가들은 상대방 국가가 이 세 가지 중 어느 정책을 추진하고 있는지 잘 파악하여 대처하여야 하며 상대국이 제국주의 정책을 추진할 때 이를 제대로 간파하지 못하고 유화정책으로 대응해서는 안 된다고 강조한다.[16]

Appeasement, which is the attempt to compromise with an imperialism not recognized as such, and the fear that creates imperialism where there is none-these are the two wrong answers, the two fatal mistakes an intelligent foreign policy must try to avoid.

제국주의를 제국주의로 정확히 파악하지 못하여 타협을 시도하려는 유화정책(policy of appeasement)과, 제국주의가 아닌 것을 제국주의로 보아 오히려 제국주의를 생기게 하는 공포는 현명한 외교정책이 피해야 할 두 개의 그릇된 대응책이요 치명적인 실수이다.

한스 모르겐소는 제2차 대전 직전에 영국 등 연합국측이 독일 히틀러의 제국주의 정책을 간파하지 못하고 봉쇄정책(policy of containment)아닌 유화정책(policy of appeasement)으로 대응함으로써 전쟁 방지에 실패하였다고 한다. 이러한 입장에 입각하여 모르겐소는 제2차 세계대전 이후 조지 케난(Geroge Kennan)과 더불어 미국의 대소련 봉쇄정책의 수립에 기여하였다. 모르겐소는 소련의 대외정책이 공산주의라는 이데올로기를 이용한 팽창적 제국주의라고 본 것이다.

또한 세력투쟁의 장인 국제정치에서 국가들이 이러저런 이데올로기를 주장하는 것은 결국 자국의 세력 투쟁을 합리화하는 것에 불과하다고 지적한다. 한스 모르겐소는 국제정치의 본질은 세력 투쟁이라는 것을 인식하고 '바라는 것'과 '실현 가능한 것'을 구

---

15 이호재 역, 「현대국제정치론」, p.6.

16 이호재 역, 「현대국제정치론」, p.93.

별하여 현실적으로 달성할 수 없는 '완전한 선'보다는 현실적으로 달성할 수 있는 '덜 악한 것(less evil)'을 선택하여야 한다고 강조한다. 따라서 국제관계에서 정치가의 선한 윤리적 동기는 잘못된 외교정책의 실패를 합리화할 수 없다.

> 한 정치가의 의도가 좋았다고 해서 그의 외교정책이 도덕적으로 찬양할 만한 것이라든가 정치적으로 성공이라고 평가할 수는 없다. 세계를 개선해 보고자 하는 의도에서 나온 정책이 오히려 사태를 악화시킨 예가 얼마나 많았던가? 또, 한 가지 목표를 위해 채택했던 정책이 예상하지도 바라지도 않았던 결과를 초래한 경우는 얼마나 많았던가?[17]

결국 한 국가의 훌륭한 정치가란 자신의 윤리적 동기나 종교적 신념을 위해 행동하는 사람이 아니고 국가의 이익을 위해 냉철하게 판단하고 현실적인 성공을 추구하는 사람이다. 하지만 그렇지 않은 경우가 역사에 많이 나타난다. 역사에 등장했던 정치가들이 국제사회에서 자국이 달성할 수 없는 비현실적인 이상적 목표를 추구하다가 실패하여 오히려 국가의 이익을 망치는 경우가 있다. 또는 선한 동기를 가지고 행동하지만 나쁜 결과를 가져오는 경우도 있다. 올바른 외교정책에 대해서 한스 모르겐소는 다음과 같이 정의하고 있다.

> At the same time political realism considers a rational foreign policy to be good foreign policy; for only a rational foreign policy minimizes risks and maximizes benefits and, complies both with the moral precept of prudence and the political requirement of success. [18]
>
> 또한 정치적 현실주의는 합리적인 외교정책이 좋은 외교정책이라고 여긴다. 왜냐하면 합리적 외교정책만이 국가의 위험을 줄이고 이익을 확대할 수 있기 때문이며 또한 합리적 외교 정책만이 신중성이라고 하는 윤리적 가치에 부합하고 외교정책의 성공에 적합하기 때문이다.

이러한 관점에서 모르겐소는 1960-1970년대 미국의 베트남전 참전을 둘러싼 미국 내의 논쟁에서 미국이 베트남전 개입을 끝낼 것을 주장했다. 당시 미국이 베트남에서 많은 물자와 인력을 쏟아붓고도 쉽게 승리를 거두지 못하는 상황에서 베트남은 세계의 세력균형유지에 큰 변화를 줄 수 없는 사소한 지역이므로 개입하지도 말고 원조도 중단해야 한다는 것이었다. 냉철한 현실주의적인 입장이었다. 이러한 모르겐소의 주장은 당

---

17 이호재 역, 「현대국제정치론」, p.8.

18 H. Morgenthau, *Politics among Nations*, p.8.

시 미국 내 베트남전 참전을 둘러싼 논쟁에서 모르겐소로 하여금 비둘기파의 대표 급논객으로 자리매김 하였다.[19] 이러한 그의 입장은 외교정책이란 결국 자국 이익에 대한 위험을 극소화하고 자국 이익을 극대화하는 방향으로 신중성하게 생각하여야 한다는 것을 잘 보여준다.

나. 국력의 구성요소

한스 모르겐소는 국력의 요소를 크게 안정적 요소(stable factors)와 가변적 요소로 구별하였다. 국력의 안정적 요소로는 지리(geography), 자연자원(natural resources: food, raw materials), 산업능력(industrial capacity), 군사력(military preparedness: technology, leadership, quantity and quality of armed forces), 인구(population: distribution, trends), 국민성(national character)이 있으며, 국력의 가변적 요소로는 국민의 사기, 외교능력(quality of diplomacy), 정부의 능력(quality of government)이 있다.

먼저 국력의 안정적 요소인 지리를 보자. 미국이 태평양과 대서양에 의하여 아시아 및 유럽으로부터 멀리 떨어져 있다는 사실은 국제사회에서 미국의 지위(국력)를 결정짓는 항구적 요소가 된다. 영국이 도버 해협에 의해 유럽으로부터 떨어져 있다는 사실은 프랑스나 독일과 같은 유럽 대륙의 강대국이 영국을 정복하기 위해서는 극복해야만 하는 요소이다. 러시아의 영토가 광대하면서도 동서로 길게 뻗쳐 있다는 사실은 러시아의 방어에 장점이 되는 중요한 요소이며, 이 점은 나폴레옹이나 히틀러가 러시아(소련)의 정복에 실패하는데 중요한 요소가 되었다. 폴란드와 독일은 러시아와 서부국경과 접하고 있는데 자연적인 산맥이나 큰 강이 없으므로 러시아가 침입할 때는 대단히 불리한 입장에 처하게 된다. 핵무기의 시대에는 영토의 크기가 국력에 매우 중요하다. 핵무기의 시대에는 2차 공격능력이 중요하기 때문에 인구와 산업시설과 핵무기 시설을 분산시킬 수 있는 정도의 광대한 영토가 필요하기 때문이다. 이러한 점에서 핵무기 시대에는 미국, 러시아, 중국과 같이 광대한 영토를 가진 나라가 유리하다.

모르겐소는 천연자원 중에서 가장 기본적인 요소는 식량이며, 식량을 자급자족할 수 있는 국가는 그렇지 못한 국가에 비하여 유리하다고 본다. 제2차 세계대전 직전에 영국은 식량의 30% 밖에는 자급하지 못하였으며 이에 따라 영국은 전쟁 중에 해상보급로의 확보가 대단히 중요한 문제가 되었다. 식량이 절대적으로 부족한 국가는 국제정치적으로 약세에 처하게 된다. 특히, 자연자원 중에서 무기의 제조에 필요한 광물을 보유한 국가는 유리한 입장에 서게 된다.

---

19 이호재 역, 「현대국제정치론」, p.804.

오늘날 현대 전투병기와 통신의 발달로 인하여 국가의 산업력 특히 중공업능력은 매우 중요한 국력의 요소가 되었다. 산업 시설에서의 제조능력, 노동자들의 숙련도(노하우), 기술자들의 기술력, 과학자들의 발명능력, 산업 관리조직은 국가의 산업력을 결정짓는 중요한 요소이다.

모르겐소는 지리, 자연자원, 산업력에 실제적인 중요성을 부여하는 것은 군사력이라고 본다. 군사력을 결정짓는 요소는 무기 제조 기술, 군 수뇌부(leadership)의 전략 전술 능력, 군대의 규모와 능력이다.

인구의 수가 많다고 해서 국력이 당연히 커지는 것은 아니다. 기본적인 식량공급도 해결하지 못한 나라가 단지 인구가 많다고 해서 강대국이 될 수는 없다. 그렇지만 인구가 많지 않고서는 강대국이 될 수가 없다.

국민성은 국가의 대외정책이나 전쟁수행 능력, 국가의 여타 능력에 영향을 미치는 중요한 요소이다. 영국의 개인주의적 성향과 독단에 치우치지 않는 상식 존중은 세력균형 정책으로 나타났다. 독일의 정치적 군사적 기질에는 파괴적 기질이 있다. 이는 빌헬름 2세의 군대나 히틀러의 군대를 보면 납득이 된다. 한편, 독일 사람들은 규율(discipline)과 철저함(thoroughness)이 있다. 독일인의 지적 능력과 규율, 철저함으로 인하여 제1차 세계대전의 패전국이었던 독일은 빠른 속도로 막강한 군사대국이 되었고 유럽의 다른 국가들은 이를 간파하지 못했다. 러시아 국민들은 원시적인 힘과 끈기 (elementary force and persistence)를 가지고 있다. 제2차 세계대전 당시인 1942년 소련이 독일의 침략에 곧 무너질 것이라고 예상하였으나 이는 소련의 원시적인 힘과 끈기를 간과한 빗나간 예측이었다. 미국의 경우, 토크빌이 '미국의 민주주의'에서 지적한 미국의 '우유부단한 실용주의'는 미국 외교를 때때로 독단적인 이상주의에 빠지게 했다고 한다.

국민의 사기(National Morals)는 국민들이 국가의 대외정책에 대해서 지지하는 정도를 말한다. 국가의 위기 상황에 처하여 국민의 사기가 낮다면 국가의 국력은 크게 저하될 것이다. 국론이 분열되어 있고 특히 대외정책이 국내 정치 투쟁과 연계되어 있다면 정부의 외교 정책에 대한 국민의 지지는 약화된다.

> Whenever, deep dis-sensations tear a people apart, the popular support that can be mustered for a foreign policy will always be precarious and will be actually small if the success or failure of the foreign policy has a direct bearing upon the issue of the domestic struggle.[20]

20　H. Morgenthau, *Politics among Nations*, p.138.

깊은 불화에 의해 국민들이 갈라지고 있을 때 외교 정책의 성패가 국내적 정쟁의 이슈와 직결된다면 외교정책에 모아질 수 있는 대중의 지지는 위태로워질 것이고 실제로 적을 것이다.

모르겐소는 국력의 요소 중에서 외교가 가장 중요하다고 한다. 그는 국제정치에서 외교의 중요성을 강조한다.

Of all the factors that make for the power of a nation, the most important, however unstable, is the quality of diplomacy.

모르겐소는 국민의 사기를 국가의 정신상태에 비유하고, 외교를 국가의 두뇌에 비유한다. 외교란 국제무대에서 국력의 여러 가지 요소를 배합하여 최대한의 효과를 낼 수 있도록 하는 기술이라고 본다.

It is the art of bring the different elements of national power to bear with maximum effect upon those points in the international situation which concern the national interest most directly.[21]

외교는 국가 이익에 가장 직접적으로 관련되는 국제환경에서 국력의 여러 가지 요소들이 최대한의 효과를 낼 수 있도록 만들어 내는 기술이다.

양차 세계대전 사이에 미국은 높은 잠재적 국력을 가졌음에도 불구하고 그 외교정책은 고립주의에 기반하고 있어서 국제무대에서 큰 역할을 하지 못하였다는 것이다. 한편 타국에 비해 열등한 상태에 놓여있던 국가가 탁월한 외교능력으로 다시 막강한 국력을 회복한 경우는 1890년 이후부터 1914년까지 프랑스가 대표적인 예이다. 1870년 보불전쟁에서 프로이센에게 패배한 프랑스는 2류 강대국으로 전락하였으며 이후 독일 비스마르크의 외교정책으로 더욱 열등한 지위로 떨어졌다. 그러나 독일의 비스마르크 사임(1890년) 이후 프랑스는 빌헬름 2세의 대러, 대영 외교적 실책을 최대한 활용하면서 러시아와 영국을 자기편으로 끌어들였다. 1914년에 이르러서 프랑스는 독일보다 동맹국이 많았으며 독일 측의 동맹국들은 허약했다. 이러한 결과는 주로 프랑스 외교관들이 노력했던 결과이다.

정부의 능력(quality of government) 또한 국력의 중요한 요소이다. 아무리 좋은 외교정책이라고 할지라도 능력 있는 정부가 이를 뒷받침하지 못하면 소용이 없다. 국력의 독

---

21 H. Morgenthau, *Politics among Nations*, p.141.

자적인 요건으로서 정부의 능력이란 국력의 형성에 보탬이 되는 세 가지 역할 즉, 첫째, 국가가 가지고 있는 물적·인적 자원과 추구하는 외교정책간의 균형을 맞추는 능력; 둘째, 자원들 간의 상호균형을 맞추는 능력; 셋째, 추구하는 외교 정책에 대해서 국민대중의 지지를 얻어 내는 능력이다. 그런데 정부가 자국의 외교 정책에 대해 자국민의 지지를 얻어 내는 능력도 중요하지만 상대방 국가 국민들의 지지를 얻어내는 것도 중요하다. 상대방 국가의 국민들의 지지를 얻어 내는 것은 프로파겐다(propaganda, 宣傳) 전략이다. 상대방 국가의 국민들의 마음을 사로잡는 정책은 오늘날 각 나라들이 추구하는 있는 공공외교(Public Diplomacy)의 핵심 목표이다.

> For the struggle of power on the international scene is today not only a struggle for military supremacy and political domination, but in a specific sense a struggle for the minds of men. The power of a nation, then, depends not only upon the skill of its diplomacy and the strength of its armed forces but also the attractiveness for other nations of its political philosophy, political institutions, and political policies.[22]

> 왜냐하면 오늘날 국제무대에서 세력투쟁은 군사적 패권과 정치적 지배를 위한 투쟁일 뿐만 아니라, 구체적인 의미에서 사람들의 마음을 향한 투쟁이기 때문이다. 그러므로 국가의 힘은 외교의 기술과 군대의 힘뿐만 아니라 자국의 정치철학, 정치제도, 정책 등이 다른 나라들에게 매력을 가지는 것에도 좌우된다.

다. 국력의 평가와 지정학

모르겐소는 국력을 평가할 때 흔히 범하기 쉬운 세 가지 오류로 첫째, 국력이 절대적이라고 생각하는 오류; 둘째, 국력이 영구하다고 보는 오류; 셋째, 한 가지 요소를 지나치게 과대평가하는 오류를 들고 있다. 한 가지 요소만을 너무 강조하는 오류는 예컨대 지리적 요인만을 과장하는 것은 지정학이며, 국민성을 과장하여 자국 민족의 우월성을 앞세운 것은 배타적 민족주의이며, 군사력의 규모가 절대적으로 중요하다고 보는 것은 군국주의이다.

지정학에 의하면 한 국가는 어느 공간을 정복함으로써 팽창을 하든지 그렇지 않으면 멸망하는 것이 역사의 법칙이며 국가들 간의 국력차이는 그들이 정복한 지역이 어디냐에 따라 결정된다고 보는 시각이 있다. 1904년 영국의 맥킨더 경(Sir Halford Mackinder)은 동유럽을 지배하는 나라가 심장부(유라시아 지역)를 지배하게 될 것이고, 심장부를 지

---

22 H. Morgenthau, *Politics among Nations*, pp.148-149.

배하는 나라가 세계의 섬(World-Island: 유럽, 아시아, 아프리카)을 지배하게 될 것이고, 세계의 섬을 지배하는 나라가 마침내 이 세계를 지배하게 된다는 주장을 하였다. 나치 독일은 이러한 지정학을 이용하여 자기들이 동유럽을 차지하여야 한다는 침략 논리로 만들었다. 지정학은 지리적으로 세계 제패에 유리한 지역이 어디인지를 말해주고 있기는 하나 지정학에서 이야기하고 있는 것처럼 한 국가가 어느 지역을 차지하면 다음엔 운명적으로 어느 지역을 차지하게 되는 것은 아니라는 것을 간과하고 있다. 지정학은 나치 독일의 동유럽 침략의 이데올로기로 사용되었다.

라. 세력균형(balance of power)

모르겐소에 따르면 국제정치의 본질은 '국가 간 세력투쟁(struggle for power among nations)'이며, 따라서 세력균형은 적대적 관계에 있는 국가들 사이에 힘의 균형을 이룸으로써 평화를 유지하는 가장 중요한 요소이며, 국가들의 존립(안보)을 유지하기 위한 불가피한 정책의 수단이다.

> the balance of power and policies aiming at its preservation are not only inevitable but are an essential stabilizing factor in a society of sovereign nations.[23]
>
> 세력균형을 달성하고 또 세력균형을 유지하려는 정책은 불가피할 뿐만 아니라 주권국들로 이루어진 국제사회에 필수적인 안정화 요소이다.

모르겐소에 따르면 세력균형의 패턴에는 두 가지의 유형이 있다. 하나는 직접적인 대결의 형태(the pattern of direct opposition)이고, 다른 하나는 강대국 A, B가 약소국 C를 대상으로 경쟁하는 형태(the pattern of competition)이다. 만약 강대국 A가 약소국 C를 지배하려고 한다면 약소국 C의 독립은 B국의 힘과 입장에 달려있다. B국이 A국에 맞설만한 힘이 있고 현상유지적 입장을 취하고 있다면 C의 독립은 유지될 수 있다.[24] 모르겐소는 이러한 관점에서 한국과 세력 균형에 대해서 다음과 같이 기술하고 있다.

---

23 H. Morgenthau, *Politics among Nations*, p.167.

24 C국의 처지는 구한말 중국과 일본 사이에 놓인 조선의 운명과 같다. 당시 조선은 중국(청)을 종주국으로 섬기고 있었으며 중국은 조선에 대한 현상유지적 정책을 취하고 있었다. 신흥강국 일본은 조선을 지배하기 위하여 중국과 대립하였으나 청일 전쟁에서 일본이 승리함으로써 일본은 조선 지배를 적극 추진할 수 있게 되었다. 안타까운 것은 당시에 조선에서는 수구파와 친일파 간 대립, 민비파와 대원군파가 대립하고 친일파는 쿠데타(갑신정변)를 일으키고 국내적으로는 탐관오리에 반발하는 동학농민운동이 일어났다. 동학 운동을 진압하기 위해 조선의 조정이 청나라에 군대 파견을 요청한 것이 일본이 조선에 군대를 파견하여 청일전쟁을 일으키는 구실을 제공하였다. 국제정치를 공부하면서 우리의 역사를 되돌아보아야 한다.

한국의 운명을 결정한 것은 위에서 살펴본 모든 요인들이 작용한 결과였다고 하겠다. 중국에 가까운 지리적 위치 때문에 한국은 강력한 인접국인 중국의 개입과 지배하에서 역사의 대부분을 독립국으로 존속하여 왔다. 1894년-1895년 청일 전쟁에서 일본이 승리를 거두게 됨으로써 일본은 중국을 제치고 조선에 대한 지배권 주장을 강화하게 되었다. 이후 한국에 대한 일본의 지배권 주장은 러시아에 의하여 도전을 받게 되다가 1896년을 기점으로 러시아의 영향력이 더 우세해지게 되었다. 한국에 대한 지배권을 둘러싼 일본과 러시아 간의 적대 관계는 1904년-1905년의 러일 전쟁에서 러시아가 패함으로 인해 끝나고 일본이 한국에 대한 지배권을 독점하게 되었다.[25]

어느 한 국가가 자기보다 강력한 타 국가로부터의 위협에 처해 있을 때 세력균형을 이루는 방법은 스스로 군비강화를 통해 국력을 키우는 방법이 있고 타국의 힘을 빌리기 위해 동맹을 체결하는 방법이 있다. 한 국가가 동맹정책을 취할 것이냐 아니냐 하는 것은 원칙의 문제가 아니라 실리에 따르는 문제이다. 만일 동맹의 도움 없이도 자국이 스스로 지킬 힘이 있을 만큼 강력하다고 믿거나 또는 동맹조약의 체결로 인한 부담이 동맹 체결로 기대되는 이익보다 크다고 판단할 경우에는 동맹을 결성하려 들지 않게 될 것이다.[26]

모르겐소는 한 동맹의 내부에서 동맹 국가 간에 분배되는 이익의 비율은 완전한 호혜성을 갖는 것이 가장 이상적이라고 지적한다. 즉, 각 동맹 체약국이 서로를 위해 기여한 노력에 비례하여 그들이 나누어 갖는 이익도 결정되는 것이 가장 바람직하고 현실성이 있다는 것이다. 이에 반대되는 극단적인 예는 일방적인 동맹관계이다. 즉, 체약의 일방은 이익이 없고 의무만 지는 경우이다. 약소국이 강대국의 강압에 의해 마지못해 강대국의 편에 서서 동맹을 맺거나 또는 강대국이 일방적으로 약소국의 안보를 위해 일방적으로 도와주는 동맹을 맺는 경우이다. 동맹국 간의 이익의 배분은 그 동맹의 내부적 세력 배분상황을 반영하게 되고 또한 동맹의 정책결정 과정에도 반영이 된다. 동맹국간 이익의 분배와 동맹 정책 결정에 있어서 강대국이 유리하기 때문에 마키아벨리는 꼭 필요한 경우가 아니면 약소국이 강대국과 동맹을 체결하지 말아야 한다고 경고한 바 있다.

세력균형을 이루는 데 있어서 적대적이지 않은 제3국이 어느 한편과 동맹을 취함으로써 균형을 이루는 방법이 있다. 이 제3국은 균형의 유지자(the holder of the balance 또는 the balancer)라고 부른다. 이 균형의 유지자는 어느 특정한 나라의 정책에 영원히 동조하지는 않는다. 그 체제 내에서 균형의 유지자의 유일한 목적은 오로지 그 체제의 균형을 유지하는 일이다. 영국의 팔머스톤 경에 따르면 균형의 유지자에게는 영원한 우방도 없

---

25 이호재 역, 「현대국제정치론」, p.241.

26 이호재 역, 「현대국제정치론」, p.249.

고 영원한 적도 없다. 오직 균형유지라는 영원한 이해관계가 있을 뿐이다.

세력균형은 국가들 간의 관계에서 안정(stabilization)을 만들어 낸다. 이 안정은 영구하거나 확고한 것은 아니지만 세력투쟁이 본질인 국제정치 현실하에서 확보할 수 있는 유일한 평화의 방법이라는 것이다.

▼ 생각해 볼 문제 ▼

1. 2021년 외교부 장관은 한반도 평화 프로세스는 반드시 해야 할 것이라고 언급하였으나, 미국의 바이든 정부 인사는 오히려 북한 핵문제 해결을 강조하였다. 현 시점에서 한반도 평화프로세스를 추진하는 것은 현실주의적인가 이상주의적인가? 모르겐소가 말하는 합리적 외교정책의 개념에 비추어 설명해 보자. 현실주의적 관점에서 볼 때 한반도 평화프로세스는 언제 어떻게 추진하여야 하는가?

2. 최근 헨리 키신저는 트럼프 대통령에게 한반도에서 중국의 패권을 인정하고 미국은 한반도에서 빠지라는 조언을 했다고 한다. 현실주의자 키신저가 어떠한 관점에서 그렇게 말하였을까? 현실주의적 관점에서 분석해 보자.

3. 2015년 우리나라 대법원은 일본기업이 일제강점기 강제징용 피해자들에게 대한 피해에 대해 일인당 1억 원씩 배상하라는 판결을 내렸고 우리 정부는 일본 정부에 대해 일본 기업은 동 판결을 이행하여야 한다는 입장을 견지하였다. 이에 일본 정부는 한국에 대해 수출규제 조치를 취하였고 한국 정부도 이에 상응하는 조치를 취함으로써 한일 관계가 악화되고 한일 양국 모두 경제적 피해를 입었다. 최근 우리 정부는 타협책을 모색하고 있다고 알려지고 있다. 우리 정부가 강제징용 판결을 이행하여야 한다고 고수한 입장과 그에 따른 결과를 현실주의적 관점에서 논하시오.

4. 모르겐소는 제국주의가 아닌 것을 제국주의로 보아 오히려 제국주의를 생기게 하는 공포는 현명치 않다고 한다. 미국은 중국의 부상에 대해서 어떤 입장인가? 중국이 과연 패권을 추구하고 있고 그만한 군사력과 경제력을 갖추고 있는가? 중국의 일대일로 정책은 제국주의 정책인가? 중국의 군사력과 경제력은 미국에 비해 어떠한가? 미국 정부가 천명한 pivot to Asia 정책을 모르겐소의 현실주의적 관점에서 논하시오.

5. 2차 세계대전 직후 남북한의 분단은 미소 간 냉전구조의 산물이라고 할 수 있을 것이다. 유럽에서의 냉전의 시작과 미소공동위원회의 결렬, 남한 단독정부 수립 및 북한 정권 수립 과정을 설명하시오.

6. 한미동맹은 강대국과 약소국인 미국과 한국 간에 체결되어 있는 동맹조약이다. 동북아의 세력균형적 관점에서 한미동맹을 논하시오. 논하는 과정에서 북한과 중국, 북한 러시아, 미국과 일본, 한국과 일본 간의 관계에 대해서 논하시오.

7. 한국 전쟁 과정에서 중국이 참전하게 된 계기와 이유를 세력균형의 입장에서 설명하시오.

8. 국력과 지정학의 관계를 논하시오.

9. 오늘날 국가의 외교는 다른 정부를 상대로 하는 것뿐 아니라 타국의 국민의 마음을 사는 공공외교를 중요시하고 있다. 한스 모르겐소는 국력의 요소로서 정부의 능력을 논함에 있어 자국의 외교정책에 대해 타국민의 마음을 사는 능력이 중요하다고 보고 있다. 이러한 한스 모르겐소의 입장과 오늘날 공공외교의 차이는 무엇인가?

4 신현실주의(구조적 현실주의)

가. 월츠의 신현실주의

신현실주의(neorealism)는 모르겐소의 현실주의의 기본전제를 토대로 하여 등장한 이론체제이다. 따라서 그 기본전제 즉 국제사회는 무정부 상태이고 국가 간의 관계의 기본적 속성은 힘(세력)의 관계라고 보는 것은 모르겐소의 현실주의(고전적 현실주의)와 같다. 신현실주의가 고전적 현실주의와 다른 중요한 차이점은 국제체계가 국가들의 대외적 행동에 결정적 영향력을 미친다고 보는 점이다. 신현실주의에 따르면 국가들은 국제체계의 정치적 구조(political structure) 속에 있으며 이 정치적 구조의 특성이 국가들의 행동에 크게 영향을 준다고 한다. 요컨대 신현실주의의 이론은 국제체계가 국가들의 행동을 결정한다는 체계결정론이라고 할 수 있다.

신현실주의의 태두인 케네츠 월츠[27]는 자신의 이론을 시스템 이론(system theory) 또는 체계적 접근법(systemic approach)이라고 소개하고 있다.[28] 케네츠 월츠의 이론을 구조적 현실주의(structural realism)라고도 부른다. 체계란 무엇인가? 체계란 긴밀히 상호 작용하는 단위체들의 집합체(units as forming a set)이다. 월츠가 말하는 체계에 대한 설명을 들어보자.

---

27 Kenneth Waltz(1924-2013)는 제2차 세계대전 및 한국전 참전 용사출신이며 버클리대 교수를 역임했다.

28 Kenneth N. Waltz, *The Theory of International Politics*, 1979년, pp.38-59. 케네츠 월츠의 동 저서는 한국어로도 번역되어 나와 있다. 박건영 역, 「국제정치 이론」, 사회평론

A system is then defined as **a set of interacting units.** At one level, a system consists of a structure, and the structure is the systems-level component that makes it possible to think of the units as forming a set as distinct from a mere collection. At another level, the system consists of interacting units.[29]

시스템은 상호 작용하는 단위들의 집합으로 정의된다. 첫째 차원(국제수준)에서 시스템은 구조로 구성되는데 구조는 시스템 수준의 구성요소로서 단위체들의 단순한 모음과는 다른 집합체를 형성하는 것이다. 둘째 차원(국가수준)에서 시스템은 상호 긴밀히 작용하는 단위들로 구성된다.

월츠에 따르면 국제 사회는 하나의 시스템(체계)으로 되어 있고 그 시스템 속에서 단위체 국가들(state units)은 서로 다른 능력(capabilities)을 가지고 분포하고 있으며 긴밀히 상호작용하고 있다. 월츠는 국제정치 분석에 있어 두 가지 차원을 상정하고 있다. 첫째는 시스템 차원의 정치적 구조이며, 두 번째는 시스템보다 하위 레벨인 단위체 국가 레벨이다. 월츠에 따르면 체계 차원의 구조적 특성이 단위체 레벨에서 국가들의 행동과 상호작용에 크게 영향을 미친다.[30] 체계 차원의 구조적 특성은 국가 외부의 힘으로서 국가의 행동 양식 및 국가 상호 작용에 영향을 미친다.[31] 구조는 그 안에 위치한 단위체 국

---

29 Kenneth N. Waltz, *The Theory of International Politics*, p.40.

30 국제정치학에서 체계이론은 케네츠 월츠가 최초로 주창한 것은 아니다. 모턴 카플란(Morton Kaplan)은 이미 1967년 「System and Process in International Politics」라는 책에서 국제정치에서의 체계이론을 적용했다. 카플란도 월츠처럼 국제 체계의 구조를 '힘의 분배 상태'라고 정의하고 동맹의 수에 따라서 세력균형체제 (다수의 강대국 존재), 이완된 양국체제(loose bipolar system), 경직된 양극체제(tight bipolar system), 보편적 단일체제(universal unipolar system, 위계적 단일체제(hierarchical unipolar system, 비토권체제(veto system) 나누어 설명하고 있다. 월츠는 카플란이 국가차원에서 일어나는 국가들 간의 상호작용을 체계차원에서 잘못 이해하고 있다고 비판하고, 카플란이 국가 차원의 상호작용과 체계차원의 배열을 이해하지 못하고 있다고 비판한다. 하지만 자기보다 앞선 대가의 이론을 나중에 등장한 후배 학자가 자기의 이론 틀에 맞추어 비판하는 느낌을 준다. 월츠는 그의 책에 모르겐소를 비롯한 많은 대가들에 대해 많은 이론적 비판을 가한다. 모르겐소가 역사와 인간성에 대한 깊은 이해를 바탕으로 Politics among Nations를 저술하였다면, 월츠는 국제정치 현실에 대한 지혜와 문제 해결보다는 체계이론을 통한 국제정치의 이론 구성에 집중하고 있다. 이런 점에서 월츠의 이론은 국제정치적 과학실을 연상시키는 몰역사적 접근이라고 비판되기도 한다. 케네츠 월츠의 이론에 대한 평가에 대해서는 박건영 교수 역 「국제정치이론」의 말미에 수록된 '월츠의 국제정치이론 약설'을 참고 바란다.

31 체계의 구조적 특성이 체계 구성원의 행동에 외부적 요인으로 작용한다는 월츠의 체계이론은 불란서의 사회학자 에밀 뒤르켐(Emile Durkheim)의 이론을 국제정치학에 원용한 것으로 보인다. 뒤르켐(「사회학적 방법론의 제규칙」, 1893년)에 따르면 사회의 제도나 문화는 하나의 사회적 사실로서 사회 구성원에 대해 외부적인 압박으로 작용한다고 한다. 사회구성원은 자아, 개인의식 및 자유를 가지고 있으나 외부적 요인인 사회적 사실에 의해 구속당한다고 한다. 월츠는 실제로 그의 책에서 뒤르켐의 저서(「사회분업론」, 1893년)을 인용하여 '정치체의 구성원들은 그 차이(differences)에 의해 서로 묶여 있다', '행위로부터 추론된 질서는

가의 **사회화**(socialization)와 **단위체 간의 경쟁**(competition) 과정을 통해서 단위 국가들에게 작용한다. 즉, 단위 국가들은 사회화 과정을 통해서 그 체계를 받아들이고 적응하며 체계 내 다른 국가들과 유사한 행동 패턴을 보이게 된다. 체계의 구조는 단위체 국가들 간의 경쟁과정을 통해서 체계에 질서를 발생시킨다. 구조는 체계 내 개별 국가들의 행동을 고무하기도 하고 그 고무하는 바를 따르지 않는 국가들을 제재하기도 한다. 이러한 과정을 통해 체계의 정치적 구조는 단위체 국가들의 기대에 영향을 미치고 그들의 행동을 크게 제약한다. **신현실주의에 따르면 국가의 행동을 분석할 때 가장 중요한 것은 국제 체계의 구조적 특성이다. 국제체계의 구조적 특성이 단위 국가들의 행동에 결정적으로 영향을 미치기 때문이다.** 따라서 국제정치에서 국가들의 행동을 올바로 이해하기 위해서는 국가들의 행동을 제약하는 국제체계의 특성을 분석해야 한다. 월츠는 오직 체계이론을 통해서만 국제정치가 제대로 이해될 수 있다고 주장한다.[32]

월츠에 따르면 무정부 상태하에 있는 **국가들이 추구하는 것은 자국의 안보**(security)이다. 월츠의 이론에 따르면 국가들은 적극적으로 힘의 팽창을 추구하는 것이 아니라 기본적으로 현재 상태를 유지(status quo)하려고 한다. 그리고 현재의 균형이 깨지면 다시 균형을 맞추기 위해 움직인다는 것이다. 월츠는 국가들이 공격적으로 힘을 추구하는 것이 아니라 안보를 위해 방어적인 태도를 취한다고 본다.

월츠에 따르면 국제 체계는 주요 강대국들을 초점에 두고(in terms of major powers) 정의된다.

> So long as the major states are the major actors, the structure of international politics is defined in terms of them.[33]

강대국의 수에 따라서 크게 양극체제(bipolar system)과 다극체제(multipolar system)로 나눌 수 있다. 다극체제는 또 강대국의 수에 따라 3극, 4극, 5극 체제 등으로 구별될 수 있다. 국제 체계가 양극이냐 다극이냐에 따라서 그 속에서 상호작용하는 단위 국가들의 기대가 달라지며 따라서 행동 양식도 달라진다. 개별국가의 행동양식에서 개별 국가들의 특성은 중요하지 않다. 중요한 것은 개별국가들이 가진 능력의 분포(distribution

---

구성원들을 지도하지 않는다', '사회 구성원들은 사회 체계내에서 서로 다른 기능을 한다' 등 뒤르켐의 이론을 도입하고 있다. 월츠는 사회학에서 보편화된 사회구조론을 국제정치학에 도입한 것으로 보인다.

32 Kenneth N. Waltz, *The Theory of International Politics*, p.79.

33 Kenneth N. Waltz, *The Theory of International Politics*, p.94.

of capabilities)에 따른 전반적인 배열(overall arrangement)이다.[34] 체계 내에서 자국의 능력(국력)에 따라 국가들이 배열된 위치도(positional picture)를 상상해 보자. 이 위치도에는 강대국들과 여타 국가들이 나타날 것이다. 이러한 배열은 국가들의 상대적 힘(relative power)을 보여준다.[35] 상대적인 힘의 차이는 개별 국가의 행동에 크게 영향을 미치는 구조적 특성이다. 즉, 국가들은 국제체계에서 자국의 상대적 힘의 크기에 따라 행동한다. 국가들은 자국의 상대적 힘의 크기를 바탕으로 안보극대화를 추구한다. 국가들이 추구하는 목표는 상대적 힘의 극대화가 아니라 상대적 힘을 바탕으로 한 안보극대화라는 것이다. 월츠는 국제체계에서 국가들의 행동을 결정짓는 가장 큰 요인을 체계의 특성이라고 보기 때문에 체계 결정론이라고 할 수 있다.[36]

체계 내에서 주요 강대국의 수가 변함에 따라 국가들의 **균형잡기**(balancing)의 행동방식이 달라진다. 예컨대, 제2차 세계대전 이후 미국과 소련 간의 양극 체제하에서 서유럽 국가들이 과거의 대립적 행동양식에서 벗어나 협조적인 태도를 보인 것은 소련의 진영에 맞서서 상호 협조체제를 유지하기 위한 것으로 양극 체제하의 균형잡기(balancing) 행동 양식으로 설명할 수 있다.[37]

월츠는 양극 체제가 다극 체제보다 안정적이고 평화와 안전보장에 좋다고 본다. 왜 그런가? 오직 양극 체제에서는 경쟁구도가 단순하여 동맹을 통한 균형잡기의 유형은 단순하고 명확하여 불확실성이 없기 때문이다. 양극체제는 양 강대국이 자기 진영 내의 다른 국가들에게 의존하지 않는 독립성(self-dependence)을 가지고 있으며,[38] 각 진영의 강대국은 양극 간 균형을 위하여 자기 진영 내 다른 동맹국의 힘을 이용하지 않고 스스로의 힘으로 내부적 균형 잡기(internal balancing)를 한다. 강대국의 수가 둘 이상일 경우

---

34 Kenneth N. Waltz, *The Theory of International Politics*, p.99.

35 다만, 월츠는 이러한 배열도에서 어느 한 패권을 중심으로 한 위계질서는 언급하고 있지 않다. 월츠의 세계관에 따르면 국가들은 각각 크고 작은 힘의 차이를 가지고 체계 내에 위치하고 있으나 질서 있는 위계질서(hierarchy)를 상정하고 있지 않다.

36 월츠는 '체계가 단위 국가들의 행동을 결정한다'라는 식의 직접적인 표현은 피하고 '크게 제약한다(heavily constrains)'라는 완곡한 용어를 쓰고 있으나, 그의 주장을 전반적으로 판단할 때 월츠의 주장은 체계결정론이라고 보는 것이 타당하다.

37 Kenneth N. Waltz, *The Theory of International Politics*, p.163.

38 월츠가 말하는 강대국의 독립성은 강대국은 각 진영 내의 다른 국가들의 힘에 의지하지 않는다는 의미이다. 즉, 양극 체제에서 미소는 군사적으로 동맹국에 의존하지 않고 자신들만의 힘으로 균형을 이루고 있다. 월츠는 이를 내부적 균형이라고 한다. 두 강대국은 자신의 힘에만 의존하기 때문에 상대와의 국력 평가에 불확실성이 없으며 따라서 불확실성과 오산에 따라 전쟁을 야기할 가능성이 다극체제보다 낮다는 것이다. 월츠는 군사력에 있어서 강대국이 아닌 약소국의 기여는 미비하며 중요도가 떨어진다고 한다. Kenneth N. Waltz, *The Theory of International Politics*, pp.168-169.

에는 변화하는 동맹관계(shifts in alignment)로 인해 체계가 불안정해 질 수 있다.[39] 다극 체제에서는 동맹이 거미줄 같이 얽혀있어서 불필요한 전쟁에 휘말리는 연루(entrapment)가 발생할 수도 있다. 양극체제에서는 동맹과 적대국의 구별의 명확성, 동맹 관리의 용이성 등으로 인해 다극 체제보다 더 안정적이다. 월츠는 제2차 세계대전 이후에 나타난 미소 양극 체제는 다극 체계보다 안정적이라고 한다. 월츠는 미소 냉전시기에 평화가 이루어 진 것은 양극체제에서 미국과 소련 간에 힘이 집중되고 여기에 핵무기의 억지력이 작용한 결과인 것으로 평가한다.

월츠에 따르면 국제체계의 변화는 주요 강대국들이 흥하고 망함에 따라(rise and fall of major powers)에 따라 일어난다. 전형적인 체계의 변화는 세계적 차원의 전쟁의 결과로 인한 국제체계의 변화이다. 제2차 세계대전의 결과로 주요 강대국이었던 일본과 독일은 강대국의 위치에서 사라지고 영국과 프랑스는 그 힘이 쇠퇴하였으며 미국과 소련이라는 초강대국이 등장하여 2차 세계대전 전과는 다른 양극체제로 변화한 것이다.

세력균형에 대해서도 월츠는 체계이론을 적용하여 설명한다. 새로운 강대국이 부상할 경우에 다른 국가들에게는 두 가지 방법이 있다. 첫째는 새로 부상하는 강대국 편에 맞서는 균형잡기(balancing)이며, 또 다른 하나는 새로 부상하는 강대국 편에 편승하기(bandwagoning)이다. 월츠는 무정부적인 국제체계에서는 편승하기가 아닌 균형잡기가 일어난다고 주장한다. 즉, 무정부적인 국제체계에서는 한쪽 동맹의 힘이 강화되면 다른 국가들은 상대적으로 힘이 약화된 동맹의 진영에 가담하게 된다고 한다. 누구도 특정국가가 패권국가가 되기를 바라지 않기 때문이라고 한다. 어느 특정국가가 패권국이 되면 자국의 안보가 위협받기 때문이다. 국내정치에서는 강자에게 합세하는 편승하기(bandwagoning)가 일반적이지만 국제정치에서는 국가들의 일차적인 목표는 힘의 극대화가 아니라 체계 내 위치를 유지하는 것이기 때문에 균형잡기가 일어난다고 한다.

월츠에 따르면 국제체계에서 불균형이 생기면 국가들이 의식적으로 세력균형을 목표로 하지 않더라도 균형을 잡는 행동(balancing behaviour)에 나서게 되고 결국 체계는 균형을 이루게 된다고 본다. 균형이 깨질 수도 있지만 다시 회복된다고 주장한다.[40] 즉, 국제체계의 특성상 국제체계는 개별 국가의 의지와 관계없이 균형이 성립된다는 것이다.[41]

---

39 또는 군사적 독립성(military independence)라고도 한다. Kenneth N. Waltz, *The Theory of International Politics*, p.163.

40 Kenneth N. Waltz, *The Theory of International Politics*, p.128.

41 세력균형이 자동으로 구성체들의 의지와 관계없이 자동으로 이루어진다는 월츠의 주장은 월츠가 그의 책에서 소개하고 있듯이 아담 스미스가 시장은 개인들이 자기의 이익을 위해 이기적으로 행동할 때 '보이지 않는 손'에 의해 균형을 이룬다는 주장을 국제정치학에 받아들인 것으로 보인다. 아담 스미스에 따르면 공

월츠의 이론은 자동적 세력균형론이라고 평가할 수 있다. 자동적 세력균형론의 문제는 균형이 깨진 체계가 속성상 다시 균형으로 나아간다고 하더라도 장기간이 소요될 수 있으며 또 그 사이에 전쟁이 발발할 수 있는데 그것을 간과하고 있는 점이다. 월츠는 이러한 점에 대해서는 언급하고 있지 않다.

나. 월츠의 신현실주의 이론에 대한 비판

월츠의 이론에 대한 주요 비판을 보자.[42] 월츠의 체계이론은 체계 차원의 힘(forces)이 국가들의 행동에 미치는 영향을 강조하기 때문에 사실상 체계결정론이다. **구성주의자 러기(John Gerard Ruggie)는 월츠의 체계이론에는 개별 국가나 인간의 의지가 설 자리가 없다고 지적한다.** 월츠의 이론에 따르면 개별 국가는 외교정책을 고심할 일이 없게 된다. 주어진 국제체계 속에 있으면 누가 외교정책을 결정하더라도 자국의 상대적 힘에 맞는 행동(대외정책)이 자동적으로 나오게 된다는 것이다.

한편, 구성주의자 **웬트**(Alexander Wendt)는, 월츠가 국가 밖의 외부적 요소로서 체계 구조의 독립성을 강조하지만 결국 그 체계라는 것이 단위체들의 상호작용의 결과이며 구조의 특성이라고 하는 것도 단위체들의 속성 즉 능력(국력)의 배분에 따른 것이라면 결국 월츠가 강조하는 구조의 특성이라고 하는 것이 개별국가들로부터 나온다는 것이 되며 이는 결국 국제정치의 원인을 국가의 속성에서 찾는 환원론이 되는 바, 월츠는 자신이 비판한 환원론에 스스로가 빠져있는 것이 된다. 월츠의 체계 이론도 결국 체계의 구조가 먼저가 아니라 국가가 먼저라는 환원론을 주장하고 있는 것이 된다. 즉, 구조가 국가 행위를 먼저 만들어 내는 것이 아니라(the structure is not generating), 행위자들이 먼저 구조를 만들어 낸다(the agent is primitive)고 주장하는 있는 모순에 빠져있다는 것이다. 또한 웬트는 월츠가 구조의 특성을 능력의 차이라고 하는 물질적 차원에서만 파악한다고 비판하고 물질적 구조의 역할도 중요하지만 관념적인(ideational) 구조가 더 중요하다고 주장한다(social constructivism).[43]

급은 스스로의 수요를 창출해내기 때문에 시장은 결국 공급과 수요의 균형이 이루어 지게 되어 있다고 한다. 그러나 문제는 그 균형이 오래 걸릴 수도 있다는 데 있다. 아담 스미드의 이러한 균형이론에 대해 1930년대 케인즈는 "균형을 기다리는 동안 우리는 다 죽는다(In the long run, we will be all dead)"라고 하면서 정부의 적극적 시장개입을 통한 총수요 관리정책을 강조했다. 국제정치의 속성상이 균형으로 나아간다고 하더라도 그 과정에서 전쟁이 일어나지 않도록 국제체제를 관리하려는 외교적 노력이 필요하다고 생각된다.

42 박건영 역, 「국제정치이론」, pp.330-331.

43 사회학자 뒤르켐은 오래전에 이미 '사회의 제도나 문화는 하나의 사회적 사실로서 사회 구성원에 대해 외부적인 압박으로 작용한다'고 하면서 사회의 관념적 요소가 구성원에 미치는 영향을 지적한 바 있다. 월츠가 뒤르켐의 이론을 국제정치에 원용하면서 빠뜨린 관념적 요소를 구성주의자 웬트가 다시 다져온 것처럼

다. 공격형 현실주의

월츠 이후 등장한 신현실주의자 **미어샤이머**(John Mearsheimer, Back to the Future: Instability in Europe after the Cold War, 1993년)는[44] 양극체계가 다극체계보다 더 안정적이라는 월츠의 주장과 같은 입장을 취하고, 냉전 해체 이후에 국제사회는 과거 제1, 2차 세계대전이 일어났던 시기만큼 불안정(violent)하지는 않더라도 **냉전 기간 동안보다는 더 불안정할 것**(more prone to instability)**이라고 주장한다.** 미어샤이머에 따르면 냉전 기간에 유럽의 평화를 지탱하여 준 세 가지는 i) 양극 체제, ii) 미소 간 대체로 대등한 군사력 iii) 핵억지력이었다. 냉전 종식 이후 미소가 유럽에서 철수하게 되면 독일, 영국, 프랑스, 러시아, 이태리와 같은 5개 주요 강대국과 여타 약소국이 등장하게 될 것으로 본다. 이러한 다극체제는 그 속성상 불안하다. 또한 미국과 러시아가 유럽에서 유지하고 있는 핵무기를 철수하게 되면 핵억지력의 상실을 가져오게 될 것이고 따라서 냉전 이후의 유럽은 불안정하게 될 것이라고 주장한다.

미어샤이머에 따르면 국가들은 안보와 생존을 위해(for security and survival) 필요한 수준 이상으로 **과도한 힘**(excessive power)**을 추구한다고 한다.** 왜냐하면, 무정부적 국제체제에서는 오직 자기의 힘만으로 자국의 안보를 지켜야 하는데 국가들은 자기의 힘이 다른 나라보다 작은 것이 우려되어 더욱 더 큰 힘을 추구한다. 타국의 의도를 알 수 없기 때문이다. 국가가 가장 안전하게 느낄 때는 자기보다 더 힘센 국가가 없을 때 즉, 자기의 힘이 가장 세다고 판단할 때이다. 다시 말해, **국가는 자기의 힘이 제일 셀 때 즉, 패권국이 되었을 때 가장 안전하다고 느낀다.** 이러한 속성상 강대국들은 **패권**(헤게모니)**을** 추구한다. 그러나 지구는 너무 커서 하나의 강대국이 지구적 패권(global hegemony)을 차지하기에는 힘이 모자란다. 그래서 현실적으로 강대국들이 추구하는 목표는 **지역의 패권자**(regional hegemon)**가** 되는 것이다. 예컨대 미국은 서반구(western hemisphere: 아메리카 대륙을 의미)에서 패권자이다. 지역의 패권자는 자기의 지역에 다른 경쟁 패권자가 생기지 않도록 막는다. 강대국으로서 미국은 더 나아가 유럽과 아시아에서 지역 패권자가 생기지 않도록 노력해 왔다. 미국은 제1차 세계대전에서는 독일 제국, 제2차 세계대전에서는 나치 독일에 맞서서 이를 제압했다. 미국은 냉전 중에는 소련에 맞섰다. 미국이 독일과 소련을 제압한 이유는 독일이나 소련이 유럽의 패권자가 되고 나면 미국이 헤게

보인다. 결국 구성주의도 뒤르켐의 이론틀과 유사하다. 차이는 신현질주의는 국가 간 힘의 차이라고 하는 물질적인 것만을 강조한 반면 구성주의는 물질적인 차이도 인정하되 이는 부차적인 것으로 보고 관념적 측면을 강조한 것이다.

44 John Mearsheimer 1947년생 현 시카고대 교수.

모니를 가지고 있는 서반구까지 침투하여 미국의 안보에 위협을 줄 수 있기 때문이다. 오늘날 아시아에서 중국이 부상하고 있는데 미국으로서는 중국이 아시아의 패권자가 되는 것을 막으려고 할 것이다. 중국이 아시아의 패권자가 되면 중국이 미국이 이익이 걸려있는 지역에 간섭할 수 있기 때문이다. **패권을 유지하려는 강대국과 패권자가 되려는 강대국 간의 갈등은 불가피해진다.** 미어샤이머는 이러한 상황을 '강대국 정치의 비극(The Tragedy of Great Powers)'이라고 부른다.[45]

미어샤이머의 이론은 국가들이 자국의 안보를 위해 필요한 수준 이상으로 과도한 힘(excessive power)을 추구한다고 보기 때문에 **공격적 현실주의(offensive realism)**라고 불리며, 이와 대조적으로 월츠의 이론에서는 어느 국가가 강대해지면 다른 나라들은 그에 맞설 정도의 힘을 추구한다고 보기 때문에 **방어형 현실주의(defensive realism)**라 불린다.[46] 월츠의 방어형 현실주의에 따르면 국가들은 안보를 위해 방어적으로 행동하기 때문에 국제체제는 안정되지만, 미어샤이머의 공격형 현실주의론에 따르면 국가들은 패권자가 되려고 더 많은 힘을 추구하기 때문에 국제체제는 불안정하다고 할 수 있다.

라. 월트의 위협 균형론

한편 월츠와 같이 **방어형 현실주의**의 입장에 있는 **월트**(Stephen Walt, The Origins of Alliances, 1987)[47]는 어느 국가가 **위협**이라고 인식이 되면 이에 맞서 다른 국가들이 동맹을 맺게 된다고 하며, 이 때 국력, 지리적 인접성, 공격 능력 및 상대국의 의도 등을 판단 기준으로 삼아 종합적으로 위협의 정도를 판단한다고 한다. 월츠는 국가들이 강대국의 힘에 맞서 균형을 잡기 위해 동맹을 맺는다고 보는 데 비해 월트는 국가들이 강대국의 힘을 보기 보다는 그 **위협을 보고 동맹을 맺는다고** 본다. 힘에 균형을 맞추기 위해 동맹을 맺는 것이 아니라, 위협에 대처하기 위해 동맹을 맺는다는 것이다. 이러한 점에서 월트의 동맹이론을 **위협 균형론**(balance of threat)이라고 한다.[48] 월트에 따르면, 일반적으로 힘이 약한 국가들은 위협으로 부상하는 강대국에게 편승하기(bandwagoning)보다는 이러한 위협이 되는 강대국에 맞서 균형을 이루려는 경향이 있다고 한다. 위협이 되는 **강대국에 맞서는 것을 Balancing Behavior(균형행동, 균형잡기)라고 하며, 위협이 되는**

---

45 John Mearsheimer, *The Tragedy of Great Power Politics*, 2001.

46 Mearsheimer 스스로가 월츠의 이론을 방어적 현실주의라고 명명하고 자기 자신을 공격적 현실주의라고 구분했다.

47 1955년생 현 하버드대 교수. 버클리대에서 수학하였으며 케네츠 월츠의 제자이다.

48 Stephen M. Walt, "Alliance Formation and the Balance of World Power", reproduced in Scott P. Handler, *International Politics*, pp.202-210.

강대국에 편승하는 것을 Bandwagoning Behavior(편승행동)이라고 부른다. 영국의 외교정책은 전통적으로 균형행동이었다. 제2차 세계대전 당시 영국 수상으로 대독일 전쟁을 승리로 이끈 처칠은 다음과 같이 영국의 균형 정책을 설명했다.

> For four hundred years the foreign policy of England has been to oppose the strongest, most aggressive, most dominant power on the Continent. It would have been easy and tempting to join with the stronger and share the fruits of his conquest. However, we always took the harder course, joined with the less strong Powers, thus the Continental military tyrant whoever he was.

월트는 1970년대 헨리 키신저가 미국과 중국(중공)간의 화해정책을 추진 것도 미국이 당시 소련보다 약했던 중국과 손을 잡고 미-소-중 3각 관계를 이루어 소련의 위협에 대해 균형을 이루려는 것이었다고 분석한다. 위협적으로 부상하는 강대국에 대항하여 동맹을 형성하는 것이 국제정치의 일반적이 경우이나 때로는 강대국에 편승하는 경우도 발생한다고 본다. 이러한 경우는 강대국에 편승하여 강대국으로 부터의 위험을 피하려는 동기이거나 또는 강대국에 편승하여 강대국이 전쟁으로부터 얻은 이익을 나누어 가지려는 동기이다. 예컨대, 제2차 세계대전 당시 이태리는 독일에 편승하여 영토적인 이익을 얻으려고 하였다. 제2차 세계대전 직전에 소련은 독일과 불가침 조약을 맺고 독일을 지원함으로써 독일의 위험으로부터 자국을 지키고 또한 폴란드 침공의 결과로 자국의 영토적인 이익을 얻고자 하였다. 또한 부상하는 강대국에 인접한 약소국은 그에 맞서기가 불가능하므로 인접 강대국에 맞서기 보다는 어쩔 수 없이 강대국에 편승하는 경우가 있다. 이러한 사례는 핀란드에서 찾아 볼 수 있다. 핀란드는 제2차 세계대전 중에는 연합국의 편이었으나 전쟁 후에는 소련과 안보협력관계를 맺었다.[49] 월트는 국제관계에서 편승 행동은 흔치 않은 현상이라고 하며 보통 국가들은 편승보다는 위협적 강대국에 맞서 균형을 이루고자 한다고 본다. 왜 그럴까? 위협적 강대국에 편승하는 것은 약소국이 강대국에 종속되는 결과를 가져오며 나중에 위협적 강대국이 약소국의 안보를 위협하는 적으로 바뀔 수 있기 때문이다.

---

49 Under the Finno-Soviet Treaty of 1948 which was signed on 6 April 1948, the Soviets sought to deter Western or Allied Powers from attacking the Soviet Union through Finnish territory, and the Finns sought to increase Finland's political independence from the Soviet Union. It thus ensured Finland's survival as a liberal democracy in close proximity to strategic Soviet regions, such as the Kola Peninsula and the old capital Leningrad. 위키피디아 참조.

This is primarily because an alignment that preserves most of a state's freedom of action is preferable to accepting subordination under a potential hegemon. Because intentions can change and perceptions are unreliable, it is safer to balance against potential threats than to hope that strong states will remain benevolent.[50]

월트는 물리적 힘의 차이가 동맹을 야기하는 것이 아니라 위협이 동맹을 야기한다고 보는 점이 월츠와의 차이점이다. 월트는 위협을 구성하는 요소를 네 가지로 본다. 첫째, 총합 국력(aggregate power)이다. 전반적인 총합 국력이 높다면 그 국가는 다른 국가들에 대한 잠재적 위협(potential threat)이 커진다. 둘째, 지리적 인접성(proximate power)이다. 국가들은 멀리 있는 강대국보다 가까이 있는 강대국을 더 위협적으로 느끼며, 자국에 지리적으로 인접한 강대국의 위협에 맞서 연합한다. 셋째, 강대국의 공격력(offensive power)이다. 막강한 공격적 군사력을 가진 강대국이 더욱 위협적이다. 넷째, 공격의도(offensive intention)이다. 공격적으로 보이는 강대국에 맞서게 된다. 이러한 맥락에서 월트는 미국이 국제사회에서 무력에 의존하여 위협적 이미지를 보이면 국제사회에서 반미 정서와 반미 연대만을 부추기게 되기 때문에 미국의 외교정책이 무력에 덜 의존하고 국제협력을 도모하는 방향으로 바뀌어야 하며 또한 미국의 외교정책도 전통적인 offshore balancer로 돌아가야 한다고 주장하고 있다.[51] 월트는 중국과 관련해서 미국이 스스로 중국의 힘과 위협을 과장하는 것은 미국의 이익에 도움이 되지 않는다고 주장한다. 미국이 중국의 힘을 과장하게 되면 국제체계가 더 불안정 해질 수 있다고 한다.[52]

월츠의 구조적현실주의를 따르는 방어형 현실주의 학자들은 기존의 **안보 딜레마**(security dilemma) **이론**을 보다 체계화하여 국가들의 행동을 구체적으로 설명하고 예측하는 이론으로 발전시켰다. 원래 안보 딜레마는 미국의 국제정치학자인 존 허츠(John Herz)가 1950년에 만들어 낸 개념이다. 타국을 공격할 의도가 없는 국가(A국)가 안보를 강화하는 조치를 하자 그것을 본 상대국(B국)은 A국이 자국(B국)을 침략하려고 한다는 우려를 가지게 되어 군사력을 강화하게 되며 이러한 B국의 군사력 강화조치는 다시 A국의 불안감을 야기하여 서로 간에 군사력을 경쟁적으로 강화하는 악순환이 계속 이어

---

50   Stephen M. Walt, *Alliance Formation and the Balance of World Power*.

51   Stephen Walt, *Taming American: The Global response to U.S Primacy*, 2005년. 김성훈 역, 「미국인 길들이기」, 한울 아카데미.

52   In a December 2012 interview, Walt said that "the United States does not help its own cause by exaggerating Chinese power. We should not base our policy today on what China might become twenty or thirty years down the road. 위키피디아.

져서 원치 않던 전쟁의 위험으로까지 이질 수 있다는 이론이다. 허츠의 안보 딜레마 이론은 월츠와 같은 방어형 현실주의자들의 이론적 전제와 같다. 즉, 무정부적 국제사회에서 국가들은 자국의 안보를 지키기 위해 방어적으로 행동한다는 것이다. 신현실주의는 안보 딜레마를 보다 이론적으로 잘 설명할 수 있는 이론적 틀을 제공한 셈이다. 한편, 안보 딜레마 이론은 국제체제가 자동적으로 세력균형으로 나아간다는 하는 월츠의 주장이 간과하는 부분을 설명하고 있는 것이다. 즉, 월츠가 주장하는 것처럼 국가들이 자국 안보를 위해 방어적으로 행동하며 이에 따라 자동적으로 세력균형이 이루어지는 것이 아니라 군비경쟁의 악순환이 초래될 수 있다는 것이다. 허츠 교수는 후에 자신의 안보 딜레마 이론을 구조적 현실주의의 틀에 맞추어 설명하기도 하였다.[53]

마. 안보 딜레마 이론의 발전

안보 딜레마 이론은 1978년 로버트 저비스(Robert Jervis)에 의하여 보다 체계화되었다.[54] 저비스는 안보 딜레마의 상황을 네 가지로 구분하고 각 상황별로 위험의 강도를 비교하였다.

첫째, 상대방 국가(B국)의 의도가 공격인지 방어인지를 구별할 수 없는 상황에서 경쟁관계에 있는 국가(A국)가 공격하는 것이 유리한 경우이다. 이 경우는 대단히 매우 위험한(very intense) 상황이다. 이 상황에서는 군비경쟁으로 이어질 수 있고, 또 전쟁이 날 것 같이 보이면 A국이 예방적 전쟁(preventive war) 또는 선제적 전쟁(preemptive war)를 개시하여 전쟁으로 이어질 수 있다. 예방적 전쟁은 상대국의 힘이 더 커지기 전에 먼저 공격을 하여 위험을 제거하는 것이다. 선제적 전쟁은 상대방이 공격이 임박한 상황에서 공격을 저지하기 위해 먼저 공격하는 것이다. 저비스는 첫 번째 상황은 양측이 모두 MIRVed ICBM(Multiple Independently Targetable Re-entry Vehicled Intercontinental ballistic missile)에 의존하고 있는 경우 일어날 수 있다고 한다.

---

53 Herz 자신의 2004년 security dilemma 대한 설명이다. "Since the beginning of history and despite all the achievements of civilization, we continue to ask: why wars? Why have we been slaughtering each other on end? Scientific answers have been offered only since the early decades of the twentieth century …. The international system was seen as an anarchic system, in which sovereign nation-states must rely on themselves for protection by others. Even peace-minded states and their decision-makers, so I thought, might create in others the fear that they were preparing for armed attack and possible conquest. So they, in turn, increase their power, and there emerges a vicious circle of power competition and armament races, leading eventually to war."

54 Robert Jervis, "Cooperation Under the Security Dilemma", reproduced in Scott P. Handler, *International Politics*, pp.180-185.

둘째, 상대방 국가(B)의 의도가 공격인지 방어인지 구별할 수 없는 상황에서 경쟁관계에 있는 국가(A)가 방어하는 것이 유리한 경우이다. 이 경우는 위험한 상황이나 위의 첫 번째 상황보다는 덜 위험하다. A국은 자국의 방어능력을 더 향상시킴으로써 전쟁을 막을 수 있다. 이것은 A국이 방어가 탄탄한 (invulnerable) ICBM 또는 SLBM을 갖추고 있고 일단 핵전쟁이 나면 걷잡을 수 없다(limited nuclear war is impossible)라는 생각이 확산되어 있는 상황이다.

셋째, 상대방 국가(B)의 의도가 공격의도인지 방어의도인지를 구별할 수 있는 상황에서 경쟁관계에 있는 국가(A)가 공격하는 것이 유리한 경우이다. 이 경우는 위험한 상황이 아니며(not intense), 안보 딜레마의 상황까지는 아니나 안보의 문제(security problems)는 있다. 이 상황에서도 B국이 먼저 A국을 공격할 수 있어 전쟁으로 이어질 가능성이 있다.

넷째, 상대방 국가(B)의 의도가 공격 의도인지 방어의도인지를 구별할 수 있는 상황에서 경쟁관계에 있는 국가(A)가 방어하는 것이 유리한 경우이다. 이 경우는 매우 안전한 상황이다(doubly safe).

이와 같이 저비스는 안보 딜레마를 공격-방어형으로 세분하여 설명하면서 국가의 힘을 군사력 위주로 설명하고 있다. 저비스에 따르면 어느 국가가 공격 우위인가 또는 방어 우위인가를 결정짓는 것은 어떤 군사 기술력(technical capabilities)에 우위가 있는가, 또 지리적으로 공격이 유리한가 아니면 방어가 유리한가에 달려있다. 저비스의 이론은 안보딜레마 이론을 한층 더 발전시킨 것으로서 안보 딜레마의 위험으로부터 벗어나거나 완화하기 위하여는 국가들의 안보강화 태도가 타국에 대해서 방어목적으로 식별될 수 있고 또 무기체계나 군사기술도 방어형으로 개발될 수 있다면 안보 딜레마로 인한 위험이 제거되거나 완화될 수 있다고 하는 것이다.

바. 반 에버라의 공격-방어 균형이론

반 에버라(Stephen Van Evera, MIT 교수)는 1999년 출간한 'Causes of War: Power and the Roots of Conflict'에서 기존의 안보 딜레마 이론을 토대로 공격-방어 균형이론 (offence-defense balance theory)을 발전시켰다. 공격-방어 균형이론이란 경쟁관계에 있는 한 국가가 먼저 공격하여 전쟁을 일으킬 가능성을 공격국가와 방어국가 간 군사력의 균형관계에서 고찰하는 것이다. 가장 기본적인 전제는 전쟁으로 인한 승리(conquest)가 쉽다고 판단할 때 공격(전쟁 도발)의 가능성이 높아진다(more likely)는 것이다. 반 에버라 교수는 자신의 공격-방어 균형이론을 기존의 안보 딜레마 이론과 구별하였다. 즉, 안보 딜레마 이론은 한 국가가 자국의 안보를 위한 즉 방어적 조치를 위해 취한 행동이 상대방을 자극하는 상황을 상정하고 있는 데 반해, 반 에버라의 공격-방어 균형이론은 국가가 방어적으로 안보조치를 강화하는 것뿐만 아니라 타국을 공격하려고 군사력을 강화하는 경우도 있다고 보는 것이다.

> I use 'offence-defense theory' for the hypothesis that war is more likely when conquest is easy, plus explanatory hypotheses that define how this causation operates. Another label for these ideas, "security dilemma theory" is a misnomer because the security dilemma- a situation where the means that states use to increase their security decrease the security of others-is not the only possible cause of offense dominance. **States may also develop offensive capabilities because they have aggressive aims unrelated to their security requirements.** These capabilities raise the risk of war by enabling conquest by their possessor and making others insecure, but the wars they cause do not stem from the security dilemma.[55]

반 에버라는 국제사회에서 전쟁이 발발할 수 있는 다섯 가지 상황을 가설(hypothesis)로 제시한다.

첫째, **전쟁의 결과에 대해 잘못된 낙관론**(false optimism)을 가질 때 전쟁이 일어날 가능성이 크다. 전쟁의 결과에 낙관하면서 전쟁의 비용을 과소평가하는 경우이다.

둘째, **도발하려는 국가**(the first side)가 공격에 우위를 가질 때 전쟁이 일어날 가능성이 크다. 이를 'Jumping the Gun'의 상황이라고 한다.

셋째, 국가들 간의 **상대적 힘의 크기가 급격히 변동할 때** 전쟁이 일어날 가능성이 크다. 상대적 힘이 급격히 변할 때 쇠퇴하는 국가는 자국의 이익을 지키기 위해 나중에 전쟁이 일어날 것으로 예견하고 더 쇠퇴하기 전에 지금 당장 전쟁을 하는 것을 성급하게 선택할 수 있다.

넷째, 자원을 가진 국가가 더욱 유리해지고 자원을 잃는 국가가 더욱 불리해지는 **축적적 자원**(cumulative resources)에 대한 경쟁은 전쟁으로 이어질 가능성이 크다.

다섯째, **정복**(conquest)이 용이할 때 전쟁이 일어날 가능성이 크다. 이 상황은 전쟁의 가장 중요한 원인(master cause)이다. 국가들은 자국이 먼저 상대국을 공격하여 정복에 성공할 가능성이 높아지면 상대국의 확장정책에 강력하게 저항한다. 국가들은 자국이 상대방 국가를 먼저 공격하는데 우위가 있는 경우에 상대방 국가의 힘이 증대되는 상황이 되어 자국의 취약성이 커지게 되면 이때 예방 전쟁 또는 선제 전쟁의 가능성은 커진다.

---

55 Stephen Van Evera, *Causes of War: Power and the Roots of Conflicts*, Cornell University Press(1999), p.117.

War is far more likely when conquest is easy. Easy conquest is a master cause of other causes of war, raising all the risk they pose. States adopt more expansionist foreign policies, for both defensive and opportunistic reason, when conquest is easy. They resist other states' expansion more fiercely. First-move advantages and windows of opportunity and vulnerability are larger, hence preemptive and preventive wars are more common. [56]

반 에버라는 전쟁발발 가능성에 관한 상기 가설을 바탕으로 공격-방어 균형이론을 전개하면서 종래 현실주의자들이 사용하던 총체적 힘(gross quantities of power)의 개념을 군사적인 것에 초점을 맞추어 사용하고 있으며, 군사적인 힘도 공격 능력과 방어 능력을 구분하고 있다. 반 에버라는 더 나아가서 공격 능력도 1차적으로 먼저 공격하는 선제공격 능력과 1차 공격받은 후 다시 보복할 수 있는 2차 공격 능력을 구별하여 사용한다. 또한 부상하는 국가(rising power)와 쇠퇴하는 국가(waning power)를 구별하고, 상대적 힘의 변화에서 이익을 얻는 국가를 구별하고 있다. 반 에버라는 자신이 사용한 힘의 개념을 '미세하게 구분된 힘(fine-grained power)'이라고 부른다. 반 에버라는 신현실주의 이론에 입각해 power의 개념을 상대적인 것으로 파악 사용한다.

Realists compare gross quantities of power but rarely distinguish types of power. In contrast, this book addresses the fine-grained structure of power-that is, **the distribution of particular types of power**. We can **distinguish offensive power from defensive power**, and **the power to strike first from the power to retaliate after taking a first strike. We can further distinguish rising power, waning power, and the power to parlay gains into further gains.** The distribution of these capacities defines the fine-grained structure of power. I argue that the gross structure of power explains little; the fine-grained structure explains far more.[57]

반 에버라는 공격-방어 균형이론을 전개하면서 제1차 공격(first-strike)이 발발하는 원인과 제1차 공격을 막을 수 있는 방법(causes of, and cures for first-move advantages)을 제시하고 있다. 이와 관련, 제1차 공격을 하는 측이 유리한 4가지 조건을 분석하였다.

첫째, 급습의 성공 가능성(The feasibility of gaining surprise)이다. 공격하는 측에서 상대방 측에 발각되지 않고 공격할 수 있는 가능성의 문제이다. 이는 두 가지의 요소가 있다. 하나는 공격 측의 공격 속도이고 다른 하나는 공격받는 측의 조기경보 능력이다. 예

---

56 Stephen Van Evera, *Causes of War: Power and the Roots of Conflicts*, Cornell University Press(1999), p.6.

57 Stephen Van Evera, *Causes of War: Power and the Roots of Conflicts*, Cornell University Press(1999), p.8.

컨대 공격 측의 공격속도는 빠른데 방어 측의 경보 속도가 느리면 공격할 가능성이 높아진다.

둘째, 급습 공격이 가져올 양측간 군사력의 비율 변화(the effect of a surprise strike on the force between the two sides)이다. 급습 공격으로 양측의 군사력의 비율을 얼마나 공격 측에 유리하게 변화되는 지의 문제이다. 공격 측의 급습 이후 공격 측에 유리하게 군사력 우위의 비율이 변화한다면 급습의 가능성이 커진다.

셋째, 공격-방어균형(offence-defense balance)이다. 공격 측이 1차 공격이후에 일단 자국에서 유리하게 군사력의 비율을 변화시킨 후에 다시 이를 바탕으로 대상국을 정복시키거나 또는 방어할 능력이 있는가의 문제이다. 만약 1차 공격전에 공격 측과 방어 측이 1:2의 비율이었는데 1차 공격 이후 2:1이 되었다고 가정했을 때 다시 여기서 방어 측을 완전히 정복하는 데 2:1이면 충분할 경우에는 급습의 가능성의 커진다. 그러나 1차 공격 후에 방어 측을 완전히 정복하는 데 3:1 비율의 군사력이 필요하다고 하면 1차 공격의 이점이 없어진다.

넷째, 먼저 공격하는 측에 대해 국제사회의 패널티의 정도이다(the size of the political penality of first strikes). 국제사회가 먼저 공격하는 측을 침략자로 거세게 비난하는 경우에 공격하려는 국가는 공격으로 얻을 이익과 공격에 따른 비난을 비교하여 숙고하게 된다.

반 에버라의 공격-방어균형이론은 월츠나 다른 현실주의자들이 power라고 쓰는 국가의 총체적인 힘의 개념에서 벗어나 보다 구체적으로 군사적인 능력에 초점을 두고 전쟁을 억지할 수 있는 방안을 제시하고 있다. 이러한 관점에서 군사력을 공격형 군사기술과 방어형 군사기술을 구분할 수 있다고 보는 것이다. 반 에버라는 공격-방어균형의 관점에서 전쟁의 원인을 규명하고 나아가 전쟁의 도발을 방지할 실천적 방법을 찾고자 하였다고 하는데 의미가 있다.[58] 반 에버라의 분석에 따르면 전쟁 도발을 막기 위해서는 방어능력을 향상시켜 상대국의 공격을 신속히 막을 수 있도록 하고 상대국의 1차 공격을 받은 후에도 쉽게 정복당하지 않을 정도의 2차 공격능력이 남아 있다면 상대국의 도발을 막을 수 있다. 이러한 상황이 공격-방어가 균형을 이룬 상황이 되는 것이다.

---

58 반 에버라는 현실주의가 전쟁 방지라고 하는 국제정치의 현실적 문제에 대한 답을 주어야 한다고 역설하고 있다. Realism has been rightly criticized for failing to provide prescriptively useful explanations for the war problem. Even if Realist theories are valid, the argument goes, they are barren of solutions. Thus Robert Keohane complains that "Realism is better at telling us why we are in such trouble than how to get out of it." It "helps us determine the strength of the trap" set by international anarchy, "but does not give us much assistance in seeking an escape." This book offers Realist explanations that yield practical policy prescriptions. Stephen Van Evera, *Causes of War: Power and the Roots of Conflicts*, Cornell University Press(1999), p.8.

사. deterrence, spiral, or engagement model

안보딜레마의 틀에서 볼 때 부상하고 있는 국가가 현상타파적 국가인가 아니면 기존의 질서에 협력하는 현상유지적 국가인가를 분별할 수 있다면 불필요한 군비 경쟁과 갈등을 피할 수도 있다. 앨러스테어 존스턴(Alastair Johnston)은 이를 분별하기 위한 인디케이터를 제시하였다. 그 국가(부상하는 국가)가 국제공동체를 규율하는 국제기구/제도에 대한 참여도가 높은지 여부; 그 국가가 국제기구/제도의 규범을 잘 지키는지 여부; 그 국가가 기회만 되면 국제기구/제도의 규범을 변경하려고 하는지 여부; 그 국가가 국제사회의 힘이 분포를 바꾸려고 하는지 여부; 국제사회의 힘의 분포를 바꾸기 위해 군사력을 사용하려고 하는지 여부를 체크해 보는 것이다.[59]

안보딜레마 이론의 관점에서 본다면, 만약 국가가 상대방 국가에게 위협 의도가 없이 방어적이며 선량하다는 것(benign intention)을 보여줄 수 있다면 안보딜레마에 빠지는 것을 막을 수 있다. 이러한 목적에서 국가가 상대방에게 협력과 양보의 자세를 보여주는 전략으로 랜달 슈웰러(Randall Schweller)는 GRIT(Graduated and Reciprocal Initiatives in Tension-Reduction, 점진적 상호 긴장완화 전략)를 강조한다.[60] 이 전략은 국가가 상대방 국가의 신뢰(trust)를 얻기 위하여 초기에 비용이 들더라도 양보하면서 협력의 과정을 통해 긴장 완화를 추구하는 것이다.

전통적인 안보 딜레마 이론에서 설정한 상황은 결과적으로 두 가지의 모델로 귀결된다. deterrence model(억지)와 spiral model(악화)이다.[61] deterrence는 위협으로 부상하는 국가가 기존 강대국에 의해 저지되는 경우이다. spiral은 경쟁과 갈등이 계속 악화되는 상황이다. 신고전현실주의자 랜달 슈웰러는 이에 하나의 모델을 하나 더 추가시켰다. 즉, engagement model(포용)이다.[62] 새로 부상하는 국가가 제한된 현상타파(limited aims revisionist)일 때 기존 강대국이 취할 수 있는 가장 적절한 대응책이라고 보는 것이다. engagement 정책은 일종의 유화정책(appeasement)으로서 새로 부상하는 국가의 요구에 대해 강압적 수단을 사용하지 않고 타협을 통해서 어느 정도 요구를 수용하고 평화적인 질서 변경을 도모하는 것이다.

---

59 Alastair Johnston, "Is China a Status Quo Power", *International Security* 27, No. 4(Spring 2003).

60 Randall L. Schweller, *Unanswered Threats*, 2006, p.34. 원래 GRIT이론은 1962년 Charles Osgood이 제창하였다.

61 Robert Jervis, *Perception and Misperception in International Politics*, 1976, chapter 3.

62 Randall L. Schweller, *Unanswered Threats*, 2006, p.33.

The strategy of engagement refers to the use of noncoercive means to ameliorate the non-status quo elements of a rising power's behaviour. The goal is to ensure that this growing power is used in ways that are consistent with peaceful and global order. A common form of engagement is the policy of appeasement(a subset of engagement), which attempts to settle international quarrels by admitting and satisfying grievances through rational negotiation and compromise, thereby avoiding the resort to an armed conflict which would be expensive, bloody, and possibly very dangerous. Engagement is more than appeasement, however. It encompasses any attempt to socialize the dissatisfied power into acceptance of the established order. The basic idea behind engagement is that close contacts between nations increase communication, understanding, and interdependence, which, in turn, promote peace and harmony. Relying primarily on promises of rewards rather than the threat of punishment to influence the target's behavior, engagement seeks to embed or bind the rising power within a network of multilateral alliances and institutional arrangements.[63]

▼ 생각해 볼 문제 ▼

1. 월츠는 양극체계가 다극체계보다 안정적이라고 주장한다. 그러나 냉전 이후에도 국제 사회는 대규모 전쟁이 없는 안정을 누리고 있다고 볼 수 있다. 월츠가 양극체계가 더 안정적이라고 하는 이유는 무엇인가? 냉전 종식 이후 현재의 세계가 안정적인 이유는 무엇이고 불안정 요인은 무엇인가?

2. 미어샤이머의 공격적 현실주의 이론과 지역 패권이론을 설명하고 미중관계와 미국의 대아시아 정책(Pivot to Asia)을 설명하시오.

3. 월츠의 동맹론과 월트의 동맹론의 차이를 설명하시오. 한미동맹의 체결과정을 설명하고 월츠의 동맹론과 월트의 동맹론을 적용하여 설명하시오.

4. 청일 전쟁(1894-1895)과 러일 전쟁(1904-905)의 발발 과정을 설명화고 당시 일본의 동아시아 전략을 방어형 현실주의 혹은 공격형 현실주의에 각각 적용하여 설명하시오.

5. 미국의 트럼프 대통령은 미국 우선주의 입장에서 오바마 대통령과 달리 중동에서의 철수 등을 공언하면서 고립정책으로 돌아갈 것처럼 보였으며 실제로 중동에서 미군을 상당 부분 철수시켰다. 그러나 이란과의 핵합의를 파기하였다. 트럼프의 행정부의 이러한 입장을 미어샤이머의 공격형 현실주의로 설명하시오.

---

63 Randall L. Schweller, *Unanswered Threats*, 2006, p.36.

6. 반 에버라가 주장한, 전쟁이 일어날 수 있는 가능성에 대한 가설 중 급습이론을 1950년 한국전쟁시 북한의 기습 남침에 적용하여 설명하시오.

5 신고전현실주의(Neoclassical Realism)

가. 신고전현실주의의 관점

신현실주의 이후에 등장한 신고전현실주의는 신현실주의가 주장하는 대로 국제체계가 국가들의 행동에 영향을 미친다는 점을 인정하지만 국제체제의 틀만으로는 국가들의 대외적 행동이 설명될 수 없다고 본다. 신고전현실주의에 따르면 국제체계의 구조적 특성이 국가들의 행동을 일률적으로 결정하는 것이 아니며 각 국가들이 추구하는 이익(이해관계) 및 그 국가들의 내부적 특성이 함께 작용한다는 것이다. 신고전현실주의자들은 무정부적 상태의 국제사회에서 국가들 간의 힘의 배분 구조가 독립변수로 주어진 상황에서도 국가들의 외교적 선택이 항상 같은 것은 아니고 국가의 외교적 선택은 그 국가의 내부 상황에 따라 달라진다고 본다. 따라서 신고전현실주의자들은 국제 시스템 분석만이 아니라 시스템을 이루고 있는 국가 단위체(units) 차원의 분석이 필요하다고 보는 것이다. 단위체 차원의 분석을 위해서는 각 국가들의 특성을 보아야 하며 각 국가들의 특성에는 각 국가들의 이해관계(이익)에 대한 분석이 중요해 진다.

나. 국가의 이해관계 분석: 현상유지인가 현상타파인가

신고전현실주의자 랜달 슈웰러(Randall L. Schweller)는 국가들이 무정부적 국제체제에서 추구하는 것은 월츠가 주장하듯이 기본적으로 안보(security, survival)이기는 하지만 안보가 충족되면 그 이상의 것을 추구하기도 한다고 본다. 국가들이 무엇을 추구하는가는 국가의 이익(interests, 이해관계)에 따라 현상유지 혹은 현상타파로 나누어진다.[64] 국가의 이해관계는 현재의 국제질서에 만족하는지 또는 만족하지 못하는지에 달려있다. 각 국가들이 현재의 국제질서에 만족하느냐 혹은 만족하지 못하느냐에 국가들의 이해관계가 달려있으며 이것이 각 국가들의 특성이 된다(the character of the units: state interests). 현재의 질서에 만족하는 국가는 현상유지(status quo)를 원할 것이며, 현재의 질

---

64 Randall L. Schweller, *Deadly Imbalances: Tripolarity and Hitler's Strategy of World Conquest*, Columbia University Press 1998.

서에 만족하지 못하는 국가는 질서재편(revision)을 위해 현상 타파를 시도하게 될 것이다. 국가들이 국제관계에서 추구하는 것은 국제체계에서 국가들의 상대적 힘에 의해서만 결정되는 것이 아니라 국가들의 이해관계에 따라 나타나는 특성에도 좌우된다는 것이다. 슈웰러는 현재의 국제질서에 대한 국가들의 이해관계(이익, interests)를 좀 더 세분화하여 무제한적 재개편(ultimate-aims revisionist, 무제한적 현상타파), 제한된 재편(limited-aims revisionist, 제한된 현상타파), 무관심(indifferent), 현상유지 지지 및 제한된 재편 수용(support status quo/accept limited revision), 강력한 현상유지지지(strongly support status quo)로 세분한다. 현재의 국가질서에 만족하는 국가들은 현상을 유지하려는 동맹 측에 가담하게 되고 현재의 질서에 불만인 국가들은 부상하는 국가를 중심으로 질서를 재편하려는 동맹에 가담하게 된다.

> Satisfied powers join the status-quo coalition, even when it is the stronger side; dissatisfied power, motivated by profit more than security, bandwagon with an ascending revisionist state.[65]

월츠는 국제사회에서 부상하는 강대국에 맞서서 자연스럽게 균형잡기가 일어난다고 보는데 비해 랜달 슈웰러는 국가들의 이해관계에 따라 현상유지 진영에 가담하는 국가도 있지만 부상하는 강대국에 편승하는 국가들도 있다고 본다.

다. 강대국의 분류와 국제체제

랜달 슈웰러는 강대국(Great Powers)을 1급 강대국과 2급 강대국(준강대국)으로 구분하고 있다. 1급 강대국(Great Powers of the first rank)은 국제체제의 극(poles)의 수를 결정지을 정도의 강력한 힘을 가진 강대국이다. 그 밑에 1급 강대국들 보다는 힘이 약하지만 그래도 강대국에 속하는 나라들은 2급 강대국(준강대국, LGPS: Lesser Great Powers, Great Powers of the second rank)으로 분류한다.[66] 1급 강대국에는 국제체제에서 가장 강한 강대국과 가장 강한 강대국이 가진 군사력의 50% 이상을 가진 강대국들이 포함된다. 나머지 강대국들은 2급 강대국에 해당한다.[67] 만약 어느 국제체제에 극이 세 개가 있다면 어

---

65 Randall L. Schweller, *Deadly Imbalances: Tripolarity and Hitler's Strategy of World Conquest*, Columbia University Press, 1998.

66 국내에서는 랜달 슈웰러의 1급 강대국을 강대국, 2급 강대국을 준강대국으로 번역하기도 한다. 랜달 슈웰러가 말하는 1급 강대국은 미소 양극체제시의 초강대국보다는 완화된 기준을 사용한다.

67 랜달 슈웰러는 국가들의 힘을 논함에 있어서 군사력 위주의 힘을 논한다. 그는 Correlates of War (COW) 지수를 사용하는데 이는 military (forces in-being), industrial (war potential), demographic (staying power and

느 두 극의 군사력의 힘의 합은 다른 한 극의 힘을 능가하여야 한다. 2급 강대국은 중견 국가들이나 여타 약소국들과 달리 상당한 군사력을 가지고 있는 국가를 의미하며 국제 체제가 불안정할 때에는 국제체제를 안정시키는 역할을 할 수 있고 극간에 균형이 존재 할 때에는 어느 한쪽과 편을 잡음으로써 극의 순위를 바꾸는 kingmaker의 역할을 할 수 있다. 2급 강대국의 이러한 역할은 3극체제에서 가장 중요하며 4극체제에서도 어느 정 도 역할은 가능하다고 본다.[68]

　　랜달 슈웰러에 따르면, 1890년에는 영국, 미국, 독일, 러시아, 프랑스의 5극 체제였 고, 제1차 세계대전이 일어나기 전(1900년-1913년) 기간에는 미국, 독일, 영국, 러시아 의 4극 체제였고, 제1차 대전 이후 1920년대는 미국의 1극 체제였고, 제2차 세계대전 이 일어나기 직전인 1938년에는 미국, 독일, 소련의 3극이 있었다고 본다. 그러나 제2 차 세계 대전 발발 직전에 미국은 유럽의 문제에 대해 고립주의를 취하고 있었고 2급 강대국이었던 영국과 프랑스가 동맹으로서 실제로서는 독일, 소련, 영·불의 3극 체제 모양을 이루고 있었다고 본다. 독일은 1930년대 초에는 2급 강대국이었으나 이후 급속 한 군비강화로 1930년대 중반부터는 1급 강대국의 힘을 가지고 있었다고 본다.[69] 이러 한 힘의 분포(distribution of capabilities)의 상황에서 독일은 무제한의 현상타파(unlimited- aims revisionist)를 추구하였고, 소련은 제한된 현상타파(limited-aims revisionist)를 추구하 였고, 미국은 초기에는 무관심(indifference)의 입장이었다. 영국은 1930년대 현상유지 적 입장에서 제한된 현상변경을 수용하고자 하였으나(Support Status Quo/Accept Limited Revision), 이후 전쟁 발발 직후에는 강력한 현상유지의 입장(Strongly Support Status Quo) 이 되었다. 프랑스는 1930년대 강력한 현상유지를 지지하였으나 영국이나, 독일에 비

---

　　war-augmenting capability)을 종합적으로 고려한 것이다.

68　In sum, the high capability concentration in bipolarity and the low capability concentration in multipolarity suggest that it is unlikely that LGPs will appear in either system and/or, if they do exist, that they will have a significant effect on the stability of the system. Conversely, the moderate concentration of power in tripolar and quadrupolar systems (and to a far lesser extent, unipolar systems) is conducive to the existence of LGPs in sufficient numbers and strength to affect the power situation among the poles. The impact of LGPs on system stability and alliance patterns will be greatest, however, under tripolarity.

69　당시에 최고 강대국의 상대적 힘(군사력 위주)의 힘을 5로 했을 때 영국의 힘(capabilities)은 1933년 1.73, 1938년에 2.1, 1939년에 2.6. 1940년에 2.27이라고 하였고, 독일은 1933년에 1.53이었으나 그 후 급증 하여 1935년 2.71로서 1급 강대국이 되었고 계속 힘이 증가하여 1938년에 4.0, 1939년에 4.95, 1940 년에 4.17이었다. 프랑스의 힘은 1930년대 1.5-1.8 사이 이었다. 미국은 1930년대 항상 5.0(1938년만 4.58)이었다. 따라서 1940년에는 미국, 소련, 독일의 3극 이었으나 실제로는 미국은 유럽 문제에서 벗어나 있었고 영국과 프랑스가 동맹관계이었으므로 영불, 소련, 독일의 3극체제 모양을 하고 있었다고 본다. 영국 의 힘의 추이에서 보면 영국은 1939년 일시적으로 1급 강대국의 지위를 갖고 있었음을 알 수 있다.

해 힘이 약한 2급 강대국이었다. 제2차 대전 발발 직전에 유럽의 세력균형은 독일, 소련, 영·불 간 3극체제 모양으로 균형이 이루어졌으나, 독일이 소련과 동맹(불가침 조약)을 맺음으로써 3극간 균형은 깨어졌다고 분석한다. 이와 같이 랜달 슈웰러는 국제정치를 분석함에 있어서 강대국들의 상대적인 힘의 크기(capabilities)와 함께 이해관계(interests, 이익)를 함께 고려한다.

랜달 슈웰러는 극의 수에 따른 체제의 일반적 안정성 문제와 관련하여, 일극 제체와 양극체제는 각 극의 내부적 균형잡기만으로 세력균형이 달성될 수 있기 때문에 일반적으로 안정된다고 하며, 다극체제에서는 동맹을 통한 균형잡기가 일어나기 때문에 상대적으로 더 불안정할 수 있다고 본다. 그러나 다극체제만 놓고 보면 극의 수가 많을수록 대항 동맹의 가능성이 더 커지기 때문에 더 안정되며 국지적 분쟁이 세계 차원의 분쟁으로 비화될 가능성이 적어진다고 한다.

> **Uni– and bipolar distributions are generally acknowledged to be the most stable systems** because balancing is accomplished by internal rather than external means. By contrast, balancing in multipolar systems requires coalition formation. As a result, the stability of multipolar systems is low to moderately stable, depending on the number of poles: even numbered systems are more stable than odd–numbered ones. **Under multipolarity, however, stability increases as the number of poles grows because there will be more blocking coalitions, greater interaction opportunities, and greater alliance flexibility.** In addition, as the number of poles increases, so too does the chance of maintaining a divisible peace, that is, local conflicts are less likely to explode into system–wide war.[70]

라. 3극체제 이론

길핀, 월츠, 카플란 등 국제정치의 주요 이론가들은 3극체제가 불안정하다고 생각했지만 랜달 슈웰러는 3극체제(Tripolar System)가 극을 이루는 국가들의 이해관계와 힘의 역학관계에 따라 불안정할 수도 있지만 안정될 수도 있다고 본다. 랜달 슈웰러는 냉전 종식 이후에 국제체제가 3극체제로 갈 수 있다고 보고, 3극체제를 구체적, 도식적으로 분석한다.[71] 슈웰러의 3극 체제 분석은 신고전현실주의자의 입장에서 국가들의 상대적

---

70   Randall L. Schweller, *Deadly Imbalances: Tripolarity and Hitler's Strategy of World Conquest*, Columbia University Press, 1998.

71   랜달 슈웰러는 1998년 저서에서 냉전 이후의 3극체제는 미국, 독일, 일본의 3극으로 갈 수 있다고 예측하였지만 2021년의 현재로는 미국, 중국, 러시아가 가장 강력하며, 일본과 독일은 아직 2차 대전의 패전국으로 미국의 주도에 묶여있다. 오늘날 체제를 미국 1극 체제로 볼 것인가 아니면 미국, 중국, 러시아, 영국, 독일,

힘의 크기와 함께 3극을 이루는 국가들의 이해관계를 함께 고려한 것이다. 랜달 슈웰러는 3극 체제를 각 극의 힘의 분포에 따라 아래 5개의 유형으로 분류한다.

1. A = B = C
2. A 〉 B = C, A 〈 B + C
3. A 〈 B = C
4. A = B + C, B = C
5. A 〉 B 〉 C, A 〈 B + C

첫째, 3극의 힘이 모두 같은 경우에 3개의 극이 모두 현상유지 정책을 취한다면 가장 안정될 것이다. 어느 한 극이 현상타파 정책을 취하여 다른 한 극을 공격하여 정복하려고 하면 제3자의 극은 자신의 안보를 위해 개입하게 될 것이다.

둘째, B와 C극의 힘이 같고 A극이 B나 C보다 힘이 큰 경우에 만약 B와 C가 서로 적대적이고 A가 현상유지 국가라면 A는 밸런서 또는 킹메이커의 역할을 할 수 있다. 20세기 이전 영국이 바로 이러한 입장에 있었다고 할 수 있다. 만약 A, B, C가 모두 현상타파 국가일 때에 각각의 국가는 서로 동맹을 구하여 혼자 남은 다른 하나를 공격하려고 하게 된다. 이 경우 A는 희생물이 될 수가 있다. B나 C는 자기보다 힘이 센 국가와는 동맹을 맺으려고 하지 않으려고 하기 때문이다. 왜냐하면 큰 국가와 동맹을 맺고 정복에 성공한 이후에 지불해야 할 비용은 작은 국가와 동맹을 맺은 후 지불해야 할 비용보다 더 크기 때문이다. 윌리엄 겜슨(William Gamson)의 'Cheapest Winning Coalition Theory'에 따르면 동맹에 참여하는 국가들은 자국이 동맹에 기여한 것에 비례하여 타 동맹국에 대해 대가를 요구하기 때문에 국가들은 동맹국을 찾을 때 승리할 수 있는 수준 이상의 자원을 기여할 수 있는 국가 중에서 가장 작은 기여만 하는 국가를 선택하여 추후 자기의 몫을 확대하려고 한다는 것이다.[72]

프랑스, 일본 등의 다극 체제로 볼 것인가 아니면 미국 1극에 보통 강대국이 다수 있는 체제로 볼 것인가는 논쟁의 여지가 있으나 미국이 최고의 패권을 갖고 러시아와 중국이 견제하고 중국이 부상하는 체제이다.

72 This is the logic behind William Gamson's theory of the "cheapest winning coalition." Under the assumption that "any participant will expect others to demand from a coalition a share of the payoff proportional to the amount of resources which they contribute to a coalition," Gamson deduces the logic of the cheapest winning coalition:

When a player must choose among alternative coalition strategies where the total payoff to a winning coalition is constant, he will maximize his payoff by maximizing his share. The theory states that he will do this by maximizing the ratio of his resources of the total resources of the coalition. Since his resources will be the same regardless of which coalition he joins, the lower the total resource the greater will be his share. Thus, where the

세 번째의 경우, B와 C가 서로 적대적일 경우에 힘이 부족한 A는 밸런서 또는 킹메이커의 역할을 할 수가 없다. A가 현상타파적인 B(C)의 편을 든다고 해도 나중에 A는 B(C)에게 정복당하게 된다. B와 C가 동맹을 맺어 A를 공격하면 A는 정복을 당하고 양측 간에 분할 당하게 된다.

네 번째의 경우는 구조적으로 대단히 안정적이다. 만약 A가 현상타파를 하려고 한다면 B와 C는 힘을 합쳐 A를 저지하려고 할 것이다. 만약 A가 현상유지 국가이고 B(C)가 현상 타파를 하려고 한다면 C(B)는 A와 힘을 합쳐 B(C)를 저지하게 될 것이다.

다섯 번째의 경우에는 3극이 모두 힘이 다른 경우이다. 어느 한 국가가 다른 나라를 공격하려고 하면 공격받지 않은 다른 나라는 공격받는 나라와 힘을 합치게 될 것이다. 만약 두 국가가 힘을 합쳐 다른 하나를 공격하여 정복한다면 정복에 성공한 후 연합국 중 약한 국가는 불리한 위치에 처하게 된다.

마. 국제체제의 구조변수와 매개변수로서의 국내정치

랜달 슈웰러(Unanswered Threats: Political Constraints on the Balance of Power, 2006년)는 국가의 대외적인 행동원인을 분석하는 데 있어서 국제체계의 구조변수(structural variables)와 더불어 단위체 수준(unit-level)의 변수를 함께 고려한다. 슈웰러는 국제체계를 독립변수로, 국내정치를 매개변수(intervening variables)로 하여 개별 국가들의 외교정책을 분석한다.[73]

> Sates assess and adapt to changes in their external environment partly as a result of their peculiar domestic structures and political situations. More specifically, complex domestic political processes act as transmission belts that channel, mediate, and redirect policy outputs in response to external forces.
>
> 국가들은 부분적으로는 그들의 특정한 국내 구조와 정치적 상황의 결과로서 그들의 외부 환경의 변화를 평가하고 적응한다. 좀 더 구체적으로 말하자면, 복잡한 국내 정치 과정은 외부 세력에 대응하여 외교 정책을 맞추고, 조정하고, 재설정하는 트랜스미션 벨트 역할을 한다.

신고전현실주의자들이 고려해야 한다고 보는 국내적 요소에는 지도자(state leadership)의 성향, 정책결정자들의 대외인식, 국내 조직(domestic institutions), 국내사회(domestic society), 국내적 전략문화(strategic culture), 국가-사회의 관계(state-society relations) 등이 포함된다.

---

total payoff is held constant, he will favor the cheapest winning coalition.

73 R. L. Schweller, *Unanswered Threats: Political Constraints on the Balance of Power,* 2006, p.6.

바. 랜달 슈웰러의 과소균형

월츠의 이론에서는 국가들은 자국의 안보를 위해 강력한 국가가 나타나면 이에 대항하여 자동적으로 세력균형으로 나아가게 되어 있다고 주장하지만, 월츠의 이러한 자동적 세력균형론은 왜 국제관계의 역사에서 세력균형에 실패하여 전쟁이 일어났는지 설명하지 못한다. 랜달 슈웰러(2006년)에 따르면 국가들은 상대방 국가의 의도와 이해관계를 제대로 파악하지 못하기도 하고 또 국내적으로 정치적 지도력의 부족이나 여론 분열 등으로 인하여 세력균형을 맞추는 데 실패하여 전쟁이 발발하기도 하고 세력균형을 맞추는데 실패하여 국가가 망하기도 한다고 한다. 슈웰러는 세력균형(balancing)을 네 가지의 형태로 분류하였다.

첫째, **적절한 균형**(Appropriate balancing)은 국가가 상대방 국가의 의도를 정확히 간파하고 이에 적절히 대처하는 경우에 나타난다. 둘째, **초과균형**(Inappropriate balancing or overbalancing)은 국가가 상대국의 의도를 과대평가하여 필요 이상의 자원을 동원하여 대응하는 것이다. 이는 불균형을 초래한다. 셋째, **과소균형**(underbalancing)은 국가가 상대방 국가의 의도와 위협을 제대로 파악하지 못하거나 또는 국내적인 문제로 인하여 제대로 대처할 능력이 못되어 충분한 대응을 하지 못하여 발생하는 것이다. 넷째, **무균형**(Non-balancing)은 국가가 무능력하거나 또는 상대방의 힘에 직접 맞서지 않고 **책임전가**(buck-passing), **편승하기**(bandwagoning), **거리두기**(distancing), **묶기**(binding) 등의 정책을 취할 때 나타난다.

책임전가(buck-passing)는 외부(A)로부터 위협이 있을 때 위협받는 당사국(B)이 직접 대처하는 것이 아니라 타국(C)이 대처하도록 하는 것이다. 책임전가의 주요 전제는 책임전가를 하는 국가(B)와 책임을 맡는 국가(C) 간의 동맹의 힘이 위협 국가의 힘에 맞설 수 있을 정도가 되어야 하고(A=B+C, 또는 A⟨B+C), 위협국에 맞서는 것이 공동의 이익이 된다는 하는 것에 대해서 책임을 전가하는 국가와 책임을 맡는 국가 간에 공동의 인식이 있어야 한다. 책임을 전가하는 국가는 책임을 맡는 국가(defending state)가 전쟁 초기의 타격을 잘 막아내어 위협국의 힘이 빠지기를 기다리며 시간을 버는 것이다.

편승(bandwagoning)은 위협이 되는 강대국에 대항하는 것이 아니라 그 위협적인 강대국의 편에 서는 것이다.[74] 이렇게 편승 행동을 하는 이유는 현재 위협에 맞설 힘이 없어서 우선 위협적인 강대국의 편에 편승하여 자국의 안보를 지키고 나중에 더 큰 우호

---

74 랜달 슈웰러의 설명을 보자. Balance of threat's definition as "aligning with the source of danger" or "giving in to threats" only encompasses the coercive or compulsory aspect of the concept, captured by the phrase: "If you can't beat 'em, join 'em."

적 강대국이 나타나기를 기다리려는 의도이거나 아니면 위협적 강대국의 편으로 동맹을 맺어 자국의 이익을 얻으려고 하는 것도 있을 수 있다. 제한된 현상타파를 원하는 국가가 현상타파를 하려는 강력한 강대국에 편승하여 자국의 이익을 챙기려고 하는 것을 Jakal Bandwagoning이라고 한다. 이태리가 1940년에 독일의 편에서 프랑스에 선전포고 한 것은 전형적인 이 경우에 속한다고 할 수 있다.[75] 1945년 제2차 세계 대전 말기에 이미 연합국의 승리가 확실해진 상황에서 소련이 자기 몫을 챙기기 위해 일본에 선전포고를 한 것은 Piling on bandwagoning라고 한다. 부상하는 강대국이 **미래의 대세**(wave of the future)라고 믿고 편승하는 경우도 있다. 제2차 세계대전 후에 공산주의가 미래의 대세라고 보는 시각이 있었다. 앞으로 중국이 대세라고 믿고 중국에 편승하려는 국가들이 나올 수도 있다.

　거리두기(distancing)는 위협이 되는 강대국에 대해 맞설 힘이 없는 국가들 중에 덜 직접적으로 위협받는 국가가 직접적으로 위협을 받고 있는 국가와 거리를 두는 것이다. 거리두기는 위협국의 요구를 수용하는 유화정책이라고도 할 수 있다. 거리두기 정책을 취하는 이유는 위협이 되는 강대국에 대해 나머지 국가들이 힘을 합쳐도 이에 맞설 수가 없는 상황이기 때문이다. 여러 국가들이 힘을 합쳐도 위협에 대처하지 못하는 상황에서 희생이 되는 국가와 힘을 합치려고 시도하는 경우에 오히려 위협이 되는 강대국을 자극하여 더 위험해 질 수 있기 때문이다. 1938년~1940년간 영국은 나치 독일의 위협에 처한 프랑스에 대해 거리두기를 하면서 독일에 대해서는 유화정책으로 대응하는 동시에 영국 내부적으로는 재무장을 추진하는 이중정책을 취하였다고 분석한다.

　묶기(binding)는 위협이 되는 강대국이 부상할 때 어느 정도의 힘을 가진 국가가 위협이 되는 강대국과 연합하여 그 위협 국가의 정책과 행동을 제한하려고(bind the rival) 하는 것을 말한다. 1990년 독일의 통일 이후에도 독일을 NATO에 잔류토록 한 것은 그러한 예라고 할 수 있다. 즉, 위협국과 동맹이 되어서 그 동맹 안에서 위협국에 대해서 목소리를 내는 기회를 노리는 것이다(voice opportunities). 오늘날 다자적 집단안보체제(collective security system)는 위협 국가를 묶는 역할을 하고 있다고 할 수 있다.

　랜달 슈웰러는 국제정치의 현실에서 국가가 외부의 위협적 힘에 대해서 충분히 균형을 이루지 못하고 실패하는 **과소균형**(underbalancing)의 현상이 나타난 이유를 국내적 요인에서 찾았다. 슈웰러는, 국가가 외부에 강력한 위협 세력이 등장하였는데도 적절히 대처하지 못하게 되는 중요한 이유를, 국내적으로 낮은 사회적 결집력(low social

---

75　Mussolini's declaration of war on France and Russia's entry into the war against Japan in 1945 illustrate this type of bandwagoning, as do Italian and Romanian alliance choices in World War I. By joining what they believed was the stronger side, each hoped to make territorial gains at the end of the fighting.

cohesion), 또는 국내 엘리트 간의 분열(divided elites)에서 찾았다.

월츠는 새로운 강대국이 출현하면 여타 약한 국가 국가들이 강대국에 맞서 균형이 이루어진다고 보았지만 슈웰러는 강대국이 출현할 경우에 국가들이 강대국에 맞서는 경우도 있지만 자국의 이익에 따라서 강대국에 편승하기도 한다고 지적했다. 실제로 제2차 세계대전을 앞두고 독일이 강대국으로 부상하자 영국과 프랑스는 독일에 맞서 동맹을 맺었지만 이태리는 독일에 편승하여 독일의 동맹국이 된 것이다. 국가들이 자국의 이익을 위하여 자기보다 힘이 센 국가에 맞서 대항하기 보다는 힘센 국가에 편승하여 동맹을 맺기도 한다는 것이다. 슈웰러의 이론에 비추어 보면 방어 동맹(balancing for security)만 있는 것이 아니라 자국의 이익을 위해 강대국에 편승하여(bandwagoning for profit)는 공격형 동맹도 있다는 것이다. 이러한 슈웰러의 공격형 동맹이론은 국가들이 강대국에 맞서 방어형 동맹을 맺는다는 월츠 및 월트의 이론과 차이가 있다.

사. 사자, 늑대, 자칼, 매(부엉이), 타조의 비유와 이익균형론

슈웰러는 국가들이 추구하는 이해관계(interests, 이익)의 유형을 세분하여 강력한 현상타파(재편), 제한된 현상타파(재편), 무관심, 현상유지, 강력한 현상유지로 구분하고 이를 다시 국가들의 힘의 크기에 따라 구분하였다. 강대국(1급 강대국)으로서 강력한 현상유지를 원하는 나라는 **사자**(lion)로 비유된다. 사자에게는 자기 자신(자기가 가진 것)을 지키는 것(self-preservation)도 중요하지만 현재의 질서를 유지하는 것도 중요하다. 사자는 현재의 질서를 지키기 위해서는 강력한 힘이 있어야 한다. 제2차 세계대전에서 독일에 맞서 기존 국제질서를 유지하려던 영국이 이와 유사하다고 볼 수 있다. 그러나 제2차 세계대전 전 1930년대 대부분의 시기에 영국은 2급 강대국이었으며 독일에 대해 유화적 입장을 취한 비둘기(dove)에 해당했었다고 본다. 한편, 강력하게 현상유지를 원하나 사자보다는 힘이 약한 국가들(2급 강대국과 중견국)은 **매**(hawk)나 **부엉이**(owl)로 비유된다. 1930년대 프랑스가 이에 해당한다고 볼 수 있다. 그들은 자기들의 적(rival)을 강력한 힘으로 저지해야 한다고 믿는다. 이들 국가들은 적이 나타나면 맞서 싸우려고 하며 때로는 불필요한 전쟁에 휘말리기도 한다. 약소국으로 자국을 지킬 힘이 없는 나라는 **양**(lamb)에 비유되며, 1930년대 체코슬로바키아, 루마니아, 오스트리아, 유고슬라비아가 여기에 해당한다.

강대국(1급 강대국 및 2급 강대국)으로서 강력한 현상타파를 원하는 국가는 **늑대**(wolf)로 비유된다. 제2차 세계대전을 일으킨 독일이 이에 해당한다. 강대국(1급 강대국)으로서 제한된 현상타파를 원하는 강대국은 **여우**(fox)에 비유되며 기회주의자로서 매우 교활하게 행동한다. 1930년대 소련이 이에 해당한다. 제한된 현상타파를 원하는 나라(2급 강대국, 중견국, 여타 국가)는 **자칼**(jackal)로 비유되며 제2차 세계대전 당시 이태리와 일본이 이에 해당된다. 아래의 도표는 이해를 돕기 위해 랜달 슈웰러(Randall Schweller)의 저서에서 그대로 인용한 것이다.[76]

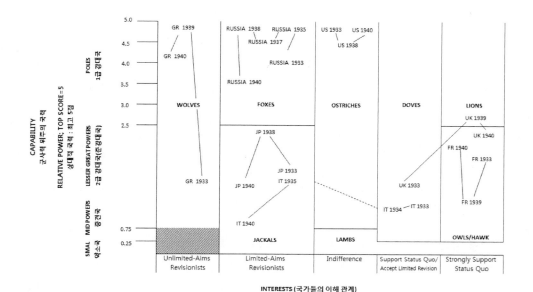

강대국(1급 강대국 및 2급 강대국)으로서 고립주의적 입장을 취한 나라는 **타조**(ostrich)로 비유된다. 제2차 세계대전 전의 미국이 이에 해당한다. 타조형 국가는 잠재력(power potential)은 있으나 그 힘을 사용하지 않는다(do not activate). 미국은 1923년 먼로선언 이래 고립주의를 외교정책의 기조로 삼았고 제2차 세계대전 전 미국은 고립주의를 택하였다. 전통적인 고립주의하의 미국의 경우이다. 타조는 방어용으로만 힘을 사용한다. 슈웰러는 그 밖에도 제한적인 현상유지(제한된 현상변경 수용)를 취하려는 국가들을 비둘기로 비유했다. 슈웰러의 이러한 동물에 비유한 국가의 유형 분류는 국가들이 일률적으로 방어 또는 공격 정책을 취한다는 것이 아니고 자기들이 가진 상대적인 힘과 그들이 추구하고자 하는 이해관계(이익)에 따라 국가들의 유형이 분류된다는 것이다.

슈웰러는 이러한 국가들의 동맹 선택은 자국의 이익(이해관계)에 따라 결정하는 것

---

76 Randall Schweller, *Deadly Imbalances: Tripolarity and Hitler's Strategy of World Conquest*, Columbia University Press 1998, p.85. I thank Prof. Schweller.

이라고 보고 이러한 자신의 동맹이론을 기존의 동맹이론과 차별하여 동맹에 관한 대안이론(An Alternative Theory of Alliances: Balance of Interests)이라고 하면서 '**이익균형이론**(Balance of Interests Theory)'이라고 명명하였다. 이익의 균형이란 국가가 자국의 단위체 수준에서 현상타파 또는 현상 유지에 따른 비용과 이익(이해관계)을 비교하고 또 국제체제 수준에서 자국의 상대적 힘에 따라 현상타파 또는 현상유지에 따르는 비용과 이익(이해관계)을 계산하여 행동한다는 것이다. 예컨대, 사자형 국가는 자국이 가진 것을 지키기 위해 큰 비용도 지불하려고 하지만 더 많은 것을 얻기 위해서는 큰 비용을 지불하려고 하지 않는다. 또한 사자형 국가는 자국이 가진 것을 지키기 위해 비용을 지불하려고 하지만 동시에 현재의 국제질서를 지키기 위해서도 큰 비용을 지불하려고 한다.

> Lions are states that will pay high costs to protect what they possess but only a small price to increase their values. The primary goal of these states is consistent with contemporary Realism's assumption of actors as defensive positionalists and security-maximizers. But lions seek more than mere self-preservation. They are willing to pay high costs to protect and defend the existing international order.[77]

랜달 슈웰러는 국제체제의 균형은 현상타파 국가와 현상유지 국가 간의 힘의 균형에 의한 작용으로 보는 것이다. 예컨대, 현상유지를 하려는 강력한 사자가 없는 곳에서 현상유지를 원하는 매와 부엉이들(2급 강대국 및 중견국)은 서로 동맹을 맺어 위협에 대처하려고 할 것이다. 현상유지 국가의 힘이 더 강력할 때 체제의 균형은 유지된다. 현상타파국의 힘이 현상유지를 하려는 국가의 힘보다 더 강력할 때 체제는 변혁을 겪게 된다. 1815년 이후 유럽협조체제가 유지될 수 있었던 것은 나폴레옹의 정복 전쟁 이후에 유럽의 강대국들이 현상유지를 강력히 원했기 때문이라는 것이다.

실제 국제정치에서 상대방의 상대적 힘을 제대로 평가하고 그 국가가 추구하는 이익이 무엇인지를 제대로 파악하고 대처하는 것이 대단히 중요하다. 현상타파를 추진하는 늑대를 간파하지 못하고 비둘기로 행동한다면 **과소균형**(underbalancing)이 될 것이다. 제2차 세계대전 직전 늑대(wolf)인 독일의 현상타파에 맞서기에는 사자(lion)인 영·불 연합의 힘이 충분치 못했고 이런 상황에서 프랑스는 직접 독일에 맞서기 보다는 그 책임을 영국에 전가했다(buck-passing). 소련은 여우(fox)로서 독일과 불가침 조약을 맺었고 독일을 막을 수 있는 힘을 가진 강대국 타조(ostrich)인 미국은 유럽에 이해관계가 없었다. 이와 같은 이해관계와 역학관계 하에서 늑대인 독일의 힘과 이해관계에 대해 영불의 대응

---

77 Randall Schweller, *Deadly Imbalances: Tripolarity and Hitler's Strategy of World Conquest*, Columbia University Press 1998, p.67.

은 독일의 도발을 막기에는 부족한 과소균형이어서 제2차 세계대전이 발발한 것이라고 분석한다. 슈웰러의 이론은 신현실주의의 체계결정론인 국제체계이론의 단점을 보완하여 국가들이 상대적 힘과 이해관계에 따라 추구하는 것을 분석하고 나아가 구체적인 역사적인 사례로서 제2차 세계대전의 발발원인을 적실성 있게 분석한 데 의의가 크다.

▼ 생각해 볼 문제 ▼

1. 북한은 핵무기 개발과 탄도 미사일 개발로 인하여 유엔 안보리 및 미국으로부터 막중한 경제적 제재를 받고 있다. 북한의 핵무기 개발의 목표는 무엇일까? 방어적 현실주의자들의 이론처럼 북한은 자국의 생존이라는 안보를 위하여 방어적으로 핵무기를 개발하는 것일까? 아니면 현상타파를 원하는 것일까? 북한의 목표는 무엇이라고 보는가? 북한의 주장대로 북한은 미국이 자국을 위협한다고 믿는 것일까? 북한의 주장대로 한미 연합훈련은 북한에 대한 위협을 주는 것일까? 북한의 핵무기 개발과 제재강화 및 국제사회의 대북 강경조치를 저비스의 안보 딜레마의 이론으로 설명해 보자. 북한을 둘러싼 안보 문제를 반 에버라의 공격-방어 균형이론으로 설명해 보자.

2. 랜달 슈웰러의 강대국의 동물비유에서 오늘날 중국은 어떤 동물에 해당할까 생각해 보자. 이를 논하는 데 있어서 현재 중국의 군사력, 중국의 이익균형, 국내적 이익균형 및 국제적 이익균형 차원을 모두 고려하여 보자. 중국이 정말 현상타파를 원하고 있는 것일까? 중국이 현상타파를 원하고 있다면 그 목표는 무엇일까?

3. 한미 동맹에서 한국의 이익은 무엇이고 미국의 이익은 무엇일까? 미국이 한국과 동맹을 유지하는 이유는 무엇일까? 랜달 슈웰러의 신고전현실주의에서 입장에서 고찰해 보자.

4. 월츠의 동맹이론, 월트의 동맹이론, 랜달 슈웰러의 동맹이론을 비교해 보자. 한미동맹을 가장 잘 설명할 수 있는 이론은 무엇인가? 북한과 중국간의 동맹을 가장 잘 설명할 수 있는 이론은 무엇인가?

5. 오늘날 중국의 위협과 이에 대한 미국의 대응에 대해서 살펴보고 이를 반 에버라의 공격방어 균형이론으로 설명해 보자.

6 게임이론

가. 배신 또는 협력

게임이론은 원래 국제정치학자에 의해서 개발된 이론은 아니다. 그러나 게임이론은 무정부 사회인 국제사회에서 국가들이 협력(cooperation) 또는 배신(defect)을 선택할 때 고려하는 이익 계산의 구조를 보여주고 있기 때문에 국제정치학에서 활용된다. 가장 오래된 게임의 모델은 루소의 사슴사냥(Stag Hunting)이다. 상황의 설정은 다음과 같다. 무인도에 표류한 사람들이 먹을 것을 해결하기 위해서 다 같이 사슴(사람들이 다 같이 먹을 수 있는 큰 사슴)을 잡으러 산으로 올라가는데 이때 옆으로 조그만 토끼가 지나간다. 이 토끼를 본 사람은 두 가지 선택지를 가진다. 협력 즉 계속 사슴을 잡으러 함께 올라가는 선택, 또는 사슴사냥에서 떨어져 나와 혼자서 토끼를 잡으러 이탈하는 선택 중 어느 것을 선택할 것인지에 대해 선택지별로 손익을 보여준다.

개별 참가자(player)의 입장에서 보면 손익 분석은 다음과 같다. 혼자서 토끼를 쉽게 잡을 수 있다는 생각에 빠져서 배신을 할 가능성이 있다. 그러나 좀 더 냉철하게 손익분석을 해 보면 혼자서 토끼를 잡겠다고 배신을 하는 경우에 토끼잡이에 성공하면 작은 토끼 한 마리를 잡을 수 있지만 이는 여럿이 함께 사슴을 잡아서 나누는 것보다 이익이 적다. 또 토끼를 놓칠 수도 있다. 이와 같이 경우에 **우월전략(dominant strategy)은 협력의 전략 즉 사슴을 잡으러 함께 가는 것이다. 상호협력을 해서 얻는 이익이 배신하여 얻는 이익보다 월등한 경우이다.** 사슴사냥에서 플레이어들이 혼자 토끼를 잡기위해 배신하려고 한다면 그 이유는 다른 사람들이 협력을 하지 않을 수 있다는 불신이거나 또는 협력을 해도 자기에게 돌아올 몫이 없거나 너무 적기 때문일 것이다. 그러나 협력으로 기대되는 이익이 배신으로 기대되는 이익으로 더 우월한 것이 분명하면 플레이어들은 협력하는 방향으로 움직인다.

한편, **배신이 더욱 우월한 전략**이 되는 경우를 보여주는 것이 **죄수의 딜레마 게임**이다. 게임의 설정은 다음과 같다. 경찰이 두 명의 공범 죄수를 각각 별도의 방에 분리시켜 놓고 협상을 한다. 두 명의 죄수는 소통할 수 없어 서로 협의를 할 수 없다. 경찰은 각 죄수에 대해 만약 죄를 자백하면(타인 죄수에 대한 배신) 형기를 줄여주겠다고 하면서 자백을 유도한다. 만약 한 죄수는 범죄를 자백했는데 다른 죄수가 동료 죄수에 대해 의리를 지켜 끝까지 범죄를 자백하지 않으면 자백한 죄수는 바로 나올 수 있다. 그러나 혼자 의리를 지킨 옆방 죄수는 최악의 상황으로 10년을 살아야 한다. 둘 다 자백하면 각각 혼자 자백하는 것보다 못하지만 5년을 복역하므로 최악의 상황을 면할 수 있다. 둘다 의리를 지켜 범죄를 부인하는 경우에는 1년씩 감옥살이를 해야 한다. 이러한 상황에서 이상적인 최고의 선택은 둘 다 끝까지 죄를 부인(상호협력)하는 방안이지만 각 죄수는 동료 죄수와 소통이 되지 않고 신뢰할 수가 없어서 자신에게 닥칠 최악의 상황을 면하는 방향으로 행동하게 된다. 이러한 상황에서는 협력, 즉 동료 죄수에 대해서 의리를 지키고 자백하지 않는 것으로 얻는 기대 이익이 배신을 함으로써 얻는 기대이익보다 적다. 이 경우에는 배신의 전략(죄의 고백)이 우월전략(dominant strategy)이 된다.

한편, 치킨게임(겁쟁이 게임)에서는 두 명의 플레이어가 철로에 귀를 대고 누워있는 상황을 가정한다. 기차는 언제 올지 모른다. 둘 중 먼저 일어나는 사람이 지는 게임이다. 먼저 일어나는 것이 협력이고 끝까지 버티는 것이 배신이다. 이 경우에 먼저 일어나면 즉, 협력하면 겁쟁이라는 소리는 듣겠지만 그 창피함은 목숨을 잃는 것에 비하면 별것 아니다. 또 상대방도 기차가 오기 전에 나와 비슷한 시점에 일어날 가능성도 있다. 이 경우 둘 다 겁쟁이라는 소리는 듣게 된다. 그러나 끝까지 버티면 즉, 배신하면 게임에서 이기기는 하겠지만 죽을 수도 있다. 둘 다 죽을 수도 있다. 설사 죽기까지는 않는다고 하더라도 끝까지 버텨서 얻을 수 있는 기대 이익도 높지 않다. 끝까지 버텨서 얻는 기대 이익은 겁쟁이가 아니라는 소리를 듣는 것뿐이다. 즉, 배신의 경우 얻는 게 별로 없다. 따라서 치킨게임에서 우월적 전략은 협력이다.

이와 같이 게임이론은 각 행위자들이 주어진 구조하에서 상대방의 의도를 모르는 상황에서 자신의 이익을 위해 나름대로 계산하여 행동하는 것을 보여 주고 있다. 국제정치의 현실도 게임 이론에서 상정하는 상황과 상당히 유사하다. 국가들은 자신의 의도와 관계없이 어떤 구조 속에 갇혀 있으며, 상대방 국가의 의도를 모르는 가운데 자국의 생존과 이익을 위하여 나름대로 계산하여 행동하기 때문이다. 국가들은 자국의 이익을 위해 나름 합리적으로 계산하면서 행동하지만 때로는 국가들의 합리적 행동이 그 의도와 관계없이 자국에 또는 국제사회 전체에 불리한 결과를 낳을 수도 있다. 월츠는 국제사회의 주어진 구조적 제약하에서 개별국가들의 합리적 행동이 원치 않는 결과를 발생시키기도 한다고 하면서 국제사회에서 개별 국가의 입장을 죄수의 딜레마에 비유하기도 하였다.[78]

상기 세 가지의 게임을 무정부 상태인 국제사회에 적용하여 보면, 각 국가들이 서로 협력하였을 때의 공통 이익이 협력하지 않는 경우보다 분명하게 드러날 경우 또는 배신하였을 때의 기대되는 이익이 너무 낮을 경우에 국제사회에서 국가간 협력의 가능성을 높여준다는 것을 알 수 있다. 신자유주의 제도론자(Neo-liberal Institutionalism) 코헤인

---

78 Kenneth N. Waltz, *The Theory of International Politics*, p.109.

(Keohane)은 죄수의 딜레마를 들어서 국가들이 서로 소통하여 협력을 하여야 한다는 점을 강조하고 있으며 국제 레짐이 바로 그러한 협력의 틀이라고 한다.

나. 내쉬의 균형

위에서 살펴본 게임의 유형들은 일회성의 게임을 상정하고 있다. 또한 상대가 어떤 선택을 할지 모르는 상태를 상정하고 있다. 그러나 실제로 국제사회에서는 국가 간에 유사한 문제가 반복되고 있으므로 개별 국가는 당장의 이익이 아니라 보다 장기적인 미래의 기대이익(shadow of future)을 보고 행동하게 될 것이다. 그런데 만약 시간이 흐를수록 미래 이익이 감소된다면 즉, 미래 이익의 할인율이 높다면 국가들은 단기적 이익에 집착하게 될 것이다. 그러나 만약 게임이 반복되어 상대편의 전략을 파악하게 된다면 행위자는 그에 맞추어 미래의 기대이익을 고려하는 행동전략을 짜게 될 것이다. 그리하여 양 행위자의 선택은 균형을 이루게 된다. 이를 **내쉬 균형**(Nashi equilibrium)이라고 한다[79]. 내쉬 균형이란 상대방이 현재의 전략을 유지하는 상황에서는 나도 전략을 바꿀 유인이 없기 때문에 두 행위자가 모두 각자의 선택을 바꾸지 않는 균형상태를 말한다. 각각의 경기자들이 서로 상대방의 전략을 알고 이에 따라 각자 최적의 선택을 한 상황에서는 어느 쪽이든 전략을 바꿈으로서 얻을 이익이 없는 상태가 내쉬 균형의 상태이다.

내쉬의 균형과 유사한 개념으로 **파레토 최적**(efficiency)이 있는데 두 개념 간에는 차이점이 있다.[80] 파레토 최적은 다른 사람에게 손해가 가도록 하지 않고서는 개선할 여지가 없는 최적의 자원배분의 상태를 말한다. 만약, 현재의 상황에서 자원의 재배분을 시도하여 구성원 누구에게 손해가 가지 않도록 하면서도 사회 구성원들의 총체적인 만족도를 더 높일 수 있다면 현재의 상황은 파레토 열위상태(Pareto inferior)라고 한다. 파레토 최적의 상황에서는 어느 누구의 만족도를 올리기 위해서는 다른 사람의 만족도를 희생하여야 하는 것을 의미하기 때문에 파레토 최적은 제로섬 게임의 상황이라고 할 수 있다. 내쉬 균형은 각 당사자가 상대방의 전략(선택)을 주어진 조건으로 하여 그에 맞게 선택한 것이므로 전체적 차원에서 개선의 여지가 없는 파레토 최적은 아닐 수 있다.

---

79 John Forbes Nash는 미국 영화 '뷰티플 마인드'의 실제 주인공이다. 프린스턴 대학에서 수학을 전공하고 제2차 세계대전 때 미 국방연구소에서 독일군의 암호를 푸는 일에 너무 몰두하다가 정신병을 앓게 되었는데 결국 병을 이겨가면서 모교의 교수가 된 친구의 도움으로 프린스턴 도서관에서 수학 공부(행태의 균형)를 계속하면서 정신병을 이겨내고 내쉬의 균형론으로 노벨상을 받는다는 이야기이다.

80 파레토(1848-1923)는 이탈리아의 경제학자이자 정치학자, 사회학자이다.

다. 순차형 게임과 게임트리

두 경기자가 게임을 할 때 한 경기자가 먼저 행동을 선택하고 다른 경기자가 이에 대응하여 행동을 선택한다면 이는 순차형 게임(sequential game)이라고 할 수 있고 각 선택에 따른 게임의 흐름과 그 결과로서 나오는 경기자의 이익(보수, payoff)을 게임트리(game tree)로 나타낼 수 있다.[81] 가장 대표적인 진입 게임을 살펴보자. 현재 시장에 하나의 기업이 활동하고 있는데 다른 기업이 시장에 들어오려고 한다고 가정하자. 시장에 들어오려는 기업을 기업 1로 하고 이미 시장에서 활동을 하고 있는 기업을 기업 2라고 하자. 순차적으로는 먼저 기업 1이 진입(Enter)을 할 것인지 진입하지 않을 것인지(No Enter)를 결정한다. 만약 기업 1이 진입하지 않는다면 아무런 일이 생기기 않고 기업 2는 별다른 행동을 하지 않아도 되며 기존의 이익을 누릴 수 있다. 이때 보수는 (0,2)가 된다. 만약 기업 1이 진입을 결정하게 되면 기업 2의 선택지는 두 가지로 나누어진다. 첫째 기업 1의 진입을 받아들이고 타협 공존 방안이다. 이때 기존의 기업 2의 이익을 기업 1과 나누게 되므로 보수는 (1,1)이 된다. 그러나 기업 2가 끝까지 기업 1의 진입에 대해 끝까지 타협을 거부하는 선택지도 없는 것은 아니다. 이때 기업 1은 피해를 보고 기업 2는 보수가 제로가 된다. 이때의 보수는 (-1, 0)이 된다. 이를 게임 트리로 보자.

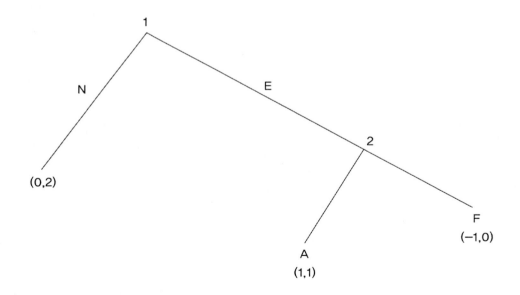

---

81   게임이론에서는 수량형 순차게임(quantitative sequential game)이라고 하며 슈타겔버그가 처음 제시하였다.

이 게임트리는 기업 1의 진입에 따라 기업 2의 대응을 보여주고 있지만 기업 1도 기업 2도 각자의 행동 선택에 따라 나타나는 경우별 결과(보수)를 염두에 두고 전략을 고려한다. 이를 역진귀납(backward induction: look forward and reason backward)이라고 한다. 즉, 각 경기자는 자신의 선택 결과와 그에 따른 상대방의 선택의 결과에 따라 나타나는 보수체계를 염두에 두고 거기서부터 역으로 자신의 행동을 선택한다는 것이다. 위의 그림은 하나의 부분게임을 보여주고 있다. 즉, 기업 1의 시장 진입에 따른 선택지를 모두 보여준다.[82] 여기에서 보면 나타나는 경우는 수는 (N,F), (E,A), (E,F)의 세 가지이다. **여기에서 내쉬의 균형은 (N,F)와 (E,A)가 된다.** 그러나 내용상으로 볼 때 기업 1이 진입을 하지도 않았는데 기업 2가 거부할 선택지를 갖고 있는 아니기 때문에 (N,F)는 부분게임완전균형(SPNE: subgame perfect Nash Equilibrium)이 아니다. **따라서 부분게임완전균형은 (E,A)이다.** 부분게임완전균형이란 경기자들이 게임의 모든 단계에서 최적의 선택을 하는 강화된 내쉬균형이다. 부분게임완전균형을 위해서는 상대방의 행동선택의 경우에 대비하여 완비된 대비책(contingency plan)이 있어야 한다. 즉 상대방이 실수로라도 선택을 잘못하였을 경우에 대비한 나의 최적 선택지도 가지고 있어야 한다.

상기 진입 게임에서 기업 2가 기업 1의 진입을 막을 목적으로 위협을 가할 수도 있을 것이다. 이 경우에 기업 1은 기업 2의 행동이 거짓 위협(empty threat)인지를 잘 살펴야 할 것이다. 이런 상황에서 기업 2가 기업 1의 진입을 막을 의지가 신빙성(credibility)이 있느냐가 문제가 된다. 부분게임완전균형은 신뢰성이 없는 위협을 제거하고 난 상태의 내쉬균형을 의미한다.

진입게임을 국가정치학의 맥락에서 국가의 타국에 대한 내전 개입이라는 틀로 바꾸어 생각해 보자. C국에 내전이 일어났다.[83] B국은 C국의 정부군을 지원하면서 내전종식을 도모하고 있다. A국은 C국의 반군에 대해 호의적이다. A국은 지금 반군을 도와 내전 참여를 검토하고 있다. B국의 선택지는 A국과 협상(negotiation) 또는 거부(정부군에 대한 지원 강화, refuse)이다. A국과 B국의 결정은 게임트리로 나타날 수 있다.

---

82 부분게임(subgame)의 정의는 다음과 같다. ① 하나의 결정 마디로 시작한다. ② 시작하는 결정마디와 그 뒤에 등장하는 모든 결정마디 및 보수로 구성된다. ③ 정보 집합을 자르면 안 된다.

83 2017년도 학제통합논술 I. 기출문제 참고.

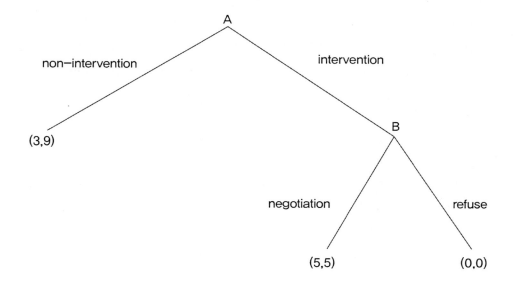

B국은 A국의(intervention) 여부에 대한 결정을 보면서 자신의 행동을 결정하여야 한다. 이와 같은 부분게임에서는 부분게임완전균형은 A가 개입을 하고 B가 협상에 나서는 선택이다.

그러나, 만약 B국으로서는 A국이 C국에 절대 개입하지 못하게 하려면 신뢰성 있는 협박을 하여한 할 것이다. 예를 들면 A국이 개입하는 경우에 B국이 협상을 하지 않고 결사항전을 하게 되어 개입에 따른 A국의 기대이익이 크게 낮아진다고(피해를 본다고) 협박을 하여야 한다. 거짓협박이 아니라 실제 그 능력과 의지가 있어야 한다. 상대방에서 능력과 의지를 보여주는 방법은 공언을 통한 **자기구속**(commitment)이다. 자기구속이 효과를 올리기 위해서는 자기구속이 상대방에게 잘 알려져야 하며, 자기구속행위가 비가역적이어야 한다. 아울러 의지관철에 관한 평판을 유지하여야 한다. 즉, 경쟁 행위자의 진입에 대해서는 끝까지 대항하여 적대적으로 나간다는 인식을 주어 헛된 위협이 아니라는 것을 보여주어야 한다. A국이 개입하려는 대한 유인 요소를 약화시키는 것이다.

실제 국제정치에서 강대국 A가 지역 내전에 개입하지 않는 것이 개입할 때보다 기대이익이 큰 경우는 어떤 경우일까? 1973년 미국이 베트남 전쟁에서 철수한 것은 개입에 따른 물적 인적 비용에 비해 얻는 이익이 크지 않다고 판단한 경우이다. 또 미국은 베트남이 미소 간 세력균형에 중요치 않다고 판단한 것이다. 현재 중동의 시리아 내전에서 미국은 제한적으로 반군을 지원하고 있고 러시아는 정부군을 적극 지원하고 있는 상황에서 시리아 내전은 장기화되고 있다. 미국의 입장에서 더 이상의 개입 확대에 따르는 비용에 비해 이익(상황 변화)을 얻기가 어려울 것이라고 판단하고 있는 것으로 볼 수 있다. 시리아 정부군은 러시아의 도움으로 선전하고 있으며 쉽게 무너지지 않는 건재함을 보이고 있다. 미국으로서는 현재 수준의 저강도 개입이 적극적 개입보다 미국의 이익(pay-off)이 높은 것으로 보고 있다고 할 수 있다.

▼ 생각해 볼 문제 ▼

1. 북한과 미국은 수년 동안 비핵화 협상을 해왔다. 미국은 북한이 비핵화하면 미북수교 및 경제적 지원을 하겠다는 입장을 표명했다. 그러나 북한은 비핵화의 조건으로서 자국의 안전에 대한 보장을 요구하면서 핵실험과 미사일 발사를 계속하고 있다. 한편, 미국은 북한이 핵무장을 지속 추진할 경우 제재를 강화한다는 입장을 견지하고 있어 미북 간 비핵화 협상은 교착되어 있다. 미국은 북한이 핵을 폐기할 경우 평화협정과 미북 수교 및 경제 지원을 약속한다. 북한이 핵을 고집하는 경우에는 경제제재를 강화한다고 한다. 북한과 미국의 교착 상태라고 가정할 때 이를 전개형 게임트리로 설명해 보자. 현재의 교착상태를 개선시키기 위해서는 어느 선택지에서 북한에 대한 보수를 강화해야 하는가?

2. 내전 개입의 게임트리에서 A국이 C국의 내전에 개입하여 정부군을 지원하는 것이 국제법적 정당성이 있는가? B국이 C국의 내전에서 반란군을 지원할 수 있는 국제법적 정당성이 있는가? 무력충돌법상 반란군의 법적 지위를 설하시오.

7 자유주의

가. 고전적 자유주의

고전적 자유주의(classical liberalism)는 인간의 이성(reason)과 합리성(rationality)을 신뢰하며 인간이 자기 이익을 추구하고(self-interested) 경쟁적(competitive)이지만 공통의 이해관계를 공유하기 때문에 합리적으로 서로 협조하는 호혜적인 협력이 가능하다고 본다.[84] 자유주의자들은 이러한 시각을 국제관계에도 그대로 투영하여 보는 것이다. 따라서 국제사회에서도 인간은 이성과 합리성을 가진 존재로서 power추구에 대한 욕망을

---

[84] Robert Jackson, *et el, Introduction to International Relations,* Oxford, 2016, p.108.

절제하고 전쟁을 일으키지 않고 평화를 실현할 수 있다고 보는 것이다. 이러한 고전적 자유주의의 입장에 대해 고전적 현실주의자 한스 모르겐소는 이것이 현실에 맞지 않는 유토피안이라는 의미에서 '이상주의(idealism)'라고 부르는 것이다.

정치철학적으로 보면 현실주의 철학의 선구자 홉스(1651년, 리바이어던, 절대왕정 옹호)는 자연의 상태를 '만인 대 만인의 투쟁'의 상태로 보았지만, 자유주의자 로크(1632-1704)는 자연의 상태를 질서 있는 상호협력의 상태로 보고 절대왕권의 힘을 권력분립으로 제약하고 개인적인 자유를 최대한 존중해야 한다고 주장했다. 로크가 말하는 국가는 국가권력이 시민사회에 의해 견제되는 민주국가, 입헌국가, 법치국가를 말한다. 영국의 철학자 벤담(Bentham, 1748-1832)은 국제관계에 있어서 입헌국가들의 합리적 이익은 국제법을 존중하는 것이라고 주장했다. 실제 오늘날 국제법(international law)라고 하는 용어는 벤담이 처음 만들어 낸 말이다. 독일의 철학자 칸트(1724-1804)는 국제사회에서 영구평화(perpetual peace)를 이루기 위해서는 단일 세계공화국을 건설하여야 하지만 현실적으로 그것이 불가능하므로 우선 모든 국가들이 민주적 법치국가(칸트의 용어로 'Rechtsstaat'이라고 한다)가 되고 이들이 함께 국제연맹을 만드는 것이라고 주장한다 (1795년 영구평화론). 칸트는 인간의 합리적 이성을 강조한 철학자로서 그가 주장한 영구평화론은 합리적 이성을 지닌 시민사회가 있는 민주국가들끼리 서로 협력하여 영구평화를 달성할 수 있다고 보는 것이다. 이후에 가장 큰 영향력이 컸던 자유주의자는 미국의 윌슨(Thomas Woodrow Wilson, 1856-1924) 대통령이다. 그는 국제사회에서 전쟁을 막고 평화를 이루기 위해서는 자유민주주의와 민족자결주의를 확대하여야 한다고 보았다. 그는 자유민주주의 국가의 확산은 호전적인 독재자의 출현을 종식시킬 것이며 자유민주주의 국가들은 서로 간에 전쟁을 하지 않을 것이라고 믿었다. 또한 그는 범국가적 국제기구를 창설하여 국가들 간의 관계가 안정적인 제도적 바탕(institutional foundation)에서 규제되도록 하도록 함으로써 국제 평화가 달성될 수 있을 것으로 보았다. 국제연맹을 주창한 그의 사상은 칸트의 영구평화론에서 영향을 받은 것이다. 1920년에 국제연맹이 설립됨으로써 이상주의의 이상이 실현되었으나 국제연맹은 1939년 제2차 세계대전의 발발을 막지 못하여 결국 국제평화의 유지에 실패하였다. 제2차 세계대전의 참화를 겪고 나서 E.H 카, 한스 모르겐소가 자유주의를 이상주의로 비판하고 국제관계의 평화는 결국 국제관계의 본질이 힘의 관계라는 인식하에 현실적 접근에 의하여 달성될 수 있다는 것을 강조하였다.

나. 사회학적 자유주의

제2차 세계 대전 이후에 자유주의는 퇴조현상을 보이긴 하였으나 그럼에도 자유주의적 전통은 꾸준히 이어졌다. 칼 도이치(Karl Deutsch, Political Community and the North Atlantic Area, 1957년)는 사회(societies) 간의 초국경적인 커뮤니케이션과 거래(transaction)가 고도로 증가하면 두 사회가 평화적 안보공동체(security community)로 발전한다고 주장했다.

존 버튼(John Burton, World Society, 1972년)은 국가 간에 다양한 부류에 중복적으로 속한 사람들이 서로 호혜적으로 교류하면서 생겨나는 거미줄 같이 엮여진 망(cobweb)은 국가 간 갈등을 완화시킨다고 한다(cobweb model). 존 버튼의 이론을 세계사회론(World Society Theory)이라고 한다. 국가 간의 관계에서 민간 레벨의 교류가 활성화되는 것이 국가 간의 우호증진에 도움이 된다고 하는 생각은 국가에서 외교를 담당하는 사람들 사이에도 자리 잡고 있는 인식이다. 실제 외교현장에서 보면, 각 국가의 정부들은 다른 국가들과의 우호 관계 증진을 위해서 민간 간의 교류를 촉진하는 사업을 많이 전개하고 있다. 그러나 이러한 민간차원의 교류는 한계가 있다. 다양한 민간 교류와 협력이 많다고 해도 국가 간 갈등을 해소하는 데는 한계가 있다. 존 버튼도 이러한 의미에서 민간레벨의 사람들의 교류가 양국 간 갈등을 완화(mute)시킨다는 용어를 쓰고 있다.

존 버튼의 이러한 이론은 월츠의 당구공 이론과 대비된다. 월츠는 국가 간의 관계가 국가(정부)중심의 단일체들이 국제 체계 속에서 작용과 반작용으로 보고 개별 국가는 당구대에서 서로 부딪쳐 움직이는 당구공과 같은 것으로 보았다. 반면, 존 버튼은 국가 간의 관계를 수많은 원(여러 민간 교류)들이 겹쳐져 서로 맞물려 있는 거미줄 망으로 설명하고 있다.

로즈너(James Rosenau, 'Citizenship in a Changing Global Order', 1992년)는 국제사회에서 개인들의 활동이 크게 증가하였고 개인들의 활동이 국가의 규제를 덜 받게 되었다고 한다. 개인들과 단체들의 초국가적 교류가 크게 증가하여 국제사회는 국가중심(state-centric)에서 다원화(pluralist world)되어 코스모폴리탄들이 서로 얽혀있는 상태가 되어있으며 그 결과 국가 간의 관계가 쉽게 적대관계로 변할 수 없게 되었다는 것이다.

로즈너의 이론을 최근 한국과 일본 간 외교관계에 적용하여 보자. 2018년-2020년 과거사와 관련한 배상문제로 한국과 일본 정부 간의 관계가 악화되었지만 민간 레벨에서의 경제교류, 협력, 관광 등의 교류는 정부 간 관계가 악화된 초기에는 어느 정도 이어졌다. 그러나 한일 정부 간의 관계가 계속 악화되자 민간교류와 경제교류도 크게 위축되었다. 로즈너의 이론에 따르면 이와 같이 국가 사이에 서로 협력관계에 있는 개인이나 기업, 단체가 크게 증가한다면 그 국가들 간의 관계는 안정적으로 될 수 있다. 그러나 로즈너의 이론이 현실성을 가지려면 개인이나 기업 차원의 교류가 상당히 높은 수준과 많은 양이 되어야 할 것이다. 미국과 캐나다, 또는 미국과 영국 간 교류의 수준이 되어야 할 것이다. 로즈너는 실제 국가가 개인과 단체들의 국제 교류를 제어할 능력도 감소하였다고 하지만 국가의 개인과 단체에 대한 제어 능력은 아직도 상당히 건재한 것이 사실이다. 실제 한국과 일본 간의 관계를 보더라도 일본 정부는 한일관계 악화에 따라 수출규제 등 한국에 대해 매우 강력한 조치를 취했고 한국 정부도 이에 상응하여 일본에 대해 강력한 조치를 취했다. 이는 정부의 민간 교류에 대한 통제 능력이 건재하다는 것을 보여준다.

다. 상호의존론(Interdependence)

로즈크랜스(Richard Rosecrance)에 따르면 과거에는 국가들이 무력을 사용하여 영토를 확대하는 것이 자국에 중요한 이익이 되었으나 산업화된 오늘날 국가들은 전쟁과 영토 확장이 아닌 무역을 통해 국가 이익을 추구한다고 한다고 본다. 특히 냉전의 종식으로 국가들은 비용이 많이 드는 전통적인 군사적 방법보다는 무역을 통해 국가이익을 추구하고 있다고 한다. 무역은 노동의 국제적 분화를 촉진하고 국가 간의 상호의존을 증대시킨다. 오늘날 상호의존이 심화된 관계 속에서는 군비강화와 영토확장은 선호되는 정책이 아니다. 상호의존은 협력과 평화를 촉진시킨다.

코헤인과 나이(Robert Keohane and Joshep Nye, Jr., 'Power and Interdependence', 1977년 출간, 2001년 개정)는 제2차 세계대전 이후에 국제사회에 나타난 상호의존은 과거와 질적으로 다르다고 하면서 **복합적 상호의존론**(complex interdependence)을 주장했다. 복합적 상호의존이란 국가 간에 여러 부분에서 많은 교류로 상호의존이 심화되었다는 것이다. 과거에 국제관계는 국가지도자들에 의해서 이끌어졌으나(directed by state leaders), 전후의 국제관계에는 다양한 레벨에서 많은 행위자들(many different levels via many different actors)이 참여하고 있으며 정부 차원에서도 외교부 이외의 다양한 부서들이 관여하고 있다. 국가 이외에 많은 개인들이나 다국적 기업, 단체들이 많은 분야에서 활동하고 있다. 코헤인과 나이는 이러한 교류를 초국가적(transnational) 교류라고 부른다.

과거에는 국가안보(national security)가 **상위정치**(high politics)로서 경제문제나 복지문제에 대해 우선적 과제(priority)이었으나, 복합적 상호의존 속에서는 경제나 복지문제와 같은 **하위정치**(low politics)가 중요해진다는 것이다. 국가들은 서로 복합적으로 상호의존관계에 얽매어져 있으므로 이슈 영역(issue area)별로 추구하는 바가 다르며 전반적으로 국력이 크다고 해서 모든 이슈영역에서 유리한 것은 아니다. 복합적 상호의존 관계 속에서는 국가 간의 교섭에서 군사력의 유용성은 떨어진다(less useful). 군사력이 크다고 해도 군사력이 경제나 복지 이슈영역에서도 효과를 발휘하는 것은 아니다. power는 이 슈영역별로 관련된 분야에서만 효과를 발휘한다. 즉, 특정 분야의 power는 다른 분야에 **대체성**(fungibility)이 없다. 따라서 국가 간에는 이슈영역별로 별도의 협상판(alternative chessboard)이 벌어진다. 각 분야별 power가 다른 분야에 대해 대체성이 없으므로 각 분 야에서 개별 협상력이 중요해진다. 국가 간 복합적 상호의존이 크게 증대된 상황이므로 국가가 무력사용으로 국가관계를 단절할 경우에 자국의 **민감하고**(sensitivity) **취약한 부 문**(vulnerability)이 피해를 보기 때문에 무력사용은 피하게 된다. 실제로 미국과 일본 관 계에서 보면 미국은 일본에 대해서 군사력으로 일본에 안보를 보장해 주고 있지만 양국 간 무역이슈에 대해서는 미국의 군사력이 힘을 발휘하지 못하는 것을 볼 수 있다. 또한 미중관계에서 보면 미국은 중국의 부상을 경계하고 있지만 미국과 중국의 경제적 상호 의존은 심화되어 있어서 미국이 중국에 대해 극단적인 조치를 할 수 없는 상황이다.

한편, 복합적 상호의존론자들도 현실주의를 완전히 부정하지는 않고 있다. 다만, 복 합적 상호의존의 증가로 인하여 과거 전통적인 국력중심의 이론에 한계가 있음을 지적 하고 협력과 평화의 가능성이 높아졌다는 것을 강조하고 있다. 이에 대해 구조적 현실 주의자 월츠는, 상호의존이 기본적으로 동등자들의 관계에서 상호 취약성을 의미하는 것인데 미국과 같은 강대국은 power의 정점에 있으며 경제적으로도 독립성을 유지하고 있어서 타국과 상호의존관계가 매우 낮다고 본다. 월츠는 경제적으로 자급자족할 수 있 는 독립성을 갖춘 강대국은 대외무역에도 민감하지도 않다고 주장한다. 월츠는 또 앞으 로 정치적으로 통합된 서유럽과 경제적으로 현대화된 중국은 높은 수준의 자급능력을 갖춘 강대국이 될 것이며, 강대국들 간 상호의존은 낮은 수준에 머무르게 될 것이라고 주장한다.[85] 월츠 주장의 요지는 결국 국제관계에서의 협력과 평화를 상호의존으로 설 명하는 것은 오류라는 것이다.

라. 신자유주의적 제도주의(레짐 이론)

국제사회에서 교류와 협력을 통한 평화의 가능성을 강조하던 자유주의 이론은 1980 년 중반에 들어서 소련의 개혁 개방과 미소 간 군축합의 등으로 협력 분위기가 형성되 자 신자유주의적 제도주의의 등장으로 이어졌다.[86]

---

85   박건영 역, 케네츠 월츠 「국제정치이론」, pp. 217-227.

86   조경근, "국제체제이론과 국제레짐이론", 「부산국제정치학고」 제7집, 2호, pp. 375-334.

복합적상호의존론을 주창했던 코헤인(After Hegemony, 1984)은 복합적 상호의존론을 신자유주의적 제도주의 이론으로 발전시켰다. 코헤인은 복합적 상호의존의 심화는 국가 간 정책조정(policy adjustment)의 필요성을 높이게 되고 국가 간 정책조정의 필요성은 국가간 협력(cooperation)의 필요성을 높이며 국가 간 협력은 국제제도를 통해서 용이해진다는 것이다.[87]

新자유주의적이라는 명칭을 붙이는 이유는 동 이론이 과거의 자유주의 이론과 다른 점을 가지고 있기 때문이다.[88] 신자유주의 제도론자들은 현실주의의 전제 즉, 국제사회에서 국가가 주된 행위자이고, 무정부상태가 국가들의 행동에 영향을 미친다는 점을 받아들인다. 신자유주의 제도론자들은 현실의 국제사회가 자유주의자들이 보는 것과 같이 조화(harmony)도 아니고 현실주의자들이 보는 것과 같이 완전한 갈등(discord)의 상황도 아닌 협력의 단계가 존재한다고 보는 것이다. 국제제도를 통해 이러한 협력을 증진시킴으로서 평화가 가능하다는 것이다.

신자유주의 제도론자들이 말하는 국제제도는 국제레짐이라는 용어와 호환적으로 사용되고 있다. 국제제도는 유엔, NATO, IMF와 같이 국제협약(국제법)에 의해 설립된 공식적 국제조직을 근간으로 하는 경우도 있고 G-7정상회의, G-20 정상회의, 아세안+3 회담, 6자회담과 같이 국제협약에 의하지 않은 것도 있다. 또는 남극체제와 같이 여러 개의 협약(남극기본조약+남극환경보존협약, 생물보존협약 등)과 추후 당사국들이 회의를 통해서 만든 규범들이 모여서 하나의 레짐을 형성하는 경우도 있다.

국제사회에서 어떤 이슈영역에 대해서 제도화가 된다고 하는 것은 제도의 규범이 공통성(commonality), 구체성(specificity), 자율성(autonomy)을 지닌다는 것을 의미하며 공통성, 구체성, 자율성이 심화될수록 제도화가 심화되었다고 할 수 있다. 공통성이란 제도 내 행동규범, 기대되는 행동 등에 대해 참여하는 국가들 사이에 공통적 이해가 있는 것을 말한다. 구체성은 국제제도가 구체적 상황에 대해서 참여 국가들의 행동이나 기대에 구체적으로 지침을 줄 수 있는 것을 의미한다. 자율성은 국제제도가 외부의 간섭

87   Robert Keohane, *After Hegemony: Cooperation and Discord*, 1984.

88   경제학에서의 신자유주의는 아담 스미드가 주장한 자유방임적 자유주의의 전통을 이어받았으나 자유방임하에서의 시장의 실패라는 현실을 인정하여 정부가 공급측면에서 최소한으로 개입하여 경제가 원활하게 하도록 하자는 것이다. 국제정치학에서 신자유주의도 그와 비슷하게 국제정치학의 자유주의 전통을 이어받았으나 국가(정부)의 역할과 규범과 제도를 중요시한다는 점에서 경제학의 신자유주의와 맥을 같이하는 면이 있다. 1980년대 나온 코헤인의 제도주의 이론이 과거 제도주의 이론과 달리 국가의 중요성을 인정한다는 점에서 과거 자유주의의 제도주의와 구별하여 신자유주의 제도주의라고 부른다. 미국의 국제정치학 교과서에서는 신자유주의 제도주의를 굳이 자유주의 제도주의와 구별하지 않고 설명하기도 한다.

을 받지 않고 제도 내에서 스스로 제도 내 규범을 바꿀 수 있는 것을 의미한다. 코헤인에 따르면 국제제도 또는 국제레짐이란 일련의 의제들과 관련하여 국가들에 의해 합의된 명시적 규칙을 가진 제도이다. 크라스너(Stephen Krasner, 1983)에 따르면 레짐은 '국제관계의 일정한 영역에서 행위자(국가)들의 기대가 일치되는 묵시적 또는 명시적 원칙(principles), 규범(norms), 규칙(rules), 의사결정절차(decision making procedures)들로 이루어진 집합체이다'[89]

국제제도는 어떻게 국가 간의 협력을 촉진시키는가? 우선, 국제제도는 국제제도에 참여하고 있는 국가들이 무엇을 왜 하고 있는지에 대한 정보를 제공함으로써 다른 국가에 대한 불신과 두려움을 감소시킨다. 국제제도에 참여함으로써 각 국가들의 규범 이행에 관한 투명성(transparency)이 높아지기 때문에 각 국가들은 자기 행동에 대한 책임감(accountability)이 높아지게 되어 더욱 협력하게 된다. 국제제도는 국가들 사이에 협상의 장(a forum of negotiation)을 제공한다. 협상을 통해 평화적 방법으로 상호 간 이해의 조정이 가능해진다. 국제제도는 지속성(continuity)을 가지고 있으므로 국가 간 상호작용이 일회성이 아닌 반복성(iterativeness)을 가지게 함으로써 국가들의 행동 패턴이 안정적으로 되게 하고 국가들이 장기적인 안목을 가지고 협력하게 만든다. 국제제도는 비협력(배신)을 비합법화하며 배신으로 하여금 많은 비용을 치르게 한다. 각 국가들은 레짐의 규범을 지키고 협력함으로서 좋은 평판을 얻는 것이 중요하며 좋은 평판이 있어야 다른 국가들로부터 협력을 기대할 수 있기 때문이다. 국제제도는 국가들로 하여금 그들이 한번 공언한 약속(commitment)을 지키도록 한다는 것이다. 국제제도는 결국 국가 간의 신뢰와 호혜성을 강화하고 제도화한다는 것이다.

마. 그리코의 반론(상대적 이익설)

이러한 국제제도가 국가 간의 배신을 제거하고 국가 간의 협력을 촉진시킨다는 제도주의자들의 주장에 대해서 신현실주의자인 그리코(Joseph Grieco, 1993년)는 **상대적 이익설**(Relative Gains)을 들어서 반박한다. 그리코에 따르면 국가들이 협력을 하면서 신경을 쓰는 것은 자국이 얻는 절대적 이익(absolute gains)보다는 타국이 자국 보다 얼마나 더 많이 이익을 얻느냐 하는 것이며, 바로 이러한 상대적 이익이 국제협력에 장애요인이 된다는 것이다. 따라서 국제기구를 통해 협력을 하여 다른 국가가 자국 보다 더 많이 이익을 본다면 협력 촉발 요인이 없어지고 오히려 갈등의 요인이 된다는 것이다.[90]

---

89 Stephen Krasner, "Structural causes and regime consequences: Regime as intervening variables", Stephen Krasner ed., *International Regimes*. 크라스너는 현실주의로 강제적 패권안정론의 입장에서 레짐을 보고 있다.

90 J. M. Grieco, "Anarchy and the Limits of Cooperation: A realist critics of the Newest Liberal Institutionalism",

바. 리퍼블릭 자유주의와 민주평화론

리퍼블릭 자유주의(Republic Liberalism)는 18세기 독일의 철학자 **칸트**가 **영구평화론**(1795년)에서 발전시킨 이론으로, 법치 민주주의 국가를 리퍼블릭(republic)이라고 부르면서 리퍼블릭 간에는 서로 전쟁을 하지 않는다는 이론을 발전시킨 것이다. 리버블릭 자유주의(Republic Liberalism)는 국제사회에 민주국가가 많을수록 평화의 지역은 넓어진다는 주장을 핵심으로 한다. **민주평화론**(Democratic Peace)라고도 한다. 러셋(Bruce Russett, 2003)은 다음과 같이 주장한다.[91]

> the more democracies there are in the world, the fewer potential adversaries we and other democracies will have and the wider the zone of peace will be.
>
> 세계에 민주주의가 많을수록 우리와 다른 민주주의 국가들에게는 잠재적 적대국의 수가 줄어들게 되고 그만큼 평화의 영역이 넓어지게 될 것이다.

여기서 오해하지 말아야 할 것은 민주국가들이 독재국가에 대해서도 평화적이라는 것이 아니다. 민주평화론은 민주국가들은 민주국가끼리 평화적이라는 것이다. 그래서 국제사회에 민주국가가 많아지면 평화지대가 넓어진다는 것이다. 그러면 왜 민주국가는 다른 민주국가에 대해서 적대적이지 않고 평화적인가? 첫째, 민주주의에는 분쟁을 평화적으로 해결하는 정치문화가 있다. 민주주의 국가는 이러한 정치문화를 가진 시민들에 의하여 통제되기 때문에 분쟁을 전쟁에 의해서가 아닌 평화적으로 해결하려고 모색하게 된다. 둘째, 민주주의 국가끼리는 공통의 가치관을 가지고 있어 서로 평화적으로 연대(pacific union)하는 방향으로 나아간다. 셋째, 민주국가들 간의 교역과 상호의존으로 평화는 더욱 공고해진다. 민주국가들이 평화적 관계 속에서 교역을 하고 경제적으로 협력함으로써 상호이익이 증대하기 때문에 평화관계는 더욱 공고해 진다는 것이다.

민주평화론은 그 이론의 내용상 독재는 평화에 위협적이며 민주국가가 되어야 평화적이 되기 때문에 민주국가가 확산되어야 한다는 규범론적 가치를 내포하고 있다. 미소 냉전 종식 이후에 아랍의 민주화 봉기에서 미국 등 서방이 독재정권에 맞서는 시위대나 반군을 지지한 것이나 이라크의 소수파 지도자인 사담 후세인을 제거하고 민주적인 정부를 세우려고 한 것도 민주주의가 확산되어야 평화에 도움이 된다는 신념이 반영된 것으로 볼 수 있다. 그러나 현실을 보면 중동의 시리아, 리비아는 아직도 혼란한 상태

---

in D.A Baldwin(e.d), *Neorealism and Neoliberalism: the Contemporary Debate*, 1993, pp.116-143.

91 Bruce Russett, "How Democracy, Interdependence, and International organizations Create a System of Peace" in Dhal I. Sapiro and J. A. Cheibub, ed, *The Democracy Source Book*, 2003.

에 있다. 민주주의의의 확산은 서구 유럽의 정치사에서 보듯이 자본주의의 발전으로 인한 중산층(부르조아)의 형성과 민주적 정치문화를 필요로 한다. 민주주의의 여건이 성숙하지 않고 국가의 national building이 이루어지지 않은 상태에서 일부 세력에 의한 반란이나 민중봉기를 지원하는 방식으로 급격한 정권교체를 통해 민주주의를 확산시키려는 시도는 실패국가(failed state)로 이어져 지역의 불안정으로 이어질 수 있다는 것을 중동의 현실이 보여주고 있다. 민주주의로 나아가면서도 민주의의로 나아가는 과정이 불안정하지 않도록 하는 방안이 요구된다.

민주주의 국가라고 할 때 그 국가는 행정부나 군부에 대해서 민주적 견제장치가 있는 것을 전제로 한다. 제2차 세계 대전을 일으킨 독일의 히틀러는 합법적으로 정권을 잡고 총통이 되었으나 총통 독재체제로서 총통의 독단적 결정으로서 전쟁을 할 수 있는 것을 막을 수 있는 견제 장치가 없었다. 태평양 전쟁을 일으킨 일본도 형식적으로는 명치유신(1868년)을 거쳐 입헌군주제 및 의원내각제를 실시하고 있었으나 우익과 군부의 독단을 막을 수 있는 견제 장치가 결여되어 있었다. 제2차 세계대전 이후 전승국 미국은 일본을 다시 전쟁을 일으키지 않는 평화적인 국가로 만들기 위해서 헌법 개정을 통해 보통 민주국가로 만들려고 했다. 미국은 원래 천황제도 폐지하려 하였으나 일본인의 정서를 고려하여 천황제를 힘이 없는 상징적 천황제로 바꾸고, 일본 헌법에서 군대의 법적 근거를 없애고, 일본은 오직 자위권만을 갖도록 하였으며, 군산복합체의 중요한 요소인 재벌을 해체시켰다.

민주평화론과 비교할 수 있는 이론으로는 잭 스나이더(Jack Snyder)의 과두독재국가론이 있다. 이 이론은 신현실주의에서 국가들의 속성이 공격형인가 또는 방어형인가에 대한 논의의 연장선에 있다. 스나이더는 국가의 유형을 민주주의국가, 일인독재 국가, 과두독재 국가로 구분한다. 과두독재 국가의 경우, 방어보다는 공격이 자국의 안보에 유리한 상황에서 사회의 다양한 세력의 요구를 반영하지 못하고 소수의 엘리트 그룹이 서로 경쟁하면서 결정을 내리기 때문에 이러한 엘리트 간의 내부적 갈등이 전쟁으로 이어질 수 있다고 한다. 스나이더에 따르면 오히려 1인 독재체제에서는 1인의 독재자에게 권력이 집중되어 그에 따른 책임과 위험부담 때문에 도발할 가능성이 낮다고 한다. 민주주의 국가에서는 많은 이익집단이 존재하고 권력이 상호 견제되고 통제되기 때문에 전쟁 발발의 가능성은 낮지만, 민주화 과정에 있는 국가에서는 국민전체의 이익보다는 과두집단의 이익이 더욱 강하게 표출되며(over-representation), 이 과정에서 전쟁(팽창)의 위험성은 더 커진다고 본다. 과거 제2차 세계대전 중 일본에서는 육군을 중심으로 한 군부가 사실상의 국가 권력을 장악하여 중국침략 및 태평양전쟁에 대한 결정을 주도했던 것이 사실이다.

냉전종식 이후에 국가 간의 전쟁의 위협이 사라지면서 전통적 의미의 군사안보보다는 인권, 보건(예: 코로나에 대한 대응), 환경 등과 같은 비전통적 의미의 안보문제들이 심각하게 대두하였다. 이러한 비전통적 의미의 문제들은 **인간 안보**(human security)에 대한 위협으로 인식되었다. 인간안보의 핵심은 인권이며 인권을 잘 존중하는 나라는 민주주의 국가이므로 인간안보를 위해서는 민주국가가 확산되어야 한다는 민주평화론으로 귀결된다. 민주국가들이 자국 내 인간 안보는 물론 타국의 인간안보 문제를 위해 더욱 협력하게 될 것이다.[92]

▼ 생각해 볼 문제 ▼

1. 2001년 9.11 테러 이후 미국 부시 행정부는 신보수주의(소위 '네오콘') 입장에 입각하여 불량국가 및 테러리스트에 대한 선제공격의 입장을 천명하고 이라크와 아프가니스탄에 개입하여 정권교체를 추진하였다. 이러한 신보수주의의 기저에 있는 현실주의적 요소와 자유주의적 요소를 설명해 보시오. 이라크와 아프가니스탄이 아직까지 불안정한 이유는 무엇인가? 미국의 대 이라크 전쟁 이후 중동정세가 더 불안정한 이유는 무엇인가?

2. 민주평화론에 따르면 국제사회에서 민주주의가 확산되면 그만큼 더 세계는 평화스럽게 된다고 한다. 국제사회의 평화를 위해 민주국가인 강대국이 타국의 독재자 제거 및 민주주의 정권수립이라는 명분으로 타국에 무력 개입하는 것에 대해서 전통적 현실주의자 모르겐소의 입장에서 논해보시오.

3. 독재자 제거를 위해 민주 강대국이 타국에 무력개입 하는 것은 국제법적으로 정당한지 논하시오.

8 국제정치경제론과 패권안정 이론(Hegemonic Stability Theory)

가. 국제정치학과 국제정치경제론

국제정치경제론은 국제사회에서 정치와 경제의 관련성을 연구하는 분야이다. 정치와 경제의 일반적 관계에 대하여는 정치우위론과 경제우위론적 시각이 존재한다. 예컨대 우리가 잘 알고 있는 칼 마르크스의 공산주의 이론에 따르면 경제라고 하는 하부구

---

92 현인택·김성한, "국제사회와 인간안보", 이은호 외 편, 「현대국제정치의 이해」, 2004년.

조가 상부구조인 정치를 결정한다. 즉, 경제적 측면에서 자본가의 노동자에 대한 착취 구조가 상부구조인 정치구조를 결정한다는 것이다. 즉, 정치구조는 자본가에게 유리하게 노동자를 착취, 억압하는 구조라는 것이다. 마르크스의 이러한 경제 우선적 관점을 이어받은 neo-marxist들은 자본주의 발달에 따라 세계가 중심부와 주변부로 나누어진다고 한다. 국제체제는 자본주의가 발달한 중심부가 저개발된 주변부를 착취하는 구조라는 것이다. 월러스타인은 자본주의의 발달에 따라 노동의 세계적 분화가 이루어진다고 한다. 국제사회의 체제는 노동의 세계적 분화에 따라 발달된 자본주의 국가가 저개발된 국가들의 노동을 착취하는 구조라는 것이다. 또한 네오 막시스트(neo-marxist)인 그람시의 헤게모니 이론에 따르면 경제적으로 자본가의 노동자에 대한 착취구조가 상부구조인 정치 및 제도, 문화에 반영되어 있으며 이러한 상부구조는 사회구성원들의 의식에 착취적 구조를 정당화시키고 유지하는 역할을 한다고 한다.

한편, 현실주의는 국제사회를 움직이는 가장 중요한 요소는 정치적 힘이라고 하는 정치 우선적인 시각으로 국제정치와 경제와의 관계를 본다. 예컨대, 한스 모르겐소는 경제적 이익을 위하여 전쟁이 일어난 경우가 없지는 않으나 국가들이 전쟁을 하거나 제국주의 정책을 취하는 것은 정치적인 이유 즉, 세력(power)추구를 위한 것이라고 본다. 한스 모르겐소는 이러한 입장에서 제국주의 정책은 세력(power)을 확대하여 현상을 변경하려는 정책'으로 정의한다.

제2차 세계대전 이후에 브레튼우즈 체제하의 자유경제질서를 지탱하고 있는 힘이 무엇인가에 대한 연구가 나타났다. 이러한 연구에서는 국제 사회에서의 자유경제질서를 경제학에서 말하는 공공재(public goods)로 보고 이러한 국제적 공공재를 제공하고 유지하는 있는 힘은 무엇인가를 탐구하였다.

먼저 공공재란 무엇인가에 대해서 알아보자.[93] 경제학에서 공공재라고 하는 것은 그것이 갖는 특성 때문에 효율적인 자원배분을 위하여 공공기관에 의하여 공급되는 재화나 용역을 말한다. 정부지출의 대부분이 공공재라고 할 수 있는데 국방, 법률, 치안, 방송망 같은 순수공공재와 공원, 교량, 고속도로 등과 같은 지역공공재가 있다. 공공재는 비경합성(non-rivalry)과 비배제성(non-excludability)을 특징으로 한다. 비경합성이란 동일의 공공재를 동시에 다른 사람도 소비할 수 있다는 것을 의미한다. 민간재에서 한 소비자가 사과를 먹으면(소비하면), 다른 사람은 그 사과를 먹을 수 없으므로 경합성을 갖는다.

비배제성이라고 하는 것은 일단 공공재가 공급이 되면 특정 사람이나 집단에 대해 공공재의 사용을 배제할 수 없다는 것을 의미한다. 일반 민간재의 경우에는 그 민간재

---

93   공공재에 대해서는 이만우, 「미시경제학」, 1993년, p.446 이하 참고.

에 대해 가격을 지불한 사람만이 그것을 사용할 수 있는 것이므로 공공재와 차이가 있다. 공공재의 이러한 비재제성은 소비에 따르는 대가를 기꺼이 지불하지 않는 무임승차(free rider)의 문제를 가져오며 이는 자원의 효율적 배분을 저해하는 시장실패(market failure)의 원인이 된다. 이러한 공공재의 특성으로 인한 시장실패로 인하여 공공재는 시장체제에 의한 공급을 기대하기 어렵다. 따라서 정부가 공공재의 생산과 소비에 개입하여 사회적 욕구를 충족시킨다는 것이 공공재에 대한 경제학 이론이다.

국제정치경제론에서는 국제사회의 자유무역의 제도를 하나의 공공재로 보고 이론을 전개한다. 자유무역 제도는 한번 국제사회에 공급되면 이에 참여하는 국가들이라면 동시기적으로 함께 자유무역의 혜택을 누릴 수 있는 비경합성(non-rivalry)의 특징과 참여를 원하는 국가들이라면 누구라도 배제되지 않고 혜택을 누릴 수 있는 비배제성(non-excludability)의 특징을 가지고 있기 때문이다.

나. 킨들버거의 패권안정론

찰스 킨들버거(Charles Kindleburger, 1973년)는 국제사회에서 자유무역제도라고 하는 공공재는 하나의 **패권국가**(hegemon)에 의해 제공되며 안정적인 유지도 패권국가에 의해서 이루어진다고 주장한다. 패권국가는 국제경제체제의 안정자이며 따라서 자유무역제도를 유지하려는 의지를 가진 패권국(liberal hegemon)이 없다면 자유무역제도도 불가능하다는 **패권안정론**(hegemonic stability theory)을 주장하였다.[94] 이러한 이론은 마치 국내에서 시장기구가 아닌 정부에 의해서 공공재가 공급되고 유지되는 것과 같은 논리이다. 킨들버거는 더 나아가 패권국가의 이러한 공공재의 제공 및 유지로 인하여 패권국 자신만 이익을 보는 것이 아니라 참여국 모두에게 이익이 된다는 시혜적 패권론(benign view of hegemon)을 주장하였다. 패권국이 있다고 하더라도 패권국이 자유무역제도를 유지하려는 의지가 있어야 한다. 1930년에 각 강대국들이 이기적으로 보호무역제도를 추구하였으며 당시 미국은 이미 세계 최고의 경제대국이었으나 고립주의적 입장에서 국제자유무역제도를 수립하고 유지할 의지가 없었다. 제2차 세계 대전 이후에야 미국은 패권국으로서 국제자유무역제도를 주도하고 유지할 의지를 가지게 된 것이다. 패권국이 국제자유무역제도를 주도하고 유지하려고 할 때 패권국이 아닌 다른 나라들이 이러한 자유무역제도에 참여하는 이유는 자유무역제도가 공공재와도 같이 참여하는 모든 국가에게 이익을 주기 때문이라는 것이다. 그러한 의미에서 킨들버거는 국제사회에서의 자유무역제도를 공공재의 개념으로 보았다. 역사적으로 볼 때 나폴레옹 전쟁 이후

---

94 C. Kindleburger, *The World in Depression, 1929-1939*, 1973. 킨들버거의 패권안정론은 자유주의적 입장이다.

1815년부터 제1차 세계대전 발발직전인 1914년까지 영국이 패권국으로서 국제 자유 무역질서를 유지하였으며, 제2차 세계대전 종전 이후부터 오늘날 까지는 미국이 패권 국으로서 국제자유무역제도를 유지하고 있다고 보고 있다. 킨들버거는 패권국이 교체 되는 경우에는 대규모 전쟁이 발생한다고 주장한다.

다. 길핀의 약탈적 패권안정이론

1970년대 이후 미국이 국제무역에서 적자를 보게 되면서 보호무역조치를 취하게 되었고 자유무역 제도를 유지할 책임이 있는 패권국이 자국만의 이익을 추구하는 양상이 노정되었다. 길핀(Robert Gilpin)은 국제사회에서 자유무역제도라고 하는 공공재는 패권 국가에 의하여 제공되고 유지된다고 보는 점에서는 킨들버거와 입장이 같다. 그러나 패권국가가 반드시 시혜적인 입장은 아니며 패권국 자신의 이익을 위해서 전반적인 자유무역제도의 수호보다는 패권국이 자신의 이익을 위해 타국의 이익을 희생시키는 약탈적 패권의 모습을 보이기도 한다는 점을 지적하였다. 이를 **약탈적 패권안정이론** (predatory hegemonic stability theory)이라고 한다. 이러한 약탈적 패권의 모습은 보호주의의 확산과 금융적 불안정, 경제적 위기 때 나타난다고 한다.[95] 길핀의 약탈적 패권안정이론은 패권이 쇠퇴한 이후에도 국제경체체제의 안정성이 어떻게 유지될 수 있는지를 보여준다. 예컨대 1985년 플라자 합의를 약탈적 패권안정이론으로 설명할 수 있다. 당시 미국은 엄청난 무역적자와 재정적자로 인하여 경제적인 어려움에 처하자 달러화의 평가 절하를 요구했고 이는 뉴욕 플라자 호텔에서 열린 G-5 재무장관 회의를 통하여 달성되었다. 플라자 합의에서 미국, 영국, 프랑스, 독일 및 일본은 미 달러화 가치 하락을 유도하기 위하여 공동으로 외환시장에 개입하기로 합의했다. 독일 마르크화와 일본 엔화는 각각 57%, 65.7% 평가 절상됨으로써 수출이 둔화되어 어려움을 겪은 반면 미국의 경제는 차차 회복세로 들어섰다. 이러한 플라자 합의는 패권 국가인 미국이 타국의 희생을 강요한 것으로 볼 수 있다는 점에서 **약탈적 패권안정이론**(predatory hegemonic stability theory)으로 설명할 수 있다. 그러나 당시 독일과 일본이 자국 통화의 평가 절상에 따라 희생이 되더라도 미국 중심의 국제경제 질서를 유지하는 것이 바람직하다고 스스로 판단하였다고도 볼 수 있다.

---

95   R. Gilpin, *The Political Economy of International Relations*, 1987.

라. 패권과 국제레짐

코헤인은 킨들버거의 자유주의적 패권안정론이나 길핀의 현실주의적 패권안정론과는 다른 각도에서 자유무역제도를 하나의 국제레짐으로 보고 이 자유무역제도는 패권국이 없다고 하더라도 레짐의 필요성에 대한 공통의 이익이 존재한다면 만들어질 수 있으며 한번 만들어진 레짐은 그 자체의 관성(staying power)에 의해 유지된다고 주장한다.[96] 이러한 자유주의자들은 1980년대 패권국 미국의 힘이 쇠퇴하여 국제자유무역제도에 대한 **미국의 통제력이 약화된 상황**(control gap)에서도 국제자유무역제도가 잘 유지되고 있는 것은 한번 만들어진 레짐의 관성도 있고 또 레짐 유지를 위한 협력의 필요성에 대해서 국가들이 인식하고 있기 때문이라고 주장한다. 한편, 1990년대 들어서 냉전이 종식되고 미국의 힘이 다시 상승하면서 패권국가로서 미국의 역할은 다시 중요해졌으나, 최근 트럼프 행정부는 미국 우선주의를 주장하면서 모든 국가에게 이익을 주는 시혜적 패권국이 아닌 약탈적 패권국의 모습도 보이고 있다.

> ### ▼ 생각해 볼 문제 ▼
> 1. 1985년 플라자 합의의 내용을 설명하고 플라자 합의에서의 미국의 입장을 킨들버거의 패권안정이론, 길핀의 패권안정이론, 코헤인의 국제레짐이론으로 평가하시오.

9 구성주의(constructivism)

가. 구성주의의 관점

구성주의는 신현실주의가 전제하고 있는 것처럼 국제사회는 무정부적 상태에 있으며 그 가운데 국가들이 상호작용을 하고 있다고 본다. 구성주의가 신현실주의와 가장 큰 차이를 보이는 것은 국제사회에서 국가들의 행동에 가장 크게 영향을 미치는 것은 물질적인 체계가 아니라 국가들이 가지고 있는 국제사회에 대한 인식이라는 보는 점이다. 즉, 구성주의는 국제사회가 무정부 상태라고 보는 것은 신현실주의와 같지만 그 무정부 상태라는 것이 어떤 것이냐는 국가들이 인식하기에 달렸다는 것이다. 구성주의의 주장을 한마디로 압축하면 "The anarchy is what states make of it." 이라고 할 수 있다.

---

96 Robert Keohane, *After Hegemony*, 1984. 코헤인은 패권국이 국제레짐의 형성에 기여하지만 패권 쇠퇴 이후에도 레짐이 존속된다고 한다.

다시 말하면, 국가들이 국제사회를 어떻게 인식하고 있느냐에 따라서 국가들의 행동양식이 달라진다는 것이다. 무정부 상태의 국제사회도 국가들이 어떻게 인식하고 받아들이는지에 따라 적대 관계가 될 수 있고 협력관계가 될 수 있다는 것이다.

구성주의는 물질체계가 아니라 인식이라고 하는 주관적 요소를 강조하기 때문에 관념론(ideational view)라고 할 수 있다. 국제사회가 무정부(anarchy)라고 해서 반드시 국가들의 관계가 만인 대 만인이 투쟁하는 적대(enemy)관계가 되는 것은 아니라고 본다. 국가들의 관계는 인식에 따라서는 협력(cooperation)의 관계가 될 수 있고 적대(enemy)와 협력의 중간에 있는 경쟁(rivalry)관계가 될 수도 있다는 것이다.

웬트에 따르면 국제사회는 기본적으로 무정부적 상태이지만 국가들의 국제사회에 대한 인식의 여하에 따라서 홉스적(Hobbesian), 로크적(Lockean), 칸트적(Kantian) 문화 유형으로 구분될 수 있다고 한다.[97] 홉스적 사회에서는 국가들이 국제사회를 만인이 서로 투쟁하는(war of all against all) 적대자(adversaries)로 인식하고 그 인식에 따라 행동한다. 국가들이 서로를 적대자로 인식하기 때문에 전쟁은 살아남기 위한 일반적 수단이 된다. 웬트에 따르면 국제사회는 대체로 17세기까지 홉스적 사회였다고 한다. 로크적 사회에서는 국가들이 서로를 경쟁관계(rivals)로 인식하지만 그렇다고 적대관계는 아니기 때문에 다른 국가의 존재를 인정하면서 경쟁한다고 한다. 1648년 베스트팔렌 조약 이후 형성된 근대 국제사회는 로크적 사회의 특징을 가지고 있다고 한다. 한편, 칸트적 문화는 국가들이 우호관계(friendship) 속에서 서로 협력하는 문화이며, 제2차 세계대전 이후에 서구 자유민주국가들 사이에서 대두하였다고 한다.

나. 국가들의 국제사회에 대한 인식구성

그러면 국가들의 국제사회에 대한 인식은 어떻게 구성이 되는가? **웬트는 국가들이 서로 상호작용하는 가운데 정체성(identities)과 이익(interests)에 대한 의식이 형성되며 그와 같이 형성된 의미구조에 따라서 국가들이 행동하게 된다는 것이다.**[98] 즉 국가들은 타 국가들과 상호 작용하는 가운데 자국의 정체성에 대한 인식을 형성하게 되고 그러한 정

---

97 A. Wendt, *Social Theory of International Politics*, 1999. 웬트에 앞서 영국학파의 Hedley Bull은 1977년 *The Anarchical Society: A Study of Order in World Politics*에서 국제정치를 보는 관점을 홉스적 관점(현실주의 적 관점), 칸트적 관점(자유주의적 관점, 존 버튼의 세계사회론과 유사), 그로티우스적 관점(공동의 가치와 공동의 규범을 가진 국가 간 사회, 영국학파의 국제사회론과 유사)으로 분류하였다.

98 신현실주의는 국제체계의 구조(틀)가 먼저이고 이 구조에 의해서 국가들의 상호작용이 영향을 받는다고 하는 점이 상이하다. 즉, 구성주의는 국가 간의 상호작용으로 관념의 틀이 생기고 이 관념의 틀이 국가들의 행동에 영향을 미친다는 것이다.

체성을 바탕으로 어떻게 행동해야 자국에게 유리한지에 대한 인식을 형성하게 된다는 것이다. 이러한 인식은 상호주관적인 것이다(intersubjective)인 것이다. 국가들은 서로 상호작용하는 가운데 어느 국가가 자국에게 우호적인지 또 적대적인지 자국은 어떻게 행동해야하는지에 대한 인식구조를 형성하게 되는 것이다. 그리고 그러한 인식구조에 따라서 타국의 행동을 판단하고 그에 대응하는 것이다. 이러한 인식구조에는 물질적인 사실(material facts)도 무관하지는 않으나 더욱 중요한 것은 관념적 인식이라고 본다. 예컨대, 미국의 입장에서 영국이 가진 핵무기 50개보다 북한이 가진 5개의 핵무기가 더욱 위협적이다. 왜 그런가? 미국은 영국을 우호적인 나라로 인식하고 있고 북한을 적대적인 나라로 인식하기 때문이다. 웬트의 설명을 들어보자.

> if the United States and the Soviet Union decide that they are no longer enemies, the cold war is over. It is collective meanings that constitute the structure which organize our actions. Actors acquire identities-relatively stable, role-specific understanding and expectations about self-by participating in collective meaning.[99]
>
> 만약 미국과 소련이 서로 더 이상 적이 아니라고 결정한다면, 냉전은 끝난다. 우리의 행동을 조직하는 구조를 만드는 것은 집단적 의미이다. 행위자들은 집단적 의미에 참여함으로써 비교적 안정적인 자아와 자아에 대한 역할별 이해와 기대를 갖게 된다.

그러면 무정부적 국제사회에서 어떻게 서로 우호적인 관계가 가능할 수 있는가? 웬트는 국가가 상대국을 인정하고(recognition), 자국이 상대방에 위협이 아니라는 신뢰(trust)를 주어야 한다고 한다. 고르바초프의 1989년 신사고정책(New Thinking)이 미국등 서방세계에 소련이 더 이상 적이 아니라는 신뢰를 주었다는 것이다.

구성주의자들은 EU국가들 간의 협력 관계를 인식론적 차원에서 구체적으로 설명한다. 구성주의 이론이 EU에 잘 부합하는 이유는 EU에서는 국가들이 많은 이슈에 대해서 서로 상호작용하면서 영향을 미치게 때문이라고 본다. **케네스 글라르보**(Kenneth Glarbo, 1999)는 EU에 다양한 외교채널이 있고 이를 통해서 각 회원국들의 관계자들이 서로 소통함으로써 협력에 관한 상호적인 인식구조(intersubjective structure)를 가지게 되어 협력이 촉진된다고 한다. 신자유주의적 제도주의에 따르면 국가들이 복합적 상호관계 속에서 **자국의 국가이익을 위해 국제 제도를 통해 서로 입장을 조정하고 협력한다**고 보고 있는데 비해, 구성주의에 따르면 국가들이 서로 소통하는 상호 작용을 통해서 자국의

---

99   A. Wendt, "The Anarchy Is What States Make of It", *International Organization, 46*, p. 397.

이익이 아니라 공통의 이익에 대한 인식을 가지게 된다는 것이다.

다. 인식구성에서 국제규범과 국내전통의 역할

웬트의 구성주의 이론에 있어서는 국가들이 가지고 있는 국제사회에 대한 인식은 국가 간의 상호작용의 과정을 통하여 형성된다고 보았지만 같은 구성주의라고 할지라도 그러한 인식의 과정이 어떻게 생겨났는가에 대해서는 학자마다 관점이 다르다. **핀네모어**(Martha Finnemore, National Interests in International Society, 1996)는 국가들이 인식하는 정체성(identities)과 이익(interests)은 국제사회에 박혀있는(embedded) 행동규범(behaviour norms)에 의해서 영향을 받는다고 주장한다. 국제사회의 규범은 국제기구를 통하여 국가들에게 전달된다. 핀네모어는 국제기구가 촉진하는 국제규범은 국가들이 추구할 국가이익이 무엇이 되어야 할지에 대해서 학습시키는 효과를 낸다고 본다. 예컨대 국가들은 UNESCO에 가입하여 활동하는 가운데 자국 내 과학정책기구의 필요성을 알고 이를 설치하게 되며, 국제적십자위원회(ICRC)를 통해서 전시에 인도적인 규범의 중요성을 알고 수용하게 되며, World Bank를 통해서 국제사회에서 빈곤 퇴치의 필요성을 깨닫고 자국의 관련 정책에 이를 반영하게 된다는 것이다.

한편, 국가들이 국제사회에 대해서 가지는 인식의 구성에 있어서 개별국가의 국내적 전통, 문화, 규범, 국내적인 정체성 형성(domestic formation of identity)이 중요하다는 주장도 제기되었다. 국내적 정체성은 한 국가가 위협에 대한 인식, 기회에 대한 인식, 누가 적이고 우방인가에 대한 인식, 가능한 것과 생각할 수 없는 것에 대한 인식을 형성하는 데 중요하다. **앨러스테어 존스턴**(Alastair Johnston, 1996)은 중국에는 전통적으로 안보에 관하여 강경한 현실주의(hard real politics)의 전략 문화가 있으며 이러한 문화가 중국 지도자들에게 내면화되어(internationalized) 중국의 대외정책에 영향을 미친다는 것이다. 한편, **카첸스타인**(Katzenstein, 1996)은 제2차 세계대전 전후의 일본의 국내적 규범구조(domestic normative structure)를 분석하고 제2차 세계대전 전에 일본에서는 국제문제를 무력으로 해결하는 것을 선호하는 넓은 컨센서스가 있었으며, 전후에는 그러한 전쟁 선호 규범(가치관)이 도전받아 퇴조하였다 본다. 이러한 결과 일본 군부의 약화, 군사 예산의 제약, 평화헌법으로 이어지고 이는 호전적이었던 일본을 평화적으로 만들었다는 것이다.

라. 구성주의에 대한 비판

구성주의의 이론에 대해서 신현실주의자들은 그 적실성을 비판한다. **크라스너**(Krasner, 1994)는 구성주의자들이 주장하는 국제사회의 규범이 존재하기는 하지만 강대국 또는 전승국의 이익에 의해 무시된다고 한다. 크라스너는 1648년 베스트팔렌 조약 이래 전승국은 패전국의 자율성(autonomy)을 무시하고 패전국의 국내구조를 바꾸어 놓았다고 한다. 이와 같은 크라스너의 입장은 카첸스타인(Katzenstein)의 일본 국내 규범 분석에도 적용될 수 있다. 즉, 카첸스타인은 일본이 패전으로 인하여 전승국의 입장에 따라 평화헌법 및 전수 방위 등을 수용하게 된 사실을 간과하고 오직 국내적으로 일본이 스스로 규범이 바뀐 것으로 잘못 분석하고 있다고 할 수 있다.

한편, 미어샤이머(Mearsheimer, 1995)는 국제체제가 국가를 이기적으로(egoist)만들며, 국가들은 타국의 의도를 알 수 없기 때문에(uncertainty), 공격적으로 경쟁하게 되며 (compete aggressively) 따라서 공동체 규범(communitarian norms)은 형성될 가망이 없다고 한다. 신현실주의자의 입장에서 보았을 때 구성주의의 중요한 결함은 국제체계의 근본적 힘의 변화에 대한 적절한 설명이 없이 오직 인식론만을 강조한다는 것이다. 웬트의 주장대로 미소 양극체제하의 냉전은 미소가 서로를 적으로 보지 않았기 때문에 끝난 것인가? 웬트는 그렇다고 주장한다.[100]

> if the United States and the Soviet Union decide that they are no longer enemies, the cold war is over. It is collective meanings that constitute the structures which organize our actions.

그러나 역사적 사실을 돌이켜 보면 1980년대 말부터 1990년대 초 미소 간 양극체제의 냉전이 종식되어 가던 과정에는 러시아의 미국에 대한 적대적 인식의 완화와 고르바초프의 개혁 개방 등이 작용한 점도 있으나 이에 앞서 소련의 국력 약화와 해체라고 하는 물질적인 원인(material cause)이 있었다. 한반도의 평화는 남북한, 또 미북이 서로를 적으로 더 이상 적으로 보지 않는다는 인식의 변화만 있으면 되는 것일까? 그럼 인식의 변화는 마음먹기에 달렸다는 것인가? 구성주의자들이 주장하듯이 인식의 변화도 중요한 것임에는 틀림없지만 인식의 변화를 초래할 수 있는 실질적이고 물질적인 변화도 필요할 것이다.

---

100   A. Wendt, "Anarchy is what States Make of it", *International Organization*, 46(1992년), p.397.

1. 국제기구가 국가 간의 협력을 촉진한다는 데 대해서는 자유주의자나 구성주의나 같다. 그러나 그 이유와 과정에 대한 설명은 다르다. 국제기구에 대한 자유주의자의 설명(신자유주의적 기능주의)과 구성주의의 국제기구에 대한 관점의 차이를 비교 설명하시오.

2. 우리나라 외교부는 최근 공공외교의 중요성을 강조하고 있다. 공공외교란 무엇인가? 공공외교를 구성주의적 입장에서 설명해 보시오. 우리나라가 일본에 대해서 공공외교를 할 때 어떠한 점에 주안점을 두고, 어떻게 공동외교를 전개해야 하는지 논해 보시오.

3. 우리나라 정부와 언론은 일본이 후쿠시마 원자로의 폐수를 바다에 방류하는 데 대해서 공개적으로 일본을 비판하고 있다. 그 이유는 무엇일까? 이러한 외교가 일본에 대해 국제환경규범을 수용하도록 하는 데 기여할 것인가 아니면 일본으로 하여금 우리가 적대적 의도를 가지고 있다는 인상을 줄 것인가 비교하여 논해 보시오.

10 외교정책결정 이론

가. 주요 이론별 외교정책결정에 대한 함의

국제정치의 각 이론들은 국제정치의 현상에서 나타나는 특징들을 각자의 관점에서 설명하고 이론화하고 있으며 이에 따라 각 이론들에는 국가들이 어떻게 해서 어떠한 대외정책으로 나아가는가에 대한 설명이 기본적으로 함축되어 있다.

고전적 현실주의자인 한스 모르겐소에 따르면 국제정치는 본질이 국가들 간의 세력투쟁(power for struggle)이며, 이에 따라 국가들의 정책은 세력확장정책(제국주의 정책), 현상유지정책(policy of status quo), 세력시위정책(policy of prestige)으로 나누어 질 수 있다.[101] 또한 모르겐소는 국가의 대외정책이 나라의 최고지도자에 의해서 합리적으로 결정되는 것으로 가정한다.

방어형 현실주의자인 월츠(Walts)나 월트(Walt)의 이론에 따르면 국가들이 궁극적으로 추구하는 것은 power 자체가 아니라 자국의 안보(security)이다. 따라서 자국보다 강력한 국가가 나타나면 자국의 안보를 위해 세력균형을 이루는 방향으로 행동한다는 것이다. 또한 국가들의 대외정책은 국가들이 국제체제내에서 힘의 배분 정도에 따라 위치하고 있는 차이에 따라서 결정된다고 보기 때문에 각 국가내 지도자들의 독창성이 발휘될 여

---

[101] 이호재 역, 「현대국제정치론」, p.53.

지는 없다는 논리로 귀결되게 된다. 신현실주의자의 입장에서 볼 때 국가들이 대외정책을 검토한다면 그것은 각 국가들이 국제체계에서 위치한 자리에서 요구되는 행동이 무엇인가에 대한 검토일 것이다.

공격형 현실주의자 미어샤이머에 따르면 국가들은 지역 패권자가 되려고 하기 때문에 power확대를 목표로 행동한다. 공격형 현실주의의 이론에 따르면 국가들은 지역 패권이 되기 위한 정책을 강구할 것이고 다른 한편으로는 다른 나라가 지역패권이 되는 것을 막는 것이 외교정책이 될 것이다. 실제 미어샤이머는 그러한 관점에서 지역 패권이 되려고 하는 중국과 이를 막으려는 미국 간 갈등 구조를 지적한다.

자유주의자들은 국가 간의 상호협력, 상호의존, 국제기구를 통한 이익의 조정을 강조한다. 국가들은 서로 협력의 관계에 얽매여 있기 때문에 협력의 단절이나 전쟁 등과 같은 극단적 선택을 할 수 없다. 또한 국제기구를 통해서 국가 간의 협력은 더욱 증대된다고 본다. 국가들은 상호 이익을 위해 협력하는 방향으로 나아간다는 것이다.

구성주의 이론에 따르면 국가들은 상호작용하는 가운데 공통의 규범과 정체성을 형성하게 되므로 국가들의 대외정책이 자유주의가 상정하는 것보다 더 심화된 협력방향으로 나아가는 것으로 보고 있다.

나. 그레이엄 앨리슨의 외교정책결정 모델

각 국제관계 이론에서 도출되는 기본적인 외교정책의 방향에 대한 설명에서 더 나아가 각 국가가 외교정책을 결정하는 과정에 초점을 두는 연구도 꾸준히 이어져 왔다. 그레이엄 앨리슨(Graham T. Allison, 'Essence of Decision', 1971년)은 세 가지의 외교정책결정 모델을 이용하여 1962년도의 쿠바 미사일 위기를 둘러싼 미국과 소련의 외교정책결정 과정을 분석하였다. 앨리슨은 외교정책결정 모델을 첫째 합리적 행동자 모델(Model I: The Rational Actor), 둘째 조직과정 모델(Model II: Organizational Model), 셋째, 관료 정치 모델(Model III: Bureaucratic Politics Model)로 구분하였다.

합리적 행동자 모델(Model I: The Rational Actor)은 현실주의 이론에서 국가의 대외정책이 나라의 최고지도자에 의해서 합리적으로 결정되는 것으로 보는 것에 기반을 하고 있다. 소련이 쿠바에 미사일 기지를 건설하려고 했던 것은 미국과의 군비 경쟁에서의 열세를 만회하기 위한 전략적 선택이었으며, 미국이 어떻게든 소련의 쿠바 미사일 기지를 철회시키려 한 것은 미국의 군사력과 의지를 보여주고자 하는 전략적 선택이었으며, 이에 소련이 쿠바 미사일 기지에서 철수한 것도 현실적으로 유일한 합리적 결정이었다고 분석하는 것이다.[102] 이러한 분석에는 케네디 대통령과 후루시초프라고 하는 최고 정책결정자의 결정이 중요하다. 이 모델에서 보는 국가의 대외정책 결정과정은 최고지도자가 상황을 완전히 통제하고 관련 정보를 완전하게 가지고 있으면서 자국의 이익을 증대시키기 위한 합리적인 결정을 내리는 과정이라고 할 수 있다. 이러한 모델에서 국가는 단일체로서 행동하는 것으로 본다.

> Government behavior can be usefully summarized as action chosen by a unitary, rational decision maker: centrally controlled, completely informed, and value maximizing.[103]
>
> 정부의 행동은 단일의 합리적인 정책결정자에 의하여 선택되는 것으로 요약될 수 있다. 합리적 결정자는 중앙 통제되는 상황에서 완전한 정보를 가지고 국익을 최대화한다.

조직과정 모델(Model II: Organizational Mode)은 정부 내에 외교, 국방 등 여러 조직들이 서로 느슨하게 연결되어 있으며 상호 간 일사분란한 조정은 없는 상황을 전제로 한다. 정부 내 각 조직들은 각자의 업무처리절차(S.O.P.: Standing Operation Procedures)에 따라 각자의 소관업무를 일상적으로 처리하며 외교정책은 정부 조직 내의 이러한 메카니즘의 결과(outcome of intranational organizational mechanisms)로서 나오는 것으로 본다. 이 모델에서는 국가의 외교정책 결정은 지도자의 의도된 결정이라기보다는 이러한 정부 내 조직들이 작용한 결과물로 본다. 이 모델에서 정부의 외교정책은 의도적인 선택이 아니고 표준행정절차에 따라 거대한 조직들이 기능한 결과로서 이해된다.

> Governmental behavior can there be understood, according to a second conceptional model, less as deliberate choices and more as output of large organizations functioning according to standard patterns of behavior.[104]

앨리슨은 조직과정 모델을 쿠바미사일 위기에 적용하여, 당시 소련의 후루시초프가 미국과의 데탕트를 추진하면서 다른 한편으로는 왜 쿠바에 핵미사일 기지를 건설하려고 하였는가 하는 점을 소련의 내부 조직 과정으로서 설명해 보고 있다. 당시 미국과의 데탕트를 추진하는 것이 소련 공산당 정치국의 입장이었지만 소련에서 핵미사일을 담

---

102 Graham T. Allison, *Essence of Decision*, 1971, p.246.

103 Graham T. Allison, *Essence of Decision*, 1971, p.67.

104 Graham T. Allison, *Essence of Decision*, 1971, p.67.

당하는 군사 조직은 쿠바 미사일 기지설치를 추진하였고 이것이 중앙에서 조정이 되지 않은 것으로 설명할 수 있다고 한다. 특히 소련의 경우는 각 부서 간 서로 소통이 자유롭지 않기 때문에 이러한 정책의 부조화가 일어날 수 있었다고 본다.[105] 즉, 이 모델에서는 정부 내의 한 부서가 하는 일과 상충되는 일을 다른 부서가 하는 현상의 이유에 대해서 설명하여 준다. 또 소련이 쿠바 현지에 미사일을 배치하면서 미사일 기종을 일관되게 추진하지 않거나 배치과정에서 보안이 잘 지켜지지 않은 점 등은 최고레벨에서 결정된 정책의 이행과정에서 담당 조직과 그 위 상부조직 간에 조정이 잘 이루어지지 않았던 것을 보여준다. 또한 model II는 model I 차원의 결정 과정을 좀 더 구체적으로 미시적으로 들여다보는 분석의 틀을 제공한다. 예컨대, 소련의 어떤 조직이 쿠바에 특정 기종의 미사일을 왜 배치하려고 하였는가를 분석할 경우, 소련 군 내부의 미사일 관련 조직의 전략 변화를 분석하여 추정하는 것이다. 또한 소련의 쿠바 미사일 기지 건설에 대응하기 위한 미국 정부 차원의 대응방안을 검토함에 있어서 각 부서가 백악관에 모여서 하는 토론의 과정도 하나의 조직적 과정으로 설명될 수 있다.

Model III은 관료정치 모델이다. 이 모델은 국가 내에서 대외정책이 결정되는 과정을 구체적 미시적으로 들여다보는 점에서는 Model II와 같다고 할 수 있지만 Model III에서는 외교정책결정과정을 각 부서 및 관계자 간의 **정치적 과정의 결과**로 보고 있다. 각 부서 및 관계자는 국가전체 차원의 이익을 도모하기 위하여 정책을 제시하는 것이 아니라 자기 부서의 조직 유지 및 조직 발전이라는 부서 이기주의나 개인적인 정치적 입장에서 특정 입장을 주장하게 되며 이러한 입장들이 정치적 파워 게임의 결과로서 외교정책이 나오는 것으로 본다. 관료정치 모델은 외교정책 결정이 합리적 과정(a rational process)에서 나오는 것이 아니라 국가 내부의 정치적 산물(intranational political resultant)이라는 것을 보여준다. 앨리슨은 다음과 같이 설명한다.

The decisions and actions of governments are **intranational political resultant**: resultant in the sense that what happens is not chosen as a solution to a problems but compromise, conflict, and confusion of officials with diverse interest and

---

105 2008년 북한이 영변 원자로 냉각탑을 폭파하는 등 화해를 강조하던 시기에 한국의 관광객이 금강산 관광구역을 벗어났다가 북한 군인으로부터 피격되는 일이 벌어졌다. 이 사건을 두고 북한의 비핵화 및 평화 제스처가 거짓이라는 여론이 비등하였다. 앨리슨의 모델 II를 적용하여 보면 북한의 군대의 일선조직에서 상부의 구체적 지시 없이 평소의 업무처리 규칙대로 행하였다고 볼 수 있다. 이 이론에 따르면 북한의 모든 행동 하나 하나를 최고지도자의 의지로 파악하는 것은 적절치 않게 된다. 한국의 외교에서도 각 부처별로 서로 상이한 입장이 조정 없이 노출되기도 한다. 따라서 모든 외교정책을 최고지도자나 국가의 통일된 결정으로 보는 것에 문제를 제기한다는 점에서 유용하다고 할 것이다.

unequal influence; political in the sense that the activity from which decisions and actions emerge is best characterized as bargaining along regularized channels among individual members of the government.[106]

정부의 결정과 행동은 국내적인 정치적 결과물이다. 결과물이라고 하는 이유는 문제의 해결책으로 선택된 것이 아니라 다양한 이해관계와 불평등한 영향력을 가진 관리들의 타협, 갈등, 혼란에서 나온다는 것이다. 정치적이라고 하는 이유는 결정과 행동이 정부의 개별 구성원들 간에 정규화된 경로를 따른 협상으로 요약될 수 있기 때문이다.

앨리슨의 관료정치 모델을 쿠바 미사일 사건에 적용하여 보면, 소련이 미국과 데탕트를 추구하면서 동시에 쿠바에 핵 미사일 기지 건설을 추진하였던 것이 소련 정부 내 관련 부서 간 단순한 상호 조정이나 정보의 부재가 아니라 데탕트를 추구하려는 소련 내 세력과 핵 기지를 건설하려는 군부와의 갈등이 노출된 것으로 볼 수 있다. 또한 미국의 공군 참모총장이 쿠바미사일 기지에 대한 정밀타격(surgical strike)를 주장한 것은 자기 부서에 대한 과도한 자신감과 자기 부서에 편향된 관점에서 주장한 것이라 분석할 수 있다. 한편, 쿠바 미사일 사건에서 케네디 대통령이 터키에서 미사일 기지의 철수를 결정한 배경에는 케네디 대통령이 후루시초프의 국내적 입지를 감안한 개인적인 정치적 결정이었다고 한다. 터키에서의 미사일 기지 철수는 미국의 우방과의 협력을 약화시키는 것으로 전반적 국익 차원에서는 바람직하지 않으나 케네디 대통령이 정치적으로 판단한 것으로 분석하는 것이다.[107]

다. 관료정치 모델

요컨대 관료정치 모델에서는 어떤 외교 문제에 대해서 정책을 제시하는 관료는 국가 전체의 입장이 아니라 자기가 속한 부서나 자기의 입장에서 생각하고 정책을 제시한다는 것이다. "Where you stand depends on where you are"이라는 것이 관료정치 모델을 잘 설명하여 준다.[108]

관료들이 중대한 외교적 문제를 앞에 두고 부서 이기주의와 개인적인 정치적 입장에 따라 행동할 때 국가적 차원에서 이를 조정할 수 있는 중요한 역할을 할 수 있는 사람은 최고 지도자인 대통령이다. 앨리슨은 관료정치 모델에 있어서 대통령의 역할을 다음과 같이 강조한다.

---

106 Graham T. Allison, *Essence of Decision*, 1971, p.162.

107 Graham T. Allison, *Essence of Decision*, 1971, p.249.

108 Kozak and Keagle, *Bureaucratic Politics and National Security: Theory and Practice*, 1988.

In status and formal powers the President is chief. Every other participant's business somehow involves him. But his authority guarantees only an extensive clerkship. If President is to rule, he must squeeze from these formal powers a full array of bargaining advantages. Bolstered by his professional reputation and public prestige, the President use these advantages to translate the needs and fears of other participants into an appreciation that what he wants of them is what they should do in their own best interest.[109]

대통령은 지위와 공식적인 권한에서 최고이다. 다른 모든 참가자들의 업무는 어떻게든 그와 관련되어 있다. 하지만 대통령의 자리는 단지 광범위한 업무만을 보장할 뿐이다. 만약 대통령이 정책을 주도하려고 한다면, 그는 대통령 직위의 공식적인 권력을 바탕으로 이들과 협상을 잘 하여야 한다. 대통령은 그의 직무적 평판과 대중적인 위신을 바탕으로 협상을 통하여 다른 참가자들이 가진 요구와 두려움을 그가 주도하는 정책에 대한 지지로 만들어야 한다. 그렇게 함으로써 다른 참가자들은 대통령이 하고자 하는 것이 바로 자신들의 이익을 위한 것이라고 생각하게 된다.

라. Groupthink 모델

Groupthink의 측면에서는 외교정책결정의 비합리성이 지적된다. Groupthink라는 것은 **어빙 재니스**(Irving Janis)가 만들어 낸 용어로서 응집력이 강한 내부 집단에서 대책을 협의할 때 집단 내에서 의견일치를 이루고자 하는 집단적 의식으로 인하여 현실적인 대책들이 가려진다는 것이다. 따라서 Groupthink의 작용으로 그룹은 한 개인보다 더 어리석게(dumber) 된다는 것이다.

Groupthink is a mode of thinking that people engage in when they are deeply involved in a cohesive in-group, when member's strivings for unanimity override their motivation to realistically appraise alternative courses of action.[110]

집단사고는 응집력이 강한 내부집단에 깊이 관여된 구성원들이 정책결정과정에서 만장일치를 추구하게 되어 현실적인 대안을 검토하려는 동기가 배제되는 사고방식을 말한다.

소규모 집단의 정책결정과정에서 잘못된 오류에 빠지게 되는 이유는 다양하다. 첫째, 소규모 집단이 모여서 정책을 논의하게 되면 누구라도 다른 의견을 내는 것을 두려워하기 때문이다. 그 이유는 그룹 내 자기 검열(self-censorship)이 작용하여 반대 의견을

---

109 Graham T. Allison, *Essence of Decision*, 1971, p.148.

110 Irving Janis, *Groupthink: Psychological Studies of Policy Decisions and Fiascoes*, 1982, p.9.

내는 사람에 대해서 압력(direct pressure on dissenter)이 작용하기 때문이다. 둘째, 집단은 집단 내에서 의견의 일치를 이루어야 한다고 생각하고(illusion of unanimity), 집단의 의견으로부터 벗어나기를 두려워한다. 셋째, 집단은 자기들의 결정을 집단적으로 합리화(collective rationalization)하고 자기들의 결정이 가져올 문제점에 대해서는 외면한다. 넷째, 집단은 자기들이 타 집단에 비해 우월하며 타 집단은 악하거나 멍청하다고 생각한다. 집단은 자신들이 윤리적으로 올바르다고 생각하며 자신들의 결정이 가져올 윤리적 문제를 외면한다.[111]

마. 지각의 한계

한편, 정책결정자의 인간으로서의 **지각의 한계**(cognitive restraints)가 정책결정의 합리성에 영향을 미친다는 이론도 제기되었다. 인간에게는 자신의 신념체제에 따라 정보를 해석하고 의미를 부여하는 지각 능력이 있는데 이러한 지각 능력은 주관적 경험과 편견으로 인해 완전히 합리적이지는 않으며 정책결정자도 인간이기 때문에 정책결정자의 불완전한 인식 능력이 불합리한 대외정책 결정으로 이어진다는 것이다. 예컨대 1991년 미국 부시(G.H. W. Bush) 대통령은 이라크의 사담후세인이 쿠웨이트를 침공하자 바로 이라크와의 전쟁을 결정하였는데 당시 부시 대통령은 사담 후세인의 쿠웨이트 침공을 보면서 제2차 세계대전 직전의 히틀러를 떠올리고 당시 영국의 챔벌린 수상이 유화정책으로 대처하여 전쟁을 막지 못한 것을 상기하면서 교섭의 대안을 생각하지 않고 이라크와의 전쟁을 결정하였다고 분석할 수 있다. 이와 같은 부시대통령의 행태를 뮌헨 증후군(Munich Syndrome)이라고도 한다. 제2차 세계대전을 겪은 부시 대통령이 그 개인적 경험으로 인하여 사담 후세인의 쿠웨이트 침공을 보면서 1938년 히틀러가 뮌헨회담에서 체코의 주데텐란트를 요구한 것과 흡사(analogy)하다고 인식한 것이 미국의 대 이라크 전쟁 결정의 중요요인이 되었다고 보는 것이다.[112] .

---

111 Irving Janis, *Groupthink: Psychological Studies of Policy Decisions and Fiascoes*, 1982, p.244

112 Steve A. Yetiv, *Explaining Foreign Policy: US Decision Making and the Persian Gulf War*, 2004, p.61

11 외교사의 주요 흐름

가. 30년 전쟁과 베스트팔렌 조약

유럽에서 로마 카톨릭을 지지하는 국가들과 개신교를 지지하는 국가들간에 벌어진 30년 전쟁(1618-1648)은 베스트팔렌 조약(1648년)으로 매듭짓게 되었다. 30년 전쟁은 신성로마제국의 페르디난트 2세가 친카톨릭적인 반종교개혁을 실시하는 데 대해 신성로마제국 내 개신교 제후국들이 반발하면서 시작되었으며, 같은 합스부르크왕가였던 스페인이 신성로마제국을 지지하며 참여하자 이에 대항에 여러 개신교 국가들이 전쟁에 참여함으로써 유럽최초의 국제전쟁으로 확전되었다. 잉글랜드는 개신교 편으로 참전했고, 덴마크와 노르웨이는 신성로마제국의 편에서 참전했다. 스페인에 맞서 독립전쟁을 치르고 있던 네덜란드는 개신교 편에서 참전했다. 신성로마제국 내 개신교 국가였던 브란덴부르크-프로이센은 개신교편에서 참전했다. 스웨덴은 개신교 편에서 참전했다. 프랑스는 카톨릭 국가였으나 합스부르그 왕가에 맞서기 위해 개신교 국가인 스웨덴 및 이교도인 오스만제국과 동맹을 맺고 개신교편에서 참전했다. 한편 교황 바오로 5세는 이탈리아의 지배권이 신성로마제국에 넘어가는 것을 방지하기 위하여 프랑스와 동맹을 맺었다.

30년 전쟁은 베스트팔렌조약(1648년)으로 매듭을 짓게 되었다. 베스트팔렌 조약으로 합스부르크 왕가의 패권은 추락하고, 신성로마제국이 지방분권화되고, 스페인제국은 쇠퇴하게 되었으며, 네덜란드는 스페인에서 독립하고 스위스는 신성로마제국에서 독립했으며, 프로이센이 등장했다. 프랑스와 스웨덴이 강대국으로 등장하였다. 베스트팔렌 조약으로 그 이전까지 유럽의 중세 봉건제의 기초였던 로마교황이나 신성로마제국의 보편적인 권위를 배제한 많은 중앙집권적인 근대적인 주권국가들이 탄생하게 된 것이다.[113]

---

113 이기택, 「현대국제정치이론」, 1997년, 박영사, p.41.

베스트팔렌조약 체결 이후 프랑스가 유럽의 패권국으로의 지위를 유지한 1648년-1700년간을 베스트팔렌체제(Westphalia System)라고 하며, 스페인왕위계승전쟁(1701년-1714년)으로 유럽의 패권이 프랑스에서 영국으로 넘어가면서 종료되었다.[114]

나. 나폴레옹 전쟁과 비엔나 체제

1789년 프랑스에서 구체제(앙시앙 레짐)에 반발하여 일어난 프랑스 대혁명은 왕정체제를 유지하고 있는 유럽의 여타 강대국들에 대해서는 위협적인 것이었다. 오스트리아와 프로이센의 지배계급들은 프랑스 혁명의 사상이 전파될 것을 걱정하여 자국 내 혁명 지지파들을 박해하였다. 오스트리아와 프로이센은 1791년 8월 필니츠(Pillnitz)선언을 통해 프랑스에 대한 군사개입을 시사했다. 필니츠 선언은 프랑스 혁명 정부에 대한 협박으로 받아들여졌다. 프랑스 혁명정부는 1792년 4월 오스트리아에 대해서, 1792년 7월 프로이센에 대해서 각각 선전포고를 하였다. 1792년 7월에 프로이센 군대와 오스트리아 군대가 국경을 넘어 프랑스로 향했다. 오스트리아와 프로이센의 군대는 9월 파리 동쪽 교외 발미(Valmy)에까지 진격하였다. 프랑스 혁명군은 발미전투에서 승리하고 외국군을 국경 밖으로 물리쳤다. 프랑스 국민공화정부는 1792년 9월 21일 공화정을 선포하였다. 프랑스 공화정부는 1793년 1월 루이16세를 처형하였으며 대외팽창의 노선을 걷기 시작하였다. 프랑스는 사보이, 니스, 벨기에를 합병하고 영국, 네덜란드, 스페인에 대하여 전쟁을 선포하였다.

대외 팽창으로 변질된 프랑스 혁명은 영국을 자극하게 되었다. 영국의 유럽에 관한 기본입장은 유럽에서 강대국들 간의 세력균형이 유지되는 가운데 영국이 자유로이 해외진출을 도모한다는 것이었다.[115] 프랑스가 벨기에를 합병하고 셸데강 하구를 점령한 것은 영국의 對유럽 무역에 대한 위협이 되었다. 영국은 대 나폴레옹 전선의 중심이 되었으며 영국을 중심으로 하는 대 프랑스 연합전선은 총 7차에 걸쳐 이루어졌다.[116] 한동

---

114 스페인 왕위계승전쟁은 프랑스 부르봉 왕가 출신의 필리프(필리페 5세)가 스페인의 왕위에 오른 이후 (1700-1724년 재위) 오스트리아의 합스부르크 왕가가 스페인왕위에 대한 권리를 주장하여 발발하였다. 영국은 신성로마제국 즉, 오스트리아의 편에서 참전하였다. 전쟁의 결과 위트레히트조약(1713년)과 라슈타트조약(1714년)이 체결되어 부르봉왕가의 필리페 5세는 왕위를 지킬 수 있도록 하였으나 그 이후의 스페인 왕에 대해서는 합스부르크 왕가가 계승하도록 하였다. 이 전쟁의 결과 영국이 프랑스를 누르고 유럽의 강대국으로 등장하였다. 한편, 오스트리아는 스페인령 네덜란드(지금의 벨기에)를 얻게 되었다.

115 김용구, 「세계외교사」, 1993년, p.4.

116 1794년 자코뱅당의 로베스피에르가 처형된 후인 1795년 국민공회는 총재정부를 출범시켰으나 총재정부는 반대파들이 일으킨 반란에 직면했다. 이때 반대파를 진압한 사람이 나폴레옹이다. 나폴레옹은 이후 이집트 원정과 이탈리아 원정을 통해서 국민들의 인심을 얻었다. 1799년 브뤼메르 18일에 쿠데타를 일으켜

안 나폴레옹은 연전연승을 거두었다. 유럽의 강대국들과의 전쟁에서 승리를 거둔 나폴레옹은 1805년 울름전투에서 승리하여 비엔나에 입성하였으며, 그해 12월에는 아우스테를리츠 전투에서 승리하여 러시아-오스트리아 연합군을 대파하였다. 이어 나폴레옹은 1806년 10월 제나, 아우에로슈타트에서 프로이센과의 전투에서 승리하여 베를린에 입성하게 되었다. 이 무렵 나폴레옹은 유럽대륙의 거의 전역을 실질적으로 지배하는 위치에 올라섰다. 나폴레옹은 자신이 북이탈리아 왕국의 왕을 겸하였고, 네덜란드 왕국에는 동생 루이를 왕으로 옹립하고, 스페인에서는 형인 조세프를 왕으로 옹립하고, 라인연방과 바르샤바 대공국을 만들어 프랑스의 위성국가로 만들었다. 1806년 나폴레옹이 라인동맹을 만들면서 신성로마제국은 멸망하게 되었다. 나폴레옹은 프로이센을 패배시킨 후 계속하여 동쪽으로 진격하여 니멘 강에서 러시아와 대치하였다.

1812년 6월 나폴레옹은 니멘 강을 건너 러시아를 침공하여 9월에는 모스크바로 진격하였다. 러시아인들은 모스크바에 불을 질러 프랑스 군대가 모스크바에서 버틸 수 없도록 해놓았다. 추위와 식량부족으로 난관에 처한 프랑스 군대는 철수하기 시작하였고 퇴로 길에 러시아의 공격을 받았다. 나폴레옹은 출전 병력을 대부분 잃고 파리로 돌아왔다. 나폴레옹의 몰락이 시각된 것이다. 1813년 6월 7월에는 영국, 러시아, 프로이센, 오스트리아 간에 제4차 연합전선이 이루어졌다. 1813년 8월 연합군은 라이프니치 전투에서 승리하였다. 1814년 초 연합군은 연전연승하면서 파리로 진격하였으며 3월에는 파리에 입성하였다. 4월 11일 퐁텐블로 협정이 체결되어 나폴레옹이 엘바섬에 유배됨으로써 나폴레옹 전쟁은 일단락이 났다.[117]

나폴레옹 전쟁이 마무리되어 가자 유럽의 강대국들은 나폴레옹에 의해서 뒤죽박죽된 유럽의 정치 질서를 어떻게 할 것인가를 논의하기 위해 비엔나에서 회의(1841년 9월 - 1815년 6월)를 열게 되었다. 비엔나 회의의 대 전제는 유럽의 정치질서가 나폴레옹 전쟁이 발발하기 이전의 상황(Status quo ante bellum)으로 돌아가야 한다는 것이었다. 이를 위해서는 나폴레옹이 퇴위시킨 예전의 정통 왕가를 다시 복귀시킨다고 하는 정통주의(legitimacy)라는 기본원칙과 함께 프랑스의 재흥을 막고 유럽 열강 간에 세력균형(balance of power)의 원칙에 맞추어 정치질서와 국경선을 조정한다는 것이다. 비엔나 회의 결과는 다음과 같다. 프랑스를 견제하기 위하여 네덜란드가 벨기에를 합병하도록 하였고, 프로이센이 라인강으로 진출하도록 하였으며 이때 루르와 자르 지방의 탄광지방

총재정부를 전복시키고 통령정부를 수립하여 프랑스 제1공화국의 대통령이 되었다.

117 김용구, 「세계외교사」, 1993년, pp.5-14. 이후 나폴레옹이 엘바섬을 탈출하여 재기하였으나 워털루 전투 (1815.6)에서 최종적으로 패배했다.

도 얻게 되었고, 러시아가 폴란드 거의 전역를 차지하고, 이탈리아의 북부 지역은 오스트리아로 귀속되고 나머지 지역은 복수의 독립국들로 만들어졌다. 나폴레옹으로 인하여 파괴된 신성로마제국은 다시 부활하지는 못하고 오스트리아, 프로이센 등이 참여하는 독일연방이 구성되었다. 스위스는 영세중립국이 되었다. 비엔나 회의의 이러한 결정은 1814년 3월 쇼몽조약, 4월 퐁텐블로 조약, 5월 제1차 파리회의 결과들을 이어받아 형성된 것이다. 비엔나 회의는 나폴레옹하의 프랑스에 대항하는 과정에서 연합한 영국, 오스트리아, 프로이센 및 러시아의 4개국이 주도를 하게 되어 4대국 중심의 유럽지도 체제가 형성하였으며 1818년 프랑스가 이에 가입함으로써 유럽협조체제가 되었다. 유럽협조체제는 비엔나 회의 결과 합의된 유럽의 질서를 유지하는 데 서로 협조하기로 하는 기본적 방침하에 1815년 이후 많은 외교적 문제를 해결하였다.[118]

나폴레옹 전쟁 당시에는 영불의 대립이 큰 틀을 구성하고 있었으나 나폴레옹전쟁이 후에는 영국과 러시아의 대립 구조가 기본 틀이었다. 나폴레옹과의 전쟁에서 승리를 주도한 영국의 관심은 중부 유럽을 강화시킴으로써 동쪽으로는 러시아의 팽창을 막고 서쪽으로는 프랑스를 견제하는 정책이었다. 비엔나 체제는 1830년 프랑스의 7월 혁명으로 부르봉 왕가가 다시 무너지고 오를레앙 공이 왕위에 오름으로써 무너지기 시작하였다. 이러한 프랑스 혁명은 당시 유럽에 피어오르던 정치적 자유주의와 국민감정을 바탕으로 하는 민족주의 독립운동에 활력을 불어넣는 결과를 초래하였다.

다. 유럽협조체제하 열강의 이해관계 대립

(1) 스페인 반란(1820년)

1820년 1월 스페인에서 스페인 국왕 페르난도 7세에 반대하는 혁명이 일어났다. 연합국의 힘으로 다시 왕위에 복귀한 페르난도 7세가 자유주의 운동을 탄압하였기 때문이었다. 러시아는 5개국(영국, 러시아, 프로이센, 오스트리아, 프랑스)의 공동개입을 주장하였으나 영국은 불간섭원칙을 천명하였다. 한편, 1820년 7월 이태리 나폴리에서는 나폴리 왕 페르디난드 4세의 지배에 대한 반대하는 반란이 일어났다. 나폴리의 반란을 계기로 열강들은 트로파우 회의를 개최하였다(1820년 10월-12월) 트로파우 회의에서 러시아, 오스트리아, 프로이센 3국은 혁명세력을 진압하기 위해 공동개입하자는 데 의견을 모았으나 영국이 반대하여 합의가 이루어지지 않았다. 이는 유럽협조체가 분열되어 있다는 것을 보여주는 것이다. 1821년 3월 오스트리아 군대는 나폴리에 진주하여 페르

---

118 이기택, 「국제정치사」, 1983, p.18.

디난드 4세를 왕위에 복귀시켰다. 한편, 1823년 3월 프랑스 군대는 스페인에 진주하여 반란군을 진압하고 이후 5년간 스페인에 주둔하였다.

(2) 먼로주의(1823년)

1823년 12월 3일에 미국 대통령 먼로는 의회에 대한 연두교서에서 먼로주의를 천명하였다. 연두교서의 내용은 첫째, 아메리카는 유럽 열강의 식민지대상이 아니라는 것. 둘째, 유럽 열강의 아메리카 대륙에 대한 간섭을 비우호적인 것으로 간주한다는 것. 셋째, 미국은 어떠한 유럽국가의 국내 문제에도 개입하지 않겠다는 것이다. 요컨대 먼로주의는 비식민과 불간섭의 원칙으로 요약될 수 있다. 먼로주의가 나오게 된 배경은 당시 러시아가 스페인을 통해서 아메리카 대륙에 진출하려는 의도를 가지고 있었던 것에 대항하려는 것과 프랑스가 스페인의 구 식민지에 대해서 영향력을 행사하려는 것에 대한 대항책으로 나온 것이었다. 프랑스의 아메리카 대륙 시도 진출에 대해 영국 정부는 미국을 도와 프랑스의 아메리카대륙에 대한 간섭을 배제하는 것을 지지하였고 미국은 강대국 영국의 군사력과 지지 약속을 바탕으로 먼로선언을 할 수 있었던 것이다. 영국 정부와 미국 정부 간 사전교감을 가지고 이루어진 먼로선언은 유럽협조체제의 균열을 보여주는 것이다.

(3) 그리스의 독립(1830년)

그리스의 오스만 제국으로부터의 독립은 1821년 몰다비아와 모레아 지방에서 일어난 독립운동을 시발로 하여 1830년 2월 런던 의정서의 의하여 승인 받을 때까지 10년이 걸렸다.[119] 원래 오스만 제국은 1453년 동로마제국(비잔틴 제국)을 멸망시킨 이후 계속 유럽에 진출하여 있었고 16세기 이후부터는 차차 쇠락하게 되었다. 오스만 제국이 쇠퇴하자 러시아와 오스트리아는 경쟁적으로 오스만 제국을 침략하여 자국의 세력을 확장하고 있었다. 러시아는 그리스의 독립운동을 지지하면서 발칸반도에로의 진출을 도모하였다. 한편, 영국과 오스트리아는 러시아의 발칸 반도 진출을 우려하여 그리스의 합법적 지배자는 오스만 제국의 황제라는 입장을 취하였다. 그러나 1821년 1월에 그리스는 독립을 선언하고 자유주의적 헌법을 채택하였다. 1825년 그리스 독립운동이 내분을 겪고 있는 사이에 오스만 제국의 속국인 이집트의 모하메드 알리는 오스만제국의 요청으로 그리스의 독립운동을 진압하였다. 러시아는 1828년 4월에 터키에 전쟁을 선포

---

119 김용구, 「세계외교사」, 1993년, p.64.

하였고 1829년 8월에 러시아 군대는 아드리아노플을 점령하기에 이르렀다. 터키는 러시아와의 협상에 나섰으며 러시아와 터키 간에 평화조약이 체결되었으며 이어 1830년 2월 런던의정서가 체결되어 그리스의 독립이 인정되었다.

(4) 벨기에의 독립(1830년)

1830년 파리에서 7월 혁명이 일어나자 혁명의 분위기는 벨기에로까지 파급되었다. 당시에 벨기에는 비엔나 회의의 결과에 따라 프랑스의 패권 재기를 막기 위하여 네덜란드에 편입되어 있었다. 그런데 1830년 8월 벨기에에서 네덜란드의 지배에 반대하는 반란이 일어났다. 러시아, 오스트리아, 프로이센은 벨기에 사태에 간섭하려고 하였으나, 영국과 프랑스는 불간섭 입장을 취하였다. 그런데 러시아가 벨기에 사태에 간섭하기 위하여 폴란드 군대를 차출하려고 하자 이것이 도화선이 되어 1830년 11월 폴란드에서 반란이 일어나게 되었다. 이에 러시아군이 폴란드에 진입점령하게 되었고 이후 폴란드의 독립은 1차 대전 이후를 기다려야 했다. 폴란드의 반란으로 러시아는 벨기에에 간섭할 여력이 없어지게 되었고 오스트리아와 프로이센도 자국 내로 편입되어 있던 폴란드 지역에 신경을 쓰느라 벨기에에 간섭할 여력이 없어지게 되었다. 결국, 폴란드 사태의 덕으로 벨기에는 독립하게 되었다. 1830년 12월 5개국 간 런던회의는 벨기에의 독립을 인정하기에 이르렀다.

라. 크리미아 전쟁(1853년-1856년)

19세기 중엽 오스만 제국이 유럽의 병자로 쇠퇴해 가는 가운데 러시아는 쇠퇴해가는 오스만 제국을 약화, 와해시켜서 오스만 제국의 영역권에 있었던 흑해와 지중해로 진출하려는 남진정책을 추진하였다. 한편, 영국은 오스만 제국과 많은 무역을 하고 있었으며 오스만 제국은 영국에게 중요한 식량보급지였다. 이에 영국은 오스만 제국을 유지시키고 지중해 해로를 장악하면서 러시아의 남진을 막고자 하였다. 당시 프랑스의 나폴레옹 3세는 다시 유럽의 패권을 잡고자 하였으며 이러한 목표에 비추어 러시아는 타도해야 할 대상이었다. 크게 보면 크리미아 전쟁은 남진정책을 추진하던 러시아와 이를 막으려는 영국간의 대결구도에 유럽의 패권을 추구하던 나폴레옹 3세하의 프랑스가 영국과 한편이 되어서 발발한 전쟁이라고 할 수 있다. 전쟁의 도화선은 오스만 제국 내 성지 관할권에 대한 러시아와 프랑스 간의 대립에서 일어났다.

19세기 중엽 오스만 제국이 쇠퇴하는 가운데 오스만 제국 내에 기독교 성지의 관할권을 둘러싸고 로마 카톨릭의 보호자인 프랑스와 그리스 정교회의 보호자인 러시아와의 갈등이 발단이 되어 크리미아 전쟁(1853년 10월-1856년 3월)이 일어났다. 프랑스와 러시아는 각각 이미 18세기 중엽 이후부터 오스만 제국내에 가톨릭교와 그리스 정교에 대해서 관할권을 가지고 있었으나 같은 가톨릭교와 그리스 정교는 뿌리가 같은 기독교로서 관할대상인 시설과 지역이 중복될 수밖에 없어서 누가 우선인가 하는 문제가 제기되었던 것이다. 18세기 후반에 이르러서는 그리스 정교도의 신자의 수가 로마 카톨릭 신자의 수보다 더 많아지게 되었고 이에 따라 성지관할에 대한 러시아의 우위가 인정되었으며 팔레스타인 성지의 관할도 그리스 정교회로 넘어가게 되었다. 그런데 19세기 중엽 레반트 지역에 프랑스 가톨릭 신자의 숫자가 크게 증가하자 프랑스 정부는 성지관할 문제를 제기하였다.

나폴레옹 3세의 이러한 주장은 오스만 제국 내 러시아의 영향력에 대한 도전이었다. 터어키는 프랑스의 지원을 받아 러시아의 위협에서 벗어나려는 의도로 결국 1852년 12월 프랑스에게 성지 관할권을 부여하였다. 이러한 사태를 좌시할 수 없었던 러시아는 1853년 2월 멘슈코프 장군을 특사로 콘스탄티노플로 파견하였고, 프랑스는 3월 살라미스에 해군을 출동시켰다. 러시아는 7월 다뉴브 공국인 몰다비아와 왈라치아(지금의 루마니아의 일부로 당시 오스만 제국의 속주)를 점령하였고 오스만 군대는 다뉴브강을 넘어 실리스트라에서 러시아군과 대치하였다. 1853년 10월 오스만 제국은 영국과 프랑스의 지지를 약속받고 러시아에 대해 선전포고를 하였으며, 영국, 프랑스 함대는 흑해로 진입했다. 영국, 프랑스, 오스만 연합군은 1854년 9월 크리미아 반도 세바스토폴의 러시아 해군기지를 공격했다. 11개월간의 치열한 전투 끝에 1855년 9월 세바스토폴은 연합군에 함락되었고 러시아는 평화를 요구하였다.

크리미아 전쟁 중 프로이센은 중립을 지켰고 오스트리아는 영국과 프랑스와 공수동맹을 맺고 다뉴브 공국을 방어하기로 하였으나 실제 전투에 참여하지는 않았다. 영국과 프랑스가 러시아의 종전요구를 받아들여 1856년 3월 파리조약이 체결되었다. 파리회의의 결과로 러시아의 유럽에서의 남하정책은 좌절되었다. 파리조약의 결과 흑해는 비무장화되었으며 러시아는 흑해의 치안 유지에 필요한 최소한의 함정만을 보유할 수 있게 되었다. 아울러 터어키의 영토 보전과 독립이 보장되었으며 러시아의 우월적 지위는 부정되었다. 이런 점에서 크리미아 전쟁은 유럽 열강들의 러시아에 대한 최초의 봉쇄전쟁이라고 할 수 있다. 오스트리아는 러시아와 화해할 수 없는 적대관계가 되었다. 프로이센은 중립을 지킨 관계로 러시아와의 우호관계를 유지하였으며 또한 크리미아 전쟁을 계기로 러시아의 힘이 약화되어 장차 독일 통일을 성취하는 데 유리한 지위를 얻었다. 크리미아 전쟁의 가장 큰 승리자는 영국이었다. 영국은 러시아를 누르고 세력균형을 유지하면서 해외진출에 전념할 수 있게 되었다.

마. 이태리의 통일(1860년)

통일되기 전까지 이태리는 여러 개의 작은 왕국 이루어져 있었으며 1815년 비엔나 회의의 결과로 오스트리아가 이태리의 북부를 차지하고 있었다. 1820년대부터 프랑스 혁명과 나폴레옹의 영향으로 인해 절대왕정에 반대하는 자유주의적 움직임이 일어났으며 오스트리아가 이러한 이태리의 자유주의적 운동에 개입하여 탄압하자 민족주의적 움직임이 더 크게 나타나기 시작하였다.

이태리의 통일은 사르디니아의 카부르에 의하여 주도되었다. 카부르는 프랑스의 나폴레옹 3세로 부터의 지원약속을 얻어내는 데 성공했다. 당시 프랑스는 보수세력의 중심인 오스트리아를 약화시킴으로써 자국의 세력 확장을 기도하였던 것이다. 프랑스가 지원하는 사르디니아와 오스트리아 사이에 전쟁이 발발할 경우에 대한 열강들의 입장은 사르디니아에 유리한 것이었다. 우선 러시아는 오스트리아와 크리미아 전쟁에서 대립하였던 관계로 오스트리아와 사르디니아 사이에 전쟁이 발발할 경우에 중립을 지키면서 독일연방을 견제하겠다는 입장이었다. 프로이센은 독일의 통일을 위하여 언젠가는 오스트리아와의 충돌을 예견하고 있었기 때문에 역시 중립적 입장을 표명했다. 영국은 오스트리아의 약화가 중부유럽의 불안정으로 이어지는 점을 우려하였으나 한편으로 이태리 통일의 명분을 거절할 수 없었다. 이에 영국은 오스트리아와 프랑스 간의 중재에 나섰으나 실패하였다.

1859년 4월 오스트리아가 먼저 사르디니아에 무력 진입했다. 이에 대해 나폴레옹 3세가 오스트리아에 대해 선전포고함으로써 이태리 독립전쟁이 시작되었고, 프랑스·사르디니아의 승리로 끝났다. 1859년 11월 전쟁의 결과 맺어진 빌라프랑카 조약은 롬바르디아만을 사르디니아에 병합시키고 토스카나, 모데아 등은 별도의 왕국으로 분리하고 있어서 카부르로서는 받아들 수 없는 것이었다. 빌라프랑카 조약에 대한 반발이 이태리 전역으로 확산되는 가운데 이태리의 여러 지역이 사르디니아로 합병되었다. 카부르는 프랑스에게 사보이와 니스를 할양한다면 프랑스가 이태리 통일에 반대하지 않을 것이라고 생각하고, 1860년 1월 프랑스와 사보이와 니스에 대한 협상을 벌였다. 이를 위해 우선 국민투표로서 사보이와 니스를 사르디니아에 병합하는 절차를 거쳐 1860년 3월 사르디니아가 사보이와 니스를 프랑스에 할양하였다. 이어 나폴레옹 3세는 시실리 왕국이 사르디니아에 병합되지 않도록 시실리 왕국에 요청하였으나 곧 시실리에서 반란이 일어났다. 이에 사르디니아 군이 시실리에 상륙하였고 시실리 왕국도 이태리에 통일에 합류하게 되었다. 통일 임시정부는 사르디니아의 왕 빅토리오 엠마누엘을 통일 이태리 왕국의 왕으로 추대하였다. 이에 1860년 6월 이태리의 통일이 완성되었다.

바. 독일의 통일(1871년)

(1) 보오전쟁(1866년)

독일의 통일은 프로이센의 비스마르크가 전략적으로 주도하여 이루어졌으며 이는 프로이센과 오스트리아와의 전쟁(보오전쟁) 및 프로이센과 프랑스와의 전쟁(보불전쟁)을 거쳐서 이루어졌다. 프로이센과 오스트리아는 같은 독일연방 국가로서 1850년부터 독일 연방의 패권을 두고 대립해 왔다. 비스마르크는 당시 슐레스비히, 홀슈타인 공국을 계기로 하여 오스트리와 전쟁을 하게 되었다. 슐레스비히, 홀슈타인 공국의 주민 대부분은 독일계 사람들이었으나 덴마크왕의 지배를 받고 있었다. 홀슈타인 공국은 독일 연방의 일원이었으며 슐레스비히는 덴마크나 독일의 어느 쪽에도 속하지 않는 독립된 공국이었다. 1852년부터 덴마크는 이 두 공국을 덴마크로 완전히 편입시키려 하여 독일계 주민들의 반발을 초래하고 있었다. 1863년 덴마크 정부는 슐레스비히를 덴마크로 편입하고 홀슈타인에는 자치를 허용한다는 방침을 세웠다. 이러한 가운데 프로이센은 이 두 공국을 덴마크로부터 분리하여 프로이센에 병합하는 방안을 추진하였다. 비스마르크는 이 두 공국을 독일 연방에 두는 것보다는 프로이센에 병합하는 방안을 추진하였다. 프로이센과 오스트리아는 덴마크에 대하여 행동을 개시하여 슐레스비히를 점령하였다.

이후 이 두 공국의 처리를 놓고 프로이센과 오스트리아가 크게 대립하게 되었다. 프로이센은 두 공국을 프로이센에 병합하려고 했다. 특히, 슐레스비히-홀슈타인 지역의 키일 군항을 요새화하여 발틱해와 북해로 나가는 해로를 장악하려고 하자 오스트리아가 반발했다. 1866년 6월 비스마르크는 독일연방국들에 대해 오스트리아를 독일연방에서 제외하여야 한다는 도발적인 제안을 하여 오스트리와의 전쟁의 구실을 만들었다. 이에 대해 오스트리아는 독일연방의회에서 프로이센을 규탄하였다. 그런데 이때 프로이센은 홀슈타인을 점령하였고 슐레스비히에서는 오스트리아 관헌이 슐레스비히 총독에게 체포당하는 일이 벌어졌다. 1866년 6월 17일 오스트리아가 먼저 프로이센에 선전포고를 하였고 6월 18일에는 프로이센이 오스트리아에게 선전포고를 하였다.

프로이센은 오스트리아와의 전쟁을 준비하면서 오스트리아를 외교적으로 고립시키는데 진력하였다. 보오전쟁 과정에서 영국, 프랑스, 러시아는 상호 간의 이해관계가 얽혀 소극적 입장을 취하게 되었고, 이것이 프로이센이 오스트리아에 대해 승리를 거두게 된 주요한 원인이 되었다. 이와 같이 열강들이 보오전쟁에서 오스트리아의 편을 들거나 프로이센을 제지하지 않은 것 또한 비스마르크 외교의 성공의 결과이다. 1863년 러시아령 폴란드에서 반란이 일어나자 비스마르크는 러시아에 접근하여 러시아의 폴란드 반란진압에 협조하겠다는 뜻을 전달함으로써 러시아의 호의를 얻게 되었다. 러시아는 유럽에서의 전쟁을 원하고 있지 않았으나, 보오전쟁에서 오스트리아가 패배함으로써 약화되는 것이 러시아의 발칸 반도 진출에 도움이 된다고 생각한 것이다. 한편 프랑스의 나폴레옹 3세는 폴란드에서 반란이 일어나자 폴란드 독립을 위해 러시아와의 전쟁도 불사한다는 태도를 취함으로써 러시아와의 관계가 악화되었다. 프랑스와 관계가 악화된 러시아는 한층 더 프로이센에 협조적인 태도를 취하게 되었다. 한편 영국은 발틱해에 있는 덴마크를 강화하는 것이 자국 국익에 유리했으며, 슐레스비히-홀슈타인 지역과 발틱 해를 이어주는 키일에 프로이센이 군항을 건설하는 것은 독일의 해군력 강화를 초래하므로 이를 막으려고 하였다. 이러한 입장에서 영국은 슐레스비히-홀스타인 지역에 대한 프로이센의 입장을 반대하고 이를 위해 프랑스의 나폴레옹 3세에게 협조를 구하였으나 나폴레옹 3세는 이를 거절했다. 당시 영국은 영불 연합함대가 발틱해를 포위하고 프랑스의 군대가 라인강에 집결하여 프로이센에 압력을 가한다는 구상을 가지고 있었으나 나폴레옹 3세의 거절로 프로이센을 저지할 수 없게 되었다.

프랑스의 나폴레옹 3세는 보오전쟁을 앞두고 프로이센과 오스트리아 양쪽 모두에 접근하여 보오전쟁 이후 프랑스가 라인강 이남의 남부독일을 지배하려는 책략을 가지고 있었다. 이러한 책략 하에 프랑스는 보오전쟁에서 중립을 지키고 전쟁이 끝난 뒤 프로이센과 오스트리아 양쪽으로부터 영토적 보상을 받아낸다는 전략이었다. 이러한 전략하에 프랑스는 오스트리아에 접근하여 중립을 약속하고 그 대가로 전쟁 후에 베네치아를 이탈리아에 할양한다는 약속을 받아냈다. 프랑스는 또한 프로이센에도 접근하여 프로이센이 승리할 경우에 프랑스가 독일 영토의 일부를 할양받겠다는 제의를 하였으나 거절당하였다.

프로이센은 전쟁 시 오스트리아의 병력을 남북으로 분산시키기 위해 이태리와 동맹을 맺고 이태리가 남쪽에서 공격하도록 하는 동맹을 맺었다. 이태리는 이에 대한 대가로 베네치아를 약속받았다. 1866년 7월 오스트리아가 사도바 전투(쾨니히그레츠 전투)에서 대패함으로써 7주간의 보오전쟁은 종료되었고 8월에는 강화조약이 체결되었다. 이에 따라 구 독일연방은 해체되고 오스트리아가 참가하지 않는 새로운 독일 조직이 탄생하였다. 새로운 독일 조직은 북부 독일연합과 남부 독일연합이었다. 프로이센은 슐레스비히와 홀슈타인을 차지하게 되었다. 또한 오스트리아는 이탈리아에게 베네치아를 할양하게 되었다.

(2) 보불전쟁(1870년-1871년)

보오 전쟁이후 비스마르크는 독일의 통일을 위해 남부 독일연합과 북부독일 연합 간의 정치연합을 추진하였다. 이를 위해 비스마르크는 독일 관세동맹을 독일 관세 의회로 강화시켰다. 그러나 남부 독일 지역에서 프로이센에 대한 반감을 가지는 사람들도 있어서 프로이센 주도의 독일 통일에는 많은 난관이 있었다. 한편, 프랑스의 나폴레옹 3세는 보오전쟁에서 중립을 지킨 대가로 비스마르크에게 영토적 보상을 계속 요구하였으나 거절당하고 있었다. 이때 나폴레옹 3세가 최후로 기대했던 영토적 보상은 룩셈부르크였다. 룩셈부르크 대공국은 비엔나회의 이래 네덜란드 왕의 개인적 소유였으며, 동시에 독일 연방의 일원이었다. 룩셈부르크에는 독일의 요새가 있었으며 프로이센 군대가 수비하고 있었으나 보오전쟁에 따라 독일연방이 해체된 이후에는 그 지위가 애매해졌다. 네덜란드의 왕 윌리엄 3세는 프로이센이 슐레스비히와 홀슈타인을 차지하려고 했던 것처럼 같이 룩셈부르크에 대해서도 주장을 하지 않을까 우려하여 프랑스에 접근하여 룩셈부르크 이북의 림부르크에 대한 네덜란드의 영유권을 보장받는 대신에 룩셈부르크는 프랑스에 양도하는 방안에 대해 협의하게 되었다. 이러한 협상 내용이 알려지자 독일의 신문들은 프랑스의 나폴레옹 3세가 룩셈부르크를 병합하려는 야욕을 가지고 있다고 공격하면서 반 프랑스 감정을 불러 일으켰다. 프로이센에서는 룩셈부르크가 독일의 영토이며 따라서 프랑스에게 할양할 수 없다는 주장이 강하게 일어났다. 이에 프랑스와 네덜란드 간의 룩셈부르크에 관한 협상이 중단되었고 나폴레옹 3세의 제의로 룩셈부르크 문제를 다룰 국제회의가 1868년 4월 런던에서 개최되었다. 회의의 결과 룩셈부르크 대공국은 영세중립국이 되었으며, 룩셈부르크 내의 독일의 요새는 파괴되고 프로이센 군대는 철수하게 되었다. 결국 프랑스는 프로이센의 방해로 룩셈부르크를 차지하지 못하게 된 것이며 프로이센은 프랑스 때문에 룩셈부르크 내의 요새를 빼앗기고 룩셈부르크로부터 철수하게 되어 양국 간의 반감이 깊어지는 결과가 되었다.

프랑스와 프로이센을 전쟁으로 몰아간 직접적 사건은 스페인 왕위 계승사건이었다. 1868년 9월 스페인에 이사벨라 여왕에 대한 반란이 일어나 이사벨라 여왕이 축출되었다. 임시정부는 새로운 스페인 왕으로서 프로이센 왕가의 레오폴트를 추대하였는데 프랑스가 이를 적극 반대하였다. 프로이센의 왕도 결국은 레오폴트가 스페인 왕으로 즉위하는 것을 반대한다는 입장을 보였다. 그러나 비스마르크는 駐프로이센 프랑스 대사가 엠스에서 휴양하고 있던 빌헬름 1세에게 무례하게 요구를 했다는 식으로 언론조작을 하여 프랑스와의 전쟁 분위기를 선동하였다.

전쟁을 앞두고 비스마르크는 프랑스를 고립시키는 외교를 펼쳤다. 프랑스는 프랑스

대로 동맹국 확보에 나섰다. 프랑스도 오스트리아에 접근하여 프로이센에 대한 공수동
맹을 제안하였으나 오스트리아 측에서 반대하였다. 그 이유는 만약 프랑스가 오스트리
아와 동맹을 맺어 발칸에 진출하게 된다면 이는 러시아와 프로이센의 결탁을 촉진시키
는 불리한 상황으로 이어질 수 있다고 우려한 것이다. 한편 이태리는 프랑스와의 동맹
의 조건으로 1867년 이래 로마를 점령하고 있던 프랑스 군대의 철수를 조건으로 제의
하였기 때문에 동맹으로 끌어들이기 어려웠다. 러시아는 오스트리아의 발칸반도 진출
을 우려하고 있었고, 프로이센과 프랑스와의 전쟁이 발발한다면 오스트리아를 견제하
여야 했기 때문에 나폴레옹 3세가 제의한 프랑스를 중심으로 하는 오스트리아-이태리-
러시아 동맹에 참가할 수 없는 입장이었다. 영국으로서는 당시 프로이센의 해군력이 약
하였기 때문에 프로이센이 영국의 세계적 지위에 영향을 주는 것이 아니었고 오히려 프
랑스의 남부독일에 대한 야심을 견제할 강력한 프로이센이 좋다는 의견도 있었다.

　　1870년 7월 보불전쟁이 시작되자 프로이센 군대는 신속하게 프랑스로 진격하였다. 9월
에는 세단 전투에서 프랑스가 패전하였다. 이에 파리에서는 반란이 일어나 나폴레옹 3세
가 타도되고 국민방위정부가 들어섰다. 프랑스 국민방위 정부는 프로이센에 대해서 전
쟁종결을 제의하였으나 전쟁은 계속되었다. 1870년 9월 파리가 프로이센 군대에 의해
포위된 상태에서 프랑스의 국민방위군은 파리방어에 선전하였으나 더 이상 버티기는 어
려운 상황이 되었다. 파리를 포위한 상태에서 프로이센은 **1871년 1월 28일 파리 교외의
베르사이유 궁전에서 독일제국의 성립시키고 동시에 빌헬름 1세의 황제 즉위식을 거행
하였다.** 이 사건은 프랑스의 자존심을 크게 짓밟은 일이었다. 5월에 프랑크푸르트 강화
조약이 체결되었다. 강화조약에 따라 프랑스는 알사스 로렌을 독일에 할양하고, 50억 프
랑의 배상금을 독일에 지불하게 되었다. 그리고 배상금을 담보하기 위하여 독일군이 프
랑스에 주둔하게 되었다. 보불전쟁의 결과 프로이센을 중심으로 하는 통일 독일이 탄생
하였다. 그러나 이 전쟁의 결과 프랑스는 독일에 대해 원한을 가지게 되었다.

사. 비스마르크 동맹체제

　　보불전쟁을 거쳐 통일을 달성한 독일의 비스마르크가 추진한 외교정책은 프랑스의
보복을 막고 독일의 안전을 확고하게 하려는 보장정책이었다. 이를 위해 비스마르크는
프랑스와 결탁하여 反독일 연합을 형성할 수 있는 나라들을 독일편으로 끌어 들이는 일
에 착수하지 않을 수 없었다. **1873년 비스마르크는 우선 오스트리아와 러시아를 끌어
들여 3제동맹을 형성하는 데 성공하였다.** 그러나 이 3제동맹은 1877년-1878년 발칸
반도에서 발생한 러시아-터어키 간의 전쟁의 결과(대불가리아 건설로 러시아의 발칸반도

에 대한 영향력을 확대시키고자 했던 산스테파노조약)를 재조정하였던 **베를린회의(1878년)**의 결과에 불만을 가진 러시아가 **탈퇴함으로써 붕괴**하였다. 러시아는 베를린 회의를 주재한 비스마르크가 러시아에 불리하게 중재를 하였다고 불만을 가졌던 것이다. 러시아는 베를린 회의에서 비스마르크가 러시아에 대해 보인 비우호적인 태도를 신랄히 비판했다. 1879년 독일은 오스트리아-헝가리와 동맹(Dual Alliance)을 결성하였다. 비스마르크는 이렇게 러시아를 고립시키면 러시아가 다시 3제동맹의 복원을 요구해올 것이라고 판단하였다. 러시아로서는 3제동맹을 복원한다면 러시아와 영국 사이에 분쟁이 발발할 경우에 독일과 오스트리아의 중립을 얻는 것을 기대할 수 있기 때문이다. 결국 1881년 제2차 3제동맹 조약이 체결되었다. 1882년 비스마르크는 3제동맹의 복원으로 만족하지 않고 독일-오스트리아-이태리 간 3국 동맹(Triple Alliance)을 결성하였다. 이태리로서는 프랑스의 공격이 있을 경우 독일과 오스트리아로부터의 원조를 보장 받으려 하였고, 오스트리아로서는 러시아가 오스트리아를 공격할 경우에 이태리가 배후에서 공격할 가능성을 차단하고자 하였던 것이다.

독일의 위협을 두려워한 프랑스는 러시아에 접근을 시도하였는데 러시아와 프랑스 간 동맹이 체결되는 것을 방지하기 위하여 1887년 6월 비스마르크는 러시아를 끌어들여 비밀조약인 재보장조약(Reinsurance Treaty)을 맺었다. 재보장조약에 따르면 체약국이 다른 강대국과 전쟁 상태에 돌입하게 되면 상호 중립을 엄수하되 만일 체약국이 다른 강대국을 침략할 경우에는 적용되지 아니하는 것으로 합의하였다. 따라서 만일 독일이 프랑스를 공격할 경우에 러시아는 중립을 지킬 필요가 없는 것이다. 이후 비스마르크는 영국에게도 접근하였으나 영국의 협상거부로 영국을 비스마르크 체제에 끌어들일 수가 없었다.

1888년 독일에서는 빌헬름 2세가 즉위하였는데 그는 제국주의적 성향을 가지고 있어서 현상유지적 입장을 가진 비스마르크와 대립하였으며 결국 1890년 3월 비스마르크는 해임을 당하여 비스마르크 동맹체제는 막을 내리게 되었다. 빌헬름 2세는 대외팽창정책을 추진하여 베를린을 비잔티움 및 바그다드와 연결한다는 3B 정책을 추진하였으며 이는 영국의 세계적인 식민정책인 3C (카이로-케이프타운-캘커타) 정책과 대립되게 되었다. 이러한 독일 빌헬름 2세의 팽창정책은 유럽 국가들의 독일에 대한 경계심을 부추기게 되었으며 이에 러시아가 프랑스가 손을 잡게 되어 1894년에는 불러간 군사동맹(Franco-Russian Alliance)이 형성되었다. 이어 1904년에는 영국과 프랑스 간에 이집트와 모로코 문제에 관한 타협을 바탕으로 영불협상(Entente Cordial)이 이루어졌다. 이어 1907년에는 영국과 러시아간에 영러협상(Anglo-Russian Entente)이 이루어져 페르시아

문제, 아프가니스탄 문제, 티벳문제에 대한 타협이 이루어졌다. 당시 영국은 독일의 해군력의 확장을 우려하고 하고 있었다. 이에 앞서 러시아 측은 1902년에 영국이 일본과 맺은 영일동맹은 일본의 국군주의를 조장하는 것임을 상기시켰고 영국은 러시아의 입장에 이해를 표명하였다고 한다.[120] 영국이 프랑스-러시아와 함께 3국 협상(Triple Entente)을 구성함으로써 영국은 과거와 같이 영광된 고립(Splendid Isolation)에서 벗어났다. 이제 세계의 국제정치는 영·불·러의 3국 협상 측과 독일을 중심으로 하는 독일-오스트리아·헝가리-이태리 3국 동맹간의 대결구도로 전환되었고,[121] 1914년 6월 보스니아에서 일어난 오스트리아 황태자의 피살 사건을 계기로 제1차 세계대전이 발발하였다.

아. 제1차 세계대전과 베르사이유 체제

1914년 사라예보에서의 오스트리아와 황태자 피살 사건을 계기로 오스트리아-헝가리제국이 세르비아에 선전포고를 하자, 러시아는 세르비아를 지원하여 오스트리아에 선전포고를 하였다. 이에 오스트리아-헝가리 제국과 동맹국이었던 독일이 러시아, 프랑스, 영국에 선전포고를 하고 공격을 개시함으로써 제1차 세계대전이 발발한 것이다. 비스마르크 체제 와해 이후 성립한 영·불·러의 3국협상 진영과 독일, 오스트리아-헝가리 동맹 간에 대충돌이 발발한 것이다. 독일의 생각과 달리 전쟁은 쉽게 끝나지 않았다. 1917년 10월 러시아에서 공산혁명이 일어나서 러시아의 제정이 무너지고, 러시아의 볼셰비키 정부는 1918년 3월 독일과 브레스트-리토프스크 조약을 맺어 단독 강화하였다. 독일의 무제한 잠수함 공격을 계기로 미국이 참전하게 되어 전쟁의 상황은 협상국 측에 유리하게 되었다. 1918년에는 독일의 편에 있었던 오스만 제국이 이탈했고 오스트리아와 독일에서 반전운동이 일어났다. 1918년 11월 9일 독일의 키일 군항에서 독일 수병들의 반란이 일어나자 독일 시민들이 이에 합세하였고 11월 10일 빌헬름 2세가 네덜란드로 망명하면서 독일 제정은 무너지고 바이마르 공화국이 성립되었다. 1918년 11월 독일 임시정부는 협상국에 무조건 항복을 함으로써 제1차 세계대전은 종전되었다. 이어 1919년 6월 베르사이유 궁전에서 강화조약이 체결되었다.

베르사이유 조약의 결과로서 독일은 프랑스, 벨기에, 덴마크 및 새롭게 탄생한 폴란

---

120 그러나 그 후에도 1902년 성립된 영일동맹은 계속 이어졌으며 제1차 세계대전이 발발하자 일본은 영일 동맹을 구실로 영국 편에서 연합국진영에 참여하였다. 영일동맹은 제1차 세계대전 종전 이후인 1923년 8월 17일 공식 폐기되었다.

121 이태리는 1882년 독일-오스트리아·헝가리-이태리간 맺어진 3국동맹에 가담하였으나, 1915년 삼국협상국과 런던조약을 체결함으로써 연합국 진영에 가담하여 제1차 세계대전 중에는 연합국의 일원이 되었기 때문에 3국 동맹은 붕괴되었다.

드로 인하여 영토의 15%를 잃었다. 또한 연합군측이 독일측에 최후통보한 배상총액은 1,320억 마르크였다. 제1차 세계대전의 결과 독일의 경제는 완전히 피폐해졌다. 베르사이유 조약에 따른 영토 조정은 다음과 같다. 보불전쟁때 프랑스가 독일에 빼앗긴 알사스-로렌지역은 프랑스로 반환되었다. 라인강을 기준으로 좌안 및 우안의 약 50km를 비무장지대로 하였다. 라인강 좌안은 연합국이 점령하며 연합국은 15년 뒤 완전히 철수하도록 하였다. 자르지역은 15년 동안 국제연맹이 관할하고 자르 분지의 광산은 프랑스에 할양되었다. 자르는 1935년 국민투표로 독일에 귀속되었다. 덴마크인들이 거주하는 북부 슐레스비히는 덴마크에 편입되었다. 독일의 동부에 폴란드를 새롭게 건설하였다. 이와 관련, 독일의 항구였던 단치히(현재 폴란드의 그단스크)는 자유시로서의 법적 지위를 갖고 내륙 국가인 폴란드는 회랑(corridor)을 거쳐 단치히 항구로 연결되었다. 북부 실레지아 지방은 독일과 폴란드로 분할되었다.

독일은 배상금을 지불할 금도 없었고 외화를 벌 수 있는 수출도 정상적인 상태가 아니었다. 따라서 배상금을 지불할 수 있는 유일한 길은 통화의 남발뿐이었다. 가혹한 베르사이유 체제하에서 독일의 인플레이션과 경제사정의 악화는 나치 정권의 탄생으로 이어져 제2차 세계대전으로 이어지게 되었다.

국제법의 핵심이론

II 국제법의 핵심이론

1 국가의 관할권 행사와 역외적용 문제

가. 주권 독립과 국가 관할권

국제사회는 국가들로 이루어져 있으며, 각 국가들은 주권(sovereignty)을 가지고 있다. 국가들의 주권은 국제법상 서로 평등하며(주권 평등의 원칙), 따라서 다른 나라에 복종되지 아니한다. 각 국가의 주권은 자국의 영토 내에서는 최고의 힘(supreme power)이지만 주권은 자국의 영토가 끝나는 데서 끝난다. The power of a state sovereignty ends where its territory ends. 따라서 국가는 타국의 영토에서 국가 공권력을 행사할 수 없다.

1928년 미국과 네덜란드 간의 팔마스(Palmas) 섬의 영유권에 관한 중재사건의 판정(Award)에서 단독 중재관(Sole Arbitrator)이었던 막스 후버(Max Huber)는 주권의 독립성에 대해서 다음과 같이 천명했다.

> **Sovereignty in the relations between States signifies independence.** Independence in regard to a portion of the globe is the right to exercise therein, to the exclusion of any other State, the function of a State.
>
> 주권이란 국가 간의 관계에서 독립을 의미한다. 독립은 지구의 한 부분에서 다른 어떤 나라도 배제하고 국가의 기능을 행사하는 것이다.

따라서 어떤 국가가 타국의 영토에서 해당 국가의 동의 없이 주권을 행사하는 것은 주권 침해가 된다. 또한 각 국가들은 타국의 국내문제에도 간섭할 수 없다. 국내문제 불간섭의 원칙은 주권 평등의 원칙과 주권 독립의 원칙으로부터 나온 것이다. 유엔 헌장은 제2조 7항에서 다음과 같이 국내문제 불간섭의 원칙을 천명하고 있다.

> Nothing contained in the present Charter shall authorize the United Nations to intervene in matters which are essentially within **the domestic jurisdiction of any state** or shall require the Members to submit such matters to settlement under the present Charter; but this principle shall not prejudice the application of enforcement measures under Chapter VII of the United Nations Charter.

유엔은 헌장 제7장에 따른 강제조치 이외의 경우에는 **회원국의 국내 관할권**에 속하는 문제
에 개입하여서는 아니 되며 또한 회원국들에 대해 국내 관할권에 속하는 문제를 유엔 헌장에
따른 해결 절차에 맡기도록 요구해서도 아니 된다.

국가들은 자국의 법을 타국의 영토에서는 집행할 수 없기 때문에 국가들의 집행관할
권은 엄격하게 자국 영토 내에 한정된다. 타국의 영토에서 자국의 법을 집행하는 것은
주권침해가 되기 때문이다. 예컨대 미국의 공무원이 한국에 출장 와서 미국에 진출한
한국의 은행에 세무 회계 문제가 있다고 하면서 한국의 은행의 본부를 조사한다고 하면
그것은 주권침해가 될 것이다. 미국의 공무원이 자국이 아닌 타국에서 공권력, 즉 관할
권을 행사하는 것이기 때문이다. 또 예컨대 일본의 형사가 일본에서 일어난 살인 사건
의 용의자가 부산에 있다고 하여 한국에 출장 와서 수사한다면 이는 매우 심각한 주권
침해가 될 것이다.

그러나 실제 국제사회에서는 각 국가의 공무원들이 타국에서 공권력을 행사하여 주
권침해를 함으로써 국가 간의 분쟁으로 발전하는 사례가 종종 있어 왔다. 1961년 이스
라엘 모사드의 직원들은 제2차 세계대전 당시 홀로코스트의 전범인 나치 친위대 출신
아돌프 아이히만이 아르헨티나의 부에노스아이레스에서 숨어 지내고 있다는 정보를 파
악하고 아르헨티나에서 가서 그를 체포하여 이스라엘로 압송했다. 아이히만은 이스라
엘의 법정에서 이스라엘의 나치 및 나치 협력자 처벌에 관한 법에 의거 인도에 반하는
범죄, 전쟁범죄, 반 이스라엘 범죄로 교수형을 언도받고 처형되었다. 이에 대해 아르헨
티나는 이스라엘에 의한 주권침해를 주장하였으나 이스라엘은 우선 아이히만을 자국법
에 따라 처벌하고 나서 아르헨티나에 적절히 배상을 하였다.

우리나라의 경우에 1973년 일본에서 우리나라 정보기관 요원에 의한 김대중 납치사
건도 국가가 타국에서 공권력을 행사하여 주권을 침해한 사건이라고 할 수 있다. 이 사
건 후 한일 간에 미국이 개입하여 주일 한국대사관의 관계 서기관 해임, 김대중씨의 해
외에서의 반정부적 언동에 대한 면책, 한국의 진사(陳謝) 사절단 방일로 마무리 되었다.
한편, 1979년 김형욱 전 중앙정보부장이 프랑스 파리에서 한국 정보기관 요인에 의하
여 실종 살해된 사건도 국가가 타국에서 공권력을 행사하여 주권을 침해한 사건이라고
할 수 있다. 이 사건은 사건 발생 후 28년이 지난 2007년도에 사건의 배후가 한국 정보
기관으로 알려졌으나 당시 프랑스 정부는 이미 수십 년이 지난 이 사건에 대해 별다른
문제를 제기하지 않았다.

나. 국가의 관할권 행사 근거와 관할권 경합

국가의 관할권은 첫째, 국가가 규범을 설정하기 위해 법을 제정하는 입법적 관할권(prescriptive jurisdiction, jurisdiction to prescribe)과 둘째, 제정된 법 규범을 실제로 이행하기 위한 집행관할권(enforcement jurisdiction, jurisdiction to enforce)으로 구별할 수 있다. 각 국가가 집행 관할권을 행사하기 위해서는 먼저 집행관할권의 근거 마련을 위해 입법관할권 행사를 통한 입법조치가 있어야 할 것이다.

국제법상 각 국가들이 관할권을 행사할 수 있는 근거(bases of jurisdiction)로서는 해당 사건이 자국의 영토에서 일어난 경우인 속지주의(territorial principle); 행위자가 자국민인 경우인 속인주의(nationality principle, active nationality principle); 피해자가 자국민인 경우인 수동적 속지주의(passive nationality principle); 자국의 중대 이익을 보호하기 위한 보호주의(protective principle); 국제공동체 전체에 심각한 피해를 주는 경우(예: 해적) 어느 국가든지 관할권을 행사할 수 있는 보편관할권(universal principle)이 있다.

각 국가들은 영미법과 대륙법 국가들 간에 다소의 차이는 있지만 이러한 국제법상의 원칙에 근거하여 자국의 형법에 형사관할권의 근거를 규정하고 있다. 다만, 한 국가가 어떤 사건에 대해 상기 관할권의 여러 근거에 따라 관할권을 행사할 수 있는 근거가 있다고 하더라도 실제로 사건의 행위자(perpetrator)가 타국에 있고 자발적으로 자국 영토에 있지 들어오지 않는 경우 타국의 협조를 받아 해당 행위자의 신병을 확보하지 못한다면 집행 관할권을 행사할 수 없다. 이와 관련 주의할 것은 사건의 발생지를 기준으로 하는 속지주의와, 피의자가 현재 어디에 있느냐하는 영토 관할권의 문제는 다르다는 점이다. 예를 들어 사건이 A국의 영토에서 발생한 경우에 A국은 속지주의(territorial principle)에 의해 관할권을 주장할 수 있으나 피의자가 B국으로 도망한 경우 피의자는 B국의 영토적 관할권(territorial jurisdiction)의 지배를 받는다. 따라서 A국의 경찰이나 검사가 사건발생지를 기준으로 하는 속지주의에 따라 집행 관할권의 근거가 있다고 하여 남의 나라인 B국에 직접 건너가서 피의자를 체포할 수는 없다. A국이 B국의 동의와 협조 없이 B국으로 건너가 피의자를 체포한다면 이는 아이히만 사건과 같은 주권 침해가 된다. 따라서 A국은 국제법에 따라 B국에게 범죄인 인도 요청을 하여 B국으로부터 피의자를 적법하게 인도받아야 한다.[1]

---

1 북한의 고위언론인 출신으로 1967년 분사분계선을 넘어 남한으로 탈북한 이수근이 다시 한국을 벗어나기 위하여 홍콩, 베트남을 거쳐 캄보디아로 가려고 기도했는데 한국의 정보국 요원들에 의해 1969년 1월 27일 베트남의 사이공 공항에서 체포되어 국내로 압송된 뒤 위장간첩 혐의로 재판을 받아 사형선고를 받았다. 당시 우리 정보 당국이 베트남 정보 당국의 동의를 받았는지는 알 수 없으나 일국의 정보요원들이 해외에서 가서 체포 행위를 하는 것을 심각한 국제법상의 문제로 생각하지는 못했던 것 같다. 2006년 대한민국

국제법에서 국가의 관할권을 논하면서 국내 형법상 관할권의 근거를 거론하는 이유는 국가의 형사관할권 이야말로 전형적인 강제적 국가관할권이기 때문이다. 형사관할권은 아니지만 국가의 강제적 행정조사(예: 반공정행위 조사, 세무조사), 행정처벌 등도 강제적 공권력의 성격은 유사하다. 우리나라 형법은 대륙법계로서 우리나라가 처벌할 수 있는 관할권 근거 즉 우리나라의 형법이 적용될 수 있는 관할권의 근거를 규정하고 있는데, 우리 형법은 기본적으로 속지주의를 기본으로 하면서 여타 다른 관할권 근거들도 받아들여 규정하고 있다. 우리나라 형법 관련 조항은 다음과 같이 규정하고 있다.

제2조(국내범) 본법은 대한민국 영역 내에서 죄를 범한 내국인과 외국인에게 적용한다.
제3조(내국인의 국외범) 본법은 대한민국 영역 외에서 죄를 범한 내국인에게 적용한다.
제4조(국외에 있는 내국선박 등에서 외국인이 범한 죄) 본법은 대한민국 영역 외에 있는 대한민국의 선박 또는 항공기내에서 죄를 범한 외국인에게 적용한다.
제5조(외국인의 국외범) 본법은 대한민국 영역 외에서 다음에 기재한 죄를 범한 외국인에게 적용한다.
　　　1. 내란의 죄
　　　2. 외환의 죄
　　　3. 국기에 관한 죄
　　　4. 통화에 관한 죄
　　　5. 유가증권, 우표와 인지에 관한 죄
　　　6. 문서에 관한 죄 중 제225조 내지 제230조
　　　7. 인장에 관한 죄 중 제238조
제6조(대한민국과 대한민국 국민에 대한 국외범) 본법은 대한민국 영역 외에서 대한민국 또는 대한민국 국민에 대하여 전조에 기재한 이외의 죄를 범한 외국인에게 적용한다. 단 행위지의 법률에 의하여 범죄를 구성하지 아니하거나 소추 또는 형의 집행을 면제할 경우에는 예외로 한다.

우리나라 형법 제2조는 속지주의에 따라 사건의 발생지가 대한민국인 경우에 한국의 형법이 적용된다는 것을 규정하고 있다. 제3조는 속인주의를 규정하고 있다. 속인주의는 사건의 발생지를 불문하고 한국인이 해외에서라도 한국의 형법에 위배되는 범죄를 저지른 경우에 처벌할 수 있다는 것이다. 따라서 한국인이 해외여행을 가서 도박이나 매춘을 하는 경우에 도박이나 매춘이 현지 국가에서는 범죄가 아니더라도 한국에서는 도박과 매춘이 범죄이므로 한국으로 돌아오면 처벌될 수 있다. 한국 국민은 해외에

의 진실과 화해를 위한 진상규명위원회는 이수근이 위장간첩이 아니라고 결론 내렸다.

서도 한국 형법이 적용됨을 인식하여야 함을 의미한다. 제4조는 속지주의의 확장에 따라 대한민국 영역 밖에 있는 대한민국의 선박 및 항공기에서 발생한 사건에 대해 한국의 형법이 적용됨을 규정하고 있다. 제5조는 보호주의의 원칙에 따라 대한민국의 주요한 공공법익을 침해한 사건에 대해서는 해외에서 일어난 사건일지라도 대한민국의 형법이 적용됨을 규정하고 있다. 이 보호주의는 해외에서 일어난 사건이라고 할지라도 그 사건의 효과(effect)가 자국의 공공이익에 미친다는 것을 근거로 하고 있다. 형법 제6조는 피해자 국적을 근거(passive nationality principle)로 한 것이다. 해외에서 한국인이 외국인이 자행한 범죄의 피해자일 경우 우리나라가 관할권을 행사할 수 있는 근거를 마련해둔 것이다.

국제사회의 각 국가들은 속지주의, 속인주의, 보호주의 및 보편주의에 근거하여 자국의 법을 적용 및 집행할 수 있도록 입법을 하고 있으며 이에 따라 한 사건에서 여러 국가들의 관할권이 경합할 수 있다.

1996년 페스카마호 사건을 예로 들어 보자. 공해상에서 한국 원양 어업 회사가 운영하는 온두라스 선적의 배에 중국인, 한국인, 인도네시아인이 탑승하고 있었다. 중국인이 한국인 선장과 인도네시아 선원을 살해한 사건이 일어났다. 사건을 일으킨 중국인들은 일본으로 가려고 배를 일본으로 향하고 있었다. 이 사건에서 관할권을 주장할 수 있는 근거를 가진 국가들이 어디인가 생각해 보자. 이 상황에서는 첫째, 온두라스가 관할권을 주장할 수 있다. 사건이 발생한 곳이 공해상에 떠있던 온두라스 선박이기 때문이다. 공해상의 선박은 기국주의 원칙에 따라 기국의 관할권이 적용된다. 기국주의는 속지주의의 연장선에 있는 관할권의 근거이다. 둘째, 가해자 국적인 중국이 관할권을 주장할 수 있다. 셋째, 피해자 국적도 관할권을 주장할 수 있다. 대한민국의 경우 사건의 발생 장소가 한국 선박도 아니고, 가해자가 한국인은 아니지만 한국인 피해자가 있기 때문에 관할권을 주장할 근거가 전혀 없지는 않다. 당시 이 사건에서 우리나라 법원은 한국에 관할권이 있는지 고민하였다고 한다. 다행히도 선적국 온두라스나 피해자 국적국 인도네시아, 가해자 국적국 중국 등이 문제를 삼지는 않았다. 만약 일본 해경에서 이 선박을 일본의 항구로 받아들였다면 그리고 가해자 국적국인 중국이나 선적국 온두라스가 일본에 대해서 범죄인 인도 요청을 하였다면 우리나라의 관할권 행사는 어려웠을 것이다.

관할권이 경합하는 경우에 적극적으로 관할권 행사를 위해 타국의 영토에 무력개입하여 범죄 용의자를 나포하는 경우도 있다. 1985년 지중해 공해상에서 발생한 이탈리아 선적 아칠레 라우로(Achille Lauro)호 사건은 국가 간의 관할권의 경합과 무력개입에 의한 일방적인 범죄자 처벌의 사례이다. 1986년 10월 이태리 선적 여객선 아칠레 라우로호가 이집트의 알렉산드리아 항구에서 나와 지중해 공해를 항해하던 중 팔레스타인 해방전선 소속의 무장 테러범들이 동 선박에 승선하고 있다가 아칠레 라우로호를 장악하고 승객들을 볼모로 삼아 이스라엘 정부에 수감 중인 팔레스타인들의 석방을 요구하였다. 당시 이 배에는 미국인, 이탈리아인 등 여러 국적자들이 탑승하고 있었다. 이 과정에서 유태계 미국인이 테러범들에 의해 살해되어 바다에 버려지는 참혹한 사건이 일어났다. 이후 테러범들은 이탈리아 당국에 투항하였으나 이태리 당국은 이집트의 요청에 따라 이들을 이태리 국적 비행기에 태워 튀니지로 향하게 하였다. 이에 미국 정부는 전투기를 발진시켜 동 비행기를 이태리 내의 미군 공군기지에 강제 착륙시켰다. 미국은 피해자 속인주의와 해상 테러사건이 해적 행위이기 때문에 보편적 관할권이 적용된다고 하면서 이들에 대한 관할권 행사를 주장하였으나 이태리 정부는 선박의 국적에 입각하여 인도를 거부하고 관할권 행사를 주장하였다. 결국 이태리 당국이 이들을 기소, 재판하였다.

이 사건에서 또 하나의 중요한 법적 쟁점은, 선박에 몰래 승선하였다가 선박을 장악하는 납치행위(hijacking)가 과연 해적행위에 해당하는가 하는 점이다. 또한 해상에서의 선박 납치를 처벌하는 국제규범이 있는가 하는 점이다. 국제법상 해적은 가해 선박과 피해 선박이라는 두 대의 선박을 전제하기 때문이다(two-ship theory). 유엔해양법협약 제101조는 다음과 같이 해적행위를 정의하면서 가해선박(또는 비행기)과 피해선박(또는 항공기)의 두 대의 존재를 전제로 하고 있다.

Piracy consists of any of the following acts:
(a) any illegal acts of violence or detention, or any act of depredation, committed **for private ends by the crew or the passengers of a private ship** or a private aircraft, and directed:
  (i) on the high seas, **against another ship** or aircraft, or against persons   or property on board such ship or aircraft;
  (ii) against a ship, aircraft, persons or property in a place outside the jurisdiction of any State;

아칠레 라우로호 사건이 해적 사건인지의 여부에 관하여 두 번째의 문제는 PLO 분파인 '팔레스타인 해방전선'의 테러 행위가 과연 사적(私的) 동기에서 행하여졌느냐 아니면 정치적 동기에서 이루어진 것으로 볼 수 있는가의 문제이다. 위의 유엔해양법협약은 해적에 대한 정의에서 사적동기(for private ends)에서 이루어진 것으로 한정하고 있기 때문이다.

아칠레 라우로호 사건을 계기로 하여 국제사회는 전통적 해적의 범위에 들지 않는 항행의 안전을 위협하는 행위의 처벌 근거를 마련하기 위하여 1988년에 「항해의 안전에 대한 불법행위의 억제를 위한 협약」(SUA 협약: Convention for the Suppression of Unlawful Acts Against the Safety of Maritime Navigation)을 채택했다. SUA협약(제3조 1항)은 해상의 안전에 대한 불법행위를 다음과 같이 규정하고 있다.

> Any person commits an offence if that person unlawfully and intentionally:
> a. seizes or exercises control over a ship by force or threat thereof or any other form of intimidation; or
> b. performs an act of violence against a person on board a ship if that act is likely to endanger the safe navigation of that ship; or
> c. destroys a ship or causes damage to a ship or to its cargo which is likely to endanger the safe navigation of that ship; or
> d. places or causes to be placed on a ship, by any means whatsoever, a device or substance which is likely to destroy that ship, or cause damage to that ship or its cargo which endangers or is likely to endanger the safe navigation of that ship; or
> e. destroys or seriously damages maritime navigational facilities or seriously interferes with their operation, if any such act is likely to endanger the safe navigation of a ship; or
> f. communicates information which he knows to be false, thereby endangering the safe navigation of a ship; or
> g. injures or kills any person, in connection with the commission or the attempted commission of any of the offences set forth in subparagraphs (a) to (f).

이어 SUA협약(제6조)은 속지주의(기국주의) 및 능동적 속인주의를 우선으로 하면서도 수동적 속인주의를 근거로도 관할권 행사를 할 수 있도록 규정하고 있다.

> 1. Each State Party shall take such measures as may be necessary to establish its jurisdiction over the offences set forth in article 3 when the offence is committed:
> a. against or on board a ship flying the flag of the State at the time the offence is committed; or
> b. in the territory of that State, including its territorial sea; or
> c. by a national of that State.

2. A State Party may also establish its jurisdiction over any such offence when:
  a. it is committed by a stateless person whose habitual residence is in that State; or
  b. during its commission a national of that State is seized, threatened, injured or killed; or
  c. it is committed in an attempt to compel that State to do or abstain from doing any act.

다. 범죄인 인도와 사법공조

각 국가들이 자국의 형법에 이와 같이 관할권 행사의 근거를 여러 가지로 명시하고 있다고 하여도 막상 해당 범죄인의 신병이 확보되지 않는다면 현실적으로 관할권 행사는 어렵게 된다. 이러한 상황에서 한 국가가 자국 법원이 발부한 체포영장을 가지고 직접 해외에서 집행하려고 한다면 이는 타국의 주권을 침해하는 행위가 될 것이다. 따라서 국가들은 쌍무적으로 또 다자적으로 범죄인인도조약, 사법공조조약을 체결하여 범인 체포나 증거 조사 등을 국가 간 공식적 채널을 통해 협조하고 있다. 범죄인인도, 사법공조 등은 실제 재외공관의 실무에서 빈번하게 발생한다.

범죄인인도 조약은 A국에서 사건이 발생하고 행위자(범죄인)가 타국 B로 도주를 한 경우 A국이 B국에 대해 도주한 범죄인의 신병을 요구하고 B국이 이에 응하여 범죄인을 A국으로 인도하는 것을 말한다. 피요청국인 B국의 검찰당국은 A국의 요청에 의하여 자국의 국내법에 따른 범죄인이 아닌 사람을 체포하여 범죄인인도 재판을 거쳐 A국에 인도하는 것이다.

우리나라는 1990년 호주와 범죄인인도조약을 맺은 이래 미국, 캐나다, 중국, 일본, 뉴질랜드, 필리핀, 태국 등 약 30개 국가와 범죄인인도 조약을 체결하였으며, 당사국이 60여 개국인 「범죄인 인도에 관한 유럽 협약」에도 가입하였다. 이제 우리나라는 범죄인인도 조약으로 전 세계와 연결되어 있어서 우리나라에서 죄를 짓고 다른 나라로 도망 갈 곳이 없는 실정이다. 또한 한국 사람이 외국에서 범죄를 저지르고 한국으로 도주하여 온 경우에 자국민 불인도의 원칙이 있기는 하지만 이는 절대적이 아닌 임의적 인도 거부사유일 뿐이다. 뿐만 아니라 한국 형법은 한국인이 해외에서 저지는 범죄가 한국 형법상 죄가 되는 경우 이를 처벌할 수 있기 때문에(형법 제3조 내국인의 국외범죄) 한국인이 해외에서 죄를 저지르고 한국으로 도망을 와도 경찰의 수사망에 걸려들게 된다.

국가는 자국에서 소추 및 재판하고 있는 사건과 관련하여 타국에 소재하는 증거를 확보하기 위해서 해당 국가의 허가 없이 증거조사를 할 수가 없다. 국가들은 타국에 있는 증거를 관련국으로부터 전달받기 위한 법적 장치가 필요하며, 이를 위해 형사사법공조 조약을 체결하여 형사사건관련 증거나, 수사 기록, 정보를 상호 협조한다. 형사사법공조조약의 이행은 범죄인인도조약과 같이 외교 채널을 통해 이루어진다. 우리나라는 세계 여러 나라와 형사사법공조조약을 체결하였으며 국제형사사법공조의 국내적 이행을 위해 국제형사사법공조법을 제정하여 시행하고 있다. 형사사법공조의 범위는 사람 또는 물건의 소재에 대한 수사, 서류·기록의 제공, 서류 등의 송달, 증거 수집, 압수·수색 또는 검증, 증거물 등 물건의 인도(引渡), 진술 청취, 기타 증언이나 수사 관련 협조 조치 등이다.[2]

민사 사건은 형사사건 보다는 덜 민감하기는 하지만 그럼에도 불구하고 국가들은 자국 내의 민사 사건과 관련하여 타국 내에 서류를 송달하거나 또는 타국 내에서 증거를 청취하는 데 있어서도 타국의 주권이 침해되지 않도록 조약을 근거로 재외공관을 통해 민사사법공조를 하고 있다.

이하에서는 우리나라의 범죄인인도법에 대하여 상세하게 알아보고자 한다. 우리나라 범죄인인도법상 '범죄인'이란 인도범죄에 관하여 청구국에서 수사나 재판을 받고 있는 사람 또는 유죄의 재판을 받은 사람을 말한다. 따라서 범죄인이란 재판에서 형이 확정된 사람만을 의미하는 것이 아니다. 우리나라의 범죄인인도법상 이러한 범죄인에 대한 정의는 통상의 범죄인인도조약에서 사용되는 범죄인에 대한 정의를 수용한 것이다.

범죄인 인도의 대상이 되는 범죄는 대한민국과 청구국의 법률에 따라 사형, 무기징역, 무기금고, 장기(長期) 1년 이상의 징역 또는 금고에 해당하는 것이 이어야 하고, 이 경우에만 범죄인을 인도할 수 있다(최소한 중요성의 원칙 및 double criminality rule). 한국에 소재하고 있는 범죄인을 외국에 인도하기 위해서는 우리나라와 요청국간의 범죄인인도조약이 있어야 함이 원칙이나 범죄인조약이 없는 경우에도 상호주의적으로 즉 해당 외국도 우리나라의 범죄인인도 요청에 응하겠다는 서면 보증이 있는 경우에는 범죄인인도가 가능하다. 외국(청구국)으로부터의 인도서 청구는 재외공관을 통하여 접수되거나 또는 주한 외국 공관을 통하여 접수된다. 외교부장관은 외국(청구국)으로부터 범죄인의 인도청구를 받았을 때에는 인도청구서와 관련 자료를 법무부장관에게 송부하여야 한다. 법무부장관은 외교부장관으로부터 외국 당국의 인도청구서를 받았을 때에는 이를 서울고등검찰청 검사장에게 송부하고 그 소속 검사로 하여금 서울고등법원에 범죄인의

---

2 우리나라 국제형사공조법에 따르면 외교부장관은 요청국으로부터 형사사건의 수사에 관한 공조요청을 받았을 때에는 공조요청서에 관계 자료 및 의견을 첨부하여 법무부장관에게 송부하여야 한다. 외국 정부의 형사사법관련 공조 요청은 해외에 주재하고 있는 우리나라 대사관이나 영사관으로 오거나 또는 한국에 주재하는 외국의 대사관이나 영사관을 통해 우리 외교부로 오기 때문에 담당자는 사법공조와 관련된 내용을 잘 숙지할 필요가 있다.

인도허가 여부에 관한 심사를 청구하도록 명하여야 한다. 다만, 범죄인을 인도할 수 없거나 인도하지 아니하는 것이 타당하다고 인정되는 경우에는 그러하지 아니다.

　범죄인 인도를 절대로 해서는 안 되는 절대적 거부 사유로는 i) 대한민국 또는 청구국의 법률에 따라 인도범죄에 관한 공소시효 또는 형의 시효가 완성된 경우 ii) 인도범죄에 관하여 대한민국 법원에서 재판이 계속(係屬) 중이거나 재판이 확정된 경우 iii) 범죄인이 인도범죄를 범하였다고 의심할 만한 상당한 이유가 없는 경우- 다만, 인도범죄에 관하여 청구국에서 유죄의 재판이 있는 경우는 제외한다. iv) 범죄인이 인종, 종교, 국적, 성별, 정치적 신념 또는 특정 사회단체에 속한 것 등을 이유로 처벌되거나 그 밖의 불리한 처분을 받을 염려가 있다고 인정되는 경우이다. 이에 따라 정치범은 인도하지 않는다. 그러나 국가원수(國家元首)·정부수반(政府首班) 또는 그 가족의 생명·신체를 침해하거나 위협하는 범죄는 정치범 불인도 원칙이 적용되지 않는다(소위 벨기에 조항).

　임의적 범죄인 불인도 사유 즉 인도를 반드시 거부하는 것이 아니라 거부할 수 있는 경우로는 i)범죄인이 대한민국 국민인 경우(자국민 불인도 원칙), ii)인도 범죄의 전부 또는 일부가 대한민국 영역에서 범한 것인 경우, iii)범죄인의 인도범죄 외의 범죄에 관하여 대한민국 법원에 재판이 계속 중인 경우 또는 범죄인이 형을 선고받고 그 집행이 끝나지 아니하거나 면제되지 아니한 경우 iv)범죄인이 인도범죄에 관하여 제3국(청구국이 아닌 외국)에서 재판을 받고 처벌되었거나 처벌받지 아니하기로 확정된 경우, v)인도범죄의 성격과 범죄인이 처한 환경 등에 비추어 범죄인을 인도하는 것이 비인도적(非人道的)이라고 인정되는 경우이다. 우리나라는 대륙법계 국가로서 자국민 불인도를 원칙으로 하고 있으나 영미법 국가에서는 자국민도 인도대상이다.

　검찰은 법무부장관의 인도심사청구명령이 있을 때에는 인도구속영장에 의하여 범죄인을 구속하여야 한다. 다만, 범죄인이 주거가 일정하고 도망할 염려가 없다고 인정되는 경우에는 그러하지 아니다. 서울고등법원은 검찰로부터 인도심사의 청구를 받았을 때에는 지체 없이 인도 심사를 시작하여야 한다. 법원으로부터 범죄인 인도 결정이 나면 법무부 장관은 서울고등검찰청장에게 해당 범죄인을 요청국에 인도하도록 명령한다. 법무부장관은 인도명령을 할 때에는 인도장을 발부하여 서울고등검찰청 검사장에게 송부하고, 인수허가장(引受許可狀)을 발부하여 외교부장관에게 송부하여야 한다. 외교부장관은 법무부장관으로부터 인수허가장을 송부 받았을 때에는 지체 없이 청구국에 이를 송부하여야 한다. 범죄인의 인도 지휘를 받은 교도소·구치소 등 구금 장소의 장은 청구국의 공무원이 인수허가장을 제시하면서 범죄인 인도를 요청하는 경우에는 범죄인을 인도하여야 한다.

범죄인인도법에는 우리나라가 외국에 대해 범죄인 인도를 요청하는 절차도 규정되어 있다. 법무부장관은 대한민국 법률을 위반한 범죄인이 외국에 있는 경우 그 외국에 대하여 범죄인 인도를 청구할 수 있다. 법무부장관은 외국에 대해 범죄인 인도를 청구하고자 할 경우에는 인도청구서와 관계 자료를 외교부장관에게 송부하여야 한다. 외교부장관은 법무부장관으로부터 인도청구서 등을 송부 받았을 때에는 이를 해당 국가에 송부하여야 한다. 한편, 법무부장관은 외국으로부터 외교기관을 거쳐 그 외국의 공무원이 다른 외국에서 인도받은 사람을 대한민국 영역을 통과하여 호송하기 위한 승인을 요청하는 경우에 그 요청에 타당한 이유가 있다고 인정되는 경우에는 이를 승인할 수 있다. 이를 통과호송승인이라고 한다.

라. 국제법상의 범죄와 관할권 배분

국가 관할권의 여러 근거들은 국제법상 범죄를 다루는 협약에서도 채택된다. 예컨대 1984년 채택된 고문방지협약은 국제법상 허용되는 관할권 근거(bases of jurisdiction)에 따라 고문방지행위를 처벌할 수 있는 관할권의 근거를 다음과 같이 규정하고 있다(제5조 1항).

> Each State Party shall take such measures as may be necessary to establish its jurisdiction over the offences referred to in article 4 in the following cases:
> (a) When the offences are committed in any territory under its jurisdiction or on board a ship or aircraft registered in that State;
> (b) When the alleged offender is a national of that State;
> (c) When the victim is a national of that State if that State considers it appropriate.

상기 고문방지협약 제5조 1항을 보면 a항은 속지주의를 규정하고 있고, b항은 가해자 속인주의(능동적 속인주의), c항은 피해자 속인주의(수동적 속인주의)를 규정하고 있음을 볼 수 있다. 생각건대 A국에서 甲이 고문 범죄를 저질렀을 경우에 A국 당국은 속지주의 원칙에 따라 甲의 국적에 관계없이 자국 형법 및 형사소송법에 따라 甲을 체포하여 수사 및 재판을 할 수 있을 것이다. 만약 甲이 A국에서 고문 범죄를 저지르고 B국이나 또는 여타 국가로 도주하였을 경우에 범죄인 인도문제가 대두된다. 범죄 행위자가 소재하여 있는 국가는 적극적으로 동 행위자를 처벌하든가 아니면 동 행위자를 처벌하려는 국가에 동 행위자를 인도하여야 한다.[3] 이를 '인도 또는 소추의 원칙(*Aut dedere aut*

3　국내 형사소송법상 범죄를 저질렀다는 혐의를 받는 사람을 피의자라고 하고 수사를 거쳐 재판에 회부되

judicare)'이라고 한다. 이 원칙을 통하여 범죄인이 국제사회에서 국가들 사이에서 빠져 나가지 못하도록 하는 것이다. 고문 협약은 '*Aut dedere aut judicare*' 원칙을 규정하고 있 다(제7조 1항).

> The State Party in territory under whose jurisdiction a person alleged to have committed any offence referred to in article 4 is found, shall in the cases contemplated in article 5, if it does not extradite him, submit the case to its competent authorities for the purpose of prosecution.
>
> 당사국은 제4조에 규정된 범죄를 실행한 것으로 추정되는 혐의자가 자기나라 영토 안에 소 재하나, 제5조에 규정된 사건과 관련 이러한 범죄혐의자를 인도하지 아니하는 경우에는, 기 소를 위하여 사건을 권한 있는 당국에 회부한다.

고문방지협약은 국가들 간에 고문의 범죄를 저지른 사람을 인도할 수 있는 법적 근 거를 두고 있다. 동 고문협약에 가입한 당사국 간에는 동 협약이 고문을 자행한 자에 대 한 범죄인인도의 법적근거로 할 수 있도록 하고 있다. 고문방지 협약은 다음과 같이 범 죄인 인도에 대해 규정(제8조)하고 있다.

1. The offences referred to in article 4 shall be deemed to be included as extraditable offences in any extradition treaty existing between States Parties. States Parties undertake to include such offences as extraditable offences in every extradition treaty to be concluded between them.

2. If a State Party which makes extradition conditional on the existence of a treaty receives a request for extradition from another State Party with which it has no extradition treaty, it may consider this Convention as the legal basis for extradition in respect of such offenses. Extradition shall be subject to the other conditions provided by the law of the requested State.

3. States Parties which do not make extradition conditional on the existence of a treaty shall recognize such offences as extraditable offences between themselves subject to the conditions provided by the law of the requested state.

면 피고인이라고 하고 재판에서 유죄 판결을 받아 형이 확정되면 수형자가 된다. 국내 형사소송법상 무죄 추정의 원칙에 따라 유죄 판결이 확정되기 전까지는 피의자 피고인에 대하여 범죄인이라는 용어를 쓰는 것이 부적절하다고 할 수 있으나 범죄인 인도 조약상 범죄인이란 피의자 또는 피고인 단계에서도 적용된 다. 우리나라의 범죄인인도법은 제2조 4항에서 "범죄인이란 인도범죄에 관하여 청구국에서 수사나 재판 을 받고 있는 사람 또는 유죄의 재판을 받은 사람을 말한다"라고 규정하고 있다.

1. 제4조에 규정된 범죄는 당사국 사이의 현행 범죄인 인도조약상 인도대상 범죄에 포함된 것으로 본다. 당사국은 향후 그들 사이에 체결될 모든 범죄인 인도조약에 이러한 범죄를 인도대상 범죄로 포함시킨다.

2. 조약의 존재를 범죄인 인도의 조건으로 하고 있는 당사국이 범죄인 인도조약을 체결하고 있지 아니한 다른 당사국으로부터 범죄인 인도 요청을 받는 경우, 당사국은 이 협약을 이러한 범죄에 대한 범죄인 인도의 법적 근거로 인정할 수 있다. 범죄인 인도는 피요청국의 법에 규정된 그 밖의 조건에 따른다.

3. 조약의 존재를 범죄인 인도의 조건으로 하지 아니하는 당사국은 피요청국의 법이 규정한 조건에 따라 위의 범죄를 그들 사이의 인도대상 범죄로 인정한다.

이와 같이 국제사회는 국제법상의 범죄(crimes under international law)에 대해서는 모든 국가들이 그러한 범죄를 처벌할 수 있도록 국내 형법을 정비하도록 하면서 사건에 관련된 나라들이 적극적으로 관할권을 행사할 수 있도록 여러 관할권 근거를 규정하고 범인의 소재지 국가가 처벌 아니면 인도의 원칙에 따라 국제법상의 범죄가 처벌되지 않고 넘어가지 않도록 하고 있다.

바. 국내법의 역외적용 문제

사건이 발생한 장소를 기준으로 하는 속지주의 원칙 이외의 관할권 행사 근거는 국내법의 역외적용(extraterritorial application)의 문제를 가져오며 타국과의 관할권 경합(concurrent jurisdiction)의 문제를 발생시킬 수 있다. 미국이나 EU는 반독점 규제, 공정거래와 관련된 경쟁법에서 자국의 영토바깥에서 일어난 불공정 행위에 대해서도 조사하여 처벌하고 있다. 해외에서 외국기업에 의하여 일어난 행위라고 할지라고 그 효과가 자국의 반독점 규제나 공정거리에 영향을 미친다고 보고 해외에서 일어난 외국 회사의 독점행위나 카르텔 형성, 불공정 기업결합, 가격 담함 등의 행위에 대해서는 자국 내에서 조사, 수사하여 제재 및 처벌하는 것이다. 이와 같은 미국과 EU의 자국법의 해외 기업에 대한 적용으로 인하여 미국이나 EU를 상대로 기업 활동을 하고 있는 외국 기업들은 미국 밖, EU 밖에서도 이러한 미국과 EU의 관련 법 규정에 유의하면서 기업 활동을 하게 된다. 미국과 EU의 자국 경쟁법의 역외적용은 해외에서 외국인에 의하여 일어난 불공정행위가 자국의 기업질서와 시장질서에 효과를 미친다는 논리에 기초하고 있다.

미국이 쿠바와 거래하는 외국인에 대하여 자국입국 제한 등 규제조치를 규정한 헬름스-버튼법(Helms-Burton Act: The Cuban Liberty and Democratic Solidarity Act of 1996) 역시 쿠바의 민주화를 목적으로 하여 쿠바와 거래하는 외국인에게 미국법을 국제적으로 적용하려는 법이다.

미국과 EU의 반독점 및 공정거래관련 자국법의 역외적용은 해외에서 일어난 사건에 대해 자국법을 적용하는 점에서 국제법적으로 어떤 문제가 있을까? 사실 국제법은 각 국가가 해외에서 일어난 사건에 대해 집행관할권 행사(수사 및 처벌)를 자국 영토 내에서 한다면 이에 대해 금지하고 있지 않다. 만약 미국이나 EU가 자국의 법의 집행을 위해 독점행위나 공정거래 관련한 강제적 수사를 해외에서 벌인다면 타국의 관할권 침해 문제를 불러일으키겠지만 자국 내에서만 관련법을 집행한다면 이는 국제법적으로 주권침해나 관할권 침해는 아니라고 할 수 있다.

국가가 자국 영토 밖에서 일어난 사건이 자국에 영향을 미친다는 것을 근거로 관할권을 행사할 수 있다고 하는 것은 1927년 프랑스와 터어키간 로터스호 사건에서 상설국제사법재판소(PCIJ: Permanent Court of International Justice)의 판결이 있다. 1926년 프랑스의 우편운반선인 로터스(Lotus)호는 에게海 공해상에서 터어키의 석탄운반선 보스-쿠르트(Boz-Kourt)호와 충돌하였고 이 충돌사고로 터키 선원들이 사망하였다. 로터스호가 터키의 이스탄불 항구에 자발적으로 도착하자 터키 정부는 터어키 선박의 선장과 함께 로터스호의 선원을 과실치사로 기소하였고 프랑스 선원은 금고형과 벌금형을 받았다. 이에 대해 프랑스 정부는 터키의 영토 밖인 공해에서 발생한 선박충돌사고에서 터어키 정부가 프랑스인에 대한 관할권이 없다고 주장하였다. 이 사건에서 PCIJ는 국제법상 국가의 관할권 행사는 엄격하게 자국의 영토 범위 내에 한정되지만 자국의 영토 밖에서 발생한 사건과 관련하여 자발적으로 들어온 외국인에 대해 관할권을 행사하는 것을 금지하는 국제법은 없다고 판단하였다. 특히 이 사건에서는 공해상에 있던 터키의 선박은 터키의 떠다니는 영토(floating territory)로 보아야 하며 프랑스 선박과의 충돌로 그 피해가 터어키 선박에 미친 효과(effect)가 발생하였으므로 이는 터키 영토 내에 피해가 발생한 것으로 볼 수 있고 피의자가 자발적으로 터키의 영토 내에 들어왔으므로 이에 대해 관할권 행사하는 것은 정당하다고 보았다.[4]

4　*The Lotus Case*(1929), P.C.I.J. Reports, Series A, No.10. 로터스호 사건에서는 공해상 선박충돌사건에서 피해자 국적국인 터어키가 형사관할권을 행사하였지만 이후 1958년 제1차 제네바 공해협약에서는 공해상 선박 충돌사건에서 피해자 국적국의 형사관할권 행사를 금지하였다. 이어 1982년 유엔해양법 협약 제97조는 공해상 충돌사건에 대해서 다음과 같이 기국의 관할권만을 인정하고 있다.
　　"공해에서 발생한 선박의 충돌 또는 선박에 관련된 그 밖의 항행사고로 인하여 선장 또는 그 선박에서 근무하는 그 밖의 사람의 형사책임이나 징계책임이 발생하는 경우, 관련자에 대한 형사 또는 징계 절차는 그 선박의 기국이나 그 관련자의 국적국의 사법 또는 행정당국 외에서는 제기될 수 없다."

Now the first and foremost restriction imposed by international law upon a State is that-failing the existence of a permissive rule to the contrary-it may not exercise its jurisdiction in any form in the territory of another State.

It dose not, however, follow that international law prohibits a State from exercising its jurisdiction in its own territory, in respect of any case which relates to acts which have taken place abroad, and in which it cannot rely on some permissive rule of international law.

The territoriality of criminal law, therefore, is not an absolute principle of international law and by no means coincides with territorial sovereignty.

It follows that what occurs on board a vessel on the high seas must be regarded as if it occurred on the territory of the State whose flag the ship flies. If, therefore, a guilty act committed on the high seas produces its effects on a vessel flying another flag or in foreign territory, the same principles must be applied as if the territories of the two different States were concerned, and the conclusion must therefore be drawn that there is no rule of international law prohibiting the State to which the ship on which the effects of the offence have taken place belongs, from regarding the offence as having been committed in its territory and prosecuting, according, the delinquent.

미국, EU의 경쟁법의 역외적용 문제를 생각해 보자. 미국이나 EU의 반독점 및 경쟁법의 역외적용은 해외에서 외국인에 의하여 일어나는 행위들을 자국의 시장질서에 부합하게 규율하고자 하는 것이지만 실제 그 위반에 대한 법 집행은 자국 내에서 이루어진다는 점에서 타국의 영토 관할권을 직접적으로 침해하는 것은 아니라고 할 수 있다. 그러나 미국이나 EU가 외국에서 외국인에 의하여 일어나는 일을 자국법의 역외적용을 통해 규제한다는 점에서 결국 세계의 여러 나라의 기업 활동이 미국이나 EU의 경쟁법의 규율을 받는 것이 된다. 이러한 미국이나 EU의 자국 경쟁법 역외적용은 자국의 경제 규모나 시장 규모 때문에 가능한 것이다.

영국에서는 자국민이나 자국 회사가 타국의 경쟁법 관련 조사나 증거 수집에 응하지 말도록 영국 정부가 행정 명령을 내릴 수 있도록 규정하고 있다(Protection of Trading Interests Act 1980). 이러한 영국의 법을 Blocking Act라고 한다.

영국의 경우에는 Blocking Act로써 영국 정부가 미국 법의 역외적용시도를 막을 수 있도록 하고 하지만 반대로 EU는 미국과 양자협정을 체결하여 서로 협조한다. 1991년 미국과 유럽공동체(EC)는 '미국 및 EC 위원회 간 경쟁법의 적용에 관한 협정'을 체결하여 경쟁법 관련 인정하고 서로 정보를 교환하고 협조하고 있다. 또한 미국과 EU는 각각 여러 나라들과 양자협정을 맺어 자국의 경쟁법의 적용을 확산시키고 있다.

2 국가면제와 외교특권면제

가. 국가면제

앞서 우리는 한 국가의 주권은 그 국가의 영토가 끝나는 데서 끝나며 따라서 국가가 자국 영토를 넘어 타국에서 관할권(공권력)을 행사하는 것은 타국에 대한 주권 침해가 됨을 살펴보았다. 그런데 자국의 영토 내라고 할지라도 사법 당국은 외국(정부)을 피고로 하여 재판 관할권을 행사할 수 없다는 국가 면제(state immunity)론이 국제관습법으로 발전되어 왔다. 국가면제를 주권면제(sovereign immunity)라고 부르기도 한다.

이러한 국가면제론은 유럽에서 19세기 절대적 주권주의 이론으로부터 발전하여 왔으며 19세기에는 외국의 모든 행위나 모든 재산이 법정지국(法庭地國)의 재판 및 집행관할권으로부터 면제되었으나 20세기 이후 국가들의 상업거래 등 비권력적인 활동이 많아지면서 외국의 행동이나 재산 중 비권력적 행위(*acta jure getiones*)에 대해서는 주권면제를 부여하지 않고 오직 국가의 권력적 행위(*acta jure imperii*)에 대해서만 국가면제를 인정하는 제한적 국가면제론(restrictive approach)으로 변천하였다.

법정지국의 법원에서 외국의 국가가 피고가 되어 제소된 경우에 제한적 주권면제 이론에 따라 수소(受訴) 법정은 피고가 된 국가의 행위가 권력적 행위인가 또는 비권력적 행위인가를 따지게 된다. 소송이 외국 국가의 권력적 행위에 관련되는 경우에는 동 외국에 대해 주권면제를 인정하여 재판을 각하하여야 한다. 이와 관련 1978년 영국의 노동항소법원(Employment Appeal Tribunal)의 *Segupta v Republic of India* 사건이 있다. 세굽타는 영국 주재 인도 대사관(Indian High Commission)에서 근무하던 행정직원이었다. 세굽타의 업무는 매일 신문을 수령하고, 신문기사를 클리핑 하는 것이었다. 세굽타는 공관 내에서 비밀업무를 취급할 정도의 고급 정보업무를 담당한 것도 아니었다. 어느 날 인도 대사관은 세굽타를 해고하였고 이에 대해 세굽타는 영국의 국내 노동법원에 부당해고로 제소하였다. 이에 대해 영국 노동항소 법원은 세굽타의 업무는 인도 대사관의 공적인 업무 수행과 관련되는 일로서 인도의 국가면제가 인정되며 따라서 영국법원은 동 사건에 대해서 관할권이 없다고 판결하였다. 세굽타와 인도 대사관과의 고용계약은 1978년 제정된 영국의 주권면제법 이전에 이루어져서 영국 노동항소법원은 국제관습법 및 영국 판례법(case law)의 제한적 주권면제론에 입각하여 판단하였다.[5]

---

5   *Segupta v Republic of Indi*a. [1983] I.C.R. 221 Employment Appeal Tribunal. D.J Harris, *Cases and Materials on International Law*(4th Edition)에서 인용.

In our judgment, in seeking to decide whether the claim in this case is excluded by the doctrine of sovereign immunity, we must ask the following questions: (a) Was the contract of a kind which a private individual could enter into? (b) Did the performance of the contract involve the participation of both parties in the public functions of the foreign state, or was it purely collateral to such functions? (c)What was the nature of the breach of contract or other act of the sovereign state giving rise to the proceedings? (d)Will the investigation of the claim by the tribunal involve an investigation into public or sovereign acts of the foreign state?

It is true that any private individual can employ another, *i.e.* can enter into a contract of employment. ... But when one looks to see what is involved in the performance of the applicant`s contract, it is clear that **the performance of the contract is part of the discharge by the foreign state of its functions in which the applicant himself, at however lowly a level**, is under the terms of his contract of employment necessarily engaged.

The dismissal of the applicant was an act done in pursuance of that public function, *i.e.* the running of the mission. As a consequence, the fairness of any dismissal from such employment is very likely to involve an investigation by the industrial tribunal into the internal management of the diplomatic representation in the United Kingdom of the Republic of India, an investigation wholly inconsistent with the dignity of the foreign state and an interference with its sovereign functions.

We therefore conclude that, in general, there is no jurisdiction to entertain a claim for unfair dismissal from employment by, and in, a diplomatic mission.

We do not excluded the possibility that, apart from the Act of 1978, **employees who are solely concerned with providing the physical environment in which the diplomatic mission operates might be able to claim**; that question will have to be decided if and when it arises. But we do not consider that there can be jurisdiction over claims by those engaged in carrying out the work of the mission in however humble a role.

19세기 이래 국제관습법상으로 발전되어 온 국가면제론은 1972년 유럽국가면제 협약으로 채택되었으며 이후 1978년 이래 유엔 국제법위원회(ILC: International Law Commission)가 성문화 작업을 시작하였고 2004년 유엔에서 국가면제협약(United Nations Convention on Jurisdictional Immunities of States and Their Property)이 채택되었다. 유엔 국가면제 협약(제5조)은 국가들이 가지는 국가면제를 다음과 같이 규정하고 있다.

A State enjoys immunity, in respect of itself and its property, from the jurisdiction of the courts of another State subject to the provisions of the present Convention.

국가면제를 향유할 수 있는 권리의 주체를 구체적으로 보면 국가(State), 정부의 각 기관들(its various organs of governments), 연방 국가의 각 구성단위체들, 국가기능을 수행하는 국가의 정치적 하위조직들(constituent units of a federal State or political subdivisions of the State), 국가의 기능을 수행하는 정부의 하위조직(agencies or instrumentalities of the State), 국가 기능을 수행하는 국가의 대표(representatives of the State) 등이다. 유엔 국가면제협약상 국가면제가 적용되지 않는 경우는 상업적 거래(국가 간 거래는 제외), 고용 계약 관련 소송(다만 그 계약이 정부의 공적 기능의 수행과 관련 되는 경우는 제외, 채용·고용연장, 복직의 문제는 제외), 신체적 상해와 재산상 손해에 관한 것(국가 간에 별도의 합의가 있는 경우 제외), 법정지국에 있는 부동산과 관련된 소송, 지적재산권과 관련된 소송 등이다. 국가면제론은 법정지국에서 외국의 주권국가가 재판으로부터의 면제뿐 아니라 재판과 관련 강제집행으로부터의 면제도 향유하도록 하여 국가면제를 이중으로 보장하고 있는 것이다. 따라서 어느 법정지국에서 개인이 외국을 상대로 소송을 제기하고 동 소송의 내용이 피고인 외국 정부의 비권력적 행위에 관련되는 것이라고 주장하여 소송에서 승소하더라도 동 법정지국 내에 있는 외국 정부의 공공목적(비상업용 목적)의 재산은 집행으로부터 면제되기 때문에 승소하여도 실제 판결 배상금을 받아내기가 어렵다.

제한적 주권면제론은 오늘날 국제관습법이라고 할 수 있으나, 구체적인 주권면제의 적용범위에 대해서는 나라마다 사법적 전통과 입장이 다르다. 유엔국가면제협약은 유엔 국제법 위원회에서 오랫동안 토의 과정을 거쳐 유엔에서 채택이 되었지만 아직 발효하지 않은 상태이다. 국제사회의 각 국가들은 그간 국제관습법으로 발전되어 온 국가면제에 관한 내용을 자국의 전통과 실정에 맞게 국내법으로 제정하여 이행하거나 또는 국내법의 제정 없이 사법부에서 국가면제와 관련한 국제관습법의 동향과 자국의 입장에 따라 사안별로 판단하고 있다. 미국은 1976년 The Foreign Sovereign Immunities Act, 영국은 1978년 The State Immunity Act, 캐나다는 1982년 The State Immunity Act, 호주는 1985년 The Foreign State Immunities Act, 일본은 2015년 「외국에 대한 아국의 민사재판권에 관한 법률」을 제정하여 시행하고 있다.

우리나라는 국가면제에 관한 법률은 없으나 우리나라 법원은 국제관습상의 제한적 국가면제론을 받아들여 외국 정부를 상대로 한 재판 청구를 각하하고 있다. 2021년 4월 21일 서울중앙지방 법원은 일본군 위안부 피해자들이 일본 정부를 상대로 낸 피해배상

소송에서 국가면제론을 들어 원고들의 소를 각하했다. 동 사건에서 원고들은 일제강점기 당시 일본 정부의 행위가 주권면제에 해당하지 않는 상업적 행위라고 주장을 했으나, 법원은 비상업적 행위로서 주권면제에 해당된다고 보았다.[6] 우리나라 서울중앙지방법원은 일본을 상대로 한 일본군 위안부와 관련한 소송에서 다음과 같이 일본의 국가면제를 인정했다.

> 피고의 행위는 피고 군대의 요청에 따라 당시 한반도를 관할한 조선총독부가 행정부 조직을 이용하여 이 사건 피해자들을 차출하여 피고 군대가 주둔한 지역의 위안소에 배치시켜 성관계를 강요했다는 것이어서 이러한 행위는 그 목적, 그 행위의 주체와 내용에 비추어 공권력의 행사에 해당하므로 주권적 행위라고 보아야 하고 비권력 행위(*acta jure gestiones*)라고 볼 수 없다.

또한 이 사건에서 원고들은 피고의 행위가 국제법상 반인도적 불법행위임을 들어서 이러한 반인도적 불법행위에 대해서는 주권면제가 해당되지 않는다고 주장하였으나 재판부는 다음과 같이 판결하였다.[7]

> 원고들의 주장하는 바와 같이 피고의 행위가 이 사건 피해자들의 인권을 침해하는 중대한 강행법규 위반에 해당된다고 하더라도 제한적 주권면제론에서 국가면제가 인정되는 국가면제의 범위는 비권력적·사법적(私法的) 행위에 상대되는 개념으로서 그 본질상 주권의 행위가 어떤 법적 윤리적 당위를 전제로 한 개념이라고는 보기는 어려우므로 만약 국가에 의한 공권력의 행사가 잔혹한 방식으로 이루어졌다면 그 행위는 위법한 공권력의 행사 또는 위법한 주권의 행사가 될 분이지 그러한 행위의 주권적 행위로서의 성격 자체를 상실한다고는 할 수 없다. 따라서 피고의 행위는 그 목적, 내용, 형식 등 모든 측면을 고려하더라도 피고가 사경제 주체의 지위에서 행한 것으로 볼 수는 없고 주권적 행위로 보아야 하므로 이와 다른 전제에선 원고들의 주장은 받아들이지 아니한다.

외국 국가의 국제강행규범 위반 시에도 국가면제가 적용된다는 판례로서 2021년 국제사법재판소의 독일-이태리 사건 판결이 있다. 동 사건은 이태리 법원이 2차 세계대전 중 나치 독일에 의해 발생한 페리니(Ferrinii) 사건 및 디스토모(Distomo) 사건에서 독일의 주권 면제를 인정하지 않은데 대해서 독일이 국제사법재판소에 이태리를 제소한 사건이다.

---

6   서울지방법원 2021년 4월 21일 선고. 2016가합580239 판결.
7   서울지방법원 2021년 4월 21일 선고. 2016가합580239 판결.

페르니 사건은 제2차 세계 대전 당시 이태리 사람 페리니가 독일군에 체포되어 강제 노역을 당한지 수십 년이 지난 후에 독일을 상대로 이태리 국내 법원에 소송을 제기하였는데 이태리 대법원이 독일의 주권면제를 인정하지 아니하고 독일의 배상의무를 인정한 사건이다.[8] 디스모토 사건은 2차 세계대전 당시 그리스 남부 디스모토 마을에서 독일군에 의한 민간인 학살 사건의 피해자의 유가족들이 사건이 발생한지 수십 년 후 그리스 국내 법원에서 독일을 상대로 한 소송에서 승소판결을 받은 데 대해 이태리 대법원이 이태리 내의 독일 공공 재산에 대해 국가면제를 인정하지 않고 강제집행을 승인한 데 대한 것이다.[9] 독일 정부는 이태리 대법원의 판결이 주권면제에 관한 국제법을 위반하였다며 이태리를 국제사법재판소에 제소하였다. 디스모토 사건과 관련한 국내 판결이 있었던 그리스는 국제사법재판소 소송에 참가(intervention)하였다. 이에 대해 국제사법재판소는 독일의 주권면제를 인정하고 국제관습법상 독일이 향유하는 면제를 부인한 이태리 법원의 행위는 이태리의 독일에 대한 의무 위반을 구성한다고 판결하였다.[10]

In the Court's opinion, State practice in the form of judicial decisions supports the proposition that State immunity for **acta jure imperii** continues to extend to civil proceedings for acts occasioning death, personal injury or damage to property committed by the armed forces and other organs of a State in the conduct of armed conflict, even if the relevant acts take place on the territory of the forum State. That practice is accompanied by **opinio juris**, as demonstrated by the positions taken by States and the jurisprudence of a number of national

---

8   이탈리아인 Luigi Ferrini는 2차 세계대전 당시인 1944년 나치 독일군에 체포되어 독일의 군수공장에서 강제노역을 하였다. Ferrini는 1998년에 이탈리아 Arezzo 지방법원에 독일을 상대로 손해배상청구의 소를 제기하였는데 제1심 법원은 독일의 국가 면제 주장을 인정하여 소를 각하하였고, 항소심 법원도 원고의 항소를 기각하였다. 그러나 이탈리아 대법원은 2004년 강행규범을 위반하는 국제범죄에 해당하는 국가의 행위에는 국가 면제를 적용할 수 없다며 원심판결을 파기하였고, 이후 하급심 법원은 원고 승소 판결을 선고하였다.

9   제2차 세계대전 당시인 1944년 독일 점령군은 그리스 남부 디스토모(Distomo) 마을에서 민간인을 상대로 강간, 방화, 약탈을 자행하고 주민들을 잔혹하게 살해하였다. 1995년 희생자들의 유족들은 독일을 상대로 손해배상청구 소송을 그리스 국내 법원에 제기하였고, 이에 대하여 그리스 법원은 국제법상 강행규범에 위반한 불법행위는 주권적 행위로 볼 수 없다고 보고 독일의 국가 면제를 인정하지 아니하고, 독일에 대하여 손해배상을 명하는 판결을 내렸다. 이후 디스토모 판결의 원고들은, 독일의 재산이 있는 이탈리아 법원에 그리스 법원의 판결을 기초로 한 강제집행 승인신청을 하였고, 피렌체 항소법원은 2005년 5월 그 판결의 집행을 승인하였으며, 이탈리아 대법원은 2008년 5월 독일의 상고를 기각하였다. 디스토모 판결의 원고들은 2007년 6월 피렌체 항소법원의 결정에 근거하여 이탈리아 내에 있는 독일 연방정부 소유의 공공건물인 Villa Vigoni(양국 간의 문화교류용 센터)에 대하여 강제 집행 조치를 하였다.

10   *Jurisdictional Immunities of the State* (Germany v. Italy: Greece intervening), Judgment, I.C.J. Reports 2012. para. 77, 78, 79, 91, 95, 97.

courts which have made clear that they considered that customary international law required immunity.

In light of the foregoing, the Court considers that customary international law continues to require that a State be accorded immunity in proceedings for torts allegedly committed on the territory of another State by its armed forces and other organs of State in the course of conducting an armed conflict.

The Court therefore concludes that, contrary to what had been argued by Italy in the present proceedings, the decision of the Italian courts to deny immunity to Germany cannot be justified on the basis of the territorial tort principle.

The Court concludes that, under customary international law as it presently stands, a State is not deprived of immunity by reason of the fact that it is accused of serious violations of international human rights law or the international law of armed conflict. In reaching that conclusion, the Court must emphasize that it is addressing only the immunity of the State itself from the jurisdiction of the courts of other States; the question of whether, and if so to what extent, immunity might apply in criminal proceedings against an official of the State is not in issue in the present case.

To the extent that it is argued that no rule which is not of the status of *jus cogens* may be applied if to do so would hinder the enforcement of a *jus cogens* rule, even in the absence of a direct conflict, the Court sees no basis for such a proposition. A *jus cogens* rule is one from which no derogation is permitted but the rules which determine the scope and extent of jurisdiction and when that jurisdiction may be exercised do not derogate from those substantive rules which possess *jus cogens* status, nor is there anything inherent in the concept of *jus cogens* which would require their modification or would displace their application.

Accordingly, the Court concludes that even on the assumption that the proceedings in the Italian courts involved violations of *jus cogens* rules, the applicability of the customary international law on State immunity was not affected.

나. 외교특권면제

위에서 살펴본 국가면제와 유사한 개념으로는 외교특권면제와 외국군대의 면제가 있는데 이들 세 가지 개념이 서로 연관이 되어 혼동될 수 있다. 살펴보면, 우선 국가면제는 국가가 다른 나라의 법정에서 피고로 서지 않는다는 것으로 그 면제의 주체는 국가(또는 국가의 조직)이다. 한편, 외교특권면제는 특권면제의 주체가 주로 외교관으로서, 외교관이 주재국 내에서 향유하는 특권 면제에 관한 규정과 외교 공관의 불가침, 외교

문서 및 외교 서류의 불가침을 주된 내용으로 한다. 예를 들어 본다면, 법정지국에서 제기된 소송에서 외국 국가의 국명 또는 외국 정부의 조직이 피고로 되어 있다면 국가면제의 문제가 될 것이고, 법정지국에 파견된 외교관의 이름이 피고로 되어 있다면 외교특권 면제의 문제라고 볼 수 있다.

접수국에 주재하고 있는 파견국의 재외공관은 파견국의 정부기관이며 또 재외공관 건물의 소유 명의는 파견국의 국유 재산으로 되어 있기 때문에 법정지국에서 재외공관(대사관, 총영사관)을 피고로 하는 소송은 국가면제라고 할 수 있다. 만약 재외공관에 파견된 특정 외교관을 상대로 하여 그의 행동이나 그 명의의 재산을 대상으로 소송을 한다면 외교면제의 문제가 된다. 예컨대, 파견국의 재외공관의 공관장 명의로 접수국에 등기가 되었어있는 공관(청사) 또는 공관장 관저에 관한 소송이라면 외교특권면제가 적용될 것이고 파견국 명의로 되어있는 것이라면 국가면제가 적용될 것이다.

양자가 이와 같이 구분됨에도 불구하고 접수국에 있는 재외공관의 건물(소유자 명의나 소유 또는 임차 여부 불문), 재외공관 내 물건이나 문서, 서류 등은 불가침을 가지며 접수국 내 강제 집행 조치에서 면제되므로 재외공관과 관련한 집행 측면에서는 국가면제와 함께 외교특권면제(불가침권)가 함께 적용될 수 있다. 또한 국가면제는 소송만이 관련되는 것인데 비해서 외교관에게 부여되는 특권과 면제는 소송에만 국한된 것이 아니라, 주재국 내 행정, 경찰, 조세 및 형사, 민사 문제에 관한 것 등 광범위하다.

이하에서는 외교특권면제의 내용에 대해서 구체적으로 살펴보고자 한다. 외교특권면제는 외교관으로서 늘 현실에서 실제 적용되는 문제이며 널리 알려진 상식이기도 하다.

공관지역(the premises of the mission)은 불가침이다. 접수국의 관헌은 공관장의 동의 없이는 공관지역에 들어가지 못한다(외교관계에 관한 비엔나 협약 제22조 1항). 공관 지역과 동 지역 내에 있는 비품류 및 기타 재산과 공관의 수송수단은 수색, 징발, 차압 또는 강제집행으로부터 면제된다(비엔나 협약 제 22조 3항). 파견국 및 공관장은 제공받은 특정한 용역에 대한 지불의 성격을 가진 것을 제외하고는 소유 또는 임차 여하를 불문하고 공관지역에 대한 접수국 국가, 지방 또는 지방자치단체의 모든 조세나 부과금으로부터 면제된다(비엔나 협약 제23조 1항). 공관의 문서 및 서류는 어느 때나 그리고 어느 곳에서나 불가침이다(비엔나 협약 제24조). 공관의 공용 통신은 불가침이다. 공용통신이라 함은 공관 및 그 직무에 관련된 모든 통신을 의미한다(비엔나 협약 제27조 2항). 외교행낭은 개봉되거나 유치되지 아니한다(비엔나 협약 제 22조 3항). 외교관의 신체는 불가침이다. 외교관은 어떠한 형태의 체포 또는 구금도 당하지 아니한다(비엔나 협약 제 29조). 외교관의 개인 주거는 공관지역과 동일한 불가침과 보호를 향유한다(비엔나 협약 제30조).

외교관은 접수국의 형사관할권으로부터 면제를 향유한다. 외교관은 공무이외에 개인적으로 행한 상업행위나 유산 상속관련 행위나 개인적 부동산과 관련된 소송이외에는 접수국의 민사 또는 행정 재판관할권으로부터 면제된다(비엔나 협약 제31조). 파견국은 자국 외교관에 대한 재판관할권 면제를 포기할 수 있다. 이러한 포기는 언제나 명시적이어야 한다(비엔나 협약 제32조).

외교특권 면제와 관련한 케이스로서는 국제사법재판소의 1980년 미국-이란 간 미국 외교관 영사 인질 사건(US Diplomatic and Consular Staff in Tehran Case)이 있다. 1979년 2월 이란에서는 아야톨라 호메이니가 주도하는 시아파 이슬람 원리주의 혁명이 일어나 친미 팔레비 왕조가 타도되고 이슬람 공화국이 설립되었다. 미국의 카터 행정부가 혁명으로 축출된 이란의 왕 팔레비를 암치료의 목적으로 1979년 10월 미국에 입국시키자, 11월 4일 미국 조치에 반대하는 폭도 시위가 테헤란 주재 미국 대사관 주위에서 벌어졌다. 폭도들은 미국 대사관을 점령하고 수십 명의 미국 외교관과 직원들을 인질로 잡았다. 다음날 폭도들은 이란의 타 지역에 있는 미국 영사관도 점령하여 미국 영사 및 직원들을 인질로 잡았다. 동 사건보다 사흘 전인 11월 1일, 아야톨라 호메이니는 이란의 학생들이 미국을 공격하여야 한다고 선동하는 발언을 하였다. 폭도들이 미 대사관과 영사관을 점령하고자 할 때 이란의 경비대는 슬그머니 사라져 폭도들의 미 대사관 진입을 방조하였다. 미국은 이란이 외교 및 영사 특권 면제를 위반하였다고 주장하고 미국 인질들의 즉시 석방을 요청하며 이란을 국제사법재판소에 제소하였다. 이에 대해 국제사법재판소는 폭도들의 행위는 이란 정부의 행위는 아니지만 폭도들의 미 대사관 진입을 방조하고 폭도들의 점령 및 인질 유치를 방조한 것은 외교관계에 관한 비엔나 협약, 영사관계에 관한 비엔나 협약 및 국제관습법의 위반이라고 판결하였다.

61. The conclusion just reached by the Court, that the initiation of the attack on the United States Embassy on 4 November 1979, and of the attacks on the Consulates at Tabriz and Shiraz the following day, cannot be considered as in itself imputable to the Iranian State **does not mean that Iran is, in consequence, free of any responsibility in regard to those attacks**; for its own conduct was in conflict with its international obligations. **By a number of provisions of the Vienna Conventions of 196 1 and 1963, Iran was placed under the most categorical obligations, as a receiving State, to take appropriate steps to ensure the protection** of the United States Embassy and Consulates, their staffs, their archives, their means of communication and the freedom of movement of the members of their staffs.

66. As to the actual conduct of the Iranian authorities when faced with the events of 4 November 1979, the information before the Court establishes that, despite assurances previously given by them to the United States after the militants had forced an entry into the premises of the Embassy, the Iranian authorities made no effort to compel or even to persuade them to withdraw from the Embassy and to free the diplomatic and consular staff whom they had made prisoner.

69. The second phase of the events which are the subject of the United States' claims comprises the whole series of facts which occurred following the completion of the occupation of the United States Embassy by the militants, and the seizure of the Consulates at Tabriz and Shiraz. The occupation having taken place and the diplomatic and consular personnel of the United States' mission having been taken hostage, the action required of the Iranian Government by the Vienna Conventions and by general international law was manifest. Its plain duty was at once to make every effort, and to take every appropriate step, to bring these flagrant infringements of the inviolability of the premises, archives and diplomatic and consular staff of the United States Embassy to a speedy end, to restore the Consulates at Tabriz and Shiraz to United States control, and in general to re-establish the status quo and to offer reparation for the damage.

76. The Iranian authorities' decision to continue the subjection of the premises of the United States Embassy to occupation by militants and of the Embassy staff to detention as hostages, clearly gave rise to repeated and multiple breaches of the applicable provisions of the Vienna Conventions even more serious than those which arose from their failure to take any steps to prevent the attacks on the inviolability of these premises and staff.

95. The Court, 1. by thirteen votes to two, decides that the Islamic Republic of Iran, by the conduct which the Court has set out in this Judgment, has violated in several respects, and is still violating, obligations owed by it to the United States of America under international conventions in force between the two countries, as well as under long-established rules of general international law.

　　1975년 월남(남베트남) 주재 대한민국 대사관의 공사로서 근무하다가 월남이 베트콩에 의해 멸망당한 직후에 교민보호를 위해 더 체류하다가 월맹 당국에 의하여 체포되어 감옥에서 고생하다가 4년 반 만에 풀려나 한국으로 돌아올 수 있었던 이대용 공사의 이야기를 들어본 일 있는가? 이 공사는 월맹과 북한 요원의 협박에 맞서 외교관계에 관한 비엔나협약을 들어 외교관의 특권과 면제를 주장했다. 감동적인 그의 스토리를 읽어 보자.

남베트남 패망 이틀 전 1975년 4월 28일 주월 한국대사관은 폐쇄됐다. 대사를 비롯한 외교관 및 가족들은 떠나고 이대용 공사는 교민 철수 작전 책임을 맡았다. 이대용 공사는 잔류 교민 175명을 데리고 프랑스 정부에서 운영하는 병원으로 대피시켰다. 1975년 10월 3일 혼자 남은 이대용 공사는 베트남 공산정권의 보위부에 의해 체포되었다. 이대용 공사가 체포될 때 베트남 공산정권이 발부한 체포영장은 한국말로 통역이 되어 읽혀졌다.[11] "성명 이대용, 직업 외교관, 베트남 혁명사업을 방해했기에 체포함." 체포 요원은 언성을 높이며, "남조선 박정희 집단은 맹호사단, 백마사단, 청룡여단 등을 베트남 침략군으로 보내 수많은 베트남 양민을 학살하여 천인공노할 큰 범죄를 저질렀다"고 일장 연설을 한 후에 "당신을 총살형에 처하겠다."고 큰소리로 외친 후 "그러나 지금이라도 과거를 청산하고 진보적 민주주의 편에 가담해서 인민들을 위해서 일하겠다면 과거를 관대하게 용서하고 인도적 대우를 해 주겠다."고 말하였다. 이에 대해 이대용 공사는 자신의 신분이 외교관임을 들어 단호하게 반박했다. "나는 유엔이 제정한 비엔나협정에 의하여 외교관 면책특권이 있으며, 따라서 베트남 정부는 나를 심문할 권한이 없고, 나는 답변할 의무가 없다."고 말하고 "교전당사국이라도 외교관은 체포할 수 없으며, 국제법에 따라 모두 서로 본국으로 보내주어야 하는 것이다."라고 주장했다. 베트남의 보위부 요원은 "어쨌든 당신은 총살이다."라고 윽박질렀다. 이대용 공사는 "총살, 총살하는데 할 테면 하라. 그 따위 협박에 두려워 할 내가 아니다." 그리고 이어서 "베트남 정부는 대한민국 외교관인 나를 재판할 권리가 없다."라고 단호하게 주장했다. 그는 햇볕이 안 들어오는 감방에 갇혔다. 감방 생활 1년 만에 그의 몸무게는 78㎏에서 46㎏으로 줄었다. 북한노동당 공작요원 3명이 파견돼 이대용 공사를 직접 심문하기도 하고 '북한 망명 자술서'를 강요하기도 했지만 그는 굴하지 않았다. 감옥에 갇힌 지 1년 만에 놀랍게도 사이공의 한국 교민회장으로부터 비밀리에 편지를 받았다. 이 공사의 건강상태와 북한요원으로부터 심문 받았는지의 여부를 물어보면서 답신을 써 보내라는 내용이었다. 이 공사는 사이공의 교민회장과의 비밀서신을 통해 가끔 한국 외무부 장관, 그리고 가족 그리고 가끔 박정희 대통령에게도 편지를 보냈다. 이 공사가 수감된 지 약 3년이 지난 1978년 9월 북한 노동당 간부 세 사람이 직접 베트남에 와서 사이공의 보위부 안가에서 이 공사를 심문했다. 북한 요원들은 이 공사가 공산주의로 사상적 전향을 하고, 북한으로 가겠다는 망명서를 쓰게 하여 평양으로 데려가기 위해서 온 것이었다.[12] 이 공사가 전향서라도 쓰기만 한다면 북한에 가지 않더라도 이 공사를 서울에 보내 극비 거물간첩으로 이용하려는 속셈으로 보였다. 이 공사는 비엔나 협약상 외교관 면책특권을 내세워 북한 요원들이 외교관을 심문할 권리나 자격이 없으며 외교관인 이대용 공사는 심문에 답변할 의무가 전혀 없다고 하면서 묵비권을 행사했다.

---

11   당시 한국말로 통역한 사람은 '즈엉징 특'으로 2004년 주한 베트남대사가 되어 한국에 왔다. 한국에 와서 이대용 공사를 만났다고 한다.

12   당시 베트남에 온 북한요원 세 사람 중 한 사람인 박영수는 훗날 통일전선부 부부장이 되어 1994년 3월 19일 판문점에서 열린 제8차 남북 특사교환 실무접촉에서 서울불바다 발언을 해서 한국 사람들을 놀라게 한 사람이다. 당시 북한 요원에 의한 이대용공사의 심문내용은 북한노동당 3호 청사의 간부로 있다가 1980년대에 대한민국으로 귀순한 황일호씨의 증언에 의하여 사실로 확인되었다.

이 공사는 결국 북한 요원들의 협박을 이겨냈다. 이 공사는 치화 형무소에 수감되어 있는 4년 7개월 동안 단 한 번도 면회를 해보지 못하고 병에 걸린 몸으로 말할 수 없는 고생을 했다. 1978년 12월 베트남 공산군이 캄보디아를 침공할 때 북한정권은 캄보디아를 지원함으로써 베트남 공산정권과 관계가 틀어졌다. 1979년 12월 중공군이 베트남 국경을 침공할 때도 북한정권은 중공 편을 들었기 때문에 북한과 베트남과의 관계가 더욱 악화되자 이대용공사가 풀려날 수 있는 기회가 왔다. 우리 정부는 이 기회를 활용하였다. 이때 한국정부의 박정희 대통령과 안기부 라인에서는 유대인 사업가 아이젠버그를 활용하였고 1979년 12월 박정희 대통령 서거 후에는 최규하 대통령의 지시에 따라 한국 외무부에서 스웨덴 외무부에도 주선을 요청해서 석방교섭을 성공시켰다. 이 결과 이대용 공사는 치화 형무소에서 1980년 4월 11일 석방되어 4월 12일 아이젠버그 회장의 전용기를 타고 스웨덴 외무부 대표단 일행과 함께 귀국했다.[13]

3 외국군대의 법적 지위와 한미 SOFA

국가면제와 외교특권면제와 유사한 개념으로 외국군대의 법적 지위(SOFA: Status of Forces Agreement)가 있다. SOFA에서 다루는 외국 군대는 점령군으로서 접수국에 온 것이거나 또는 전시에 침략군으로서 온 것이 아니고 접수국과의 우호적 동맹관계에 의하여 적의 침입에 맞서 접수국을 도와주려는 군대를 말한다. 따라서 SOFA 협정에서는 접수국에 도움을 주기 위해 군대를 파견한 국가의 입장이 아무래도 도움을 받는 접수국의 입장보다 유리하게 반영될 수 있다. 각 SOFA들이 다루는 사항들은 대체로 대동소이하지만 각 SOFA는 파견국과 접수국의 역학관계에 따라 나라별로 그 내용에 차이가 있게 된다(예, 한미 SOFA, 미독 SOFA, 미일 SOFA의 차이). 또한 SOFA와 관련하여 접수국 내 시민사회에서 SOFA 내용이 외국군대에 일방적으로 유리한 불평등한 협정이라며 개정을 요구하는 민족주의적 여론이 거세게 일기도 한다. 이러한 여론은 접수국의 경제적 발전과 민족주의적 성향, 시민사회의 성장에 영향을 받는다.

어느 외국군대가 주둔지(접수국)에서 어떤 특권과 면제를 향유하는가는 알기 위해서는 군대 파견국과 군대 접수국 간에 양자적 SOFA(Status of Forces Agreement)의 체결 여부 및 그 내용을 구체적으로 검토하여야 한다. 우리가 외국군대의 법적지위에 관한 협정을 SOFA(Status of Forces Agreement)라고 부르는 이유는 제2차 세계대전 이후에 미국이 해외에 미군을 주둔시키면서 해외에 파견된 미군의 법적 지위에 관한 양자간 합의를 미

13　서울신문, 인터넷 판, 2007년 8월 16자 "어떻게 지내십니까 베트남에 5년 억류 이대용 前 주월공사", 사이버 뉴스 24, 2007년 03월 6일 "월남 최후의 탈출자, 이대용 장군" 등 여러 기사를 참조함.

국 국내법 상 의회의 비준동의가 필요 없는 Agreement로 처리했기 때문이다.[14] 미국으로서는 SOFA를 통해 해외에 주둔한 자국 군대가 접수국 법령에 직접적 적용을 받지 않고 특권 및 면제를 누리는 것이기 때문에 자국의 관할권을 제약되는 것이 없기 때문이다. 따라서 미국에서 SOFA는 미국 행정부가 의회의 승인 없이 처리할 수 있는 것으로 Executive Agreement(행정협정)라고 한다. 그러나 접수국의 입장에서 보면 외국군대의 법적지위에 관한 것은 자국의 관할권을 제약하는 내용을 포함하고 있기 때문에 나라에 따라서는 의회의 비준동의가 필요한 중요한 조약이 될 수 있다.

SOFA 협정은 외국 군대의 군인이나 군속 등 그 구성원들에 대한 특권·면제 및 외국 군대가 접수국내에서 사용하는 시설 구역에 대한 접수국의 제공 협조 등에 관하여 규정하고 있다. 한편, 접수국에 주둔하고 있는 외국의 군대는 외국 정부의 기관이며 또 외국 군대가 소유하고 운영하는 군함이나 항공기 등은 외국 국가(정부)의 공공 목적의 재산이므로 만약 기관으로서의 외국 군대를 상대로 하거나 또는 외국군대가 보유 운영하는 군함이나 항공기 등을 목적물로 하는 소송에서는 국가면제가 적용될 것이며 이와 관련한 SOFA 규정이 있다면 관련 SOFA 규정이 우선 적용될 것이다.

이하에서는 SOFA의 일반적 내용과 한미 SOFA의 내용에 대해서 살펴본다.

SOFA 및 부속합의에 따라 접수국은 자국에 주둔하는 외국군대를 위해 토지 및 시설을 제공한다. 한미 SOFA에서도 미측이 대한민국 안의 시설과 구역(토지)의 사용을 공여 받도록 규정하고 있다. 이러한 토지 공여는 미군이 토지 공여를 요청할 경우 이에 대해 양국 간 협의를 통해 협정을 체결하여 이루어지며, 공여된 토지가 더 이상 사용되지 않거나, 우리측이 도시 개발 등을 이유로 공여지 반환을 미측에 요청할 경우, 양국 간 합의를 통해 관련 토지를 반환 받을 수 있다. 2002년 한미양국은 미측이 미군 기지 및 훈련장의 55% 이상을 반환하기로 하는 연합토지관리계획(LPP: Land Partnership Plan) 협정을 체결하였다. 아울러 개정 SOFA는 SOFA 합동위원회 산하에 설치되어 있는 시설구역 분과위원회가 더 이상 필요 없는 시설 및 구역을 반환토록 하기 위한 목적으로 연 1회 이상 모든 공여지에 대해 합동으로 실사하도록 규정하고 있다.[15]

SOFA에서 다루고 있는 파견국 군대의 특권면제는 파견군대의 군인이 접수국에 출입

---

14 미국 국내법상 Treaty는 상원의 비준동의를 받는 조약을 의미하고, agreement는 상원의 비준동의가 필요 없는 국제 합의로서 행정부가 의회의 승인 없이 단독으로 처리할 수 있는 것을 말한다.

15 2002년 3월 29일 김동신 국방부 장관과 토머스 슈워츠 주한미군사령관은 전국 28개 미군기지 및 시설과 경기도 내 3개 미군훈련장 등 총 4114만 평(총 공여지의 55.3%)을 2011년까지 단계적으로 우리 측에 반환하는 내용의 연합토지관리계획(LPP) 협정서에 서명하였고, 2002년 10월 30일 국회비준을 통과하면서 발효되었다.

국시 소지해야 할 신분증과 비자와 관련된 사항, 파견 군대 구성원에 의해 범죄가 발생할 경우 관할권 행사 규정, 사고로 인한 손해발생 시 배상 규정 등이다. 외국군대의 구성원은 일반적인 출입국이나 사증(비자)의 적용을 받지 아니하고 파견국과 접수국 간에 별도 합의된 절차에 따른다. 접수국은 외국 군대가 공공으로 사용하는 물품이나 또는 구성원이 개인적으로 사용하는 물품에 대해서 관세를 면제한다. 접수국은 접수국 군대의 군사화물에 대해서 세관 검사를 면제한다. 접수국은 외국군대가 접수국내에서 보유 사용하는 재산에 대해서 조세를 면제하며 외국군대 구성원이 외국군대에서 근무하여 얻은 소득에 대해서 과세하지 않는다.

외국군대구성원의 범죄에 대한 관할권은 파견국과 접수국의 법이 모두 적용될 수 있을 때 어느 나라의 당국이 1차적인 관할권을 가지는가에 대해 규정한다. 접수국 또는 파견국이 단독으로 처벌할 수 있는 범죄에 대해서는 해당국가가 각각 전속적 관할권을 가진다. 접수국은 접수국의 안전에 관한 범죄(반역, 간첩 등)를 포함하여 파견국의 법률에 의하여 범죄가 되지 않는 범죄에 대해서 전속적 관할권을 가진다. 그러나 접수국내에서 계엄령이 선포되거나 또는 전시상태가 되면 파견국이 자국군대 구성원에 대해서 전속적 관할권을 행사한다. 따라서 관할권의 경합은 평시에 외국군대 구성원(군인 등)에 의하여 일어난 범죄로서 파견국과 접수국의 관할권이 경합하는 경우이다. 한미 SOFA에 따르면, 관할권이 경합되는 범죄의 경우에 ① 오로지 합중국의 재산이나 안전에 대한 범죄, 오로지 파견국 군대의 타 구성원이나 군속 또는 그들의 가족의 신체나 재산에 관한 범죄 ② 공무 중에 발생한 범죄에 대해서는 파견국이 1차적 관할권을 행사하며 이외의 범죄에 대해서는 접수국이 1차적인 관할권을 행사한다. 공무 중 일어난 범죄에 대해서는 파견국이 1차적인 관할권을 행사한다. 문제는 누가 공무 중인지를 판단하고 결정하는가이다. 일반적으로는 공무 중에 대한 판단은 파견군 당국이 발행하는 증명서로 결정된다. 미독 SOFA나 미일 SOFA의 경우에는 접수국 당국이 파견군 당국이 발행한 공무집행중 증명서에 대해서 이의를 제기하고 반증을 제시하는 경우에 최종적으로 접수국의 법원이 판단하도록 하고 있다. 한미 SOFA의 경우에는 미군당국이 발행한 공무집행중 증명서에 대해 한국이 이의를 제기할 수 있으나 수정이 합의되지 아니하는 한, 증명서는 결정적이다.

주한미군에 대한 재판관할권과 관련, 한국 전쟁 중이던 1950년 7월 한미 간에 협정(대전에서 체결되었다고 하여 '대전협정'이라고 함)이 체결되었는데 그 주된 내용은 미군 구성원의 범죄에 대해 미국이 속인주의에 의해 전속적인 관할권 행사를 갖는다는 것이었다. 이후 1966년 체결된 한미 SOFA는 미국의 전속적인 속인주의에서 원칙적으로는 탈피하였다.[16] 1966년 SOFA는 영토국인 대한민국의 속지주의에 의한 관할권을 원칙적으로는 인정하였으나, 실제로는 대한민국이 자동적으로 형사 관할권 행사를 포기하는 시스템으로 우리 측이 관할권을 행사하겠다고 매 사건별로 통보하지 않으면 관할권이 미 측에 자동 이양되는 제도였다. 이후 1991년 SOFA 1차 개정에서는 한국의 자동적인 형사 관할권 포기 규정을 삭제하고 우리 당국이 미군에 대해 적극적으로 형사관할권을 행사할 수 있도록 하였다. 이후 2001년 2차 SOFA 개정에서는 살인, 강간, 흉기강도, 약취·유인, 마약거래, 방화, 폭행치사, 상해치사, 음주운전으로 인한 교통사고 치사, 교통사고 치사 후 도주 등 12개의 중대한 범죄에 대해서 우리 당국이 관할권을 행사하는 경우에 기소 시 미군 당국이 미군의 신병을 우리 당국에 인도하는 것으로 개정(과거에는 확정 판결 후 인도)하였다. 따라서 현재에는 12개 중대 범죄에 대해서는 미군이 구속된 상태에서 사법절차가 진행된다. 또한 우리 당국은 흉악범죄 또는 죄질이 나쁜 강간죄를 저지른 미군부대 구성원을 범행 현장 또는 범행 직후에 추적하여 체포한 경우에는 우리 사법당국이 계속 구금할 수 있도록 하였다.

한편, 외국군대에 의해 접수국 국민에 대해 손해가 발생한 경우 피해를 입은 사람은 외국군대가 아닌 접수국 정부에 대해 손해 배상을 청구할 수 있다. 접수국 국민에 의한 접수국 정부를 상대로 한 배상청구는 국가 배상심의 절차나 국가를 상대로 한 민사소송을 통해 청구될 수 있다. 한미 SOFA에서는 미군의 공무 중 행위로 발생한 손해는 손해 배상 청구를 우리 정부 또는 법원이 심사하여 배상금을 결정하고 지급하며, 피해가 미 측의 전적인 과실로 발생했을 경우 미 측이 75%, 우리 정부 측이 25%를 부담한다. 여타의 경우에는 한·미 양측이 나누어 50%씩 부담한다.

한편, 파견군 군대가 야기하는 환경문제도 중요한 SOFA의 사안이다. 2001년 한미 SOFA 2차 개정에서는 환경보호에 관한 특별양해 각서가 체결되었다.[17] 환경특별양해 각서는 "미 측은 주한미군에 의해 야기되는 인간 건강에 대한 공지의 급박하고 실질적인 위험을 초래하는 오염의 치유를 신속하게 수행한다"라고 규정함으로써 미 측에 환경오염에 대한 긴급 치유 조치의 의무를 부과하고 있다. 미군 환경오염 문제가 공공안전과 인간건강 또는 자연환경에 公知의 급박하고 실질적인 위험을 제기하는 경우, 오염이 발생한 미군 단위 부대는 우리 지자체에 연락하도록 하고, 이후 주한미군과 환경부는 환경오염 지역에 대한 조사를 위해 협의에 들어가게 된다. 양측 합의에 따라 실시되는 조사 결과, 미 측이 오염원으로 규명될 경우 미 측은 일체의 치유를 담당하게 된다.

---

16 1966년 SOFA는 7월 서명 후 10월 국회 비준동의를 받았다.

17 2001년 2차 개정은 국회의 비준동의를 받았다.

1. 2000년 2월 9일 용산 미군 부대에서 영안소 부책임자로 근무하던 미군 군무원 앨버트 맥팔랜드는 자기 부하 직원(한국인)에게 시체 방부처리에 쓰이는 포름알데히드 20 박스를 싱크대 배수구로 그냥 흘려보내라고 명령했다. 부하 직원은 포름할데히드가 위험한 발암 물질이라고 방류를 거부하였으나 맥팔랜드는 욕을 하면서 직원을 다그쳤다. 결국 그 직원은 독극물을 한강으로 무단 방류하였고 양심의 가책을 느낀 그 부하직원은 한국의 환경단체인 녹색연합에 이 사실을 알렸다. 녹색연합은 미군이 버린 포름알데히드의 일부를 확보하였으며, 당시에 포착된 방류하는 사진과 관련된 공문을 입수하게 되었다. 2000년 7월 녹색연합은 당시 토머스 슈워츠 주한미군 사령관과 맥팔랜드 부소장을 검찰에 고발했다. 한국 검찰은 2001년 3월 포름알데히드 무단방류를 지시한 혐의로 맥팔랜드를 벌금 500만원에 약식기소 했으며, 4월에는 서울지방법원이 정식재판에 회부했다. 주한미군측은 한·미 SOFA 규정을 들어 '공무 중 발생한 사건에 대해서는 한국 측의 형사재판권을 인정할 수 없다.'고 주장하면서 공소장 수령 자체를 거부했다. 한국 검찰은 2003년 12월 당사자의 출석이 없는 궐석재판을 진행하였다. 재판결과 맥팔랜드에게 징역 6개월의 실형이 선고되었다. 이후 항소심에 출석한 맥팔랜드는 2005년 1월, 징역 6개월에 집행유예 2년을 선고받았다. 독극물을 방류하도록 명령한 것이 공무 중에 발생한 것이라고 할 수 있을까? 그는 직무상 꼭 독극물을 방류하여야 했는가? 꼭 한강에 버려야 했는가? 주한미군 당국은 군인이 아닌 군무원에 대해서 미군 군사법원을 통해 형사재판권 행사가 가능한가?

2. 2002년 6월 중학교 2학년이던 신효순, 심미선은 효순의 생일 축하를 위해 친구들과 의정부로 놀려가려고 폭이 좁은 시골 국도의 길가를 걸어가고 있었다. 효순이와 미선이 뒤에는 폭이 넓은 미군 장갑차가 멀찌감치 따라오고 있었다. 둘이 걸어가던 길 맞은편에서 미군 전투차량들이 나타났고, 이를 알아차린 효순이와 미선 뒤에 따라오던 미군 장갑차가 맞은편에 오던 전투차량들을 피하기 위해 갓길 쪽으로 바짝 붙어 따라오면서 효순이와 미선이는 장갑차에 눌려 죽고 말았다. 이 사건이 보도되자 광화문 광장에는 '효순이와 미선이를 살려내라'는 구호가 외쳐졌다. 불평등한 SOFA 때문에 효선이와 미선이를 죽인 장갑차 운전병을 재판하지 못한다는 주장도 제기되었다. 미군은 효선이와 미선이가 죽은 데 대해 사과했다. 한미 합동조사팀은 사고에 대한 조사를 벌인 결과, 장갑차 운전병 하사관이 길이 휘어져 학생들을 보지 못했고 관제병은 봤지만 당황한데다가 무전기까지 고장나 운전병 하사에게 알리지 못해 발생한 사고라는 결론을 내렸다. 한국 사람들은 분노했다. 100만 명이 재판권 이양 요구에 서명 하는 등 비판적 여론이

거세지자 정부는 미군에게 이들의 재판권을 포기해 달라고 요청했다. 미군은 이 사건이 공무 중에 발생한 사고로서 미군에게 1차적 관할권이 있으며 한국 측에 관할권을 넘길 의사가 없음을 분명히 했다. 미군은 2002년 11월 운전병 및 관제병에 대해 업무상과실 치사 혐의로 재판을 했지만 사고가 불가항력적이었다며 무죄를 선고했고, 이들은 5일 뒤 미국으로 돌아갔다. 이에 우리나라 사람들은 분노했다. 반미감정도 고조되었다. 불평등한 SOFA를 개정해야 한다고 목소리를 높였다. 그러나 어떻게 고치라는 말인가?

4 국가승인과 정부승인

국내법에서는 기본적으로 사람이 권리와 의무의 주체가 된다. 사람은 태어나면서 법의 주체가 되고 죽으면 법의 주체로서 소멸된다. 국제법에서는 기본적으로 국가가 국제법의 주체(subjects)이다. 국가들은 새로 형성되기도 하고 또 소멸하기도 한다. 국제법 주체로서의 국가들은 조약을 체결하고, 국제관습법을 만들어 가고 국제기구를 만들고 개인들에게 적용될 국제형법 규범도 만든다.

이와 같이 국가들은 국제법의 일차적인 주체(primary subjects)로서 국제법 규범을 형성하고 국제법상의 권리와 의무를 가진다. 그럼 국가는 언제 태어나고 어디에 등록을 하고 언제 죽어서 사라지는가? 사람이 태어나면 관청에 신고하지만 국가가 태어나면 이를 신고할 중앙관청이 없다. 유엔은 평화를 애호하는 국가들만(peace-loving states)이 회원국으로 가입할 수 있는 가장 중요한 국제기구이지만 새로 성립되었다고 주장하는 '국가'의 국가성(國家性, statehood)을 심사하고 국가명부에 등록하는 제도가 없다. 물론 유엔 안전보장이사회가 새로운 국가라고 주장하는 비민주적 국가를 승인하지 말도록 하는 결의를 채택하는 경우도 있다. 1965년 당시 영국의 자치령 식민지이었던 남 로디지아(Southern Rhodesia)의 소수 백인들이 영국의 동의도 없이 영국으로 부터의 독립을 선언하자 유엔안전보장이사회(결의 277)는 남 로디지아를 비민주적인 정권으로 규탄하고 이를 국가로 승인하지 말 것을 국제사회에 요청하였다.

국가들은 새로 만들어지면 이미 있던 국가들로부터 국가승인을 받아 비로소 국가로서 활동할 수 있다. 그러나 어느 신생 국가를 국가로서 인정하는 나라들(기존 국가들)도 있고 국가로서 인정하지 않는 나라들(기존 국가들)도 있을 것이다. 기존 국가 중 어떤 나라는 신생국을 국가로 인정하고 어떤 나라는 그 신생국을 국가로 인정하지 않는다면 그 신생국은 자국을 국가로 인정한 기존 국가와의 관계에서는 국가로서 국제법상의 권리 의무 관계가 형성이 되지만 자국을 국가로 인정하지 않는 나라와의 관계에서는 일반적인 국가로서의 권리와 의무관계가 형성되지 않는다. 예컨대 북한과 일본과의 관계를 보자. 1965년 일본은 대한민국과 국교를 정상화하면서 대한민국을 한반도의 유일한 합법정부로서 승인하였으며 북한에 대해서는 어떠한 승인도 한 바가 없다. 이에 따라 일본 내에 거주하는 '조선적' 사람은 무국적자(stateless)로 취급받게 된다. 북한(조선민주주의인민공화국)은 일본 내에서 국가로 인정을 받지 못하기 때문에 북한 당국은 조선적 사람들에 대해서 어떤 외교적 보호권이나 영사 보호를 할 수 없다. 일본에게 있어 조선민주주의인민공화국은 승인된 국가가 아니기 때문이다.

국제법상 국가승인의 문제는 18세기 말 미국의 독립으로부터 대두되기 시작했다. 1776년 영국의 식민지였던 북아메리카의 영국식민지 13개 주가 독립을 선언하고 영국과 독립전쟁을 시작하자 영국과 경쟁관계에 있던 프랑스는 미국을 인정하는 입장을 취하고 미국과 동맹을 맺어 미국의 영국에 대한 전쟁을 지지하였다. 이후 영국은 1783년 미국과 파리 조약으로 평화협정을 맺고 미국을 독립 국가로 승인하였다. 당초 부르봉 왕조 하의 프랑스는 북아메리카에서 식민지를 차지하기 위해서 영국 및 영국의 식민지들과 싸웠으나 이후 영국 식민지들에 패배하자 거대한 미국을 영국으로부터 분리하는 것이 자국의 이익에 부합하다고 판단한 것이다. 이후 나폴레옹 전쟁 기간인 1810년부터 스페인의 중남미 식민지들이 스페인으로부터 벗어나기 시작하였고, 약 20여 개 국이 독립하였다. 당시 영국은 이미 중남미의 스페인 식민지 국가들과 많은 교역을 하고 있었고 중남미 국가들과 무역을 지속하기 위해서는 중남미의 현지 정부들과 좋은 관계를 유지하면서 유럽의 다른 국가들이 중남미 국가들의 독립에 간섭하지 못하도록 하는 것이 자국에 이익이 된다고 판단했다. 그러나 프랑스는 아직 중남미 지역에 대한 무역이 발전하지 못하고 있었고 중남미의 혁명 움직임이 유럽의 혁명으로 이어질 수 있다고 우려하여 스페인에 대해 군사적 지원을 하면서 스페인으로부터 중남미 지역에 대한 무역권을 얻어내려는 입장이었다. 한편 미국은 중남미의 스페인 식민지들이 유럽과의 관계를 단절하는 것이 미국의 이익이 도움이 되고 또한 스페인에 대한 반란을 통해 영토를 확장할 수 있다고 판단하였다. 이에 미국 정부는 1821년 스페인 정부에게 신생독립 국가들의 독립을 인정하고 이들과 외교관계를 맺겠다는 입장을 통보하였다. 이와 같이 19세기 초에 중남미 국가들이 스페인으로 독립하면서 유럽의 국가들이 자국의 이해관계에 따라 신생 독립국에 대한 국가승인 문제가 대두한 것이다.

국가승인은 근대 외교사가 보여주고 있듯이 승인을 부여하는 국가가 자국의 이해관계에 따라 결정하는 고도의 정치적, 자유재량적 일방적 법률행위이다. 일방적 법률행위라고 하는 것은 국가승인이라고 하는 것은 승인국가와 피승인국과의 합의에 의한 쌍무적인 것이 아니라 승인하는 국가가 혼자서 피승인국가에게 승인을 부여하는 일방적인 것이라는 의미이다. 국가승인은 **법률상 승인**(de jure recognition)과 **사실상 승인**(de facto recognition)으로 구분할 수 있다. 보통 승인이라고 하면 법률상의 승인을 의미한다. 사실상의 승인은 법률상의 승인을 받을만한 요건을 구비하지 못하거나 정치적인 이유로 인하여 법률상 승인을 앞두고 과도기적으로 행하는 승인이다. **법률상의 승인과 사실상의 승인의 본질적 차이는 피승인 국가를 법률상의 국가로 인정하느냐 아니면 사실상의 국가로 인정하느냐의 문제이다.** 영국은 19세기 초 중남미의 스페인 식민지들이 독립 전쟁을 할 때 식민종주국인 스페인을 자극하지 않으면서 동시에 식민지 현지 정부들과의 관계를 잘 유지하려는 고민에서 사실상의 승인을 취했다. 사실상 승인은 과도기적인 것으로 철회될 수도 있다. 또한, 국가승인의 방법으로는 명시적 승인과 묵시적 승인을 구별할 수 있다. 명시적 방법은 신생국을 국가로 인정한다는 취지의 내용을 담아서 이를 선언, 통고, 조약의 규정, 국제회의의 결의 등으로 명시하는 하는 것이다. 묵시적인 방법은 새로 성립된 국가와의 외교사절 교환, 양자조약의 체결 등이 있다. 즉, 새로 성립된 국가를 국가로 승인한다는 내용을 명확히 드러내는 것은 아니지만 국가만이 할 수 있는 조약체결, 외교 사절의 교환, 영사관 설립 등을 통해 상대방이 국가라는 것을 전제로 하는 행위를 하는 것이다. 다자간 국제회의에 자국이 국가로 승인하지 않는 실체가 함께 참여하여 다자간 교섭에 참여하거나 회의 문건을 채택하는 경우 이러한 교섭과 문건 작성이 국가승인(묵시적 승인)과 무관하다는 것을 분명히 하기도 한다.

20세기 후반 1991년 유고슬라비아 연방의 해체 및 소련의 붕괴로 신생국가들이 연방으로 분리 독립되면서 국가승인의 문제가 다시 대두하였다. 이와 관련 EC는 1991년 Declaration에서 국가승인의 요건으로 유엔헌장의 존중, 인종·민족·소수 그룹의 권리 존중, 국경존중, 군축 및 비확산 수용, 평화적 분쟁 해결에 대한 공약을 명시하였다.[18]

The Community and its Member States confirm their attachment to the principles of the Helsinki Final Act and the Charter of Paris, in particular the principle of self-determination. **They affirm their readiness to recognize, subject to the normal standards of international practice and the political realities in each case, those new States which, following the historic changes in the**

---

18 Declaration on the Guidelines on the Recognition of New States in Eastern Europe and in the Soviet Union (16 December 1991).

region, have constituted themselves on a democratic basis, have accepted the
appropriate international obligations and have committed themselves in good
faith to a peaceful process and to negotiations.

Therefore, they adopt a common position on the process of recognition of these
new States, which requires:

- **respect for the provisions of the Charter of the United Nations** and the
  commitments subscribed to in the Final Act of Helsinki and in the Charter of
  Paris, especially with regard to the rule of law, democracy and human rights

- **guarantees for the rights of ethnic and national groups and minorities** in
  accordance with the commitments subscribed to in the framework of the CSCE

- **respect for the inviolability of all frontiers** which can only be changed by
  peaceful means and by common agreement

- **acceptance of all relevant commitments with regard to disarmament and
  nuclear non-proliferation** as well as to security and regional stability

- **commitment to settle by agreement**, including where appropriate by recourse
  to arbitration, **all questions** concerning State succession and regional **disputes.**

The Community and its Member States will not recognize entities which are the
result of aggression. They would take account of the effects of recognition on
neighbouring States.

2000년대에 들어와서는 2002년 동티모르 독립에 따른 국가 승인 및 2008년 코소
보의 세르비아로부터의 독립에 따른 국가승인 문제가 대두되었다.[19] 대한민국은 이 두
건에 대해 모두 신속히 국가승인을 하였다. 아래 두 건은 대한민국 외교부의 관련 언론
발표문이다.

---

19 코소보는 1999년 코소보 전쟁이 끝난 이후에 유엔 안전 보장 이사회 결의 제1244호에 따라 유엔 코소보
임시행정부(UNMIK)가 관할하는 자치주가 되었다. 유엔 코소보 임시행정부 하의 코소보 의회는 2008년 2
월 17일에 세르비아로부터의 분리 독립을 선언했지만 세르비아는 코소보의 일방적인 독립선언이 무효임
을 주장했다. 한편 유엔 총회는 세르비아의 요청에 따라 코소보의 독립선언이 적법한지에 대한 여부를 국
제 사법 재판소의 자문 의견을 통해 구한다는 내용의 결의안을 채택하였고 국제사법재판소는 2010년 7월
22일 국제 사법 재판소는 코소보의 독립선언이 적법하다는 권고적 의견 결정을 내렸다. 국제사법재판소는
국제법은 특정 국가 또는 특정 지역의 독립선언을 금지하지 않으며 따라서 코소보의 일방적인 독립선언은
국제법상 위법한 행위는 아니라고 판단했다. 세르비아는 코소보의 독립을 승인하고 있지 않다.

동티모르 국가승인 및 동티모르와의 외교관계 수립

정부는 2002년 5월 20일 독립예정인 동티모르 민주공화국(The Democratic Republic of East Timor)을 주권독립국가로 승인하고, 민주주의와 시장경제를 표방하는 「동티모르 민주공화국」과 통상·경제분야뿐만 아니라 정치·사회·문화 등 제분야에서 돈독한 우호협력관계를 발전시켜 나가기 위해 대사급 외교관계를 수립하였다. 우리 정부는 동티모르내 평화와 안전 회복을 위한 상록수 부대 파견, 주민투표 및 제헌의회선거시 투표관리위원 및 선거참관인단 파견 그리고 인도적 지원과 재건·개발 지원 등을 통해 동티모르의 독립과정에 기여하여 왔다. 우리나라는 금번 동티모르 국가승인 및 동티모르와 외교관계 수립을 통하여 국제사회에서 인권중시국가로서의 위상을 제고하는 한편, 동티모르와 우호협력관계를 보다 강화해 나갈 수 있는 기반도 마련할 것으로 기대된다. (2002.5.20. 외교부 보도자료)

대한민국의 코소보 공화국 국가승인

우리 정부는 2.17(일) 독립을 선언한 코소보 공화국을 2008.3.28자로 주권독립국가로 승인하였습니다. 정부는 금번 코소보 공화국의 독립이 코소보의 민주발전 및 경제재건 뿐만 아니라 역내 평화와 안정 증진의 계기가 되기를 기대합니다. 아울러, 코소보 공화국이 향후 국제사회와 긴밀히 협력하여 민주주의, 법치주의, 인권존중, 소수민족보호, 종교. 문화적 유산보호 등의 원칙하에 평화적으로 발전되어 나가기를 기대합니다. 정부는 금번 코소보에 대한 우리의 국가승인이 한-세르비아 간 기존 우호협력관계에 어떠한 영향도 없기를 바라며, 정치, 경제, 사회, 문화 등 제반 분야에서 양국 간 협력 증진을 위해 계속 노력해 나갈 예정입니다. (2008.3.28. 외교부 보도자료)

국가승인과 유사하면서 국가승인과 구별되는 것으로 **정부승인**(recognition of government)이 있다. 정부 승인은 기존의 국가 자체는 그대로 존속하고 있지만 비헌법적으로 쿠테타 또는 혁명 등에 의해 새로운 정부가 들어선 경우(unconstitutional change of government)에 이 새로운 정부를 그 국가를 대표하는 정부로 인정할 것인지를 결정하는 국제법상 일방적 법률행위이다. 예컨대, 1919년 러시아에서 볼셰비키 공산혁명으로 수립된 소비에트 정부에 대한 승인도 정부승인의 문제이다. 1945년 유엔 창설 이래 유엔에서 중국을 대표하고 있는 중화민국(대만)이 1971년도 유엔총회 결의에 따라서 중국 대표권이 박탈되고 중화민국이 가지고 있는 중국대표권이 중화인민공화국으로 이양되었다. 이는 어느 정부가 중국을 대표하느냐의 문제로서 정부 승인의 문제이다. 1971년 유엔에서 중국 대표권을 빼앗긴 중화민국은 유엔에서 잔류하지 못하고 퇴출되었다. 중화민국은 원래 1911년 신해혁명으로 청나라에 이어 세워진 나라이며 1949년 장개석이 이끌던 국민당의 군대가 모택동이 이끄는 공산당 군대에게 패하여 대만으로 피난하였다. 이에 북경을 차지한 모택동 정권은 중화인민공화국이라는 국명을 사용하기 시작하였고 대만의 국민당 정부는 계속하여 중화민국이라는 국호를 사용하였다. 현재도 대만의 정식 국호는 중화민국이다. 1992년 한국은 중화인민공화국과 수교하면서 중화민국과의 수교를 단절하였다. 이 과정에서 한국은 중화민국 명의로 한국에 등기된 부동산 중에서 외교 재산은 중화인민공화국 정부에 넘겨주고 비외교재산은 중화민국 정부에 남겨 두도록 하였다. 당시 1992년 한중 수교 공동성명은 정부승인을 기조로 하고 있다.

1992년 한중 수교 공동성명

1. 대한민국 정부와 중화인민공화국 정부는 양국 국민의 이익과 염원에 부응하여 1992년 8월 24일자로 **상호승인**하고 대사급 외교관계를 수립하기로 결정하였다.
2. 대한민국 정부와 중화인민공화국 정부는 유엔헌장의 원칙들과 주권 및 영토보전의 상호존중, 상호불가침, 상호내정 불간섭 평등과 호혜, 그리고 평화공존의 원칙에 입각하여 항구적인 선린우호협력 관계를 발전시켜 나갈 것에 합의한다.
3. **대한민국 정부는 중화인민공화국 정부를 중국의 유일합법 정부로 승인하며, 오직 하나의 중국만이 있고 대만은 중국의 일부분이라는 중국의 입장을 존중한다.**
4. 대한민국 정부와 중화인민공화국정부는 양국간의 수교가 한반도 정세의 완화와 안정, 그리고 아시아의 평화와 안정에 기여할 것으로 확신한다.
5. 중화인민공화국 정부는 한반도가 조기에 평화적으로 통일되는 것이 한민족의 염원임을 존중하고, 한반도가 한민족에 의해 평화적으로 통일되는 것을 지지한다.
6. 대한민국 정부와 중화인민공화국정부는 1961년의 외교관계에 관한 빈 협약에 따라 각자의 수도에 상대방의 대사관 개설과 공무수행에 필요한 모든 지원을 제공하고 빠른 시일 내에 대사를 상호 교환하기로 합의한다.

1992년 8월 24일 북경

최근 2021년 8월 미국이 아프가니스탄에서 철수하자 탈레반이 정부군에 대한 공격을 강화하면서 수도 카불로 점점 다가오자 아프가니스탄의 대통령은 카불을 탈출했다. 2021년 8월 15일 탈레반은 미국에 협조하던 아프가니스탄 이슬람 공화국(Islamic Republic of Afghanistan)을 무너뜨리고 재집권에 성공한 후, 2001년 이전의 국호인 아프가니스탄 이슬람 토후국(Islamic Emirate of Afghanistan)이라는 명칭을 다시 사용하고 있다. 지금 국제사회에서는 앞으로 탈레반들이 구성한 정부를 승인할 것인지에 관심이 모아지고 있다. 정부승인에서 가장 중요한 고려 사항은 문제의 새로운 정부가 국가의 영토에 대해서 실효적인 지배를 하고 있는지 여부이다. 실제로 새로운 정부가 영토에 대해 실효적으로 지배하고 있는 경우에 그 국가와 외교관계가 있는 나라들은 이러한 현실을 부인하기 어렵다. 이에 따라 정부 승인 여부를 더 이상 판단하지 않고 새로운 정부와 어떤 식으로 관계(dealings)를 이어 갈 것인지에 대한 판단만 하는 경우가 많아졌다. 영국은 1980년대부터 비헌법적인 정권 교체의 경우에 새로운 정권의 영토에 대한 실효적 지배 여부를 보고 새로운 정부와 계속 관계를 지속시킬지 판단하며 공식적인 정부승인은 하지 않는다는 입장을 밝혔다. 오늘날 이러한 입장을 취하는 나라들이 많다. 따라서 현재 아프가니스탄의 경우에도 탈레반이 실효적 정부를 구성하는 경우 국제사회의 국가들은 다시 대사관이나 영사관에 직원을 보내어 관계를 지속하는 방식으로 될 가능성이 크다. 다음은 1980년에 영국 외무장관 Lord Carrington이 하원의원에서 정부 승인에 대한 서면 질의에 답변한 내용이다.

> Where an unconstitutional change of regime take place in a recognised State, the Governments of other States must necessarily consider what dealings, if any, they should have with the new regime, and whether and what extent it qualifies to be treated as the Government of State concerned. This practice has sometimes been misunderstood, and, despite explanations to the contrary, our recognition interpreted as implying approval. For example, in circumstances where there might be legitimate public concern about the violation of human rights by the new regime, or the manner in which it achieved power, it has not sufficed to say that an announcement of recognition is simply a neutral formality. **We have therefore concluded that there are practical advantages in following the policy of many other countries in not according recognition to Governments. Like them, we shall continue to decide the nature of our dealings with regime which come to power unconstitutionally in the light of our assessment** of whether they are able of themselves to exercise effective control of the territory of the State concerned, and seem likely to continue to do so.[20]

---

20   UK Practice Statement on the Recognition of Governments, House of Lords.

우리나라의 경우 1948년 5월 10일 첫 총선거가 실시되고 이에 의하여 구성된 제헌국회는 7월 17일 헌법을 제정하고 8월 15일 대한민국 정부를 수립했다. 이에 대해 유엔 총회는 1948년 12월 12일 총회결의 195(III)에서 대한민국 정부를 한반도의 유일한 합법정부로 선언했다. 대한민국 수립을 국가수립으로 보지 않고 정부 수립으로 본 것이다.

2. Declares that there has been established **a lawful government(the Government of the Republic of Korea) having effective control and jurisdiction** over that part of Korea where the Temporary Commission was able to observe and consult and in which the great majority of the people of ail Korea reside; that this Government is based on elections which were a valid expression of the free will of the electorate of that part of Korea and which were observed by the Temporary Commission; and that **this is the only such Government in Korea...**[21]

생각해 볼 문제

1. 우리나라는 대한민국 임시정부 시절부터 자연스럽게 장개석 총통이 이끄는 중화민국 정부의 지원을 받았고 그후 대한민국 정부 수립 후에는 자연스럽게 중화민국 정부와 수교를 맺었다. 냉전시기에 한국에서는 중화민국을 자유중국이라고 부르면서 그 관계는 대단히 긴밀했다. 그러나 1992년 중국과 수교가 되면서 중화민국 정부와의 관계는 단절되었다. 현재, 중화민국 명의의 재산들이 아직도 우리나라에 등기되어 있다. 몇 년 전 중화인민공화국의 외교부 장관이 한국에 와서 중국은 하나이며 한국도 이를 인정하니 중화민국으로 등기가 된 청계천 인근의 부동산과 화교학교 등을 중화인민공화국의 명의로 등기를 바꾸어 줄 것을 요청하였다. 한편, 서울에 주재하는 주대한민국 대만대표부에서는 중화민국 명의의 재산을 대만대표부로 바꾸고자 한다고 하면서 외교부에 협조를 구하여 왔다. 대만대표부 측에서는 중화민국 명의로 등기되어 있는 재산을 대만대표부 명의로 바꾸어 달라는 신청을 법원에 하였다고 한다. 당신은 외교부의 담당관이다. 첫째, 중화인민공화국 측에서 주장하는바 현재 중화민국으로 되어 있는 비외교 용도의 재산을 중화인민공화국 명의로 바꾸고자 하는 데 대한 우리 정부의 입장을 검토하고, 둘째, 주대한민국 대만 대표부가 중화민국의 명의의 재산을 대만대표부로 바꾸고자 하는 데 대한 법적 입장을 작성해 보시오. 상기 법적 문제를 검토하는 데 있어 한국이 중화민국 정부와 단교하고 중국을 대표하는 정부로 중화인민공화국 정부를 인정한 이후

---

21   A/RES/195(III). 1938년 12월 12일

중화민국의 국제법적 지위 및 대한민국 내에서의 지위, 한국과 대만 간 대표부를 교환하고 있는 현실에서 대만의 지위, 현재 한국에 살고 있는 화교들이 대부분 중화민국의 국적을 가지고 있으며 한국에서는 이들을 무국적자로 보고 있지 않은 현실 등을 참고하여 작성하시오.

2. 국가법상 승인이론에 따르면 신생국가나 신생정부는 승인을 얻어야 비로소 승인을 해준 국가와 국가 대 국가, 정부 대 정부로 조약을 체결할 수 있다. 1992년 한국과 중화민국 간의 외교관계의 단절은 곧 중화민국을 더 이상 중국을 대표하는 정부로 인정하지 않음을 의미한다. 그렇다면 과거에 대한민국과 중화민국 간에 체결된 조약들, 예컨대 항공협정, 무역협정 등은 중화민국 정부와 관계가 단절되면서 법적으로 폐기가 된다. 당신이 1992년 한국-중화인민공화국과의 수교 및 한국-중화민국 단교 직전에 대한민국 외교부에서 근무하고 있었다고 가정하자. 한국과 중화민국 간에 체결된 조약들은 자동으로 폐기되면 많은 문제가 야기된다. 당장 항공협정이 실효되어 대한항공이 운항할수 없다. 당신은 그러한 사태, 즉 한국-중화민국 간 다수의 조약의 자동 폐기를 막기 위해서는 어떠한 조치를 어떻게 취하여야 할 것인가에 대해 검토서를 작성해 보시오. 또한 당시 한국에 있던 중화민국의 외교사절(대사 등)을 유지하기 위해서는 어떻게 하여야 할 것인가에 대해서도 법적 검토서를 작성해 보시오.

3. 근래 우리나라에서는 1948년 대한민국 정부 수립을 둘러싸고 일부 보수진영에서는 건국이라고 주장하고 또 일부 진영에서는 정부수립이라고 하면서 단독정부의 수립은 잘못된 것이라고 주장하며 초대 이승만 대통령을 비판하기도 한다. 당시에 한국이 어떠한 과정을 거쳐서 단독 정부의 수립으로 가게 되었는가 역사적 경위를 설명해 보라. 또 최근에는 우리나라 교과서에서 1948년 유엔 총회 결의 195(Ⅲ)에 언급된 대한민국이 한반도의 유일합법정부라는 언급은 대한민국이 남한에서의 유일합법정부라고 한 것이 라고 하면서 관련 내용을 교과서에서 삭제한다고 한다. 당신은 훈련된 외교관으로서 유엔 총회 결의 195(Ⅲ)의 영문을 한국어로 잘 해석해보고 정확하게 무슨 내용으로 된 것인지 설명해보라. 또 동 결의의 내용과 1965년 한일기본관계조약에서 언급된 대한민국 유일합법정부 언급을 비교해 보라.

4. 국가승인이론과 국가면제 이론과의 관계를 생각해 보자. A국에서 혁명이 일어나서 공산주의 정부로 정권이 바뀌었으나 주변 강대국인 B국은 A국의 새로운 공산 정부를 정부로서 인정하고 있지 않다고 하자. 이러한 상황에서 B국의 국민들은 A국에 들어가서 많은 무역에 종사하고 있었다. B국 공산정부는 B국 내에 A국 국민들이 보유한 화물

선을 몰수 하였다. 이러한 화물선의 일부가 다시 B국의 무역회사 소유가 되어 A국의 항구에 입항하였다. 이 때 A국의 화물선 원소유주는 A국의 법원에 소유 확인 및 화물선 등록을 청구하는 소송을 제기하였다. B국의 선박 회사는 B국의 국내법상 화물선은 자기 회사의 것이라고 주장을 한다. 한편, A국의 언론은 이 문제를 국제사법재판소나 국제중재재판에 제소하라고 한다. 당신은 A국 정부 외교부의 국제법 담당관이다. 동 문제와 관련하여 화물선 소유 이전과 관련하여 법원에 국제법 관련 의견서를 제출하여야 하며 또한 동 문제를 국가대 국가의 문제로 제소하는 문제와 관련하여 법적 검토서를 작성하여 보라.

5. 당신이 대한민국의 외교관으로 외교부에 근무하고 있다고 하자. 아프가니스탄에서 탈레반이 기존의 친미적인 아프가니스탄 이슬람 공화국(Islamic Republic of Afghanistan)을 무너뜨리고 아프가니스탄 이슬람 토후국(Islamic Emirate of Afghanistan)이라는 명칭으로 새 내각을 구상하고 최고 지도자를 선출하였다. 국제법을 잘 모르는 언론에서는 아프가니스탄 이슬람 토후국이라는 나라가 새로 생겼으니 국가승인 문제를 검토하라고 하면서 탈레반이 세운 국가는 비민주적인 국가로 이에 대해서는 국가승인을 해서는 안된다고 하고 있다. 당신은 외교부의 국제법 담당관으로서 아프가니스탄 이슬람 토후국(Islamic Emirate of Afghanistan)에 대한 승인 문제를 검토하고 만일 승인한다면 어떻게 할 것인지 검토서를 작성하시오.

5 국가의 영토와 국제공역

가. 국가의 영토

영토(territory) 없이 국가가 성립할 수 없다. 국가들은 지구상의 한 영역(a portion of globe)을 토대로 하여 성립한다. 1933년 채택된 몬테비데오 협정은 국가의 요건으로서 영구적 주민(a permanent population), 일정한 영역(a defined territory), 정부(government), 그리고 타국과의 관계를 맺는 능력(capacity to enter into relations with other State)을 규정하고 있다.[22]

국가들은 보통 자신들의 고유한 영토를 바탕으로 성립하지만 추가적으로 어느 나라에도 속하지 않은 **무주물**(無主物, *terra nullius*)을 선점하여 자국의 영토로 취득하거나, 또

---

22 Article 1 of Montevideo Convention on Rights and Duties of States.

는 형식적으로(formally) 타국에 속하는 땅을 오랫동안 평온하게 점유함으로써 **시효취득**(時效取得, acquisitive prescription) 할 수도 있다. 무주물 선점이나 시효취득은 고대 로마법으로부터 나온 것이며 우리나라 민법도 이러한 권리취득을 인정하고 있다.

무주물이든 타국에 속하는 땅이든 중요한 것은 문제의 땅을 국제법적으로 확실하게 취득하기 위해서는 오랫동안, 평온하게(관련 국가로부터 이의제기 없이) 점유하는 것이 중요하다. 무주물이라고 생각하고 점유를 했는데 무주물이 아니라 이미 소유국가가 있다면 무주물 선점의 대상이 될 수 없다. 시효취득의 경우에는 먼저의(former) 형식적인 (formal) 소유자로 부터의 묵인(acquiesence)을 받는 것이 중요하다. 이 묵인은 곧 **평온한** (peaceful) 점유(占有)를 의미한다. 실제 영토분쟁에서 무주물 선점이든 시효취득이든 간에 공통적으로 중요한 것은 문제의 땅을 **오랫동안**(continuously), **평온하게**(peacefully) 점유하는 것을 보여(display, 행사)온 것이 중요하다.

1928년 네덜란드와 미국 간 팔마스 섬 영유권 중재사건(인도네시아와 필리핀 사이의 소도, 네덜란드 영토로 판정받음)에서 막스 후버 중재관은 영유권(tile)의 성립요건으로 장기간의 평온하고 실효적인 국가 관할권의 행사를 강조했다.

> So true is this, that practice as well as doctrine, recognizes- though under different legal formulae and with certain differences as to the conditions required- that **the continuous and peaceful display of territorial sovereignty (peaceful in relation to other States) is as good as a title.** Just as before the rise of international law, boundaries of lands were necessarily determined by the fact that the power of a State was exercised within them, so too, under reign of international law, **the fact of peaceful and continuous display is still one of the most important considerations** in establishing boundaries between States.[23]

국가가 어떠한 땅에 대해서 영유권을 확립하기 위하여는 단순히 발견(discovery)이라든가 또는 지리적 인접성(contiguity)만 가지고는 부족하다. 발견이나 지리적 인접성은 해당 국가가 이를 계기로 관련 영토에 대해 영유의사를 가지고 관할권 행사로 이어갔을 가능성을 보여줄 뿐이다. 중요한 것은 국가가 영유의사를 가지고 장기간의 평온하고 실효적인 국가 관할권의 행사를 하였는지가 가장 중요하다. 1928년 팔마스 섬 사건의 경우에 미국은 동 섬이 미국령인 필리핀에 근접하고 있고 미국이 먼저 발견하였다고 주장하였지만 후버 중재관은 발견(discovery)은 하나의 시원적(inchoate) 권원(title)일 뿐 발견 이후에 지속적이고 실효적인 국가 관할권 행사로 이어져야 한다고 지적했다. 따라서 발

23　*Island of Palmas Case*(1928), Award of the Arbitrator.

견이 지속적이고 실효적인 국가 관할권 행사로 이어지지 않았다면, 지속적이고 실효적인 국가 관할권을 행사한 나라의 영유권 주장을 이길 수 없다.

> If on the other hand, the view is adopted that discovery does not create a definitive title of sovereignty, but only an inchoate title, such a title exists, it is true, without external manifestation. **An inchoate title could not prevail over the continuous and peaceful display of authority by another State**; for such display may prevail even over a prior, definitive title put forward by another State.[24]

1931년 프랑스와 멕시코 간의 클리퍼톤(Clipperton) 섬 중재사건(멕시코의 남서쪽 670해리 떨어진 태평양상의 소도)에서 멕시코는 스페인의 승계국으로서 스페인 해군이 18세기에 이 섬을 발견하였고 쓰레기장(place of refuse)로 이용하였다고 주장하였고, 프랑스는 1858년 무주지인 이 섬을 자국의 영토로 편입하였다고 하면서 무주물 선점을 주장하였다. 이에 대해 중재재판관은 스페인이 클리퍼톤 섬을 발견하였다는 증거도 없고 또 이 섬에 대해 관할권을 행사하였다고 볼만한 증거가 없다고 판단했다. 반면, 프랑스는 1858년 무주지인 동 섬을 자국의 영토로 적법하게 편입하였고 이후 동 섬에 대한 영유권을 포기하는 의사(the animus of abandoning)를 가진 적이 없어 동 섬은 프랑스의 섬이라고 판정하였다.

> But according to actual state of our knowledge, it has not been proven that this island had been actually discovered by the Spanish navigators. However, even admitting that the discovery had been made by Spanish subjects, it would be necessary, to establish the contention of Mexico to prove that Spain not only had the right, as a State, to incorporate the island in her possessions, but also had effectively exercised the right. Consequently, there is ground to admit that, when in November, 1858, France proclaimed her sovereignty over Clipperton, that island was in the legal situation of **territorium nullius**, and therefore, susceptible of occupation.[25]

1933년 PCIJ가 다룬 덴마크와 노르웨이간의 동부 그린랜드 사건에서 노르웨이는 1931년 무주지인 동부 그린랜드를 선점하였다고 주장하였고, 덴마크는 그린랜드 전체가 18세기 이래 덴마크의 영토이므로 무주물 선점의 대상이 될 수 없으며 덴마크가 그

---

24 *Island of Palmas Case*(1928년), Award of the Arbitrator.

25 *Clipperton Island Case*(1932년), Award of the Arbitrator.

린란드 전역에 대해서 장기간 평온하게 주권을 행사하여 왔다고 주장하였다. 이 사건에서 그린란드 지역이 극지로서 사람의 접근이 어렵고 식민화되지 않은 지역(the Arctic and inaccessible character of uncolonized parts of country)이라는 사실이 감안되었다. 즉, 해당지역이 오지(奧地)인 만큼 그 특성에 맞게 어느 정도의 관할권 행사 증거만으로도 영유권을 입증하기 충분하다는 것이다. 덴마크가 주권을 실제 행사한 정도나 사례는 많지 않지만 덴마크 왕이 영국의 업자들에게 부여한 수렵, 광업, 거래 등 개발권, 전신선(電信線, telegraph lines)설치 양허, 영해 폭을 설정하는 입법(legislation) 등은 덴마크의 동부그린란드에 대한 영유권의 근거가 되었다.

> It is impossible to read the records of decisions in cases as to territorial sovereignty without observing that in many cases the tribunal has been satisfied with very little in the way of the actual exercise of sovereign rights, provided that other State could not make out a superior claim. **This is particular true in the case of claims to sovereignty over areas in thinly populated or unsettled countries. Legislation is one of the mose obvious forms of the exercise of sovereign power.**[26]

1953년 국제사법재판소에 다룬 영국과 프랑스 간의 망끼에 에끄르호 사건(영국 해협의 Guernsey 인근의 섬)에서 당사국들은 모두 자국의 고유영토론(ancient or original title)을 주장하였다. 재판부는 프랑스의 주장을 기각하고 영국이 이들 섬들에 대해서 조세 및 형사 관할권 등의 국가관할권을 행사하여 온 점을 인정하여 영국의 영토라고 판결하였다.

> The Court further finds that British authorities during the greater part of the nineteenth century and in the twentieth century **have exercised State functions in respect of the group.** The French Government, on the other hand, has not produced evidence showing that it has any valid title to the group. In such circumstances it must be concluded that the sovereignty over the Ecrehos belongs to the United Kingdom.

2008년 국제사법재판소에서 다룬 싱가포르와 말레지지아 간의 페드라 브랑카(Pedra Branca), 미들 락(Middle Rocks), 사우스 리지(South Ridge)에 대한 영유권 분쟁 사건에서 말레이시아는 이들 섬이 고유영토(original title)라고 주장했고 싱가포르는 무주물 선점을 주장했다. 국제사법재판소는 문제의 섬 세 개가 위치하고 있는 싱가포르 해역과 해

---

26 PCIJ Report(1933), *Legal Status of Eastern Greenland Case*(Norway v. Denmark).

역 안의 영토, 섬들에 대해서는 적어도 17세기 이래 조호르 술탄(말레이지아의 선행국)이 주권(territorial domain)을 가지고 있었다고 판단했다. 그러나 페드라 블랑카의 경우에는 1980년 싱가포르가 동 섬에 대해 관할권 행사(해양조사, 등대 설치 관리, 간척 사업, 해군 통신망 설치)를 한데 대해 말레이시아가 이를 묵인한 것이 결정적이었고 이에 싱가포르의 영토가 되었다고 판단하였다. 싱가포르는 미들 락과 사우스 리지가 페드라 블랑카와 같은 일체를 구성하여 페드라 블랑카를 영유하는 국가가 미들 락과 사우스 리지도 영유한다고 주장하였으나 재판소는 이 주장을 기각했다. 미들 락에 대해서는 말레이시아의 영유권이 인정되었다. 미들 락에 대해서 특별히 싱가포르의 관할권 행사 증거가 없었다고 판단했다. 사우스 리지는 영유권의 대상이 되는 섬이 아니라 간조 노출지(만조시에 물에 잠기는 지형)로 양국의 중첩되는 영해에 있으므로 동 섬의 귀속은 양국 간 영해 경계 획정으로 결정될 사항으로 판단하였다.

274. The conduct of the United Kingdom and Singapore was, in many respects, conduct as operator of Horsburgh lighthouse, but that was not the case in all respects. Without being exhaustive, the Court recalls their investigation of marine accidents, their control over visits, Singapore's installation of naval communication equipment and its reclamation plans, all of which include **acts à titre de souverain**, the bulk of them **after 1953. Malaysia and its predecessors did not respond in any way to that conduct, or the other conduct...**

275. Further, the Johor authorities and their successors took no action at all on Pedra Branca/Pulau Batu Puteh from June 1850 for the whole of the following century or more. And, when official visits (in the 1970s for instance) were made, they were subject to express Singapore permission. Malaysia's official maps of the 1960s and 1970s also indicate an appreciation by it that Singapore had sovereignty. Those maps, like the conduct of both Parties which the Court has briefly recalled, are fully consistent with the final matter the Court recalls. **It is the clearly stated position of the Acting Secretary of the State of Johor in 1953 that Johor did not claim ownership of Pedra Branca/Pulau Batu Puteh. That statement has major significance.**

국제재판에서 영유권 분쟁을 다룰 때에는 보통 결정적 기일(critical date)을 결정하여 이 시점에 어느 국가의 영토였는가를 검토하고 이후의 증거에 대해서는 의미를 부여하지 않는다. 어떤 분쟁에 있어서 결정적 기일은 그 날짜 이후의 당사자의 행위가 영유권 문제에 더 이상 영향을 미칠 수 없는 일자라고 정의할 수 있다. 국제사법재판소는 결정적 기일에 관하여 다음과 같이 판단하고 있다.

It(the Court) cannot take into consideration **acts having taken place after the date on which the dispute between the Parties crystallized** unless such acts are a normal continuation of prior acts and are not undertaken for the purpose of improving the legal position of the Party which relies on them.[27]

앞의 영유권 사건들에서 재판소가 결정적 기일의 설정을 어떻게 했는지 살펴보자. 팔마스 섬 중재사건에서 중재재판관은 스페인이 필리핀 일대의 영토를 할양했던 1989년 12월 10일의 파리조약 체결 일자를 결정적 기일로 보았다. 만약, 당시 스페인이 미국에 할양한 영토 중에 팔마스 섬이 포함되어 있지 않다면 미국은 스페인으로부터 받지도 않은 땅을 가질 수 없다는 판단에서 그리한 것이다. 클리퍼톤 중재사건에서는 프랑스가 클리퍼톤 섬을 발견하였다고 주장하는 1858년 11월 17일을 결정적 기일로 판단하였다. 이 시점에서 멕시코가 동 섬을 영유하지 않았고 무주물이었다면 이 섬은 프랑스가 무주물 선점을 할 수 있는 대상이 되는 것이기 때문이다. 동부 그린랜드 사건에서는 노르웨이가 동부 그린랜드에 대해서 선점을 주장하는 1931년 7월 10일을 결정적 기일로 판단하였다. 이 시점에서 동부 그린랜드가 노르웨이의 영토였다면 노르웨이의 무주물선점론은 성립할 수 없기 때문이다. 망끼에 에끄로호 섬 영유권 분쟁에서 프랑스는 양국간 망끼에 에끄로호 주변에 어업협정이 체결된 1839년 8월 2일을 결정적 기일로 주장하였고 영국은 동 분쟁이 국제사법재판소에 회부된 1950년 12월 29일을 주장하였다. 재판부는 양국 간에 실제로 동 섬들에 대한 영유권 분쟁이 일어났던 1886년에서 1888년간을 결정적 기일로 택하였다. 이 시기에 프랑스는 동 섬들에 대한 영유권을 주장하였고 이에 따라 양국 간 영유권 분쟁이 부각되었던 것이다. 페드라 브랑카 사건에서는 싱가포르와 말레이시아 간에 동 섬과 관련 양국이 상대국의 영유권을 공식 부인했던 1980년을 결정적 기일을 보았다. 재판소는 페드라 블랑카의 영유권에 적용했던 결정적 기일인 1980년을 미들 락과 사우스 리지에도 적용하여 판단하고 이 시기까지 싱가포르가 미들 락과 사우스 리지에 대해서는 영유권을 성립할 만한 조치를 취한 것이 없다고 판단하였다.[28]

---

27 I.C.J. Reports 2002, *Sovereignty over Pulau Ligitan and Pulau Sipadan* (Indonesia/Malaysia), Judgment, p. 682, para. 135.

28 판결문 289항은 다음과 같다. As the Court has stated above (see paragraphs 273-277), it has reached the conclusion that sovereignty over Pedra Branca/Pulau Batu Puteh rests with Singapore under the particular circumstances surrounding the present case. However these circumstances clearly do not apply to other maritime features in the vicinity of Pedra Branca/Pulau Batu Puteh, i.e., Middle Rocks and South Ledge. None of the conduct reviewed in the preceding part of the Judgment which has led the Court to the conclusion that sovereignty over Pedra Branca/Pulau Batu Puteh passed to Singapore or its predecessor before 1980 has any

나. 국제공역

(1) 북극

북극은 북극점 주변의 수백 해리에 달하는 얼음 바다이다. 북극은 어느 나라로부터의 200해리 경제수역이나 대륙붕에도 속하지 않는 부분이 많이 있다. 북극의 대부분이 영구 부동영(不動氷)으로 덮여 있다. 최근 지구 온난화에 따라 일부 얼음이 녹으면서 계절적으로 잠시 배가 다닐 수 있는 항로가 열려 새로운 항로대로 주목받고 있다. 북극항로를 이용할 경우 우리나라에서 네덜란드로 가는 기존의 항로는 28일 걸리는 반면 북극항로를 거치면 14일 밖에 걸리지 않게 된다. 북극의 주변해역에는 어족자원이 풍부하며 막대한 양의 석유와 가스가 매장되어 있다고 추정된다.

현재 북극 지역의 국제적 관리는 1996년 오타와 선언에 의하여 설립된 국가 간 협의 기구인 북극이사회(Arctic Council)에 의하여 이루어지고 있다.[29] 북극이사회의 설립 목적은 북극권 환경 보호 및 지속가능한 발전, 북극 주변 거주민과 원주민의 보호 및 지역 전통 보호, 생물다양성 유지, 북극 자연 자원의 지속가능한 이용, 북극 지역의 지속가능한 발전 등이다. 북극이사회 회원국은 러시아, 노르웨이, 덴마크, 스웨덴, 캐나다, 미국, 핀란드, 아이슬란드 등 8개국이다. 옵서버국은 현재 13개국으로 한국, 영국, 프랑스, 독일, 네덜란드, 폴란드, 스페인, 중국, 이탈리아, 일본, 인도, 싱가포르, 스위스이다. 옵서버국가들은 북극이사회 고위관리 회의 및 산하 회의 참석이 가능하며 의장 재량에 따라 의견 개진이 가능하다. 상시참여단체(permanent participants)는 이누이트, 사미족 등 북극 인근에 전통적으로 거주해온 6개 원주민들의 단체이다. 우리나라는 2013년 북극이사회 옵저버에 가입하였고 이후 북극이사회 고위관리(Senior Arctic Officials: SAO) 회의, 각료회의 및 작업반(Working Group) 활동에 적극적으로 참여해 오고 있다. 우리나라는 2002년 노르웨이령 스발바르제도에 다산과학기지를 설치하여 북극과학연구 활동을 수행해 오고 있고, 2009년에는 쇄빙연구선 아라온 호가 건조되어 북극해 현장에서 탐사 연구 활동을 하고 있다. 우리나라는 2018년에 채택된 중앙북극공해 비규제어업방지협정(Agreement to Prevent Unregulated High Seas Fisheries in the Central Arctic Ocean: CAOFA)에 2021년에 가입하여 북극해에서의 불법어업방지에 협력하고 있다.

---

application to the cases of Middle Rocks and South Ledge.

29 북극이사회 상설 사무국은 노르웨이 트롬소의 프람 센터에 소재하고 있다. 우리나라는 프람 센터에 한-노르웨이 협력센터를 설치하여 북극권 국가들과의 북극연구 협력 및 북극이사회와의 교류협력을 강화하고 있다.

(2) 남극

남극은 남극점을 중심으로 하여 펼쳐져 있는 남극 대륙과 그 주변의 해역을 포괄하는 지역이다. 바다뿐인 북극과 달리 남극은 거대한 땅, 대륙이 있다는 것이 특징이다. 영국, 뉴질랜드 호주, 프랑스, 노르웨이, 아르헨티나, 칠레 등 7개 국가들은 남극에 대하여 발견, 선점, 본토와의 지리적 인접성, 그리고 선형이론 등을 근거로 남극대륙 일부에 대한 영유권을 주장하고 있다. 미국과 캐나다는 남극에 대한 영유권 주장을 유보하고 있다. 그러나, 1958년 채택된 남극조약에 의하여 남극 대륙에 대한 영유권 주장은 동결되어 있는 상태이다. 현재 남극 조약을 관할하는 조약체제는 1958년 남극조약, 1972년 물개보존협약, 1980년 남극해양생물보존협약, 1988년 남극 광물자원 활동의 규제에 관한 협약(미발효), 1998년 남극조약환경보호의정서로 이루어져 있다.

남극조약은 남극(남위 60도 이남지역)에 대한 영유권의 동결, 남극의 평화적 이용, 과학조사의 자유와 국제협력, 핵폭발 및 방사선 폐기물의 처분 금지, 개별 국가에 의한 사찰제도를 규정하고 있다.[30] 남극해양생물 보존협약은 남극의 어족, 대륙붕생물자원, 조류를 보존 대상에 포함하고 있으며 이를 위해 남극해양생물보존위원회(CCAMLR)를 두고 있다. 현재 남극해양생물보존위원회에서 주로 논의되는 것은 파타고니아 이빨고기(일명, 메로)와 크릴 새우에 대한 총허용어획량과 국가별 할당량 설정 및 이들에 대한 불법 어로의 방지이며 어로 도중에 우발적으로 희생되고 있는 신천옹(알바트로스)과 같은 바다 새의 보호 조치도 채택하고 있다. 우리나라에서도 남극 대륙에서 크릴새우와 파타고니아 이빨고기를 어획하기 위해 남극해양생물보존위원회의 허가를 받아 출어하는 어업자들이 있다. 남극해양생물보존위원회는 남극의 일정한 수역들을 해양보호구역으로 지정하고 이 구역에서의 조업을 원천 금지한다. 남극 해양생물 보존 체제의 문제는 남극 해양생물보존협약에 가입하지 않은 비 당사국들의 조업으로 인한 문제(unregulated fishing)이다. 국제법 원칙상 조약의 당사국만이 협약 규범의 적용을 받기 때문에 직접 규제를 받지 않는 비당사국의 어업은 남극해양생물자원 보존체제에 큰 위협이 된다. 이에 따라 남극해양생물자원보존위원회는 비당사국의 무단조업을 방지하기 위해 다양한

---

30   남극조약 제7조

  1. 이 조약의 목적을 증진하고, 또한 이 조약의 제규정의 준수를 확보하기 위하여 이 조약의 제9조에 언급된 회의에 대표를 참가시킬 권리를 가지는 각 체약당사국은 이 조에 규정된 조사를 행할 감시원을 지명할 권리를 가진다. 감시원은 그를 지명하는 체약당사국의 국민이어야 한다. 감시원의 이름은 감시원을 지명할 권리를 가지는 다른 모든 체약당사국에게 통보되며, 또한 그들의 임명의 종료에 관하여도 똑같이 통고된다.

  2. 이 조 제1항의 규정에 따라 지명된 각 감시원은 남극지역의 어느 지역 또는 모든 지역에 언제든지 접근할 완전한 자유를 가진다.

방법으로 노력하고 있다.

1990년에 채택된 남극조약 환경보호의정서는 남극환경에 악영향을 미치는 행위의 방지, 남극 활동계획에 대한 사전 환경영향평가제의 실시, 긴급사태 시 대응조치의 실시, 남극 활동에 대한 감시, 남극 인접국가와의 협력, 과학조사의 보장, 광물자원개발의 금지 등을 규정하고 있다. 우리나라는 남극활동 및 환경보호에 관한 법률 및 동법 시행령·시행규칙을 통해 남극지역에서 우리 국민이 과학조사, 시설물의 설치, 탐험, 관광 등의 남극활동을 수행하고자 하는 경우에는 사전에 외교부장관에게 허가를 받도록 하고 있다.

(3) 우주

우주는 지구의 대기권 이원에 있는 광대한 외기권(outer space)과 거기에 있는 달이나 별과 같은 천체(celestial bodies)로 이루어져 있다. 우주 즉, 외기권과 거기에 있는 천체는 어떤 나라의 영유권도 인정되지 않고 오직 평화적 목적으로 국제공동체 전체를 위한 목적에서 이용되어야 한다. 우주와 천체와 관련하여서는 1969년에 채택된 우주원칙조약(달과 기타 천체를 포함한 외기권의 탐색과 이용에 있어서의 국가 활동을 규율하는 원칙에 관한 조약), 1968년 채택된 우주비행사·물체 반환구조협정(우주비행사의 구조·우주비행사의 귀환 및 외기권에 발사된 물체의 회수에 관한 협정), 1976년 채택된 우주물체 등록협약, 1972년에 채택된 우주물체로 인한 국제손해배상협약 등이 있다.

우주원칙조약에 따르면 달과 기타 천체를 포함한 외기권은 어느 국가의 영유권 주장의 대상이 되거나 또는 어느 국가가 전용하는(national appropriation) 대상이 되지 아니한다.[31] 달과 천체는 오직 평화적 목적을 위하여서만 이용되어야 한다. 천체에 있어서의 군사기지, 군사시설 및 군사요새의 설치, 모든 형태의 무기의 실험 그리고 군사연습의 실시는 금지된다. 당사국들은 지구주변의 궤도에 핵무기 또는 기타 모든 종류의 대량파괴 무기를 설치하지 않으며, 천체에 이러한 무기를 장치하거나 기타 어떠한 방법으로든지 이러한 무기를 외기권에 배치하지 해서는 안 된다.[32] 외기권에 발사된 우주물체와 승

---

31 우주조약 제2조. Outer space, including the moon and other celestial bodies, is not subject to national appropriation by claim of sovereignty, by means of use or occupation, or by any other means.

32 우주조약 제4조. States Parties to the Treaty undertake not to place in orbit around the earth any objects carrying nuclear weapons or any other kinds of weapons of mass destruction, install such weapons on celestial bodies, or station such weapons in outer space in any other manner.
The moon and other celestial bodies shall be used by all States Parties to the Treaty exclusively for peaceful purposes. The establishment of military bases, installations and fortifications, the testing of any type of weapons and the conduct of military manoeuvres on celestial bodies shall be forbidden. The use of military

무원에 대한 관할권 및 통제권은 우주물체가 등록되어 있는 등록국이 가진다.

우주비행사·물체 반환구조협정에 따르면 당사국들은 타방 당사국의 우주비행사가 자국 내에 조난을 당한 경우에 이를 발사국에 통보하고 구조조치를 취하여야 하며, 자국 내 타국의 우주 물체가 발견된 경우에는 발사국의 요청에 따라 반환조치를 취한다. 우주물체 등록협약에 따르면 발사국은 지구궤도나 외기권에 발사된 우주물체를 자국의 등록부에 기재하여야 하고 관련 정보를 유엔사무총장에 통보하여야 한다. 우주물체로 인한 국제손해배상협약에 따르면 우주물체 발사국은 그 물체가 지상에 입힌 손해나 또는 비행중의 항공기에 입힌 손해에 대해서 무과실 책임을 지며, 지상 외에서 우주선, 그 탑승원 및 우주재산에 입힌 손해에 대해서는 과실책임을 진다.

(4) 심해저

심해저란 국가들의 대륙붕 한계 이원에 있는 공해상의 해저(sea bed)와 해양저(ocean floor) 및 그 하층토(subsoil)를 말한다. 심해저에는 망간단괴, 망간각, 열수광산 등 귀한 광물이 부존하고 있어 자유개발체제에 방임할 경우 개발 기술과 자본이 풍부한 나라들이 해저 자원을 독식할 우려가 있어 유엔해양법협약은 이러한 선진국 독식을 막기 위해 심해저와 그 자원을 '인류의 공동유산(common heritage of mankind)'로 규정하고 있다(유엔해양법 협약 제136조).

유엔해양법협약은 심해저가 모든 국가에 대해 차별 없이 평화적 목적으로만 개방되어야 하며, 어느 나라도 심해저와 그 자원에 대해서 주권이나 주권적 권리를 주장할 수 없다(협약 제137조). 심해저에서의 개발 활동은 전 인류의 이익을 위해 수행되어야 한다(협약 제140조).

유엔해양법협약은 심해저의 개발을 규제하기 위하여 국제해저기구(International Seabed Authority)를 두고 있으며, 해저 개발을 수행할 심해저공사(Enterprise)를 두고 있다. 유엔해양법협약은 심해저의 개발에 있어 병행개발체제(parallel system)를 규정하고 있다. 병행개발체제란 심해저 공사가 주체가 되어 심해저 개발을 추진하는 것과 아울러 이에 병행하여 심해저 공사와 제휴한 선진국들이나 선진국의 기업이 개발을 추진하는 것이다. 심해저 개발의 공평성과 함께 효율성을 도모하기 위한 것이다. 이와 관련, 유엔해양법협약은 유엔해양법 발효(1994년 11월 16일) 이전에 심해저 개발에 많은 투

---

personnel for scientific research or for any other peaceful　purposes shall not be prohibited. The use of any equipment or facility necessary for peaceful　exploration of the moon and other celestial bodies shall also not be prohibited.

자를 해온 국가들을 보호하기 위하여 이들을 선행투자가(Pioneer Investors)로 인정, 보호하고 있다. 선행투자가로 인정이 되면 선행투자의 기득권을 인정받고 국제해저기구의 관리 하에 지속적으로 해저개발을 할 수 있다. 한국은 1994년 선행투자가로 인정을 받고 태평양 공해상 하와이 동남방 쪽으로 약 2000㎞ 떨어진 클라리온-클리퍼톤(Clarion-Clipperton) 지역에 15만㎢의 광구를 할당받았고 2002년 최종적으로 7,500㎢의 광구를 확보하였다. 한국은 현재 상용 개발을 위한 탐사를 진행하고 있다. 국제해저기구는 2000년 망간단괴 탐사규칙을 제정하였고 2010년 해저열수광상 탐사규칙을 제정하였으며, 2012년에는 망간각 탐사규칙을 제정하였다.

6 국가승계

국가승계(succession of States)란 새로운 국가의 성립이나 또는 기존 국가 영역이 타국의 영역에 까지 확장되면서 해당 영역 내에서 선행국(predecessor State)이 가지고 있던 국제법상의 권리·의무, 법제도, 또는 국가 재산이나 채무 등을 승계국(successor State)이 인수하는 것을 말한다. 국가승계 문제가 발생하는 상황을 유형별로 보면 ⅰ)기존 국가(=승계국)의 영역의 확장의 경우, ⅱ)국가의 결합에 의한 신국가의 성립(선행국은 소멸), ⅲ) 국가의 분리(선행국은 소멸), ⅳ) 국가의 분리(선행국은 존속) ⅴ) 신생독립국가의 탄생(선행국은 존속)의 경우로 나누어서 살펴 볼 수 있다.[33]

기존국가의 영역이 확장, 이전하는 경우는 1990년 독일의 통일의 경우가 이에 해당한다고 할 수 있다. 당시 독일 통일은 동독이 해체되고 동독의 여러 주들이 서독의 주로서 편입되는 흡수통일의 방식이었고 따라서 서독의 영역이 구(舊) 동독의 영역으로 확대된 것이라고 할 수 있다. 이에 따라 **조약경계이동의 원칙**(moving treaty-frontier rule)에 의하여 원칙적으로 서독이 국제법상 가지고 있던 권리·의무 및 법체제가 동독의 영역에 까지 확대 적용되게 되었다. 동독이 가지고 있던 조약 등 국제법상의 권리 의무 등에 대해서는 서독이 관계국들과의 개별 협의를 거쳐 존속여부를 처리하였다.

국가들의 결합에 의해 신국가가 성립(선행국은 소멸)하는 경우는 1990년 남북예멘의 통일이 이에 해당한다고 할 수 있다. 통일 예멘은 기존의 남예멘(예멘 민주주의 인민공화국)이나 또는 북예멘(예멘 아랍공화국)이 가지고 있던 국제법상의 권리 의무를 원칙적으로 승계하였다.

---

33 杉原高嶺, 「國際法講義」, 제2판, pp. 229-245.

국가의 분리(선행국은 소멸)는 1991년 분열된 구유고연방(유고슬라비아 사회주의 연방공화국)의 경우가 이에 해당한다고 볼 수 있다. 분리 이후에 탄생한 국가들은 새로운 국가로 취급되어 기존의 선행국가가 가지고 있던 국제법상의 권리의무가 자동으로 승계되지 않았다. 신유고연방(세르비아+몬테네그로 1992-2003년간 존속, 2003년 세르비아-몬테네그로 개명 후, 2006년 몬테네그로가 탈퇴)이 구유고연방의 승계국임을 자처하였으나 인정되지 않았다. 또한 1992년 체코슬로바키아가 체코 및 슬로바키아로 분리한 경우도 이에 해당한다.

기존의 선행국이 존속하면서 국가가 분리된 경우는 1991년 소련의 분열과 해체가 이에 해당한다. 소련은 해체 소멸되었으나 러시아 연방은 소련의 승계국으로서 인정받아 기본적으로는 기존에 소련이 가지고 있던 국제법상의 권리 의무를 승계하였다. 러시아 연방은 유엔에서 기존 소련이 가지고 있던 안전보장이사회의 자리도 그대로 이어받았다. 러시아 이외의 구소련 연방 구성국가들은 국제사회의 다른 나라들과 협상을 거쳐서 새롭게 국제법상의 권리 의무 관계를 시작하였다. 이와 관련, 발트 3국(에스토니아, 라트비아, 리투아니아)은 자신들이 소련에 의해 강제로 소련에 편입되었다는 입장에서 국권의 회복이라는 차원에서 소련 편입 前의 질서를 회복하여 이어간다는 입장을 취했다.

신생독립국가의 탄생(선행국은 존속)은 2차 대전 이후에 아프리카 국가들의 독립 등이 이에 해당한다. 이에 대해서는 선행국의 국제법상 권리의무 관계를 이어받을 의무가 없이 새로이 출발한다는 백지출발주의(clean slate rule)가 원칙이다.[34] 신생국은 백지출발주의를 원칙으로 하면서 실제에 있어서는 편의와 실리적 입장에서 선행국이 만들어 놓은 권리 의무관계를 선택적으로 인정한다.

국가승계에 관하여는 1978년에 채택된 조약에 관한 국가승계협약(1996년 발효), 1983년에 채택된 국가재산, 문서 및 부채에 관한 조약에 관한 국가승계협약(현재 미발효)이 있다. 조약에 관한 국가승계협약은 국경조약(boundary régimes)이나 기타 영토 관련 레짐(other territorial régimes)은 국가승계의 영향 없이 유지되도록 하고 있다(협약 제11조 및 제12조). 국경조약이나 기타 영토관련 조약은 땅에 고착된 객관적 법질서로서 국제사회의 안정을 위해 승계국이 승계하는 것이 원칙이다. 신생독립국(newly independent States)의 경우에는 백지출발주의를 원칙으로 하여 신생독립국이 선행국에 의하여 만들어진 조약을 승계할 의무가 없음을 규정하고 있다(협약 제16조). 두 개 이상의 국가가 합쳐서 새로운 국가를 만든 경우(uniting of States)나 또는 한 개의 국가가 분리

---

34 슬레이트란 납작한 돌판을 말한다. 주로 석조주택의 지붕재로 쓰인다. clean slate rule이란 새로운 돌판에 새롭게 써 내려간다는 의미에서 과거의 기록이나 약속에 얽매이지 않고 새롭게 시작한다는 것이다.

되어 복수의 국가로 되는 경우(separation of parts of a State)에 관계국간에 달리 합의가 없다면 승계국에 승계되는 것이 원칙이다(협약 제31조 및 34조).

　문서 및 부채에 관한 조약은 신생독립국의 경우 선행국의 재산은 승계국이 승계하나 부채는 합의 없이는 승계하지 않는다. 두 개 이상의 국가가 합쳐서 새로운 국가를 만든 경우(uniting of States)에 승계국은 선행국들의 재산과 부채를 모두 승계한다. 영토의 일부가 분리 독립하는 경우에 새로 분리해 나가는 경우(선행국 존속), 선행국가와 합의하여 재산과 부채를 나누어야 하며 합의가 없다면 분리해 나가는 승계국에 위치하는 재산은 승계국이 가져가며 부채는 공평한 비율로 나누어야 한다. 국가가 분리하여 해체되는 경우(선행국 소멸)에는 분리해 나가는 각각의 승계국내 위치한 재산에 대해서는 각각 승계국이 가져가며 부채는 공평한 비율로 나누어야 한다.

▼ 생각해 볼 문제 ▼

1. 한국과 북한이 통일된다고 할 때 그 방식으로서 첫째 남한의 흡수통일 형식 둘째, 남북한 대등한 결합(uniting of States)의 경우 두 가지를 상정하고 양자조약, 다자조약, 국제기구 회원국 지위, 북한의 부채, 북한과 중국, 러시아간의 국경의 승계문제에 관하여 논하여 보라.

7 국제법과 국내법의 관계

　국제법은 국제사회에서 국가 간에 적용되는 법이고 국내법은 국내에서 사람들(자연인, 법인) 간에 적용되는 법이라는 점에서 국제법과 국내법은 서로 별개의 법 체제라고 볼 수도 있다. 이러한 관점에서 국제법과 국내법은 서로 다른 법 체제라고 하는 이원론(dualism)이 전통적인 통설로 여겨져 왔다. 그러나 예컨대 한 국가의 국내 법정에서 외국 정부가 내린 결정의 법적효과를 다루거나 또는 외국에서 파견된 외교관에 대한 특권 면제가 문제가 되는 경우에는 국내법정이라고 할지라도 관련된 국제법 규범을 검토하여 적용하여야 할 것이다. 또한 국가 간의 분쟁에서 일방 당사국이 타방 당사국의 법률이 국제법에 위반된다고 주장할 경우에 국제재판소는 동 법률이 국제법에 위반되는지에 대해서 검토하여야 할 것이다. 즉, 국제법과 국내법이 서로 같은 사건에서 적용될 수 있으며 상충될 수도 있기 때문에 국제법과 국내법의 관계가 문제가 된다.

전통적으로 국제법과 국내법은 별개라는 이원론이 통설이지만 국제법과 국내법이 하나의 법 체제라는 일원론(monism)도 있다. 일원론은 다시 국제법 우위설과 국내법 우위설로 갈린다. 한 국가가 이원론을 취하든 일원론을 취하든 실제로 국가 간의 관계에서 국가 간의 합의를 국내법이나 국내 판결을 이유로 위반할 경우에 국제법 위반에 따른 국제법상 국가책임을 피할 수 없을 것이다. 따라서 국가들로서는 이원론의 입장이든 일원론의 입장이든 자국이 체결하거나 가입한 조약이 국내법과 상충되지 않도록 관련 국내법을 정비하게 된다. 국가가 새로운 국제협약에 가입할 때 이와 관련되는 국내법을 정비하지 않는 경우 자국이 가입한 협약과 국내법이 상충되는 경우에 법적인 혼란이 있게 될 것이다.

우리나라의 경우 헌법 제6조 1항은 '이 헌법에 의하여 체결 공포된 조약과 일반적으로 승인된 국제법규는 국내법과 같은 효력을 지닌다'라고 규정하고 있어서 국제법과 국내법의 일원론적 입장을 취하고 있다. 일원론의 입장을 취한다고 하더라도 국제법은 국가들을 대상으로(법적 주체로 하여) 권리 의무를 규정하기 때문에 국가 간 조약이 이행법률 없이 국내에서 곧바로 개인들에게 적용되기는 어려운 경우가 있다. 예컨대, 1984년 채택된 고문방지협약은 고문을 범죄로 정의하면서 당사국들이 고문을 국내적으로 처벌하기 위해 국내법을 제정하도록 하고 있다. 만약, 당사국 A에 있는 사인(私人) 甲이 다른 사인 乙로부터 고문방지협약 상 고문에 해당되는 범죄를 당했다고 하면서 乙을 검찰에 고발한 경우에 만약 A국이 아직 그러한 형태의 고문을 자국법상 범죄로 규정하는 입법을 하지 않았다면 甲은 고문방지협약을 근거로 乙을 고소하기가 어렵게 된다. 개인이 직접 국제법의 규정을 가지고 국내재판에 누군가를 제소를 하려고 하여도 관련 국제법 규정에서의 권리 의무의 주체가 국가로 되어 있는 경우가 대부분이어서 국제법에 직접 근거해서 국내적으로 제소가 가능한 경우는 드물다. 따라서 우리 헌법상 국제법이 국내법과 같은 효력을 지닌다고 하더라도 실제로는 국내적인 이행에 필요한 이행법률을 제정하여야 비로소 이행이 가능한 경우가 많이 있다. 예컨대 우리나라는 1996년 유엔해양법협약을 가입하면서 영해법을 '영해 및 접수수역법'으로 개정하였고, '배타적경제수역법(법률 제5151호)'을 제정하였다. 즉, 유엔해양법협약상 연안국은 접속수역이나 배타적경제수역을 선포할 수 있지만 연안국이 이를 선포하지 않을 경우에 유엔해양법협약에 근거하여 곧바로 접속수역이나 배타적경제수역에 관한 권리나 관할권을 행사할 수 없기 때문이다. 또한 2003년 국제형사재판소 설치를 위한 로마규정에 가입이후 동 규정을 국내적으로 이행하기 위해 2011년 '국제형사재판소 관할 범죄의 처벌 등에 관한 법률(법률 제10577호)'을 제정하였다. 로마규정상의 범죄를 우리나라 국내법상의 범죄로 제정하기 위한 것이다. 따라서 국가가 새로운 조약의 체결이나 국제협약을 가입함에 있어서는 해당 조약 또는 협약의 규정내용이 기존 국내법과 상충되는 것은 없는지, 조약·협약의 이행에 국내 법률의 정비는 필요 없는지 또 새로운 국내 이행법률이 필요한지 잘 검토하여야 한다.

영국에서 국제법과 국내법의 관계는 국제관습법과 조약의 경우가 다르다. 영국의 경우 국제관습법은 그 자체로서 영국법의 일부로 편입(incorporation)되어 있다는 일원론적 입장을 취하고 있다. Customary international law in its full extent is part of the law of England. 그러나 조약의 경우에는 영국의 의회에서 국내적 입법절차를 거치지 않으면 그 조약은 국내법적으로 효력이 없고 국제법으로서 국가 간에 적용되는 효력만 있게 된다. 영국은 입법에 관하여는 의회 주권이기 때문에 의회의 입법을 거치지 않고는 영국 국민들에게 적용되는 법적 규범을 부과할 수 없다는 입장이기 때문이다. 따라서 영국 정부가 체결한 조약은 '변형이론(transformation theory)'에 따라 국내입법(Parliamentary Act)에 의하여 수용되어야 한다.

미국도 영국과 마찬가지로 국제관습법에 대하여는 일원론적 입장을 취하고 있으며 조약에 관하여는 이원론적 입장을 취하고 있다. 특히 조약과 관련하여서는 국내적 이행을 위하여 별도의 변형이 필요 없는 자기집행적 조약(自己執行的條約, self-executing treaty)과 변형이 필요한 비자기집행적 조약(非自己執行的條約, non-self-executing treaty)으로 구분하고 있다. 한편, 미국에서는 treaty라고 하는 것은 그 체결을 위해서는 상원의 동의가 필요한 국제적 합의를 가리키는 것이고 상원의 동의가 필요 없는 국제적 합의는 행정협정(executive agreement)이라고 부른다. 한미 SOFA는 한국에서는 국회의 비준 동의를 받았지만 미국에서는 행정협정으로 미 행정부가 상원의 동의 없이 체결하였다. 미국 헌법 제6조 2항은 '이 헌법과 이에 의거하여 제정된 합중국 법률과 합중국의 권한에 의거하여 체결되는 조약은 국가의 최고법이며…'라고 규정하고 있다. 물론 이 경우 treaty만 해당이 되며 treaty가 아닌 agreement는 미 헌법상 언급된 조약에서 제외된다.

한편, 국제법과 국내법의 관계에서 국제법의 우위를 헌법에 명시적으로 규정하는 나라도 있다. 일본 헌법 제98조 2항은 '일본국이 체결한 조약과 확립된 국제법규는 이를 성실히 준수하여야 한다'라고 규정하여 조약 및 국제관습법을 우선하여 준수하도록 하고 있다.

1. 2018년 11월 한국의 대법원은 일제강제징용공 피해자들이 일본 신일철주금을 상대로 낸 소송에서 강제징용공 피해관련 개인의 청구권은 1965년 한일청구권 협정으로 소멸되지 않았다고 하면서 피해자 개인들에게 1억원 씩의 배상금을 명령했다. 우리 정부는 동 판결을 대해서는 삼권분립에 의한 사법부 독립으로 개입할 수 없다는 입장을 내놓았다. 한국정부는 과거 강제징용공 문제는 1965년 한일청구권협정에 포함되어 해결되었다는 입장이었다. 일본은 1965년 한일청구권 협정 위반이라며 국제중재재판을 요청하였으나 한국은 이에 응하지 않았다. 일본이 한국 사법부의 판결이 1965년 청구권협정 위반이라고 주장하는데 대해 사법부 독립을 내세우는 입장을 국제법적으로 평가해 보자. 대법원이 1965년 청구권 협정의 해석과 관련하여 동 청구권협정을 체결하고 담당하는 외교부에 의견을 조회하는 것은 불법인가? 우리나라 법원이 청구권 협정을 국내 소송에서 직접 해석하고 적용하는 것은 문제가 없는가? 국가책임론의 관점에서 대법원의 판결이 국제법 위반이라고 하는 주장을 국가책임의 관점에서 논해 보자.

8 국가책임

가. 국제법 위반에 따른 결과로서의 국가책임

국제법은 국내법과 마찬가지로 많은 규정(rules)들로 이루어진 체계이고 그 규정들은 국제법의 주체인 국가들에 대해 무엇을 해야 한다, 무엇을 해서는 안 된다고 하는 이러저러한 의무를 부과하고 있다. 예컨대, 국가들은 유엔 헌장의 규정상 타국에 대한 무력의 위협 및 무력의 사용을 해서는 아니 되며, 외교관계에 관한 비엔나 협약에 따라 자국 내에 파견된 외교관에게 특권과 면제를 부여해야 하며, SOFA 협정대로 자국 내 주둔하고 있는 외국 군대에 특권과 면제를 부여해야 하며, 투자보호협정에 따라 자국 내 외국인의 투자를 보호하여야 한다. 일국의 국내 법원은 타국에 대해 국가면제에 무시하고 타국 정부를 피고로 세워서 타국 정부에 일방적으로 손해배상을 명령해서는 아니 되며, 양국 간 체결된 조약상의 의무를 대통령이나 정권이 바뀌었다고 무시하여서는 아니 된다. 만약 국가가 국제법상 자국에게 부과된 국제법상의 의무를 작위로든 부작위로든 위반하는 것은 국제의무위반(breach of international obligations)이고 이는 국제위법행위(international wrongful act)로서 위반한 국가는 그에 따르는 책임(responsibility)을 져야한다. 국가가 국가

책임을 진다고 하는 것은 자국이 자행한 국제 위법행위에 대해서 잘못을 인정하고 사과 배상하는 등 위법행위에 합당한 책임을 지고 그 대가를 지불한다는 것이다.

자국의 이익을 위해 일하는 외교관이나 또는 애국심이 있는 국제법 학자라고 할지라도 국제법을 연구, 검토할 때에는 타국이 우리나라에 대해 가지는 의무 내용도 잘 검토하여야 하지만 이에 못지않게 우리나라가 타국에 대해서 부담하고 있는 국제법상 의무의 내용과 우리나라의 위반여부도 잘 파악하야 할 것이다.[35]

생각건대 국내 사회에서 법질서가 유지될 수 있는 것은 법의 규정이 위반되었을 때 그 위반에 따르는 법적 책임을 강제적으로 부과함으로써 가능한 것이다. 국내법에서는 중앙집권적 사법체제에서 민사든, 행정이든, 형사든 궁극적으로는 소송을 통해서 위법한 행위를 자행한 사람의 책임을 추궁한다.

국내 민법체계를 보면 개인은 자기가 체결한 계약상의 의무를 이행하여야 하며 만약 계약상의 의무를 위반하면 계약 불이행에 따른 법적 책임을 져야한다. 또 계약상 의무가 없더라도 위법하게 타인에게 손해를 입히면 이는 불법행위(tort)로서 민사상 손해배상 책임이 발생한다. 손해를 본 甲은 乙에 대해서 배상을 청구하고 을이 이를 거부할 경우 법원에 제소하여 을의 계약 불이행이나 불법행위로 발생한 손해에 대해 배상받을 수 있다. 나아가 개인이 형법상 범죄행위를 하였을 경우에는 검사의 형사소추로 재판을 거쳐 형사상 책임을 지고 벌금을 내든지 감옥에 가야 한다. 이것이 바로 법적 책임이다. 불법행위에는 책임이 따른다. 또 국내법상 국가(정부)도 불법으로 개인에게 손해를 발생시키면 그에 따른 책임을 져야 한다. 요컨대 법적 책임이란 법의 주체가 법을 위반하였을 때 그 위반의 내용과 중요도에 따라 책임을 지는 것이다.

국제법에서 말하는 국가책임이라는 것은 국가가 국제의무를 위반한 경우 그 위반 국가에게 국가책임이 발생하며, 그 위반한 국가에 대해서 어떻게 책임을 묻고 배상(reparation) 하도록 하는가 하는 내용을 다루는 규범이다. 다만 국제법상 국가책임에서는 국내 민법상 불법행위론과 달리 손해발생이 전제가 되지 않는다. 국제법상 국가는 구체적인 손해발생 여부와 관계없이 국제법의 의무 위반에 대해서 책임을 져야 한다.

유엔 국제법 위원회(ILC)는 1953년 이래 국가책임에 대해서 논의하여 왔고 2001년에는 국제위법행위에 대한 국가책임 최종 초안(Draft Article on Responsibility of State for Internationally Wrongful Acts)을 발표하였다. 이하에서는 동 최종초안의 내용을 중심으로

---

35 국가차원에서 결정된 대외정책이 객관적인 국제법 규범에 맞지 않는 경우가 있을 수 있다. 이 경우 국가 차원에서 수립된 대외정책을 어떻게 국제사회에서 정당화 할 것인지가 문제가 될 수 있다. 이 때 대외홍보용 또는 타국 주장용으로 만든 자국의 입장이 정말로 국제법에 합치한다고 확신하면 문제가 될 수 있다. 객관적 국제법의 규범과 자국의 외교정책의 논리간의 괴리를 이해하는 지성이 필요하다.

국가책임의 내용을 살펴보고자 한다.

국가가 국제법상 의무를 위반하면 그 국가는 국제불법행위를 한 것이고 이에 대해 책임을 진다. 그러나 여기서 국가가 국제법상 의무를 위반했다고 하는 것이 추상적인 말이다. 왜냐하면 국가는 관념적 조직체로서 구체적으로 보면 그 국가의 공권력 하에서 일하는 개인이나 조직이 자행한 행위가 국가로 귀속되는 것을 추상적으로 단순화 시킨 것이기 때문이다. 따라서 좀 더 구체적으로 세분하여 말한다면 어떤 국제법 의무 위반행위(breach of international obligation)가 개인이나 조직에 의하여 발생하였을 때 그 위반행위가 어떤 국가로 귀속될 때(attributable to the State), 그 국가는 국제불법행위(international wrongful act)를 한 것이 되며, 그 국가는 자국이 자행한 국제불법행위에 대해서 국가 책임을 진다. 그러면 구체적으로 누구의 행위가 국가의 행위로 간주(귀속)되는가? 첫째, 국가기관의 행위(conduct of organ of a State)이다. 국가기관이란 입법부, 사법부, 행정부 및 국가에 속하는 여타 기관들을 다 포함한다. 또한 중앙정부는 물론 지방정부도 포함된다. 국가기관은 아니지만 국가로부터 국가의 권한을 행사하도록 위임받은 개인이나 조직도 포함된다. 국가 권한을 행사하는 국가 또는 개인이 그 위임받은 권한 내에서 하는 행동은 당연히 국가에 귀속이 되지만 위임받은 권한을 넘어서는 행위(월권 또는 지시 위반 행위)도 국가의 행위로 귀속이 된다. 또한 국가의 지시 또는 통제에 따른 개인이나 개인집단의 행위도 지시 또는 통제를 한 국가의 행위도 귀속된다. 반도단체의 행위는 추후 그 반도단체가 신정부를 구상하거나 또는 새로운 국가를 만드는데 성공하게 되면 이전에 반도단체가 행한 국제의무위반행위는 새 정부 또는 새 국가의 행위로 귀속된다. 예컨대 2021년 8월 아프가니스탄에서 탈레반이 무력으로 합법정부를 수도 카불에서 몰아내고 이슬람원리주의에 입각한 무자비한 행동을 하고 있는데 만약 이들이 예컨대 카불에 주둔하고 있는 타국 대사관의 불가침권을 무시하고 공격한다면 추후 탈레반이 새 정부를 세우고 나면 탈레반이 세운 정부는 동 위법행위에 대해서 국가책임을 지게 된다.

국가가 국제위무를 위반하였다고 하더라도 관련 상항에 따라서 그 위법성이 조각될 수 있는 사유가 있다. 피해국가가 그 국제의무위반행위에 대해 동의한 경우, 국제의무 위반국가가 자위권의 행사로 한 행동, 피해국의 국제법 위반 행위에 대한 대응조치(countermeasures), 문제의 국제의무위반행위가 저항할 수 없는 불가항력(force majeure)에서 그 의무의 이행이 실질적으로 불가능하게 되는 힘 또는 사고에 의한 경우, 조난(distress)의 상황에서 사람의 생명을 구하기 위하여 한 행동, 긴급피난(necessity)의 상황 등이다. 그러나 어떠한 경우에도 국제강행규범의 위반 행위에 대해서는 그 위법성이 조각되지 않는다. 국가들은 국제강행규범 위반으로 창설된 상황을 합법적인 것으로 승인하거나 또는 이러한 상황의 유지에 지원하여서는 안 된다.

국가의 국제위법행위로 인하여 국가책임이 발생하면 책임국(responsible State)은 그 책임을 이행하여야 한다. 책임국은 의무의 불이행(국제법위반)을 자국 국내법이나 국내 조직의 문제로 정당화 할 수 없다. 예컨대, 국제업무를 담당하고 있는 중앙부처인 외교부가 자국의 국제불법행위와 관련 이를 중앙정부의 통제가 되지 않는 지방정부의 독단적인 일로 돌린다든지 또는 자국 사법부가 국제법을 위반한 판결에 내린 데 대해서 이를 3권 분립에 따른 사법부의 소관으로 돌린다고 해서 그 국가가 국가책임에서 자유로울 수 없다. 책임국가는 현재 의무를 위반하고 있는 것을 중지하고 재발을 방지하여야 한다. 책임국가는 피해국에 배상(reparation)을 하여야 하는데 그 배상은 원상복귀(restitution), 금전배상(compensation), 만족(satisfaction)의 방법이 있다. 만족이란 위반의 인정(acknowledge of breach), 유감의 표명(expression of regret), 공식 사과(formal apology) 등으로 한다.

타국의 국제불법행위로 피해를 입은 피해국가(injured State)는 국제불법행위를 자행한 책임국가에 대해 책임을 추궁할 수 있다(invocation of responsibility). 이 경우 그 국제의무 위반이 개별적으로 그 피해국을 상대로 이루어지는 경우는 물론이고 그 국제의무위반이 그 피해국을 포함하여 여러 국가들을 대상으로 하는 경우나 또는 그 의무의 위반이 국제공동체 전체를 대상으로 하되 그 위반이 특히 피해국가에 영향을 주거나 또는 다른 모든 국가들의 의무 이행을 현저하게 변화시키는 경우도 포함한다. 책임을 추궁하는 피해국가는 책임국가에 대해 자국의 청구(claim)를 통지하여야 하는데 이때 위반행위의 중지 요청 및 손해 배상의 내용을 포함시킬 수 있다.

피해국은 책임국이 책임의 이행에 응하도록 하기 위하여 대응조치(counter measures)를 취할 수 있다. 대응조치는 피해국이 책임국에 대한 국제의무들을 당분간 불이행하는 것으로 제한된다. 대응조치는 가능한 한 문제의 불이행된 의무의 이행 재개를 가능하게 하는 방법으로 취해져야 한다. 대응조치는 피해국이 받은 피해에 비례하여야 한다(proportionality). 대응조치는 유엔 헌장 상 무력의 위협과 사용 금지의 원칙, 기본적 인권의 보호, 복구(reprisal)의 금지, 인도적 원칙, 기타 국제강행규범상의 의무를 위반하면 안되며, 또한 외교 및 영사관원, 공관, 서류 등의 불가침을 존중해야 하는 의무를 벗어날 수 없다.

어떻게 보면 국가가 국제법상 의무를 위반하였을 때 그에 따르는 법적 책임을 지는 것은 당연하지만, 국가라는 것은 관념적 조직체이고 구체적 실체로서 불법 행위를 하는 것은 국가의 공권력을 행사하는 개인이거나 또는 공권력을 행사하는 정부 기관(organ) 등이며 따라서 이들 개인이나 정부 기관에서 한 행위가 한 국가의 책임으로 귀속되는가 하는 것을 확정하는 것이 중요하다.

국가책임은 국가의 국제법 위반행위에 대해 국내 사법체계와 달리 강제적으로 책임을 물을 수 없는 국제법 체계에서 국가들의 국제위법행위의 개념을 명확히 하고 피해국이 어떻게 책임을 추궁할 수 있는가에 대한 것을 규정하는 것이다. 다른 한편으로 보면 국가들은 타국의 법정에서 피고로 서지 않기 때문에 타국의 국제법 위반에 따른 불법행위가 있을 경우에는 법정지국의 국내법에 따라 국내법정에서 책임을 따지는 것이 아니라 국제법에 따라 국가 대 국가의 틀에서 불법행위에 대해 책임을 따지는 것이 국가 책임론이라고 할 수 있다.

나. 국제법상 금지되지 않는 행위로 인한 해로운 결과에 대한 국가책임

국내법에서 민사 책임이든 형사 책임이든 원칙적으로는 위법한 행동이나 결과에 대해 고의나 과실이 있어야 책임을 진다. 국내법 체제에서는 전통적으로 고의 또는 과실이 있는 경우에만 배상책임을 지우는 과실책임주의가 원칙이었으나 현대에 들어서 고도로 위험한 작업환경과 심각한 오염으로 말미암은 피해가 발생하게 되면서 이에 대해 엄격한 과실 책임주의를 적용하면 가해자는 피해발생에 고의나 과실이 없었다는 주장으로 배상책임에서 벗어나게 되므로 이러한 폐단을 막기 위하여 고도로 위험한 작업 환경이나 오염에 대해서는 무과실 책임을 인정하는 방향으로 발전하게 되었다. 예컨대, 고도로 위험한 작업장이라든지 아주 위험한 독극물에 의한 오염의 경우에는 일단 피해가 발생하면 가해자의 고의 과실을 따지지 않고 배상책임을 인정하는 사례가 점차 늘어난 것이다.

과실책임주의하에서는 손해가 발생하면 피해자는 손해발생에 대해 가해자의 고의나 과실이 있었음을 증명하여야 되는 입증책임을 지게 되는데 무과실책임주의에서는 피해자는 문제의 손해 발생에 대해 가해자 측에 고의나 과실이 있었음을 입증할 필요가 없고 단지 문제의 손해 발생과 가해자 측의 활동과의 인과관계에 관한 개연성만을 보여주면 된다.

국제법상 금지되지 않는 행위로 인하여 발생하는 손해에 대한 책임은 international liability(국제손해배상)라고 하며, 국가의 위법 행위로 인한 state responsibility(국가책임)와 구별하고 있으나 국내 학계에서는 모두 국가책임이라는 용어로 번역하고 하여 쓰고 있다. international liability(국제손해배상)는 국가가 자국의 영역 내에서 국제법상 금지되지 않은 행위로 인해 타국에게 해로운 결과(injurious consequences)가 발생한 경우 그러한 해로운 결과를 방지하기 위한 조치를 위하였다고 할지라도 일단 해로운 결과가 발생하면 이에 대해 책임을 져야한다는 것이다. 이러한 엄격책임주의는 결국 한 국가에서 일어난 사건이나 행위가 타국에 손해를 비치는 초국경적 환경 피해에 주로 적용된다. 이 책임제도하에서 손해를 발생시킨 주체가 국가기관이든 개인이든 사기업기인 공기업이든 관계없이 국가가 책임을 지는 제도이다. 국가가 자국 내 사기업이 발생시킨 초국경적 오염에 대해 책임을 진 사례로서는 1941년 미국과 캐나다간의 트레일 제련소 중재 사건(Trail Smelter Arbitration)이 있다. 이 사건에서 캐나다에 소재한 제련소의 생산과정에서 나오는 아황산가스가 미국의 워싱톤州의 농작물에 피해를 주었다. 이와 관련 중재재판소는 사기업의 생산활동으로 인한 초국경적 매연 피해에 대해서 캐나다가 국제법상 책임을 져야하는 이유에 대해서 다음과 같이 판단하였다.

The Tribunal, therefore, finds that the above decisions, taken as a whole, constitute an adequate basis for its conclusions, namely, that under the principles of international law, as well as the law of the United States, **no State has the right to use or permit the use of its territory in such a manner as to cause injury by fumes in or to the territory of another or the properties or persons therein, when the case is of serious consequence and the injury is established by clear and convincing evidence.**

트레일 제련소 사건에서 중재재판소가 언명한 바와 같이 어느 나라도 다른 나라의 영토에 심각한 결과를 초래하는 방식으로 활동하거나 그러한 활동을 허용하여서는 아니 된다고 하는 것은 국제법상 금지되지 않는 행위로 인한 해로운 결과에 대한 국가책임에 대한 핵심 법리이다.

유엔 국제법위원회는 1977년 이래 국제법상 금지되지 않는 행위로 인한 해로운 결과에 대한 국가책임(International Liability for Injurious Consequences Arising out of Acts not Prohibited by International Law)의 협약 초안의 작성 작업에 착수하였으며 아직 최종초안은 나오고 있지 않다.

다. 우주활동과 관련한 국가책임

1967년 채택된 우주기본조약(Outer Space Treaty: Treaty on Principles Governing the Activities of States in the Exploration and Use of Outer Space, including the Moon and the Outer Celestial Bodies)은 각 국가들의 우주활동에 있어서 그것이 정부기관에 의한 것이

든 또는 비정부 기관에 의한 것이든 그에 대해 국가가 **국제손해배상책임**(international responsibility)을 지도록 하고 있다. 우주기본조약은 국가책임론에 관한 이러한 기본적 입장에서 각 국가들이 자국 내 비정부 주체의 우주 활동이 국가의 승인(authorization)하에 의하여 이루어지고 또 지속적으로 국가의 감독(continuing supervision)을 받도록 하고 있다. 우주조약은 각 국가들이 비정부 주체의 우주활동을 통제하도록 함으로써 사인의 우주에서의 행위에 대한 국가 책임이 성립될 수 있도록 한 것이다.

> **States Parties to the Treaty shall bear international responsibility for national activities in outer space, including the moon and other celestial bodies, whether such activities are carried on by governmental agencies or by nongovernmental entities**, and for assuring that national activities are carried out in conformity with the provisions set forth in the present Treaty. The activities of non-governmental entities in outer space, including the moon and other celestial bodies, shall require authorization and continuing supervision by the appropriate State Party to the Treaty.[36]

우주조약에서 규정된 우주활동에 관한 국가책임 규정을 보다 구체적으로 규정하기 위하여 1972년 「우주물체에 의하여 발생한 손해에 대한 국제책임에 관한 협약 (Convention on the International Liability for Damage Caused by Space Objects: 우주 물체 책임 협약)」이 채택되었다. 우주 물체 책임협약에서는 우주물체가 지상과 비행중인 비행기에 발생시킨 손해에 대해서 절대 책임주의를 채택하고 있다.[37] 즉, 우주 물체 발사국의 고의나 과실을 따지지 않는 무과실책임주의를 택하고 있다.

> **A launching State shall be absolutely liable to pay compensation** for damage caused by its space object on the surface of the earth or to aircraft in flight.[38]

우주 발사체가 지상에 미친 손해에 대해서 발사국이 무과실 책임을 져야 한다고 하는 것은 피해를 입은 국가의 정부가 나서서 발사국 정부에 대하여 손해에 대한 배상을 요구하는 배상절차체제를 의미한다. 국가 책임의 원리로서 피해국민의 정부가 자국민이 받은 피해에 대해서 국가 차원에서 배상을 요구하는 경우 피해국의 각 피해 개인은

---

36 우주조약 제6조

37 우주조약 제3조. 다만, 지상이 아닌 우주에서 우주 물체 간 충돌 등 사고로 인한 손해에 경우에는 과실책임주의를 채택하고 있다.

38 우주 물체 책임 협약 제2조

자국의 정부가 발사국으로부터 받아내는 배상의 결과를 기다려야 할 것이다. 일단 피해국이 국가대 국가의 차원에서 발사국에 대해 손해배상을 청구하였다면 피해국의 피해국민들은 국가대 국가의 배상 결과에 따라 자국의 정부로부터 손해배상을 받아야 할 것이다. 또한 피해국의 정부는 발사국에 대해 국가대 국가 차원의 손해배상을 청구함에 있어 자국국민들이 먼저 발사국의 국내법원에 소송을 제기하도록 하고 그 소송 결과를 기다려야 하는 **국내구제절차 완료 요건에 구속되지** 않는다. 그러나, 피해국은 발사국의 발사로 인한 손해와 관련 자국민이 발사국의 법원에 소송을 제기하고 있는 경우에는 동일한 손해를 가지고 발사국에 대해 손해배상을 청구할 수 없다.

A State which suffers damage, or whose natural or juridical persons suffer damage, may present to a launching State a claim for compensation for such damage.[39]

A claim for compensation for damage shall be presented to a launching State through diplomatic channels.[40]

Presentation of a claim to a launching State for compensation for damage under this Convention shall not require the prior exhaustion of any local remedies which may be available to a claimant State or to natural or juridical persons it represents.[41]

Nothing in this Convention shall prevent a State, or natural or juridical persons it might represent, from pursuing a claim in the courts or administrative tribunals or agencies of a launching State. A State shall not, however, be entitled to present a claim under this Convention in respect of the same damage for which a claim is being pursued in the courts or administrative tribunals or agencies of a launching State or under another international agreement which is binding on the States concerned.[42]

라. 원자력 손해배상(Nuclear Liability)

원자력 발전과 같은 원자력의 평화적 이용 시에 사고로 인하여 인접국에 대규모 환경 피해나 인적 피해를 주는 경우가 있다. 국제법에는 원자력 발전소의 사고나 또는 핵

---

39 우주 물체 책임 협약 제8조 1항
40 우주 물체 책임 협약 제9조 상단
41 우주 물체 책임 협약 제11조 1항
42 우주 물체 책임 협약 제11조 2항

연료의 운반 도중에 사고로 인하여 원전에 종사하던 사람들이 아닌 외부 제3자에게 미친 손해를 배상하는 문제를 다루고 있다. 이를 국제 원자력 손해배상문제 또는 국제원자력 제3자 손해 배상 문제라고 한다. 이 문제를 다룬 협약은 OECD가 주도하여 1960년에 채택된 파리 협약과 IAEA가 주도하여 1963년 채택된 비엔나 협약이 있다. 이 협약들의 주요 내용은 원자력 사고에 대해서 책임을 지는 주체를 원자력 사업자로 하는 책임집중주의를 채택하고 있다. 또한 무과실 책임주의를 채택하고 면책사유를 크게 제한하여 천재지변 등 불가항력의 상황에서 발생한 사고에 대해서도 손해배상책임을 지도록 하고 있다. 총 손해배상의 최저 한도액을 정하고 있는데 이는 현재 30만 SDR로 책정되어 있으며[43] 동 한도를 초과하는 손해배상을 보충하기 위해 국제보충기금을 설립하고 있으며, 원자력 손해 배상을 재판할 관할법원은 원전 사고 발생지국의 국내 법원으로 하고 있다.

국가들은 파리협약이나 비엔나 협약에는 가입하지 않더라도 양 협약의 내용을 국내법에 받아들여 수용하고 있다. 우리나라의 경우에도 1969년 원자력손해배상법을 제정하여 시행해 오고 있다. 일본도 1961년 원자력손해배상에 관한 법률을 제정하여 시행해 오고 있다. 2011년 3월 일본 동북부 태평양 연안에서 규모 9.0의 지진과 쓰나미가 발생하였고 이로 인해 후쿠시마 원자력발전소에서는 대규모 방사선 물질이 바다로 유출되는 사고가 발생하였다. 이와 관련하여 일본인 피해자들이 도쿄전력과 일본 정부를 상대로 소송을 제기하였고 이에 대해 현재 소송이 진행 중에 있다.

국제원자력 제3자 손해배상 문제는 우리가 앞서 검토한 국가 책임 또는 위험결과 책임 또는 우주 물체 책임과 달리 사고 발생지국에서 국내 소송을 통한 손해배상을 상정하고 있다. **국제원자력 손해배상에서 말하는 손해배상책임(liability)은 국가책임이 아니라 민법상(또는 국제사법상) 특수한 유형의 손해배상책임이라고 할 수 있다.** 오늘날 원전 사고가 날 경우에 이는 민법상 일반 불법행위가 아니라 특수한 불법행위로 원자력 손해 관련법에 따라 처리된다.

---

43 우리나라의 원자력손해배상법도 이를 받아서 다음과 같이 규정하고 있다.
제3조의2(배상책임한도) ① 원자력사업자는 1원자력사고마다 3억 계산단위의 한도 안에서 원자력손해에 대한 배상책임을 진다. 다만, 원자력손해가 원자력사업자 자신의 고의 또는 그 손해가 발생할 염려가 있음을 인식하면서 무모하게 한 작위 또는 부작위로 인하여 발생한 경우에는 그러하지 아니하다.
② 제1항에서 "계산단위"라 함은 국제통화기금의 특별인출권에 상당하는 금액을 말한다.

1. A국과 B국은 전쟁을 치렀으며, 전쟁 이후 평화협정을 체결하면서 양국 간 전쟁 중에 발생한 손해 배상 문제를 국가 간에 일괄 타결하였다. 평화조약은 청구권과 관련하여 "이 평화조약으로서 양국 및 국민 간 여하한 청구는 최종적으로 해결된 것으로 합의한다"라고 규정하고 있다. 그런데 평화조약 체결 30년이 지난 후 B국의 국민들 30여 명이 전쟁당시 포로로서 매우 잔학한 고문을 당했다고 하면서 자국의 법원에 A국 정부와 당시 포로수용소 소장을 상대로 민사소송을 제소하였고 B국의 최고 재판소는 A국과 당시 포로수용소 소장에 대해 각각 5억의 손해 배상 지급을 명하였다. 이에 A국 외교부는 B국의 최고재판소 판결이 국제법 위반이라고 하면서 A국과 B국간의 평화조약상의 중재조항에 근거하여 국제중재 재판을 신청하였다. 평화조약 상 중재조항은 "이 평화조약의 해석과 적용과 관련한 양국 간의 분쟁은 우선 외교상의 경로를 통해 해결하며 외교상의 경로로 해결이 되지 않는 분쟁은 국제중재재판으로 해결하기로 합의한다"라고 규정되어 있다. 당신이 A국 정부에 국제법을 자문하는 사람이라고 하자. 당신은 B국이 어떤 국제법을 위반하였으며 왜 중재재판을 가야하는지 자문안을 작성해 보자. 또 당신이 A국의 외교부에서 국제법을 담당하는 사람이라고 하자. 어떤 논리로 A국이 국제법을 위반한 것이 없으며 중재재판에 가지 않겠다고 할 것인지 자문안을 작성해 보자.

2. C국의 민간 의학 연구소에서 미생물 실험을 하면서 많은 양의 악성 미생물이 강을 타고 인접국 D국으로 유입되어 D국의 수돗물이 오염되어 많은 사람들이 죽고 가축들이 떼죽음을 당하는 일이 벌어졌다. C국의 당국은 유감을 표명하면서도 미생물 실험 및 방류가 자국법상 문제가 없었고 당시 강의 수온이 이상기온으로 변하여 방류한 미생물이 증식하면서 변종이 발생하였다고 주장하였다. 당신이 D국 외교부의 국제법 담당관이라고 하자. 당신은 어떤 근거로 어떻게 C국의 책임을 주장하고 어떠한 조치를 D국에 요구하겠는가?

3. 국가책임(State Responsibility)에도 사인의 행위로 인해 국가 책임이 발생하는 경우가 있고 국제법상 금지되지 않는 행위로 인한 해로운 결과에 대한 국가책임(International Liability)에도 사인의 행위로 인해 발생하는 국가책임이 있다. 양자는 어떻게 다른지 설명해 보라.

4. A국의 원자력 발전소가 지진으로 인하여 파괴되어 대량의 방사능 오염수가 바다로 유입되었다. 이후 A국은 누적된 방사능 오염수를 IAEA의 관련 규정에 따라 바다에 유출하고 있다. 주변국의 B는 A국의 오염수 방류에 대해서 묵인하는 입장을 취하고 있으나

주변국 C국에서는 A국의 오염수 방류에 대해 반대하는 시위가 연일 일어나고 있으나, 실제 방사능 오염수로 피해를 보았다는 구체적인 사례는 보고되지 않고 있다. C국의 환경단체는 자국 정부에 대해 A국을 국제사법재판소에 제소하라고 주장하고 있다. C국의 바다 목장 양식업자는 최근 양식 수확량이 줄었다며 C국 정부가 A국 정부에 대해 외교적 보호권을 행사하여 배상액을 청구하라고 주장하고 있다. 한편 C국의 일부 수산업자는 A국 정부를 상대로 A국 국내 법원에 손해배상을 청구하였다. C국의 총리는 자국 외교부 장관에게 A국을 국제사법재판소에 제소하고 아울러 양식장 피해에 대해서도 외교적 보호권을 행사하라고 지시를 내렸다. 당신이 C국의 외교부의 국제법 담당관이라고 하자. 다음의 법률문제에 대해서 자문안을 작성해 보자.

첫째, 원자력 피해와 관련한 외교적 보호권 행사에 대한 가능성 검토

둘째, 외교적 행사와 동시에 국제사법재판소 제소 및 개인에 의한 국내 민사소송이 가능한지 여부

셋째, 국제사법재판소에 제소할 경우(양국은 외교관계 수립시 양국간의 분쟁은 외교적 교섭으로 해결하고 외교적 교섭으로 해결할 수 없는 분쟁은 국제중재로 해결한다고 되어 있다). 국제재판소에의 수리 가능성에 대한 검토 및 내용적으로 A국이 위반한 것으로 보이는 국제법에 대한 검토

넷째, A국을 C국의 국내 법원에 제소한 데 대한 문제 검토

다섯째, 총리의 지시에 대한 종합적인 국제법적 결론 및 총리 지시를 이행할 경우의 예상되는 결과에 대한 검토

9 무력사용 금지의 원칙과 자위권

가. 무력사용 금지의 원칙

오늘날의 국제사회는 제2차 세계대전의 참혹을 겪고 나서 설립된 유엔(국제연합, the United Nations)의 설립헌장에 나타난 무력사용(use of force)의 금지를 중요한 강행규범(jus cogens)으로 하고 있다. 유엔헌장은 '전쟁(war)'이라는 용어를 사용하지 않고 대신 '무력사용(use of force)'이라는 보다 폭넓은 용어를 사용하여 전통적인 의미의 전쟁에 국한되지

않고 포괄적으로 무력사용을 금지하고 있는 것이다.[44] 유엔헌장 제2조 4항은 다음과 같이 무력사용 금지의 원칙을 규정하고 있다.

> All Members shall refrain in their international **relations from the thereat or use of force** against the territorial integrity or political independence of any state, or in any other manner inconsistent with the Purposes of the United Nations.
>
> 모든 회원국은 그 국제관계에 있어서 다른 국가의 영토보전이나 정치적 독립에 대하여 또는 국제연합의 목적과 양립하지 않는 어떠한 기타방식으로도 무력의 위협이나 무력의 사용을 삼간다.

유엔헌장에서 이와 같이 무력의 사용 나아가 무력의 위협까지도 금지하고 있는데 여기에 예외가 있다. 그것은 국가들의 자위권(right of self-defence)과 유엔 안전보장이사회가 국제사회의 평화와 안전을 위해 승인하는 무력적 강제 조치이다. 유엔 헌장 제51조는 다음과 같이 무력사용 금지의 예외로서 자위권을 인정하고 있으며 또한 개별 국가의 자위권 조치는 안전보장이사회가 유엔 헌장에 따라 국제사회의 안전의 유지 또는 회복을 위하여 필요하다고 생각되는 조치를 취할 수 있는 권한과 책임에 어떠한 영향도 미치지 아니한다고 규정하고 있다.

> Nothing in the present Chapter shall impair the inherent **right of individual or collective self-defence if an armed attack occurs** against a Member of the United Nations, until the Security Council has taken measures necessary to maintain international peace and security. Measures taken by Members in the exercise of this right of self-defence shall be immediately reported to the Security Council and shall not in any way affect the authority and responsibility of the Security Council under the present Chapter to take at any time such actions as it deems necessary in order to maintain or restore international peace and security.
>
> 이 헌장의 어떠한 규정도 국제연합회원국에 대하여 무력공격이 발생한 경우, 안전보장이사회가 국제평화와 안전을 유지하기 위하여 필요한 조치를 취할 때까지 개별적 또는 집단적 자위의 고유한 권리를 침해하지 아니한다. 자위권을 행사함에 있어 회원국이 행한 조치는 즉시 안전보장이사회에 보고된다. 또한 이 조치는, 안전보장이사회가 국제평화와 안전의 유지 또는 회복을 위하여 필요하다고 생각되는 조치를 언제든 취한다는, 이 헌장에 의한 안전보장이사회의 권한과 책임에 어떠한 영향도 미치지 아니한다.

---

[44] 유엔이전에 있었던 국제연맹(the League of Nations) 설립헌장에서는 전쟁(war)라는 용어를 사용하고 있었던 것과 대비된다.

오늘날 국제사회에서 무력 사용 금지의 원칙(Principle of non-use of force)은 유엔 헌장의 규정일 뿐 아니라 국제관습법이며, 강행규범(*jus cogens*)이다. 따라서 유엔헌장의 회원국이 아니더라도 무력사용의 금지 원칙은 적용이 된다.

무력사용의 금지와 관련되어 중요한 판례는 국제사법재판소(ICJ: International Court of Justice)가 1986년 판결을 내린 니카라과와 미국 간의 사건(Nicaragua Case)이다.[45] 이 사건의 개요는 다음과 같다. 1979년 니카라과에 좌익 산디니스타(Sandinista) 반란군이 혁명을 일으켜 친미적 우익 정권인 사모사(Samosa)정부를 전복시켰다. 이에 미국의 레이건 행정부는 좌익 산디니스타 정부에 대항하는 니카라과의 우익 반군에 대해 무기, 자금 및 훈련을 제공하였고, 니카라과 항만시설 파괴, 니카라과의 근해(내해와 영해)에 지뢰 설치 등의 행동을 직간접적으로 하였다. 이에 니카라과는 미국의 이러한 행동이 무력사용금지 원칙에 위반된다고 주장하면서 1986년 미국을 국제사법재판소에 제소하였다.[46] 이에 대해 미국은 자국의 행동은 니카라과의 좌익 정권이 온두라스, 엘살바도르, 코스타리카 내 좌익 반군을 지원하는 데 맞서기 위한 집단적 자위권 행사이라고 주장하였다. 국제사법재판소는 미국의 집단적 자위권 주장을 기각하고 미국의 행위는 니카라과에 대한 내정간섭, 주권 침해 및 무력사용금지의 원칙에 대한 위배에 해당된다고 판결하였다.

190. A further confirmation of the **validity as customary international law of the principle of the prohibition of the use of force** expressed in Article 2, paragraph 4, of the Charter of the United Nation may be found in the fact that it is frequently referred to in statements by State representatives as being not only

---

45 사건의 정식 명칭은 *Case Concerning Military and Paramilitary Activities in and against Nicaragua*이다.

46 니카라과 정부에서는 국제법 분야에 저명했던 영국 옥스퍼드 대학의 Ian Brownlie 교수를 counsel겸 advocate(法廷 변호인)으로 하여 실제로 브라운리 교수가 많은 역할을 하여 니카라과가 승소하는 데 기여하였다. 당시 미국에서는 주로 미국 국무성 법률국의 직원들이 다수 참여하였다. 미국은 집단적 자위를 주장하였으나, 좌익 산디니스타 정권이 엘살바도르, 온두라스, 코스타리카에의 무장 침투나 반군지원 등에 대한 충분하고 상세한 정보를 재판소에 제출하지 못하였고 사전에 엘살바도르, 온두라스, 코스타리카 정부들과 협의가 없었던 것으로 드러났다. 미국이 국제사법재판소에 제출한 답변서에 나타는 주장과 논리는 다소 궁색하게 보였던 반면 브라운리가 주도하는 니카라과의 논리가 국제사법재판소 재판관들의 마음을 잡았다. 니카라과 좌익 정권이 엘살바도르, 온두라스, 코스타리카 등에 親소련의 좌익 반군을 지원하여 국가전복을 시도하였다면 이것은 미국의 안보와 국가 이익에 큰 위험이 될 수 있는 상황이었다. 실제로 미국은 과거 쿠바의 카스트로가 공산혁명을 일으켜 반미 친소련 정책을 취한 것이 쿠바 미사일 사태로 까지 이어졌다. 당시 미국의 레이건 행정부는 니카라과 좌익 정권을 미국에 대한 위협으로 받아들였고, 니카라과 반군을 지원한다는 목표로 백악관 NSC의 올리버 대령이 재원마련을 위해 이란에 미국산 무기를 판매하는데 관여한 소위 이란-콘트라 게이트 사건이 벌어지기도 하였다.

a principle of customary international law but also a fundamental or cardinal principle of such law. The International Law Commission, in the course of its work on the codification of the law of treaties, expressed the view that "the law of the Charter concerning the prohibition of the use of force in itself constitutes **a conspicuous example of a rule in international law having the character of jus cogens.**

190. 유엔헌장 제2조 제4항에 명시된 **무력사용 금지 원칙의 국제관습관법으로서 효력**은 무력사용 금지의 원칙이 관습국제법의 원칙일 뿐만 아니라 국제관습법의 근본원칙 또는 주요한 원칙으로서 국가 대표들에 의하여 자주 언급된다는 사실에서도 확인될 수 있다. 국제법위원회는 조약법 성문화 작업 과정에서 "무력사용 금지에 관한 헌장의 규정이 국제법에서 강행규범의 성격을 갖는 두드러진 예에 해당한다"는 의견을 표명했다.

227. The Court will first appraises the facts **in the light of the principle o the non-use of force**. For the most part, the complaints by Nicaragua are of the actual use of force against it by the United State. Of the acts which the Court has found imputable to the Government of the United State, the following are relevant in this respect:
- **the laying of mines** in Nicaragua internal or territorial waters in early 1984.
- **certain attacks** in Nicaragua ports, oil installations and a naval base...
These activities constitutes infringements of the principle of the prohibition of the use of force, defined earlier, unless they are justified by circumstances which exclude their unlawfulness, a question now to be examined.

227. 재판소는 우선 **무력사용 금지의 원칙**에 근거하여 사실을 평가할 것이다. 대부분의 경우 니카라과의 제소내용은 미국이 자국에 대해 실제 무력을 사용하였다는 것이다. 법원이 미국 정부에 귀책된다고 판단한 행위 중에서 아래 사항들이 이와 관련된다.
- 1984년 초 니카라과 내해나 영해에 **지뢰 매설**
- 니카라과 항구, 석유 시설, 해군 기지에서의 **공격**
이러한 활동은 불법성을 배제하는 상황(집단적 자위)에 의해 정당화되지 않는 한, 무력 사용 금지의 원칙에 대한 위반에 해당한다.

228. As to the claim that United States activities in relation to the **contras** constitute **a breach of the customary international law principle of the non-use of force**, the Court finds that the United States has committed **a prima facie** violation of that principle by its assistance to the **contras** in Nicaragua, by organizing or encouraging the organization of irregular forces or bands for incursion into the territory of another, and participating in acts of civil strife in another State.

228. 콘트라 관련 미국의 활동이 무력사용 금지라는 국제관습법의 원칙에 위배된다는 주장에 대해 재판소는, 미국이 니카라과의 콘트라를 지원하고 비정규군이나 무장 밴드(소규모 단체)를 조직하거나 조장하여 타국(니카라과)에 침입하여 반란 전투에 참가시키도록 함으로써, 무력사용금지의 원칙에 위반하는 행동을 하였다고 본다.

242. The Court therefore finds that the support given by the United States, up to the end of September 1984, to the military and paramilitary activities of *contras* in Nicaragua, by **financial support, training, supply of weapons, intelligence and logistic support, constitutes a clear breach of the principle of non-intervention.**

242. 재판소는 1984년 9월말까지 미국이 니카라과 내 콘트라의 군사 및 준군사적 활동에 재정 지원, 훈련, 무기 공급, 정보 및 병참 제공을 통해 행한 지원은 불간섭의 원칙을 명백히 위반하는 것이라고 판단한다.

246. So far as regards the allegations of supply of arms by Nicaragua to the armed opposition in El Salvador, **the Court has indicated that while the concept of an armed attack includes the despatch by one State of armed bands into the territory of anther State, the supply of arms and other support to such bands cannot be equated with armed attack. Nevertheless, such activities may well constitutes a breach of the principle of the non-use of force and an intervention in the internal affairs of a State. that is, a form of conduct which is certainly wrongful, but is of lesser gravity than an armed attack.**

246. 엘살바도르의 무장 반군에 대한 니카라과의 무기 공급 의혹에 대해, 재판소는 무력 공격 개념에 한 국가의 무장 밴드가 다른 국가의 영토로 파견되는 것을 포함하지만, 그러한 밴드에 대한 무기 공급 및 여타 지원은 무력 공격과 동일시되는 것은 아니라고 지적한 바 있다. 그럼에도 불구하고, 그러한 활동은 무력 사용 금지원칙의 위반과 국가 내정에 대한 간섭에 해당되며 확실히 불법이긴 하지만 무력 공격보다는 덜 위중한 불법행태에 해당된다.

292. The Court,
(3) Decides that the United States of America, by training, arming, equipping, financing and supplying the *contra* forces or otherwise encouraging, supporting and aiding military and paramilitary activities in and against Nicaragua, has acted, against the Republic of Nicaragua, in breach of its obligation under customary international law not to intervene in the affairs of another state.

재판소는, 미국이 니카라과 내에서 니카라과에 맞서는 반란군을 훈련, 무장, 장비제공, 재정 지원 및 공급을 하거나 또는 다른 방법으로 니카라과에 맞서는 군사 및 준군사적 활동을 조장, 지원, 조력함으로써, 니카라과 공화국에 대해 간섭하지 않을 국제관습상 의무를 위반하는 행위를 했다고 결정한다.

(4) Decides that the United States of America, by certain **attacks in Nicaragua territory** in 1983-1984 and further by those **acts of intervention** referred to in subparagraph (3) hereof **which involve the use of force**, has acted against the Republic of Nicaragua, **in breach of its obligation under customary international law not to use force against another State.**

재판소는, 미국이 1983-1984년에 니카라과 영토에서 행한 공격으로서 그리고 더 나아가서 (3)항에 언급된 간섭 행위중 무력의 사용을 수반하는 행위로서 국제관습법상 니카라과 공화국에 대해 무력사용 금지 의무를 위반했다고 결정한다.

(6) Decides that, by **lying mines in the internal or territorial waters** of the Republic of Nicaragua during the first months of 1984, the United State of America has acted, against the Republic of Nicaragua, in breach of its obligations under customary international law not to use force against another State, not to intervene in its affairs, not to violate its sovereignty and not to interrupt peaceful maritime commerce.

재판소는, 미국이 1984년 초 니카라과 공화국의 내해 또는 영해에 **지뢰를 매설함으로써** 국제관습법상 다른 국가에 대해 무력을 행사하지 않고, 타국의 일에 간섭하지 않으며, 타국의 주권을 침해해서는 안 되며, 평화적 해상 교역을 교란해서는 안 된다는 국제관습법상의 의무를 위반하는 행위를 했다고 결정한다.

▼ 생각해 볼 문제 ▼

1. 1986년 니카라과 사건에서 국제사법재판소가 미국의 국제법 위반을 세분하여 무력사용 위반 행위, 주권침해 행위, 내정에 대한 간섭 행위, 무력공격을 어떻게 구별하고 있는데 관련 판결문을 보면서 미국의 행위를 국제법 위반별로 구별해 보자.

2. 1986년 니카라과 사건에서 국제사법재판소는 자위권의 전제요건이 되는 무력공격 (armed attack)과 무력사용(use of force)을 어떻게 구별하고 있는지 설명해 보자.

2. 최근 몇 년간 지속되고 있는 시리아내전에서 미국은 시리아 정부군과 싸우는 반군에게 2013년부터 2017년간 무기를 제공하고 반군에 대한 군사 훈련을 제공하였다. 만약 미국 정부가 한국 정부에 대해 동맹으로서 시리아 반군에 대한 자금 및 무기 제공에 협조

해 달라고 요청을 한다면 이러한 요청에 응할 경우의 국제법적 문제를 논해보시오. 시리아 내전에서 러시아는 시리아의 아사드 정권을 지지하고 있으며 시리아의 요청으로 내전에서 시리아 정부군을 지원하고 있다. 이러한 러시아의 행동은 국제법적으로 정당한가? 만약 시리아가 반군을 지원하고 있는 미국 정부를 국제사법재판소에 제소한다면 소장에서 주로 어느 점에 포인트를 두어야 할 것인가? 또 피청구국인 미국은 어떤 내용으로 답변서를 서야 할 것인가 논해보시오.

나. 자위권

무력사용이 사용이 금지된 오늘날의 유엔헌장 하에서 국가들의 자위권(the right of self-defence)이 인정되고 있다. 유엔 헌장 제51조를 다시 한 번 읽어보도록 하자.

> Nothing in the present Chapter shall impair the inherent **right of individual or collective self-defence if an armed attack occurs** against a Member of the United Nations, until the Security Council has taken measures necessary to maintain international peace and security.
>
> 이 헌장의 어떠한 규정도 **국제연합회원국에 대하여 무력공격이 발생한 경우**, 안전보장이사회가 국제평화와 안전을 유지하기 위하여 필요한 조치를 취할 때까지 개별적 또는 집단적 자위의 고유한 권리를 침해하지 아니한다.

우리가 지금 살펴본 유엔헌장 제51조는 자위권의 발동 요건으로서 '**무력공격이 발생한 경우**(if an armed attack occurs)'라고 규정하고 있다. 그렇다면 무력공격이 실제 발생하지 않고 다만 무력공격이 임박한 경우에는 자위권을 행사할 수 없는 없는 것인가? 또한 개별국가의 자위권 행사에는 유엔헌장 51조에 따른 제약, 예컨대 즉시 그 행사된 자위권이 안보리에 보고되어야 한다는 요건 이외에 여타 자위권행사에 있어서의 조건은 없는 것인가? 이 문제에 답하기 위해서는 우리는 유엔헌장 제51조의 명문 규정뿐만 아니라 자위권에 관한 국제관습법을 검토하여야 한다. 왜냐하면 국가들의 자위권은 유엔헌장 제51조뿐만이 아니라 국제관습법에도 근거하기 때문이다. 달리 말하면 자위권에 관한 유엔 헌장 제51조의 규정은 자위권에 관한 하나의 조약상의 명문 규정(a treaty law)이며 그 위에 자위권에 관한 국제관습법이 존재한다. 실제로 유엔 헌장 제51조는 자위권을 고유한 권리(inherent right)라고 인정하고 있다.

자위권의 행사 요건에 관한 국제관습법 규범은 1837년 영국과 미국 간의 캐롤라인 사건(the Caroline case)에서 미국의 국무장관 웹스터(Webster)가 명확히 천명하였다. 당시 미국 선박 캐롤라인 호가 캐나다(영국령)의 연안을 지나는 영국 배를 공격하는 데 가담하고 있었다. 영국은 캐롤라인호가 미국의 항구에 정박하고 있을 때 캐롤라인 호를 공격하여 파괴시키고 그 배에 불을 질러 나이아가라 폭포로 떨어지게 하였고 그 과정에서 그 배에 타고 있던 두 명의 미국인이 사망하였다. 동 사건에서 영국은 자국의 캐롤라인 호에 대한 공격을 자위권으로 정당화하였다. 이러한 과정에서 미국의 국무장관은 자위권의 행사요건에 대하여 다음과 같이 천명하였고 영국도 이에 동의하였으며 이는 자위권에 관한 국제관습법의 내용을 잘 보여주고 있다. 당시 미국의 웹스터 국무장관은 영국 정부에게 다음과 같이 입장을 밝혔다.

It will be for Her Majesty's Government to show **a necessity of self-defence, instant, overwhelming, leaving no choice of means, and no moment for deliberation.**

영국 정부는 자위권의 발동을 위해서는 긴박하고, 압도적이며, 다른 선택의 여지가 없고 숙고할 시간이 없는 상황임을 보여야 한다.

It will be for it to show, also, that the local authorities of Canada, even supposing the necessity of the moment authorized them to enter the territories of the United States at all, did nothing unreasonable or excessive; since the act, justified be the necessity of self-defence, must be limited by that necessity, and kept clearly within it.

또한 자위권의 행사가 인정되는 긴박한 상황이라고 할지라도 캐나다 당국은 자위권행사가 불합리거나 과도한 것이 아니었음을 보여야 한다. 자위권 행사는 초래한 상황의 긴박성에 의해 제약되며 그 범위내로 분명하게 한정되어야 한다.

요컨대 국제관습법상 자위권 행사의 요건은 긴박한 상황에서 **당면한 위협에 비례하는**(proportionate) **범위 내에서 제한적으로 행사되어야 한다**는 것이다. 당시 미국과 영국은 자위권이 인정되는 상황과 행사에 있어서의 제한에 있어서는 입장이 같았으나 미국은 영국의 행위(야밤에 캐롤라인 호를 공격하여 파괴하고 나이아가라 폭포에 떨어뜨린 것)가 과도하다는 입장이었던 것이다.

또한 유엔 헌장은 자위권을 행사한 국가는 그 자위권 조치를 즉시 **안전보장이사회에 보고**하여야 한다고 규정하고 있다(제51조).

한편, 자위권 행사와 관련하여 오늘날 문제가 되는 것은 실제 공격이 발행하기 전에 예방적 자위권(anticipatory or preemptive self-defence)이 허용되는가 하는 것이다. 캐롤라인 사건에서 보면 캐롤라인 호가 영국 정부로부터 공격을 당한 순간에는 영국을 공격하지 않고 미국의 항구에 정박하고 있었다는 점에서 예방적 자위권을 인정하는 것으로 해석된다. 오늘날 엄청난 파괴력과 신속성을 가진 핵무기 시대에 실제 공격이 발생한 이후에만 자위권을 인정한다면 그러한 자위권은 의미가 없다고 할 수 있다. 따라서 **분명하고 현존하는** (clear and present) **위협**(danger)**이 있는 상황에는 예방적 자위권의 행사가 허용된다고 할 것이다.**[47] 최근 유엔에서는 예상되는 무력공격의 긴박성(imminency)에 따라 긴박하지 않은 경우의 preventive self-defence와 무력공격이 긴박한 경우의 preemptive self-defence를 구별하여 preemptive self-defence는 허용되지만 preventive self-defence는 허용되지 않는다는 입장을 보이고 있다.[48]

다. 집단적 자위권

공격을 당한 국가가 직접 자위권을 행사하는 개별적 자위권도 있지만 직접 공격을 당하지 않은 제3국이 공격을 당한 국가를 위하여 자위권을 행사해 주는 집단적 자위권(collective self-defence)도 국제법상 인정된다. 유엔헌장 제51조는 개별적 자위권과 더불어 집단적 자위권을 국가들의 고유한 권리(inherent right)로 인정하고 있다. 집단적 자위권은 예컨대 A국이 B국을 공격하였는데 C국이 B국을 위하여 자위권을 행사하는 것이다. 이 경우 C국은 B국과 동맹관계이거나 또는 C국과 B국은 안보적으로 긴밀한 관계에 있고, A국으로부터 공격받은 B국이 C국에 명시적으로 요청하게 된다. 앞서 살펴본 1986년 니카라과 사건에서 미국이 니카라과에 대한 무력사용을 엘살바도르, 온두라스, 코스타리카를 위한 집단적 자위권 행사라고 주장한 대해 국제사법재판소는 엘살바도르, 온두라스, 코스타리카가 미국에 대해 니카라과에 맞서 집단적 자위권 행사를 요청했는지 검토하였고 검토 결과 그러한 요청이 없었다고 보고 미국의 집단적 자위권 행사 주장을 기각했다.

229. The Court must thus consider **whether the acts in question of the United States are justified by the exercise of its right of collective self-defence against an armed attack.** For the Court to conclude that the United States was lawfully exercising its right of collective self-defence, it must first find that Nicaragua engaged in an armed attack against El Salvador, Honduras or Costa Rica.

---

47 Malcolm N. Shaw, *International Law*(제3판), p.695.

48 유엔 총회결의 A/59/565(고위급 패널보고서). 동 고위급 패널은 밀레니엄 정상회의 후속조치로 개최되었으며 동 보고서를 2004년 12월 2일 채택하였다.

229. 재판소는 법원은 미국의 문제의 행위가 무력공격에 대한 집단적 자위권의 행사로서 정당화될 수 있는 지 검토하고자 한다. 재판소로서는 미국이 집단적 자위권을 합법적으로 행사했다고 하고 결론 짓기 위해서는 우선 니카라과가 엘살바도르, 온두라스, 코스타리카에 대해 무력공격을 했었는지 파악해야 한다.

232. **The exercise of the right of collective self-defence presupposes that an armed attack has occurred**; and it is evident that it is the victim State, being the most directly aware of that fact, which is likely to draw general attention to its plight. It is also evident if the victim State wishes another State to come to its help in the exercise of the right of collective self-defence, **it will normally make an express request to that effect**. Thus in the present instance, the Court is entitled to take account, in judging the asserted justification of the exercise of collective self-defence by the United State, of the actual conduct of El Salvador, Honduras and Costa Rica at that relevant time as indicative of a belief by the State in question that it was the victim of an armed attack by Nicaragua, and of making of a request by the victim State to the United States for help in the exercise of collective self-defence.

232. 집단적 자위권의 행사는 무력 공격이 발생했을 것을 전제로 한다. 무력공격이 발생한 사실을 가장 직접적으로 인식하는 것이 피해자 국가라는 것이 명백하며, 피해국가가 자국의 곤궁에 대한 일반의 관심을 끌려고 할 것이다. 피해 국가가 다른 국가로부터 집단적 자위권 행사의 도움을 받기를 원한다면 보통 그런 취지의 **명시적 요청**을 할 것이 분명하다. 따라서 이 사건에서 재판소는 미국이 주장하는 집단적 자위권 행사의 정당성 여부의 판단에 있어, 실제 엘살바도르, 온두라스, 코스타리카가 니카라과에 의한 무력 공격의 희생자라는 신념을 가지고 미국에 집단적 자위권 행사를 요청했는지 검토할 것이다.

235. There is also an aspect of the conduct of the United States which the Court is entitled to take into account .. At no time, up to the present, has United State Government addressed to the Security Council ... **the report which is required by Article 51 of the United Nations Charter.**

235. 재판소는 미국의 행위의 한 측면에 대해 검토하자 한다. 한 번도 미국 정부는 안전보장이사회에서 유엔 헌장 제51조에 의해 요구되는 보고서를 제출한 적이 없다.

이와 같이 어느 국가가 집단적 자위권을 행사하기 위해서는 무력공격의 피해국가와 명백한 동맹관계에 있거나 또는 무력공격 피해국으로부터의 명시적 요청이 있어야 할 것이다. 그렇지 않은 경우에도 집단적 자위권을 허용하게 되면 집단적자위권은 제3국에게 무력사용의 빌미로 작용하게 될 것이기 때문이다.

　최근 집단적 자위권 행사와 관련하여서 일본이 한반도 유사(有事) 사태 시에 집단적 자위권 행사를 하겠다는 입장을 보임에 따라 많은 우려를 불러일으켰다. 원래 일본은 1997년 「미일 방위협력지침」과 1998년 제정된 「주변사태법」에 기초하여 한반도 유사시에 후방지역에서 미군에 대한 비무력적인 지원활동만을 하겠다던 입장이었으나 2014년 일본정부가 일본의 집단적자위권 행사를 가능하도록 헌법해석을 변경함으로써 중대한 변화를 가져왔다. 이러한 일본의 집단적 자위권 행사방침을 미일동맹차원에서 구체적으로 반영하기 위하여 2015년 4월에 새로운 「미일방위협력지침」(가이드라인)이 제정되었고 2015년 9월에는 기존의 「주변사태법」을 「중요영향사태안보확보법」으로 개정하였다. 이에 따르면 일본은 한반도 유사시 및 글로벌 차원에서 유엔의 제재에 참여하는 경우에 일본에 대해 직접적인 공격이 없는 경우에도 미국 또는 미군이 공격을 받는 경우에 집단적자위권의 이름으로 무력 활동에 참여할 수 있게 되었다. 예컨대 한반도 유사시에 한반도 주변수역에서 미군 함정이 공격받은 경우에 일본이 집단적자위권의 이름으로 미군 방어를 위해 북한군에 대해 무력행사를 할 수 있는 상황이 발생할 수 있다. 일본 정부가 상정한 집단적 자위권 행사의 주요 가상 상황은 다음과 같다.

　첫째, 미군을 향하여 일본 상공을 날아가는 탄도 미사일의 공격
　둘째, 무력 공격을 받고 있는 미군 함정 보호
　셋째, 피난하는 일본인을 수송중인 미군 함정 방호
　넷째, 일본 인근에서 유사시 강제 선박 검사
　다섯째, 유사시 탄도 미사일 경계 중인 미군 함정 방호
　여섯째, 미국 본토 피습 시 일본 근처서 작전하는 미군 함정 보호
　여덟째, 민간 선박에 대한 국제공동 호위

　일본은 제2차 세계대전에서 패하고 나서 전승국 미국의 입장에 따라 평화헌법을 수립하여 전수방위체제를 하여 왔으나 헌법해석을 변경하여 자국이 직접 공격받지 않아도 동맹국을 위한 집단적 자위권 행사를 하겠다는 입장으로 전환함에 따라 일본 정부가 한반도 유사시(북한급변사태 시)에 북한군 또는 북한 지역에 대해 직접적인 무력행사를 할 가능성이 우려되는 것이다. 생각건대 유엔헌장은 제51조에서 개별적 자위권과 함께 집단적 자위권이 국가들의 고유한 권리라고 규정하고 있으나 집단적 자위권은 그것을 행사하려는 국가가 직접 공격을 받지도 않았는데 우방국이 공격받았다는 것을 근거로

무력을 행사하는 것이기 때문에 남용의 우려가 있다. 특히 일본은 제2차 세계대전의 전범국으로서 전수방위의 입장에서 개별적 자위만을 내세워 왔는데 입장을 바꿔서 동맹국 미국을 돕는다는 명분으로 북한에 대해 집단적 자위권을 내세울 경우 한반도에 대한 무력개입으로 이어질 우려가 있다. 이와 관련, 우리 정부는 '일본이 집단적 자위권을 행사함에 있어 한반도 및 우리 국익에 영향을 미치는 사안은 대한민국 정부의 요청 또는 동의가 없는 한 결코 용인될 수 없다'는 입장을 일본 정부에 통보하였고 이에 대해 일본 정부는 대한민국 정부에 대해 '한국 정부의 사전 동의 없이는 한반도에서 집단적 자위권을 행사하지 않겠다'고 통보한 것으로 알려졌다. 이와 관련 일본의 국내법인 '직접무력공격사태 및 존립위기사태 대처법'에는 일본의 집단자위권 행사에는 미국 및 관련 국가와 긴밀히 협의하여야 한다고 규정하고 있으며, 2015년 4월 제정된 「미일방위협력지침」(가이드라인)에서는 일본의 집단적자위권 행사는 제3국의 주권을 충분히 보호하여야 한다고 명기하고 있다. 앞으로 우리 정부는 북한급변사태 시에 일본이 한반도 및 주변에서 부득불 집단적 자위권 행사를 내세워 무력을 사용하는 경우에는 반드시 우리 대한민국 정부와 긴밀히 협의를 거치고 동의를 받도록 하여 한반도가 국제전쟁에 휘말리지 않도록 하여야 할 것으로 생각된다.[49] 아울러 한반도 유사사태 시 미국을 위한 일본의 집단적 자위권 행사에 대해 우리 정부의 입장을 미국에도 잘 이해시킬 필요가 있을 것으로 보인다.

한편, 집단적 자위권 행사와 관련하여 유엔 헌장은 제52조에서 지역적 약정을 허용하고 있다. 유엔 헌장 제52조는 "이 헌장의 어떠한 규정도 국제평화와 안전의 유지에 관한 사항으로서 지역적 조치(regional action)에 적합한 사항을 처리하기 위하여 지역적 약정 또는 기관(regional arrangements or agencies)이 존재하는 것을 배제하지 아니 한다"라고 규정하고 있다. 따라서 북대서양조약기구(North Atlantic Treaty Organization: NATO)와 같은 지역안보기구는 유엔 체제에서 허용된다. NATO의 설립 조약에 따르면 NATO의 목적은 회원국에 대한 공격을 전회원국에 대한 공격으로 간주하고 개별적 또는 집단적 자위권을 행사하여 공격받는 회원국을 지원하는 데 있다(NATO 설립조약 제5조). NATO 설립조약 제5조는 다음과 같이 규정하고 있다.

The Parties agree that an armed attack against one or more of them in Europe or North America shall be considered an attack against them all and consequently they agree that, if such an armed attack occurs, each of them, in exercise of the right of individual or collective self-defence recognised by Article 51 of the

---

49 김선표, "실패국가에 대한 국제사회 개입문제", 「서울국제법연구」 제30권 제1호(2017년), p.1-46.

Charter of the United Nations, will assist the Party or Parties so attacked by taking forthwith, individually and in concert with the other Parties, such action as it deems necessary, including the use of armed force, to restore and maintain the security of the North Atlantic area.

Any such armed attack and all measures taken as a result thereof shall immediately be reported to the Security Council. Such measures shall be terminated when the Security Council has taken the measures necessary to restore and maintain international peace and security

회원국들은 유럽 또는 북미에서 하나 또는 그 이상의 회원국에 대한 무력 공격을 회원국 전체에 대한 공격으로 간주한다는 데 동의하며, 따라서 그러한 무력 공격이 발생할 경우, 각 회원국은 유엔 헌장 51조에 의해 인정된 개인 또는 집단적 자위권을 행사하여 북대서양 지역의 안전을 회복 및 유지하기 위해 필요한 무력 사용을 포함하여 개별적으로 및 다른 회원국들과 함께 공격을 받은 회원국 또는 회원국들을 지원할 것이다. 그러한 무력 공격과 그 결과로 취해진 모든 조치는 즉시 안보리에 보고되어야 한다. 이러한 조치는 안전보장이사회가 국제평화와 안보를 회복 및 유지하기 위하여 필요한 조치를 취한 때에는 종료한다.

▼ 생각해 볼 문제 ▼

1. 미국과의 핵협상이 교착상태에 이른 북한이 미국에 대한 협박용으로 미사일을 발사하고 이 미사일이 한반도 주변 해역에 정박한 미 군함에 맞은 상황을 가정할 시, 일본은 어떤 논리로 북한에 대해서 무력을 사용할 수 있겠는가? 이 경우 우리 정부의 입장은 무엇이 되어야 할 것인가?

10 유엔 안전보장이사회의 무력 사용 조치

가. 헌장 제6장상 안정보장이사회의 권한

유엔안전보장이사회는 국제평화와 안전의 유지를 위한 일차적 책임(primary responsibility)을 가지고 있다(유엔 헌장 제24조). 이에 따라 유엔체제는 안전보장이사회가 국제사회에서 국제법상 무력사용 결정과 승인을 독점하고 있는 체제이다.

유엔 헌장 제6장(Chapter VI. Pacific Settlement of Disputes)은 국제분쟁의 평화적 해결에 대한 당사국의 의무를 규정하고 있다. 당사국 간 분쟁의 평화적 해결방법 및 사법적 해결 등에 대해서는 나중에 제20장 분쟁의 평화적 해결에서 상세히 설명하도록 한다.

나아가 유엔헌장 제6장은 분쟁의 평화적 해결을 위해 유엔 안전보장이사회가 취할 수 있는 조치를 규정하고 있다. 우선, 유엔안전보장이사회는 분쟁에 대해서 또 분쟁을 야기할 사태에 대하여 그 분쟁 또는 사태의 지속이 국제평화와 안전을 위태롭게 할 우려가 있는지 여부를 조사할 수(may investigate) 있다(유엔 헌장 제34조). 유엔 안전보장이사회는 필요하다고 판단하는 경우 국제 분쟁에 있어서 적절한 조정 절차 또는 조정 방법(appropriate procedures or methods of adjustment)을 권고할 수 있다(유엔 헌장 제36조1항). 안전보장이사회는 이러한 권고를 함에 있어서 법률적 분쟁(legal disputes)은 일반적으로는 국제사법재판소 규정(規程)에 따라 당사국에 의하여 국제사법재판소에 회부되어야 한다는 점도 고려되어야 한다(유엔 헌장 제36조 3항). 분쟁의 당사자는 분쟁을 평화적 수단에 의하여 해결하지 못하는 경우 이를 안전보장이사회에 회부하여야 한다(유엔 헌장 제37조).

나. 헌장 제7장상 안전보장이사회의 권한

이어 유엔 헌장은 제7장(Chapter VII: 평화에 대한 위협, 평화의 파괴 및 침략행위에 대한 조치)에서 무력 사태에 대한 안전보장이사회의 강제 조치를 규정하고 있다. 안전보장이사회는 평화의 위협(threat to peace), 평화의 파괴(breach of peace) 또는 침략행위(act of aggression)의 존재를 결정하고 국제평화와 안전을 유지하거나 이를 회복하기 위하여 권고하거나 조치(measures)를 결정할 수 있다(유엔 헌장 제39조). 안전보장이사회는 사태의 악화를 방지하기 위하여 권고나 조치에 앞서 필요한 잠정조치(provisional measures)를 관계 당사국에 요청할 수 있다(유엔 헌장 제40조). 안전보장이사회는 국제평화와 안전을 위하여 병력의 사용을 수반하지 아니하는 비무력적 조치(measures not involving the use of armed force)를 결정할 수 있으며 이러한 조치는 경제관계 및 철도, 항해, 항공, 우편, 전신, 무선통신 및 다른 교통통신수단의 전부 또는 일부의 중단과 외교관계의 단절을 포함할 수 있다(유엔 헌장 제41조).

안전보장이사회는 비무력적 조치가 불충분하다고 판단할 경우에는 국제평화와 안전의 유지 또는 회복을 위해 육, 해, 공군에 의한 무력적 조치를 결정할 수 있다. 이러한 무력적 조치에는 유엔 회원국의 육, 해, 공군에 의한 시위(demonstration), 봉쇄(blockade) 및 다른 작전(other operations)을 포함할 수 있다(유엔헌장 제42조). 이와 관련 유엔 회원국들은 안전보장이사회의 요청이 있는 경우 특별협정에 따라 국제평화와 안전의 유지에 필요한 병력(armed forces), 원조(assistance) 및 통과권(rights of passage)을 포함한 편의(facilities)를 안전보장이사회에게 제공한다(유엔 헌장 제43조). 그간 유엔의 관행상 유엔 회원국이 유엔 안전보장이사회에 대한 병력의 제공에 있어서 특별협정을 맺는 사례는 없었으며 이에 43조는 사실상 사문화되었다. 국제평화와 안전의 유지를 위한 안전보장이사회의 결정을 이행하는 데 필요한 조치는 안정보장이사회가 정하는 바에 따라 유엔 회원국 전부 또는 일부에 의하여 취하여 진다(유엔 헌장 제48조). 유엔 회원국의 헌장상의 의무는 다른 국제협정상의 의무에 우선한다(유엔 헌장 103조). 이러한 유엔 헌장의 구조상 유엔 안보리가 유엔 헌장 제7장상의 강제조치를 결정하는 경우 그러한 강제조치는 국제법적으로 관련 국가들을 구속하게 되며 이러한 강제조치 결정은 다른 협정상의 의무에 우선하는 것이다. 이러한 점에서 유엔 안전보장이사회는 막강한 권한을 가지고 있다. 이러한 점에서 헌장 제7장상 안전보장이사회의 권한을 마법의 힘(magic power)이라고도 한다.

유엔 안전보장이사회는 1950년 한국 전쟁 발발 당시 북한의 침략을 물리치기 위해 최초로 헌장 제7장 상의 무력적 조치를 결정한 바 있다. 1965년 6월 25일 유엔 안전보장이사회결의 82(1950)호는 북한에 의한 대한민국의 공격은 **평화의 파괴를 구성한다**고 결정하고 북한이 38도 이북으로 철수하라고 요청하고 있다.

> The Security Council,
> Noting with grave concern the armed attack on the Republic of Korea by forces from North Korea,
> Determines that this action constitutes **a breach of the peace**; and Calls for the immediate cessation of hostilities;
> Calls upon the authorities in North Korea to withdraw forthwith their armed forces to the 38th parallel;

이틀 뒤인 6월27일 안전보장이사회는 결의 83(1950)에서 북한이 적대행위를 중단하지 않고 또 38도 이북으로 철수하지 않은 것에 주목하고 유엔 회원국들에 대해 대한민국이 북한의 무력공격을 물리치고 국제평화와 안전을 회복하는 데 필요한 지원을 제공할 것을 권고하였다.

> The Security Council,
>
> Having noted from the report of the United Nations Commission on Korea 11 that the authorities in **North Korea have neither ceased hostilities nor withdrawn their armed forces to the 38th parallel,** and that urgent military measures are required to restore international peace and security,

Having noted the appeal from the Republic of Korea to the United Nations for immediate and effective steps to secure peace and security,

Recommends that the **Members of the United Nations furnish such assistance to the Republic of Korea as may be necessary to repel the armed attack and to restore international peace and security** in the area.

이어 유엔안전보장이사회는 7월 7일에는 결의 84호를 채택하여 대한민국을 돕기 위한 통합사령부(United Command)의 설치를 승인하고 동 사령부의 사령관은 미국 임명하도록 하고 동 사령부는 유엔 깃발을 사용할 수 있도록 승인하였다.[50]

The Security Council,

Having determined that the armed attack upon the Republic of Korea by forces from North Korea constitutes **a breach of the peace,**

Having recommended that Members of the United Nations furnish **such assistance to the Republic of Korea as may be necessary to repel the armed attack** and to restore international peace and security in the area,

1. **Welcomes the prompt and vigorous support** which Governments and peoples of the United Nations have given to its resolutions 82 (1950) and 83(1950) of 25 and 27 June 1950 to assist the Republic of Korea in defending itself against armed attack and thus to restore international peace and security in the area;

2. Notes that Members of the United Nations have transmitted to the United Nations **offers of assistance for the Republic of Korea;**

3. Recommends that all Members providing **military forces and other assistance pursuant to the aforesaid Security Council resolutions make such forces and other assistance available to a unified command under the United States of America;**

4. **Requests the United States to designate the commander of such forces;**

5. **Authorizes the unified command at its discretion to use the United Nations flag** in the course of operations against North Korean forces concurrently with the flags of the various nations participating;

6. Requests the United States to provide the Security Council with reports as appropriate on the course of action taken under the unified command.

---

50 당시 미소냉전체제하에서 상임이사국인 소련의 거부권 없이 이러한 안보리 결의가 가능했던 것은 당시 소련이 중화민국이 안보리에서 중국을 대표하는 데 대해 이의를 제기하고 안보리 참석을 거부하고 있었기 때문이다. 얼마 후 1950년 8월초에 소련이 안보리에 복귀함에 따라 더 이상의 결의안의 채택은 어려워졌다.

미국은 제2차 세계대전직후 연합군 최고사령관(Supreme Commander for the Allied Powers)으로서 일본에 주둔하고 있던 더글라스 맥아더 장군을 유엔 통합사령부의 사령관으로 지명하였다. 유엔안보리 결의에 따라 대한민국을 돕기 위해 미국을 비롯한 16개국이 참전하였다. 안보리 결의 84호에 의해 설립된 유엔군은 미국의 주도로 운영되었으며 안보리가 한국전쟁에 참여하고 있던 유엔군에 대해 구체적인 지시나 협의를 한 적은 없다. 1953년 7월27일 서명된 정전협정에는 마크 클라크장군이 유엔군 사령부(United Nations Command)의 사령관으로 서명하였다.[51] 유엔 안전보장이사회 결의 84(1950)로 설립된 유엔군은 현재까지 존속하고 있으며 유엔군 측을 대표하여 정전협정을 관리하는 임무를 수행하고 있다.

한국전쟁 이후에 유엔안보리가 헌장 제7장상의 무력사용을 허가한 사례는 1990년 이라크가 쿠웨이트를 침공한 사건에서 이었다. 안보리는 결의 660호에서 이라크의 쿠웨이트 침공을 국제평화와 안전에 대한 파괴라고 규정하고 이라크 군이 즉시 쿠웨이트로부터 철수할 것을 요구했다. 하지만 이라크는 안보리의 결의에 따르지 않았다. 안보리는 결의 678호에서 이라크에 대해서 모든 회원국들이 모든 필요한 조치(all necessary means)를 취할 수 있도록 승인함으로써 미국이 주도하는 다국적 군대를 승인하였다. 안보리 결의 678호는 다음과 같다.

The Security Council,

Noting that, despite all efforts by the United Nations, **Iraq refuses to comply with its obligation to implement resolution 660 (1990)** and the above-mentioned subsequent relevant resolutions, in flagrant contempt of the Security Council,

Mindful of its duties and responsibilities under the Charter of the United Nations for the maintenance and preservation of international peace and security,

Determined to secure full compliance with its decisions,
Acting under Chapter VII of the Charter,

1. Demands that Iraq comply fully with resolution 660 (1990) and all subsequent relevant resolutions, and decides, while maintaining all its decisions, to allow Iraq one final opportunity, as a pause of goodwill, to do so;

---

51 정전협정의 정식명칭은 「국제연합군 총사령관을 일방으로 하고 조선인민군 최고사령관 및 중국인민지원군 사령관을 다른 일방으로 하는 한국 군사 정전에 관한 협정」이다. 영문으로는 'Agreement between the Commander-in-Chief, United Nations Command, on the one hand, and the Supreme Commander of the Korean People's Army and the Commander of the Chinese People's volunteers, on the other hand, concerning a military armistice in Korea' 이다.

2. Authorizes Member States co-operating with the Government of Kuwait, unless Iraq on or before 15 January 1991 fully implements, set forth in paragraph 1 above, the above-mentioned resolutions, **to use all necessary means to uphold and implement resolution 660 (1990) and all subsequent relevant resolutions and to restore International peace and security in the area;**

3. Requests all States to provide appropriate support for the actions undertaken in pursuance of paragraph 2 above.

한편, 개별국가들에 의한 무력사용이 금지된 오늘날에 있어서도 강대국이 유엔안전보장이사회로 부터의 헌장 제7장에 근거한 **명시적인 무력사용에 대한 승인 없이 무력을 사용하는 경우**가 있다. 가장 대표적인 예는 2003년 3월 미국과 영국이 이라크에 대해 무력공격을 감행한 사건이다. 당시 미국은 2001년 9·11 테러 사건 이후에 이라크의 사담 후세인이 알카에다 등 국제테러조직을 지원하고 있으며 대량살상무기(weapons of mass destruction: WMD)를 은폐하고 있다고 주장했다. 이와 관련 유엔 안전보장이사회는 2002년 11월 결의 1441호를 채택하여 이라크가 과거 1991년도의 안보리 결의 678호를 중대하게 위반하고 있으며(material brach) 대량살상무기의 확산으로 국제평화와 안전에 위협을 주고 있다고 결정하고 이라크가 무기 사찰을 수용하고 대량무기를 폐기할 것을 요청하고 헌장 7장을 언급하면서 이라크는 의무위반은 중대한 결과에 직면할 것이라고 결장하였다. 그러나 이후에도 유엔 사찰단의 이라크에 대한 무기사찰은 잘 이루어지지 않았고 미국과 영국은 이라크에 대한 무력사용을 승인하는 새로운 안보리 결의를 준비하였으나 안보리 내의 의견대립 상황에서 무력사용 승인 결의안을 철회하였다. 2003년 3월 20일 미군과 영국은 합동으로 이라크에 침공하였고, 4월 9일에는 바그다드가 함락되고 사담 후세인은 12월 3일에 미군에게 체포되었다.[52] 수니파인 사담 후세인 정권의 제거로 이라크는 혼란에 빠져들었고 현재에도 이라크 정국은 불안한 상황이다. 미국과 영국의 이라크 침공 이후 전쟁의 이유가 된 대량살상무기는 발견되지 않았다.[53]

52 이 전쟁으로 사담 후세인 정권에 의해 유지되던 이라크의 치안이 와해되었으며 보복 살해 등 종파 분쟁이 발생하여 이라크는 혼란으로 빠져들었다. 침공 직후에 미국은 coalition provisional authority를 설립하여 이라크를 과도적으로 통치하였는데 CPA는 사담 후세인 정권하의 수니파 군대를 해산하고 바트당 소속의 공무원들까지 해직시켰다. 이러한 조치는 이라크를 더욱 혼란에 빠지게 하였고 해직된 수니파 군인들은 후에 일어난 수니파 테러 단체에 상당수 가입하였을 것으로 추정된다. 미국은 오바마 행정부 하에서 2010년부터 모든 전투 병력을 철수시키기 시작하였다. 2011년 12월 15일 미국은 공식으로 종전을 선언하였으며 같은 해 12월 18일 미군은 이라크에서 완전히 철수하였다.

53 당시 영국의 참전을 결정했던 수상 토니 블레어와 같은 노동당의 하원 원내총무 로비 쿡(전 영국 외무장관)은 하원에서 이라크 침공에 반대한다는 연설을 하고 노동당 원내총무직을 사퇴했다. 당시 영국 외무성의 법률고문(Legal Adviser)은 이라크 침공은 불법이라며 사직했다. 영국의 국제법 학자들은 이라크를 침공

다. 안전보장이사회와 지역안보기구

유엔안전보장이사회는 그 권위하에 이루어지는 강제조치를 위하여 적절한 경우에는 **지역적 약정 또는 지역적 기관을 이용할 수 있다**(유엔 헌장 제52조 1항). 다만, 안전보장이사회의 허가 없이는 어떠한 강제조치도 지역적 약정 또는 지역적 기관에 의해 취해져서는 아니 된다(유엔 헌장 제52조 1항).

1990년대 초 유고 내전에서의 인도적 상황이 악화되자 유엔 안전보장이사회는 1992년 안보리 결의 770호를 통해서 개별국가 및 지역적 약정, 지역적 기구에 대해 헌장 제7장상의 무력적 조치를 할 수 있도록 승인하였다.

> The Security Council,
>
> Acting under Chapter VII of the Charter of the United Nations,
> 1. Reaffirming its demand that all parties and others concerned in Bosnia and Herzegovina stop fighting immediately;
> 2. Calling upon **States to take nationally or through regional agencies or arrangements all necessary measures to facilitate in accordance with the United Nations the delivery by relevant United Nations humanitarian organizations and others of humanitarian assistance** to Sarajevo and wherever needed in other parts of Bosnia and Herzogovina.

이에 NATO는 신유고연방(세르비아+몬테네그로)에 대한 무기금수조치 이행을 위해 설정된 비행금지구역의 집행을 위한 공습작전(Operation Deny Flight)을 실시하였다. 그밖에도 NATO는 유고내전에서 활동하는 유엔평화유지군(the UN Protection Force: UNPROFOR)을 위해 공중 보호를 제공하였고, 안전지역(safe areas)에서 활동 중인 유엔 직원들을 보호하기 위한 공중 작전을 실시하였다. 유고내전에서의 이러한 NATO의 무력적 활동은 안보리의 무력사용 승인 결의와 더불어 유엔과의 긴밀한 협의 하에 이루어진 것이다. 이후 유고 내전을 종식하는 Peace Agreement(1995년 11월)가 서명된 이후에 NATO는 안보리의 승인(안보리 결의 1031호)하에 Dayton 평화협정 이행을 위한 병력(Implementation Force: IFOR)을 주도하여 활동하였다.

한편, NATO는 1993년 3월부터 1999년 6월까지 유엔 안보리의 명시적 승인 없이 코소보 사태에 개입하여 유고슬라비아 연방공화국에 대해 공습 작전을 진행한 바 있다. 당시 NATO는 코소보에서 많은 알바니아인들이 세르비아인들의 잔혹한 인종청소로 고

한 미국의 대통령 조시 부시에게 전쟁법죄의 책임을 물어야 한다는 주장을 제기하였다.

통을 당하자 군사적 개입을 감행하였다. 당시 NATO 국가들은 코소보의 군사개입에 대해 유엔 안전보장이사회의 승인을 얻으려 했으나 중국과 러시아가 이 제안에 거부권을 행사하여 좌절되었다. NATO의 코보소 공습은 유엔 안보리의 유엔헌장 제7장에 따른 무력사용에 대한 명시적 승인 없이 이루어졌다. 이 사건에 대해서는 뒤에서 인도적 간섭과 관련하여 좀 더 상세하게 설명하기로 한다.

라. 평화를 위한 단결 결의

유엔 헌장상 국제평화와 안전을 유지하는 일차적인 책임은 유엔 안전보장이사회에 있으며 유엔 총회는 유엔 안전보장이사회가 관여하고 있는 사태에 대하여는 논의할 수 없다(유엔 헌장 제10조). 또한 유엔 총회의 권한은 회원국들에 대한 비구속적 권고에 불과하다. 그러나 유엔 안전보장이사회가 어느 상임이사국의 거부권 행사로 국제평화와 안전을 유지해야 하는 일차적인 책임을 하지 못하는 상황에서는 총회가 나서서 회원국들에 대해 무력조치를 권고할 수 있도록 한 것이 평화를 위한 단결 결의(Uniting for Peace Resolution)이다.

평화를 위한 단결 결의는 한국전쟁 중 중공군이 한반도에 진입한 직후인 1950년 11월 3일 제5차 유엔 총회 때 채택되었다.[54] 한국 전쟁 발발 직후에는 소련이 중국(중화민국)의 유엔안보리 대표권 행사를 이유로 안보리 회의에 참석하지 않아서 북한의 침략을 규탄하고 대한민국을 돕기 위한 결의가 채택될 수 있었지만 얼마 후 소련은 안보리로 돌아와서 회의에 적극 참석하였다. 따라서 안보리는 더 이상 한국 전쟁에 대해서 논의를 할 수 없는 상황이 되었다. 이러한 상황에서 채택된 평화를 위한 단결 결의(총회 결의 377(V))는 다음과 같다.

> The General Assembly,
> Resolves that if the Security Council, **because of lack of unanimity of the permanent members**, fails to exercise its primary responsibility for the maintenance of international peace and security in any case where there appears to be a threat to the peace, breach of the peace, or act of aggression, **the General Assembly shall consider the matter immediately** with a view to making appropriate recommendations to Members for collective measures, **including in the case of a breach of the peace or act of aggression the use of armed force when necessary, to maintain or restore international peace and security**. If not in session at the time, the General Assembly may meet in **emergency special**

---

54 중공의 인민의용군이 압록강을 넘어 한반도에 들어온 것은 1950년 10월 19일이다.

session within twenty-four hours of the request thereafter. Such emergency special session shall be called if requested by the Security Council on the vote of any seven members, or by a majority of the Members of the United Nations.

중공의 한국 전쟁에 개입에 대해 안보리는 1950년 12월 중공의 한국전 개입을 규탄하고 중공군의 철수를 요구하는 결의를 채택하려고 하였으나 소련의 반대로 채택되지 못하였다. 결국 1951년 1월 안보리는 6·25전쟁 자체를 안보리 의제에서 제외하기로 하는 결의를 의결했다. 이어 유엔 총회는 1951년 2월 1일 결의 498(V)에서 중공군의 한국전 개입을 규탄하면서 중공군이 한국에서 철수할 것을 요구하고 모든 국가들이 유엔을 지원할 것을 요청하였다.

The General Assembly,

Noting that the Security Council, **because of lack of unanimity of the permanent members**, has failed to exercise its primary responsibility for the maintenance international peace and security **in regard to Chinese communist intervention in Korea,**

Finds that the Central People's Government of People's Republic of China, by giving direct aid and assistance to those who were already committing aggression in Korea and by engaging in hostilities against United Nations forces there, has itself engaged aggression in Korea;

Calls upon the Central People's Government of People's Republic of China **to cause its forces and nationals in Korea to cease hostilities against the United Nations forces and to withdraw from Korea;**

Affirms the determination of the United Nations to continue its action in Korea to meet the aggression;

Calls upon all States and authorities to continue to lend every assistance to the United Nations action in Korea;

이후 유엔 총회의 평화를 위한 단결 결의의 사례는 다음과 같다. 1956년 이집트의 나세르 대통령이 수에즈 운하의 국유화를 선언하자 수에즈 운하 경영권을 가지고 있던 안보리 상임이사국인 영국과 프랑스가 이집트를 침입하는 사태가 발생하였고, 이에 미국과 소련은 상호 협조하여 동 문제를 평화를 위한 단결에 의거 임시특별총회를 개최하도록 하였다. 임시특별총회는 관련국의 정전과 철수를 요청했고 UN Emergency

Force(UNEF)를 파견하였다. 이후 유엔 총회는 콩고 사태, 이스라엘-중동 분쟁 등에서 평화를 위한 단결 결의에 따라 무력적 조치를 채택하였다.

평화를 위한 단결 결의에 따라 총회가 취하는 무력을 사용하는 조치는 헌장 제7장에 따라 안전보장이사회가 취하는 조치와 달리 평화의 파괴 및 침략의 경우에만 취할 수 있고 평화에 대한 위협은 제외된다. 또한 평화를 위한 단결 결의에 따른 조치는 어디까지나 권고이므로 법적 구속력을 가지는 안전보장이사회의 결의와는 법적 성격인 다르다. 평화를 위한 단결 결의에 따른 조치가 잘 이행되기 위해서는 당사국들의 협조를 잘 얻어내는 것이 중요하다.

마. 유엔평화유지군

유엔 헌장은 안전보장이사회가 평화에 대한 위협, 평화에 대한 파괴 및 침략이 발생한 경우에 국제평화와 안전의 회복과 유지를 위하여 강제적 조치(제7장)를 취할 수 있도록 규정하고 있다. 원래 유엔 헌장 제7장에서 상정하고 의도하였던 것은 평화를 파괴한 국가를 무력적 조치로서 응징하여 평화를 강제하려는(peace imposing) 조치였다고 할 수 있다. 그러나 오늘날의 유엔 평화유지군 활동의 주된 초점은 무력적 갈등이 분쟁 당사국들 간의 합의로 중지된 이후에 그 평화를 공고히 하여 보다 장기적이고 안정적인 평화를 구축하려는 데 있다.

따라서 유엔평화유지군으로 활동하는 군인들은 전쟁에서 싸우는 전투원이 아니라 정전, 휴전, 병력 철수, 국경 등을 감시하고 휴전 지역의 질서유지 및 분쟁 세력을 갈라 놓는 역할을 하는 것이다. 평화유지군에 참여하는 군인들이 소지한 무기나 군용 차량은 개인 방어용이며 적극적으로 공격을 위한 것이 아니다. 유엔 평화유지 활동에 참여하는 군인들은 파란색 베레모나 파란색 헬멧을 쓰고 있다고 하여 유엔 평화유지군 군인들은 '블루 베레모' 또는 '블루 헬멧'이라고도 불린다. 이러한 유엔 평화유지군의 역할은 당초 유엔 헌장 제7장에서 의도하였던 평화 강제군도 아니고 또 헌장 제6장에서 의도한 비무력적 조치도 아닌 그 사이에 있는 까닭에 유엔 평화유지군은 유엔 헌장 제 6.5장에 근거한다고 말하기도 한다.

유엔평화유지군의 기원은 1956년 수에즈 운하 위기 때 평화를 위한 단결 결의에 의거 유엔 임시특별총회에 의해 창설된 UN Emergency Force(UNEF)라고 할 수 있다. 그러나 오늘날 유엔 평화 유지군 또는 유엔평화유지 활동은 유엔안전보장이사회의 결정에 따라 회원국이 군대를 보내고 유엔 사무총장이관리하는 것으로 체계화되어 있다.

우리나라는 1993년-1995년간 제2차 유엔 소말리아 임무(UNSOM II)에 공병대대를 파병하였으며, 1996년-1996년간 제3차 유엔 앙골라 검증 임무(UNAVEM III)에 공병대 대를 파견하였고, 1999년부터 2003년간 동티모르 국제군(INTERFET)의 일원으로서 동 티모르 치안유지 및 선거 감시하는 임무를 수행하였고, 2007년부터 현재까지 유엔 레 바논 평화유지군(UNIFIL)에 동명부대(특전사 및 공병, 의무, 정비등 300명)를 참여시키고 있으며, 2010년부터 2012년까지 아이티 지진에 따른 국제 연합 아이티 안정화 임무단 (MINUSTAH)에 공병부대(단비부대)를 파견하였다.

11 인도적 간섭과 보호책임

가. 인도적 간섭

내전이나 인권탄압 등으로 크게 고통을 받거나 죽어가는 다수의 사람들을 구하기 위 하여 타국에 무력 개입을 할 수 있다는 '인도적 간섭' 이론은 19세기유럽에서 발전되었 다. 이는 영토 주권 존중 및 내부 문제 불간섭에 대한 예외를 의미한다. 예컨대 영국의 Oppenheim 교수는 간섭 행위로 말미암아 영토국의 주권이 훼손되더라도 영토국이 자 국민에 대해서 기본적 인권을 부정하거나 인류의 양심에 충격을 주는 방법으로 잔학한 행동을 하거나 박해를 가했다면 인도적 차원의 간섭이 허용된다고 주장하였다.[55] 우리 나라에서도 비인도적 행위에 대한 구제로서 행하여지는 인도적 간섭은 유엔에 의하여 또는 개별국가에 의하여 행하여지는 것이 인정된다고 주장하는 학자도 있다.

오늘날 유엔 체제하에서 **안보리의 승인 없이** 인도적 간섭을 명분으로 하는 타국에 대해 무력 개입을 하는 것은 국제법상 정당화되기 어렵다고 보는 것이 일반적인 견해 이다. 개별국가가 인도적 간섭이론에 따라 타국에 대해 일방적인 무력개입을 하는 것은 유엔헌장과 양립할 수 없는 불법성의 문제를 제기하지만 유엔안전보장이사회가 인도적 차원에서 유엔헌장 제7장에 따라 무력적 강제조치를 승인하는 경우에는 불법성의 문제 가 제기되지 않는다. 법리적으로 안보리는 어느 국가 내에서 심각한 인권침해가 발생하 는 경우에 동 인권침해가 국제평화와 안전에 위협이 되는 연계성이 있을 때 무력적 조 치를 결정할 수 있을 것이다.

실제로 유엔 안전보장이사회는 소말리아 사태, 르완다 사태 및 보스니아 사태에서 인 도적 간섭론을 유엔헌장 제7장의 맥락에서 원용하여 무력사용을 승인한 바 있다. 1992 년 소말리아 사태에서 안전보장이사회는 소말리아의 절박한 인도적 상황이 국제사회의

---

55 *Oppenheim's International Law*, 9th edition, vol 1, edited by Robert Jennings and A. Watts, pp.42-443.

평화와 안전에 대한 위협을 구성한다고 보고 국제적 보호활동의 여건을 확보하기 위하여 유엔 헌장 제7장에 따라 국제사회가 모든 필요한 조치(all necessary measures)를 취할 수 있도록 승인하였다. 이 결의는 안전보장이사회가 인도적 차원에서 무력 개입을 승인한 첫 사례이다. 또한 1992년 안전보장이사회는 유고 사태에서 인도적 상항이 악화되자 안보리 결의 770호를 통해서 국가들이 개별적으로 또는 지역안보기구를 통해서 무력적 조치를 취할 수 있도록 승인하였다. 이후 1994년 안전보장이사회는 르완다에서 발생하는 집단살해(genocide)가 국제평화와 안전에 대한 위협을 구성한다고 보고 집단살해로부터 피난하는 사람들에 대해 피난처(safe heavens)를 확보하는 것이 필요하다고 보고 이를 위해 유엔 헌장 제7장하에서 프랑스 군대가 개입할 수 있도록 승인하였다.

안전보장이사회가 국제분쟁과 유혈사태에 대해 인도적 차원에서 국제사회의 지원을 촉구할지라도, 항상 헌장 제7장상의 무력사용을 승인하지는 않는다. 1991년 쿠르드 사태에서 미국, 영국, 프랑스는 쿠르드 지역에 대한 인도적 지원 및 군사적 개입도 해야 한다는 입장이었으나 결의 688호는 무력 사용을 승인하지 않았다. NATO는 1993년 3월부터 1999년 6월까지 유엔 안보리의 명시적인 무력사용 승인 없이 코소보 사태에 개입하여 세르비아(신유고연방)에 대해 공습 작전을 진행한 바 있다. 당시 NATO는 코소보에서 많은 알바니아인들이 세르비아인들의 잔혹한 인종청소로 고통을 당하자 군사적 개입을 감행하였다. NATO는 유엔 안전보장이사회의 승인 없이 개시한 이 군사작전을 **인도적 개입**으로 정당화하였다.[56] 유엔 안전보장이사회는 1999년 6월 코소보 전쟁 종전직후 결의 제1244호를 통해 유엔 코소보 임시행정부(United Nations Interim Administration Mission in Kosovo: UNMIK)를 설립하여 코소보를 통치하도록 하면서 NATO가 주도하는 유엔 코소보 평화유지군(KFOR)이 코소보의 치안을 담당하도록 함으로써 NATO의 코소보에 대한 인도주의적 무력 개입을 사실상 추인하였다.

나. 보호책임(Responsibility to Protect)

인도적 간섭 이론이 19세기에 등장한 것인데 비해 보호책임은 2000년대에 등장한 새로운 개념이다. 보호책임론은 인도적 간섭과 같은 맥락에서 중대한 인권침해로부터 주민들을 보호해야 한다는 차원에서 출발하였으나 인도적 간섭과 달리 보호책임론은

---

56 1999년 6월 신유고연방은 NATO의 세르비아 공습을 문제 삼아 NATO 회원국들을 대상으로 국제사법재판소에 소송을 제기하였으나, 국제사법재판소는 국제사법재판소 규정상 오직 국가 당사자만이 소송을 할 수 있는데 1992년 사회주의유고연방이 붕괴한 1992부터 2000년 유고연방(세르비아와 몬테네그로)이 유엔의 회원국으로 받아들여지기 전까지 유고연방이 국가인지는 모호한 상태이며 따라서 유고연방(세르비아, 몬테네그로)는 국가 당사자라고 할 수 없으며 따라서 국제사법재판소는 동 사건에 대해서 관할권이 없다고 하였다.

영토국의 주권을 인정하고 그에 따른 영토국의 1차적인 보호 의무를 인정하고 있다. 이에 따라 보호책임론은 영토국에 대하여 심각한 인권 침해로부터 주민들을 보호할 일차적인 의무를 부여하고 있으며 국제공동체에 대해서는 2차적인 보호책임을 부여하고 있다. 보호책임은 단지 국제사회의 무력적 보호책임만을 강조한 것이 아니라 그에 앞서 국제사회가 영토 국가로 하여금 1차적인 보호책임을 잘 이행할 수 있도록 지원할 의무를 지우고 있으며 영토국가가 이에 실패할 경우에 국제사회가 비무력적 또는 무력적으로 대응하도록 하고 나아가 재건의 책임까지도 국제사회에 지우고 있다.

보호책임론의 체계적 발전은 캐나다 정부가 주도하였다. 캐나다 정부가 조직한 ICISS(International Commission on Intervention and Sate Sovereignty)가 채택 발간한 2004년 보고서가 보호책임론 이론의 근간을 제공하고 있다. 동 보고서에 따르면 보호책임을 위한 국제사회의 무력사용을 위해서는 다음의 5가지 조건을 충족하여야 한다.

첫째, 주민에 대한 위협은 중대하여야 하며, 그러한 위협은 집단살해(genocide), 전쟁범죄(war crimes), 인도에 반하는 범죄(crime against humanity), 또는 인종청소(ethnic cleansing)로 야기되는 것이어야 한다.

둘째, 보호책임에 따르는 개입의 주된 목표는 위협받고 있는 인도적 재앙을 종식시키는 것이어야 한다.

셋째, 군사적 개입의 규모는 문제의 위협과 비례하여야 한다.

넷째, 군사적 개입에 수반되는 해로운 결과는 미개입에 따른 부작위의 결과보다 분명히 작아야 한다.

이후 2004년 유엔 사무총장이 주도한 고위급 패널은 캐나다 정부가 주도했던 ICISS의 보고서를 기반으로 하여 토의를 갖고 ICISS의 보고서의 내용을 수용하였다. 유엔 고위급 패널은 보호책임은 유엔안전보장이사회의 승인 하에 이루어진다는 것을 분명히 하였다. 이어 2005년 유엔에서 개최된 World Summit에서는 여러 가지 국제사회의 이슈와 함께 보호책임의 문제도 논의하였으며 이를 바탕으로 채택된 보고서는 보호책임이 야기되는 국제법상의 범죄는 집단살해, 전쟁범죄, 인종청소, 인도에 반하는 범죄로 한정하였으며 미국이 제시한 여타 다른 중대한 가혹행위(other major atrocities)는 수용되지 않았다. 또는 World Summit는 보호책임에 따른 유엔 헌장 제7장 상의 조치는 개별 영토국이 자국 주민들을 관련 범죄로부터 보호하는 데 있어 명백히 실패한 경우로 한정한 것도 주목할 필요가 있다. World Summit의 보고서의 관련 부분은 다음과 같다.[57]

---

57   2005 World Summit Outcome, UN Do. A/60/l.1 para.138-139.

Each individual State has the responsibility to protect its populations from genocide, war crimes, ethnic cleansing and crimes against humanity. This responsibility entails the prevention of such crimes, including their incitement, through appropriate and necessary means.

We accept that responsibility and will act in accordance with it. The international community should, as appropriate, encourage and help States to exercise this responsibility and support the United Nations in establishing an early warning capability.

The international community, through the United Nations, also has the responsibility to use appropriate diplomatic, humanitarian and other peaceful means, in accordance with Chapters VI and VIII of the Charter of the United Nations, to help protect populations from genocide, war crimes, ethnic cleansing and crimes against humanity. In this context, we are prepared to take collective action, in a timely and decisive manner, through the Security Council, in accordance with the Charter, including Chapter VII, on a case-by case basis and in cooperation with relevant regional organizations as appropriate, should peaceful means be inadequate and national authorities are manifestly failing to protect their populations from genocide, war crimes, ethnic cleansing and crimes against humanity.

각 국가는 집단 살해, 전쟁 범죄, 인종 청소, 인도에 반하는 범죄로부터 주민들을 보호할 책임이 있다. 이러한 책임은 적절하고 필요한 수단을 통해 선동을 포함한 범죄를 예방하는 것이다.

우리는 그 책임을 받아들이고 그에 따라 행동할 것이다. 국제사회는 적절하게 각국이 이러한 책임을 행사하고 유엔이 조기경보 능력을 확립할 수 있도록 조장하고 지원해야 한다.

또한 국제사회는 유엔을 통해 유엔헌장 제6장 및 제8장에 따라 적절한 외교적, 인도주의적 및 기타 평화적 수단을 사용하여 집단살해, 전쟁범죄, 인종청소와 인도에 반하는 범죄로부터 주민들을 보호할 책임이 있다. 이러한 맥락에서, 평화적 수단이 불충분하고 개별 국가권력이 집단 살해, 전쟁 범죄, 인종 청소, 인도에 반하는 범죄로부터 주민들을 보호하는 데 명백하게 실패하는 경우 우리는 제7장을 포함한 헌장에 따라 시기적절하고 결정적인 방식으로 사건별로 또 필요한 경우 관련 지역기구와 협력하여 집단행동을 취할 준비가 되어 있다.

오늘날 유엔 헌장하에서 국제사회가 보호책임으로 무력 개입을 하기 위해서는 안정보장이사회가 헌장 제7장에 따른 무력초치의 승인이 필요할 것이다. 유엔 헌장 제7장상 유엔 안전보장이사회가 무력 사용을 포함하는 강제조치를 취할 수 있는 경우는 평화에 대한 파괴, 평화에 대한 위협, 또는 침략 행위가 발생하여야 하고(유엔 헌장 제39조), 국제평화와 안전을 유지하거나 회복하기 위한 비무력적 조치(헌장 제41조)가 불충분한 경우에 한정되는 바, 안전보장이사회가 보호책임으로 무력사용을 결정하기 위해서는 집단살해, 전쟁범죄, 인종청소, 인도에 반하는 범죄가 국제사회의 평화에 대한 위협, 평화의 파괴 또는 침략행위로 간주될 수 있어야 할 것이며 또한 비무력적 조치가 불충분한 상황이어야 할 것이다.

　　2011년 3월 유엔 안전보장이사회는 리비아 사태에 관한 결의 1973호에서 보호책임의 법리를 유엔 헌장 제7장상의 규정으로 포섭하여 무력 사용을 승인하였다. 동 결의에서 안전보장이사회는 민간인 보호에 관한 리비아 정부의 책임을 강조하고 리비아에서 벌어지고 있는 대규모 살상 및 살해 등이 인도에 반하는 범죄에 해당된다고 판단하고 나아가 이러한 상황은 국제 평화와 안전에 대한 위협을 구성한다고 판단하고 유엔 헌장 제7장에 따라 회원국들이 민간인과 민간인 거주 지역의 보호를 위해 필요한 모든 조치를 취할 수 있도록 승인하였다. 안보리 결의 1973호는 다음과 같다.

The Security Council,

Reiterating the responsibility of the Libyan authorities to protect the Libyan population and reaffirming that parties to armed conflicts bear the primary responsibility to take all feasible steps to ensure the protection of civilians,

Determining that the situation in the Libyan Arab Jamahiriya continues to constitute **a threat to international peace and security,**

Acting under Chapter VII of the Charter of the United Nations,

Authorizes Member States that have notified the Secretary-General, acting nationally or through regional organizations or arrangements, and acting in cooperation with the Secretary-General, **to take all necessary measures,** notwithstanding paragraph 9 of resolution 1970 (2011), to protect civilians and civilian populated areas under threat of attack in the Libyan Arab Jamahiriya, including Benghazi, while excluding a foreign occupation force of any form on any part of Libyan territory, and requests the Member States concerned to inform the Secretary-General immediately of the measures they take pursuant to the authorization conferred by this paragraph which shall be immediately reported to the Security Council.

안전보장이사회는,
리비아 주민을 보호해야 하는 리비아 당국의 책임을 거듭 강조하며, 민간인 보호를 위해 실현 가능한 모든 조치를 취해야 할 일차적인 책임이 무장 분쟁 당사자들에게 있음을 재확인하고.
리비아의 상황이 국제 평화와 안보에 위협이 되고 있다고 판단하고,

국제 연합 헌장 7장에 따라 행동하면서,

유엔 사무총장에게 통보하고 유엔 사무총장과 협의 하에 국가적으로 또는 지역적 조직이나 협정을 통해 행동하는 회원국들이 결의 1970(2011) 제9항에도 불구하고, 리비아 영토의 어느 부분에서도 어떤 형태로든 외국 점령군도 배제하면서, 벵가지 등 리비아에서 공격의 위협을 받고 있는 민간인과 민간인 거주지역을 보호하기 위해 필요한 모든 조치를 취하는 것을 승인하며,

한편, 회원국들이 본 항의 승인에 따라 취하는 조치들은 사무총장에게 즉시 통보해야 하며 안전보장이사회에 즉시 보고되어야 한다.

보호책임을 원용한 안전보장이사회의 결의 1973호를 근거로 하여 NATO를 중심으로 한 국제사회의 군사적 개입이 전개되었다.

다. 실패국가에 대한 무력 사용 문제

국제사회에서 '실패국가(failed state)'에 대한 논의는 1990년대 냉전종식이후에 민주주의와 인권을 증진시켜야 한다는 미국의 주도에서 시작되었다. 실패국가론의 요지는 국가 시스템이 붕괴한 국가에서 민주주의와 인권의 문제가 심각하므로 이를 개선하기 위해 미국 및 유엔이 더욱 적극적인 역할을 해야 한다는 것이었다. 구체적으로 보면 1991년 소말리아 민주공화국 붕괴이후 심각한 내전 상태에 빠진 소말리아, 1996년부터 2001년까지 탈레반 정권하의 아프가니스탄, 1991년 이라크-쿠웨이트 전쟁이후부터 2003년 미국 주도 연합군의 이라크 침공 후 혼란에 빠진 이라크, 2011년 이래 극심한 내전상태에 있는 시리아 등이 '실패국가'의 범주에 속하는 것으로 볼 수 있다.

국제법적으로 볼 때 실패국가란 내전 등으로 인하여 혼란한 상황으로 '실효적 정부의 부재 상황(absence of effective government)'이 되어 국가 기능이 무능력의 상태에 빠진 국가(the inability of a state)라고 할 수 있다. 이러한 상황에서는 중앙정부는 자국민과 자국 영토의 상당 부분에 대해서 통제력을 상실한 상황이라고 할 수 있다.

실패국가와 유사한 개념으로 불량배 국가(rogue state)라는 용어가 있다. 불량배 국가란 2000년대 들어서 미국이 주도하던 테러와의 전쟁에서 미국에 의해 제기된 용어이다. 불량배 국가란 대량무기나 테러지원 등으로 국제사회에 위협을 가하는 그야말로 불량한 국가라는 의미로 사용된다. 생각건대 국제사회에 위협을 가하는 국가가 반드시 국가시스템이 붕괴한 실패국가는 아니라는 점에서 두 개의 개념이 어느 정도 관련성이 있으나 구별되는 개념이라고 할 것이다. 그러나 또 한편으로, 볼 때 실패국가의 경우 국토

의 거의 대부분에 대해 중앙정부의 실효적 통제가 이루어지지 않아 무장 테러 단체들이 할거하고 이에 따라 국제사회의 안전에 위협을 가하는 경우가 있을 수 있겠고 또 국민의 인권과 복지를 도외시하고 국제사회에 대한 도발을 도모하는 불량배 국가가 결국 실패국가로 전락할 가능성이 크기 때문에 실패국가와 불량배 국가 개념 간에는 어느 정도의 연관성이 없지 않다고 하겠다.

어느 국가가 실패국가로 전락하였다고 하여도 국가가 완전히 소멸하지 않는 한 국가 계속성의 원칙에 따라 그 국가의 국가성(statehood)은 계속 남아있다. 유엔안전보장이사회가는 소말리아가 수십 년간 실효적 정부가 없는 상황에서도 소말리아라는 국가의 존속을 확인해 오면서 소말리아 내에 새로 설립된 소말리랜드 공화국을 인정하고 있지 않는 것도 그러한 맥락에서 볼 수 있다. 시리아는 2011년 4월 이래 대규모 내란의 소용돌이 속에 빠져있으며 아사드 정부는 국토의 거의 대부분 지역과 주민에 대해서 실효적 통제력을 상실하여 실패국가로 전락하였지만 '시리아'라는 국가는 망하지 않고 살아 있으며 아사드 정부는 합법적 정부로 남아 있다. 따라서 시리아 정부군에 대항하는 반군에 대한 무기 등의 지원은 국제법상 불법이 된다. 실패국가라고 하여 외국의 내전개입이 정당화되는 새로운 규범이 나온 것은 없다.

실패 국가의 문제는 실패국가의 상황에 따라 무력 개입이 가능한가의 문제라고 할 수 있다. 실패국가의 경우 상황이 악화되어 보호책임을 야기하는 상황으로 될 수도 있을 것이다. 이 경우에도 유엔 안전보장이사회가 유엔 헌장 제7장에 따라 실패국가에서 벌어지고 있는 상황이 평화와 안전에 대한 위협을 구성한다고 판단하여 무력 사용을 승인 결정하지 않는다면 실패국가에 대한 일방적 무력 개입은 불법이 될 것이다.

▼ 생각해 볼 문제 ▼

1. 북한에서 비상사태로 많은 주민들이 죽어가고 있고 북한의 치안이 극도로 위험한 상황을 가정할 때 우리 대한민국은 어떤 논리로 북한에 무력 개입을 할 수 있는가? 만일 중국이 보호책임이나 인도적 간섭을 이유로 개입하려고 한다면 우리 정부의 입장은 무엇이 되어야 할 것인가?

12 전쟁법(law of war)과 국제인도법(international humanitarian law)

가. 발전과정

오늘날 유엔 체제하에서 무력 사용이나 전쟁은 자위권과 유엔 안보리에 의한 승인이 있는 경우를 제외하고는 불법이 되었지만 그럼에도 불구하고 일단 전쟁 또는 무력 충돌이 일어나면 전투행위나 무기사용은 국제법에 의해서 규제된다. 이와 같이 무력 충돌 또는 전쟁 시에 그 잔학성을 줄이고자 하여 무력 사용의 방법과 수단을 규제하는 국제 규범을 전쟁법(law of war) 또는 무력충돌법(law of armed conflicts) 또는 국제인도법(international humanitarian law)이라고 한다. 전통적으로는 18세기, 19세기의 국제관습법을 바탕으로 1907년 헤이그 평화회의에서 무기 사용 및 전투 행위의 규제를 위해 채택된 육전법규(Hague Convention) 및 육전규칙(Hague Regulations)을 중심으로 한 법 체제를 **헤이그 법**(Hague Law) **또는 전쟁법**(law of war)이라고 불러 왔고 이후 1949년 제네바 회의에서 전쟁의 희생자를 보호하기 위해 채택된 4개 협약들을 중심으로 이루어진 규범 체제를 **제네바 법**(Geneva Law) **또는 국제인도법**(International Humanitarian Law)이라고 불러 왔으나 최근에는 양 규범체제가 모두 인도주의적 차원에서 비롯된 것이라는 점에서 양 규범을 국제인도법이라는 용어로 포괄하여 설명하기도 한다.[58]

나. 헤이그 전쟁법 규범 체제

전쟁법의 두 가지 큰 원칙은 **군사적 필요성의 원칙**(the principle of military necessity) 과 **인도주의의 원칙**(the principle of humanity)이다.[59]군사적 필요성의 원칙은 교전당사국이 전쟁에서 적을 굴복시키는 데 필요한 정도의 군사력을 사용할 수 있다는 것이다. 그렇다고 하여 적을 굴복시키기 위하여 무제한의 군사력을 무차별적으로 사용할 수 있는 것은 아니다. 인도주의 원칙은 필요 이상의 과도한 무력의 사용은 인도주의적 차원에서 제한된다는 것이다. 이러한 원칙에 입각하여 헤이그 전쟁법 체제는 무기의 사용 및 전투방법에 대한 규제를 하고 있다.

첫째, 무기의 사용과 관련, **불필요한 고통**(unnecessary suffering)**을 주는 무기의 사용을 금지하고 있다.** 이러한 원칙에서 불필요한 고통을 주는 무기를 구체적으로 금지하는 협약들이 채택되었다. 독가스 산포를 목적으로 하는 발사체 사용금지 선언(1899년 채택), 덤덤탄의 사용금지 선언(1899년), 독가스 및 세균의 전시 사용금지 의정서(1925년

---

58 국제적십자위원회의 홈페이지 설명 참조.

59 杉原高嶺, 「國際法講義」, 제2판, 참조.

채택, 131개국 가입), 화학무기 금지 협약(1992년 채택, 118개국 가입), 세균무기 금지 협약(1972년 채택, 138개국 가입), 환경변경 기술을 사용하는 무기 금지 협약(1977년 채택), 특정재래식무기 금지 협약(1980년 채택) 및 3개 의정서 즉, 탐지불가능파편사용 금지 의정서(1998년 채택), 지뢰 및 위장성(偽裝性) 무기사용 금지 및 제한 의정서(1998년 채택), 소이성(燒夷性) 무기(incendiary weapons)사용 금지 및 제한 의정서(1998년 채택)와 대인지뢰 금지 협약(1997년 채택) 등이 채택되었다. 문제는 특정무기를 금지하는 선언이나 협약에 모든 국가들이 가입하고 있는 것은 아니라는 점이며 또한 문제가 될 수 있는 국가들이 관련 협약에 가입하지 않고 있다는 점이다. 헤이그 법의 정신과 규정에 따라 과도한 고통을 주는 무기는 전쟁에서 사용되어서는 아니 되나 사용이 제한되는 구체적 무기의 사용 방법과 제한에 관하여는 무기별 개별 협약에서 정하고 있는데 무기별 개별 협약은 전 세계 모든 나라를 구속하는 보편성을 갖추고 있지 못하여 있는 문제가 있다. 특히 핵무기는 과도하고 광범위한 살상 능력으로 불필요하게 고통을 주는 무기이나 핵무기의 사용을 보편적으로 금지하는 국제법 규범은 형성되지 않은 상태이다. 이와 관련 1996년 국제사법재판소가 유엔 총회의 요청을 받아 제시한 핵무기 사용 문제에 관한 권고적 의견에서는 핵무기의 사용은 인도법의 원칙과 규칙에 일반적으로 위반한다고 보나 국가의 존망 자체가 걸린 자위의 극단적인 상황에서는 불법성을 명확히 결론 내릴 수 없다고 판단했다.[60]

둘째, **전투방법에 대한 규제로서 군사목표에 한정하지 않는 무기의 사용을 금지하고 있다(軍事目標主義)**. 이에 따라 방비되지 않은 도시, 촌락, 민간 주거 지역 또는 건물에 대한 공격은 금지된다. 또, 하나의 전투 방법에 대한 규제로서 배신행위(perfidy)는 금지된다. 배신행위란 국제법상 보호를 받는 지위인 것처럼 거짓을 꾸며 적을 착오에 빠뜨리는 행위를 말하는데 예컨대 항복의도가 없는 데 항복 깃발을 사용하거나, 부상병인 것처럼 거짓으로 꾸미거나, 민간인으로 위장하거나, 전투부대가 의무부대의 깃발을 사용하거나 유엔의 깃발이나 중립국의 깃발을 사용하여 적군을 해치거나 포획하는 행위이다. 그러나 배신행위는 기계(奇計, ruse of war)와 구별되며 기계는 허용된다. 기계란 예컨대 위장된 공격 및 퇴각, 적의 유인, 허위 군사 행동, 허위 정보 유포 등이다. 배신행위

---

60 최근 2017년 핵무기 철폐를 규정한 핵무기금지조약이 채택되었다. 핵무기금지조약은 핵무기의 개발·실험·생산·보유·사용뿐 아니라, 핵 보유국의 다른 나라들에 대한 '핵우산' 제공까지도 금지하고 있다. 동 조약은 50개국의 비준으로 2021년 1월 발효가 되었다(51개국 비준 한국은 서명, 비준하지 않음). 주요 핵보유국인 미국·러시아·영국·프랑스·중국 등 5개국은 참여하지 않았다. 미국의 '핵우산'에 들어간 일본과 한국도 비준하지 않았다. 따라서 현재로선 핵무기금지조약은 현실적 의미가 없다. 핵무기금지조약을 들어 핵무기 사용이 금지된 국제규범이 형성되었다고 할 수는 없다.

와의 차이는 기계로서 하는 행동에서는 국제법상 보호 받는 것으로 위장하지 않는 다는 것이다.

다. 제네바 인도법 규범 체제

제네바 인도법 체제는 1949년 채택된 4개의 협약과 1977년 채택된 두 개의 의정서로 이루어져 있다. 제1호 협약은 육전에서의 군대의 부상자 또는 조난자의 상태개선에 관한 협약, 제2호 협약은 해상에서의 군대의 부상자 및 조난자의 상태개선에 관한 협약, 제3호 협약은 포로의 대우에 관한 협약, 제4호 협약은 전시 민간인의 보호에 관한 협약이다. 제네바 4개 협약은 각 제3조에 공통조항(Common Article 3)를 두고 있는데 이는 비국제적 성격을 갖는 무력충돌의 경우(In the case of armed conflict not of an international character)에도 최소한의 인도적 대우를 하여야 한다고 규정하고 있다. 이후 1977년 두 개의 의정서가 채택이 되었다. 제1추가 의정서는 제네바 제 협약의 적용 범위를 식민지배 및 외세의 점령에 항거하는 투쟁에까지 확대하였다. 제2추가 의정서는 제네바 제 협약을 비국제적 무력충돌의 희생자에도 확대 적용하고 있다. 제네바 협약 체제의 주요 내용은 다음과 같다.

부상 또는 질병으로 전투능력을 상실하고 전열로부터 이탈된 부상자(wounded and sick persons)는 인도적 대우를 받으며 생명, 신체에 대한 위해 특히, 살해, 고문, 생물학적 실험에 이용되거나 비위생적으로 방치되는 것은 금지된다. 포로는 인도적으로 취급되어야 하며 신체, 명예 및 사법상의 행위 능력을 보유한다. 억류국은 무상으로 포로에게 급식과 잠자리 및 의료를 제공하여야 한다. 포로에 대한 고문, 체형, 특수감방 수용, 연대벌(連帶罰)은 금지된다. 적대행위에 가담하지 않는 민간주민에 대한 공격은 금지된다. 군사목표물과 민간인 또는 민간 시설(civilian object)을 무차별 공격하는 것은 금지된다. 점령국은 점령지 내 민간주민이 점령국의 안전에 유해한 행동을 하지 않는 한 그들을 보호하여야 한다. 비국제적 무력충돌의 경우에도 적대행위에 직접 참여하지 않은 자에 대하여 불리한 차별을 두지 않고 인도적으로 대우하여야 한다.

1. 영화 '콰이강의 다리'를 생각해 보자. 일본군 포로 수용소장이 영국군 선임장교에게 콰이강의 다리 건설을 위한 노역을 요구하였고 영국군 선임장교가 이를 거부하자 일본군 사이토 소장은 영국군 선임장교를 뙤약볕이 내려쬐는 양철통에 가두고 밥을 굶긴다. 이러한 일본인의 행위는 제네바 포로협약상 어떤 문제가 있는가? 영국군 포로들이 일본군의 전쟁 수행을 위해 필요한 다리를 건설하는 것은 제네바 협약 위반인가?

2. 미국은 2000년대 테러와의 전쟁에서 체포된 사람들을 쿠바의 관타나모 만에 수용하고 있는데, 적법한 절차를 거치지 않고 수용하면서 고문 심문 기법을 썼다고 알려졌다. 이러한 미국의 행위는 제네바 3호 협약상 어떤 문제가 있는가? 테러와의 전쟁은 국제법(jus ad bellum) 상 정당한가?

3. 그리스의 고전 『일리아드』에는 그리스와 트로이 간의 전쟁 이야기가 나온다. 그리스 군대는 퇴각하는 것처럼 위장하고 거대한 목마를 남겨두고 떠난다. 트로이 사람들은 그리스인들이 남긴 목마를 성 안에 가져다 놓았다. 모두가 잠든 밤 거대한 목마에서 그리스 군들이 나와 트로이 군들을 죽인다. 이것은 국제인도법상 금지되는 배신행위인가?

4. 2010년에 북한은 우리나라의 연평도에 포격을 가하였다. 동 포격으로 대한민국 측에서 해병대원 전사자 2명, 군인 부상자 16명 이외에도 민간인 사망자 2명, 민간인 부상자 3명이 나왔고 연평도의 민간 시설 및 민간 가옥이 파괴되었다. 북한의 대한민국 및 민간 시설에 대한 공격은 무력충돌법상 어떤 문제가 있는가? 혹 북한군의 연평도에 대한 공격이, 북한이 주장하는 바와 같이 남한의 포격에 대한 대응이었다면 북한의 행위를 전시복구(belligerent reprisal)로 정당화할 수 있는가?

13 전범재판과 국제형사재판소

가. 뉘른베르크 군사재판소와 극동군사재판소

우리는 앞에서 무력충돌 시에 적용되는 국제법 규범의 내용에 대해서 살펴보았다. 그런데 실제 무력 충돌이 발생하였을 때 전투원들은 그러한 규범의 내용을 잘 알고 그 규범을 지키면서 전투에 임하고 있을까? 또 만약 전쟁 중에 그러한 규범을 위반하는 사건이 발생한다면 그 위반에 대한 처벌은 누가할 것인가? 영화 콰이강의 다리를 생각해 보자. 전쟁 수행의 목적으로 영국군 포로를 동원하여 콰이 강에 다리를 건설하려는 일본군 포로 수용소 소장의 제네바 포로협약의 위반에 대해서 일본 군 당국이 과연 처벌하려고 할 것인가? 아니 일본군 포로 수용소 소장에게 영국군 포로들을 동원하여 다리를 건설하라고 지시한 것은 일본 군 당국이 아니었던가? 또 하나의 법적인 질문은 전쟁법과 전시인도법의 규범들이 과연 개인 처벌을 위한 형사법 규정인가 하는 것이다. 즉, 동 규정의 위반이 곧 전투원의 범죄행위를 구성하는가 하는 것이다. 헤이그 규범과 제네바 규범이 형사법(criminal codes)이라면 거기엔 왜 각 규범을 위반한 개인에 대한 처벌조항이 없는가? 생각건대 헤이그의 제 협약과 제네바 제 협약들은 국가들을 당사자로 하는 국제법 규범이고 따라서 당사자인 각 국가들이 이행에 대한 일차적 책임을 지는 시스템이라고 할 수 있다. 이에 따라 국제사회의 관행은 각 국가들이 헤이그 협약과 제네바 협약을 군법으로 입법하고 이에 대해 자국 전투원들이 각 규범을 잘 숙지하도록 하고 이를 위반한자에 대해서는 국내 군사경찰(헌병) 및 군사 법원을 통해서 처벌하는 것이었다. 그러나 전쟁에 임하고 있는 국가들의 가장 중요한 목표는 전쟁에서 어떻게든 승리하는 것이기 때문에 적과 싸워 이기려는 자국의 군인들이 적국의 전투원이나 적국의 민간인을 전시인도법에 따라 대우하지 않았다고 하여 적극적으로 수사하여 처벌한다는 것은 기대하기 어렵다.

매우 잔학했던 비인도적 행위가 많이 일어났던 제2차 세계대전이 끝나자 전승국들은 군사법원을 만들어서 패전국인 독일과 일본의 관리들과 군인들에 대한 전범재판을 시행하였다. 독일의 전범에 대해서는 뉘른베르크 군사법원을 설치하여 전범재판을 시행하였고 일본의 전범에 대해서는 극동전범재판소(동경 군사재판소)를 설치하여 전범을 재판하고 처벌하였다. 이 두 개의 전범재판소에서는 크게 세 가지의 전쟁범죄에 대해서 재판을 하였는데 첫째는 평화에 반하는 죄(crime against peace), 둘째 일반 전쟁범죄(conventional war crimes), 셋째 인도에 반하는 죄(반인도적 범죄, crime against humanity)이다. 평화에 반하는 죄라고 하는 것은 침략전쟁을 기획하고 주도한 범죄이다. 일반 전쟁범죄란 헤이그 전쟁법규와 제네바 전쟁법규를 위시하여 무력충돌시 적용되는 여러 관습 법규를 위반한 범죄이다. 인도에 반하는 범죄란 민간인에 대한 민간인에 대한 비인도적 행위로서 민간 주민들(civilian population, 개인이 아닌 집합명사 population임에 유의)에 대한 살인, 멸절, 노예화, 추방, 박해 등을 말한다. 극동군사재판소 설치 헌장 제5조는 재판소의 관할 범죄에 대해서 다음과 같이 규정하고 있다.

Jurisdiction Over Persons and Offenses. The Tribunal shall have the power to try and punish Far Eastern war criminals who as individuals or as members of organizations are charged with offenses which include Crimes against Peace.

(a) Crimes against Peace: Namely, the planning, preparation, initiation or waging of a declared or undeclared war of aggression, or a war in violation of international law, treaties, agreements or assurances, or participation in a common plan or conspiracy for the accomplishment of any of the foregoing;

(b) Conventional War Crimes: Namely, violations of the laws or customs of war;

(c)Crimes against Humanity: Namely, murder, extermination, enslavement, deportation, and other inhumane acts committed against any civilian population, before or during the war, or persecutions on political or racial grounds in execution of or in connection with any crime within the jurisdiction of the Tribunal, whether or not in violation of the domestic law of the country where perpetrated. Leaders, organizers, instigators and accomplices participating in the formulation or execution of a common plan or conspiracy to commit any of the foregoing crimes are responsible for all acts performed by any person in execution of such plan.

극동군사재판소에서는 평화에 반하는 범죄로 고위급 정치인과 군 최고급 간부 인사 26명이 재판을 받았고 그 결과 도조 히데키 전시내각 수상, 도이하라 겐지 육군 대장 등 7명이 사형 처분을 받았으며 종신형이나 금고형에 처해진 사람들도 있었다. 태평양전쟁 당시 외무대신 도고 시게노리는 20년의 금고형에 처해졌다. 여타 일반 전쟁범죄(B급 범죄) 및 인도에 반하는 범죄(C급 범죄)에 대해서는 전승국에 의하여 일본 요코하마 등 세계 여러 곳에 법정이 설치되어 전범 재판이 이루어졌으며 1만 명 이상이 재판을 받았고 이중 약 1,000명이 사형 처분을 받았다. 태평양전쟁 당시 일본군에 군인 또는 군속원으로 소속되어 있던 조선인 148명도 BC급 전범으로 재판을 받고 이 중 29명이 교수형을 받았다.[61]

---

61 일본은 태평양전쟁 당시에 동남아 등지에 약 30만명에 이르는 연합군 포로를 유치하고 있었고 이들을 관리하기 위해 포로 감시원이 필요했다. 일본 당국은 일제의 식민지였던 조선에서 약 3천명의 포로감시원을 차출하여 동남아 각지의 포로수용소에 배치시켜 근무시켰다. 영화 '콰이강의 다리'에 나오는 태국 정글속의 포로수용소에도 조선인 청년이 주로 감시원으로 배치되었다. 전범재판에서 포로수용에 있던 연합군 군인들은 '바로 저 사람이다'라고 하면서 증언을 하였다고 하며 이 가운데 얼굴이 비슷하여 오해를 받은 사람도 있었다고 한다. 이들 중 사형 선고를 받은 사람들도 있고 대부분은 일본의 스가모 형무소에 수형생활을 했다. 1955년부터1957년에 걸쳐 조선인 BC급 전범들은 감옥에서 나왔다. 일본 정부는 일본인 전범에게 대해서는 연금과 위로금 등을 지급했지만, 한국인 전범은 일본 국적을 상실하면서 일본 정부의 보상 대상에서 제외되었다. 조선인 출신 BC급 전범들은 동진회를 결성해서 일본 정부에 대해 보상을 요구했다. 조선인

나치 독일에 대해서는 제2차 세계대전 직후 뉘른베르크 군사재판소가 설치되어 동경군사재판소와 같이 평화에 반하는 죄, 통상적 전쟁범죄, 인도에 반하는 죄를 관할 범죄로 하여 침략 전쟁을 주도적으로 수행하고 홀로코스트 등 학살을 자행한 나치의 정치군사 지도자 24명을 전범으로 재판하고 이 중 12명이 사형에 처해졌다. 뉘른베르크 국제군사재판 종결 이후 미군의 점령지에서 미군이 주재한 군사재판(뉘른베르크 계속 재판)이 열려 뉘른베르크 국제군사재판에 피소되지 않은 전범 용의자 185명을 재판하고 이 중 142명이 유죄 판결을 받았다. 뉘른베르크 계속 재판에서는 나치에 협력한 의사, 법관, 기업인, 독가스 제조업자, 친위대 장교들이 대상이 되었다.

극동 군사재판 및 뉘른베르크 군사재판과 관련된 중요한 법률적 쟁점은 제2차대전이 치루어지던 당시에 평화에 반하는 죄나 인도에 반하는 범죄가 과연 범죄로서 성립되어 있었던가 하는 점이다. 즉, 전쟁이 일어나던 당시에 전쟁을 금지하거나 민간 주민에 대한 학살을 금지하는 형법 규범이 있었던가 하는 점이다. 만약 그러한 규범이 없었다면 전승국이 전쟁이 이긴 다음에 사후입법으로 패전국의 고위 관리와 군 간부를 처벌하는 것이 되며, 형법상 소급입법이라는 비판을 면하기 어렵게 된다. 그러나 당시 전승국들은 제2차 세계대전이 일어나기 전에 이미 국제사회에 전쟁은 불법이라는 이라는 인식이 자리잡고 있었고 당시의 전쟁법규로서도 이미 민간인이나 포로에 대한 비인도적 행위는 불법이라는 인식이 있었다고 판단을 했다. 1928년에 이미 전쟁을 금지하는 켈로그-브리앙 조약이 있었고 1919년 제1차 세계대전 직후에 전승국들은 독일의 빌헬름 2세를 전쟁을 일으킨 죄로 재판하려고 하였던 적도 있었던 만큼 이미 국제사회에는 침략전쟁은 불법이라는 인식이 있었다고 보았다.[62] 또 하나의 문제는 국제법이 이미 평화에 관한 죄나 일반 전쟁범죄 또는 인도에 반하는 죄를 금지하고 있었다고 하더라도 그 위반에 대해서 개인이 직접 형사 책임을 지는 것인가 하는 문제이다. 이에 대해 국가라고 하는 조직은 결국 사람을 통해서 일하는 것이고 전쟁을 일으키고 민간을 학살하는

출신 BC급 전범들은 고향인 한국에 돌아오려고 해도 한국에 오면 친일파로 몰린다는 소문을 듣고 일본에서 살았다. 동진회 회원들은 일본에서 택시회사를 운영하기도 했다. 한국 정부는 2006년 이들 조선인 BC급 전범이 일제강제징용피해자라고 인정했다. 우쓰미 아이코의 『조선인 BC급 전범-해방되지 않은 영혼』 (2007년).

62 1919년 베르사이유 조약 제227조는 빌헬름 2세의 처벌을 규정하고 있으나 빌헬름 2세는 1918년 11월 이미 네덜란드로 망명을 했었고 네덜란드 정부는 인도를 거부하였다. 당시 영국의 조지 5세 왕도 빌헬름 2세의 처벌을 원치 않았다고 한다. 제227조는 다음과 같다. The Allied and Associated Powers publicly arraign William II of Hohenzollern, formerly German Emperor, for a supreme offence against international morality and sanctity of treaties. Special tribunal will be constituted to try the accused, thereby assuring him the guarantees essential for the right of defence...

국가의 행위도 사람의 손을 통해서 일어나는 것이므로 국가라고 하는 관념체가 아닌 직접 범죄자 개인에 대해서 책임을 물어야 하며 2차 세계대전 이전에 이미 국제사회에 그러한 비인도적 행위는 불법이라는 인식이 있었다고 본 것이다. 물론, 전범들이 자신들은 국가 또는 군대 조직의 상부 지시에 따랐을 뿐이라고 하면서 면책을 주장할 수 있을 것이다. 이와 관련하여 뉘른베르크 군사재판소 헌장과 극동 군사재판소 헌장은 개인의 전쟁 범죄는 그것이 상부의 지시(superior order)가 있었다고 해서 면책이 되지 않는다고 명확하게 규정하고 있다.[63]

> The fact that the Defendant acted pursuant to order of his Government or of a superior shall not free him from responsibility, but may be considered in mitigation of punishment if the Tribunal determines that justice so requires.

제2차 세계대전이후 뉘른베르크 군사재판소와 동경군사재판소를 통해서 국제법 규범이 개인에 대해서 직접적으로 형사 책임을 물었다고 하는 점은 획기적인 국제법의 발전이라고 할 수 있다. 또한 그러한 형사 책임은 각 개인이 속한 조직의 상사로 부터의 명령이 있었다고 하여도 면책이 되지 않는다고 규정한 것은 우리 각 개인이 스스로 국제규범의 수범자로서 전쟁의 상황에서도 국제법에 따라 인도적으로 행동하여야 한다는 것을 일깨워 준다.

한편, 2차세계이 끝난 후 전승국에 의하여 나치 독일과 일본 제국주의자들에 대한 전범재판이 이루어졌지만 전승국들은 전쟁 중에 민간인 학살 등 인도에 반하는 범죄나 일반적 전쟁범죄를 저지른 것은 없었는가 하는 점도 생각해 볼 문제이다.[64]

나. 국제형사재판소, 유고 전범재판소, 르완다 전범재판소

제2차 세계대전에서 나치에 의한 유대인 대학살을 경험한 국제사회는 1948년 유엔에서 제노사이드 협약을 채택하였다(집단살해죄의 방지 및 처벌에 관한 조약, 1951년 발

---

63 뉘른베르크 군사재판소 헌장 제8조. 이와 유사하게 동경재판소 헌장 제6조는 다음과 같이 규정하고 있다. Article 6. Responsibility of Accused. Neither the official position, at any time, of an accused, nor the fact that an accused acted pursuant to order of his government or of a superior shall, of itself, be sufficient to free such accused from responsibility for any crime with which he is charged, but such circumstances may be considered in mitigation of punishment if the Tribunal determines that justice so requires

64 제2차 세계대전당시에 미국에 의한 독일 드레스덴 공습이나 일본의 히로시마와 나가사키에 대한 원자폭탄 투하는 막대한 민간인 피해 및 민간 시설에 대한 피해를 초래했다. 이러한 것이 과연 연합국 측의 전쟁 수행에 필요불가피한 것이었는가에 대해서는 논란의 여지가 있다.

효). 이 협약은 제노사이드를 범죄로 규정하고 있다. 제노사이드란 국가적, 인종적, 민족적 또는 종교적 집단을 파괴하려는 의도에서 살해, 위해, 고통 부과, 출산 제한조치, 아동을 타 집단으로 이동시키는 행위 등을 말한다(제노사이드 협약 제2조). 전시나 평시를 불문한다(제노사이드 협약 제1조). 제노사이드 행위 자체뿐만 아니라 제노사이드의 공모(conspiracy), 교사(incitement), 미수(attempt)및 공범(complicity) 또한 범죄이다(제3조). 제노사이드 협약은 제노사이드 범죄에 대해서 각 국내 법원 또는 국제형사재판에 의한 처벌을 상정하고 있다. 이에 따라 제노사이드 협약은 각 체약국이 국내적으로 제노사이드 범죄 및 관련 범죄를 처벌할 수 있도록 입법하도록 규정하고 있다. 아울러 제노사이드 협약은 국제형사재판소(international penal tribunal)를 언급하면서 국제형사재판소의 설립을 상정하였다. 1990년대 들어서 국제사회에서는 국제형사법정에서 개인 범죄자를 직접 재판하고 처벌하기 위한 재판소들이 출현하였다. 1993년에 구유고 전범재판소(ICTY: International Criminal Tribunal for the Former Yugoslavia), 1994년 르완다 전범재판소가 설치되었고, 2002년에는 상설기구로서 국제형사재판소(ICC: International Criminal Court)가 설립되었다.

1991년-1999년간 구유고연방이 해체되는 과정에서 연방정부군 및 이와 결탁한 세르비아인들과 구유고연방으로부터 분리독립하려는 슬로베니아, 크로아티아 등 다른 민족으로 구성된 국가들 간에 전쟁이 일어났다. 이 과정에서 인종청소 등 매우 잔혹한 전쟁범죄가 발생하였다. 이러한 상황에서 유엔안전보장이사회는 1993년 헌장 제7장상의 권한으로 결의 827(1993)을 채택하여 구유고연방에서 일어난 심각한 국제인도법의 위반 범죄를 처벌하기 위한 구유고전범재판소를 설치하였다(1993-2007년). 구유고전범재판소가 다룬 범죄는 제네바 제협약 규정의 중대한 위반(grave breaches of the Geneva Conventions of 1949), 일반 전쟁법규 위반(violations of the laws or customs of war), 제노사이드(genocide), 인도에 반하는 죄(crime against humanity)이다. 신유고연방의 전직 대통령이었던 슬로보단 밀로세비치, 보스니아-헤르체고비나 내의 스릅스카 공화국의 前대통령 라도반 카라디치가 체포되어 네덜란드에 있는 구유고전범재판소에서 재판을 받았다.[65]

한편 1994년 아프리카의 르완다에서는 내전 중에 다수 종족인 후투족에 의한 투치족의 집단 학살이 발생하였다. 당시 후투(Hutu)족 출신 대통령이 피살되자 이에 대한 보복으로 후투족이 소수 종족인 투치(Tutsi)족 80만 명을 100일 동안 살해한 끔찍한 사건이 벌어졌다. 이에 유엔안보리는 결의 955(1994)에서 헌장 제7장에 의거한 조치로서

---

65 슬로보단 밀로세비치는 2001년 헤이그로 이송되어 재판을 받으며 지내던 중 2006년 3월 심장마비로 사망하였다. 한편 라도반 카라디치는 2008년 7월 세르비아에서 체포되어 헤이그로 이송되었다.

르완다 전범재판소를 설치하였다. 르완다 전범재판소가 관할한 범죄는 제노사이드, 인도에 반하는 죄, 비국제적 무력충돌의 희생자 보호와 관련 되는 제네바 협약 규정의 위반이다. 1997년 시작된 첫 재판에서 대학살 당시 르완다 총리였던 장 캄반다는 종신형을 선고 받았다.

유고전범재판소나 르완다 전범재판소는 1948년에 채택된 제노사이드 협약이 상정한 국제형사재판소의 한 형태라고 할 수 있을 것이다. 그러나 유고전범재판소나 르완다 전범재판소는 안보리의 결의에 의해 설치된 한시적인(ad hoc) 기구이다. 유고 사태와 르완다 사태를 거치면서 국제사회에서는 다시 국제형사재판소 설립을 위한 논의가 진행되었다. 1998년에는 국제형사재판소에 관한 로마규정(Rome Statute for International Criminal Court)이 채택되었으며 로마규정이 2002년 발효함에 따라 국제형사재판소가 네덜란드 헤이그에 설립되었다. 국제형사재판소가 관할하는 범죄는 제노사이드(genocide). 인도에 반하는 죄(crime against humanity), 전쟁범죄(war crimes), 침략범죄(the crime of aggression)이다. 로마 규정에는 ICC의 관할범죄의 하나로 침략범죄가 포함되어 있었으나 침략범죄의 구체적인 정의는 포함되지 못하였고 추후 당사국들의 외교회의에서 채택하도록 하였다. 이후 2010년에 캄팔라 재검토 회의에서 침략범죄의 정의가 채택이 되었고 2017년 동 침략범죄정의가 발효되었다.

Crime of aggression
1. For the purpose of this Statute, "crime of aggression" means the planning, preparation, initiation or execution, by a person in a position effectively to exercise control over or to direct the political or military action of a State, of an act of aggression which, by its character, gravity and scale, constitutes a manifest violation of the Charter of the United Nations.
2. For the purpose of paragraph 1, "act of aggression" means the use of armed force by a State against the sovereignty, territorial integrity or political independence of another State, or in any other manner inconsistent with the Charter of the United Nations. Any of the following acts, regardless of a declaration of war, shall, in accordance with United Nations General Assembly resolution 3314 (XXIX) of 14 December 1974, qualify as an act of aggression:
(a) The invasion or attack by the armed forces of a State of the territory of another State, or any military occupation, however temporary, resulting from such invasion or attack, or any annexation by the use of force of the territory of another State or part thereof;
(b) Bombardment by the armed forces of a State against the territory of another State or the use of any weapons by a State against the territory of another State;

(c) The blockade of the ports or coasts of a State by the armed forces of another State;

(d) An attack by the armed forces of a State on the land, sea or air forces, or marine and air fleets of another State;

침략범죄에 대한 정의는 과거 뉘른베르크 군사재판소 헌장과 극동군사재판소 설립 헌장에서 규정된 평화에 반한 범죄의 정의를 수용하고, 아울러 유엔 헌장 제2조 4항의 무력사용 금지의 원칙 내용도 포함시키고, 또 1974년 제29차 유엔 총회에서 채택된 침략의 정의에 관한 유엔총회의 결의의 내용도 포함하고 있다.

국제형사재판소가 관할범죄에 관할권을 가지기 위해서는 재판하려는 범죄의 발생 지국이거나 또는 가해자(피의자, 혐의자)의 국적국이 로마 규정의 당사국이어야 한다(로마 규정 제12조). 또는 범죄발생지국이나 혐의자 국적에 관계없이 유엔 안전보장이사회가 유엔 헌장 제7장에 따라 국제형사재판소에 사건을 회부할 수 있다(로마 규정 제13조 나항). 실제로 유엔 안전보장이사회는 수단 다르푸르 사태(2005년 3월)와 리비아 사태(2011년 2월)를 국제형사재판소에 회부하였다. 국제형사재판소의 소추관은 당사국의 사건 회부에 의하여 또는 독자적으로 또는 유엔안보리가 사건을 회부한 경우 수사 및 소추를 개시할 수 있다. 국제형사재판소는 소추된 사건이 해당 사건에 관하여 관할권을 가지는 국가에 의하여 수사가 되거나 기소된 경우에는 해당 사건이 재판 적격성(admissibility)이 없다고 결정하고 다루지 않는다(제17조). 국제형사재판소는 보충성의 원칙(complementarity)에 따라 국가들의 일차적인 관할권을 인정하고 관할권을 가지는 국가가 진정으로 수사 또는 기소할 의사가 없거나 능력이 없는 경우에는 국제형사재판소가 관할권을 행사한다.(로마 규정 제17조 1항).

대한민국 정부는 2010년 3월 발생한 천안함 사건과 2010년 10월 발생한 연평도 포격도발 사건과 관련하여 북한 관계자에 대해 ICC가 관할권을 행사해 줄 것을 요청하였으나 국제형사재판소의 소추관은 관할권이 없다고 판단하였다.

After a most careful assessment, regarding the Cheonan, the conclusion is that the alleged attack was directed at a lawful military target and would not otherwise meet the definition of the war crime of perfidy as defined in the Rome Statute. Regarding the shelling of Yeonpyeong Island, the conclusion is that even though the shelling resulted, regrettably, in civilian casualties, the information available on this incident does not provide a reasonable basis to believe that the attack was intentionally directed against civilian objects or that the civilian impact was expected to be clearly excessive in relation to the anticipated military advantage.

국제형사재판소에 현재 약 125개국이 당사국으로 참여하고 있지만 미국, 중국, 인도, 러시아는 참여하고 있지 않다. 미국은 1998년 로마 규정을 채택하기 위한 유엔 외교에서 반대표를 행사했다. 미국은 해외에서 많은 군사활동을 하고 있는 나라로서 자국의 군인들이 국제형사재판소에 기소될 것을 우려하는 것이다. 이에 미국은 다른 나라들이 자국민을 ICC에 인도하지 않도록 하는 2국간 면책 협정(BIA: Bilateral Immunity Agreement)의 체결을 각국에게 요청하고 있다. 한편, 미국은 유엔 안전 보장 이사회 결의 1422(2002년), 결의 1487(2003년)를 통해 평화 유지군(PKO)에 대한 소추 면책을 인정하는 결의를 주도했다. 2020년 미국의 도널드 트럼프 대통령은 ICC 소추관 및 관계자의 자산을 동결하고 이들의 입국을 불허할 수 있는 행정명령을 발표했다. 이는 ICC 검찰부가, 미군이 아프가니스탄에서 전쟁범죄를 범했는지에 대해 조사에 착수한 데 대한 대항조치(countermeasure)였다. 2003년에 설립된 이래 국제형사재판소는 그간 주로 아프리카 내전에서 벌어진 사건을 수사하고 재판하는 데 그쳤다는 비판을 면하기 어렵다.

14 환경보호와 국제법

가. 국제환경법의 주요 원칙

국가들은 자국 내의 활동이 국경을 넘어 타국이나 또는 국가들의 관할권을 넘어선 국제공역에 환경오염을 발생시키지 않도록 해야 한다. 국가들은 국제협약을 만들어서 환경보호를 추진하기도 하지만 협약이나 양자 간 조약이 없는 경우에도 국제관습에 의해 발전해 온 원칙들에 따라 자국 내 활동이 환경 피해를 야기하지 않도록 노력을 한다.

예를 들어 A 국가 내의 가전 전기 회사가 전자제품을 생산하는데 프레온 가스를 사용하여 제조한다면 전자제품 제조에 사용된 프레온 가스는 대기권으로 올라가 지구 전체를 덮고 있는 오존층을 훼손하게 된다. 그러므로 국가들은 국제 협약을 통해 오존층의 보호를 위해 자국 내에서의 프레온 가스 사용을 규제하게 된다. 실제 이러한 목적으로 채택된 협약이 1985년 채택된 '오존층의 보호를 위한 비엔나 협약(Vienna Convention for the Protection of the Ozone Layer)'이다. 오존층뿐 아니라 국가들은 대기, 공해, 남극, 심해저, 멸종 위기에 처한 동물 등 국제사회가 공유하게 있는 자원이나 지역의 보호를 위한 국제합의를 만들어 환경을 보호하기도 하고, 전체 국제사회는 아니더라도 바로 인접한 국가와 공유하는 하천이나 바다와 관련하여 이웃 국가들이 서로 협조하기도 한다.

국제환경법에서 사용되는 접근법 중 soft law(軟性法) 접근법이 있다. 이는 예컨대 리우(Rio) 환경개발선언, 스톡홀름 환경선언처럼 아직 구속력을 가진 국제법은 아니나 국제사회가 존중하여야 할 원칙들을 담은 선언(declaration), 행동강령(code of conduct), 지침(guideline), 결의(resolution) 등과 같은 것들로서 시간이 지나면서 국제관습법이 되거나 또는 국제협약으로 채택되어 구속력을 가지는 법으로 발전되어 간다. 이러한 soft law를 활용하는 이유는 국제사회가 갑자기 구체적인 감축, 금지 목표를 설정한 협약을 제정하려고 하면 이에 부담을 느낀 주요 국가들이 참여하기 어렵기 때문에 우선은 구체적 내용 없이 원칙적인 내용만을 담은 문건을 soft law로 채택하여 우선 많은 국가들을 참여시키고 추후 차차 구체적인 감축의무로 발전시키기 위한 것이다. 이런 의미에서 구체적 감축의무가 없이 원칙만 담은 framework(골격) 협약을 soft law라고 부르기도 한다. 실제 환경협약에서는 기본적 원칙만 규정한 framework(골격)만 담고 구체적인 의무는 추후에 의정서를 통해 규정하기도 한다.

국제환경법에서의 가장 기본적인 원칙은 국가는 자국의 영토라고 할지라도 타국에 피해를 주는 방법으로 사용해서는 안 된다는 것이다. 이는 1949년 ICJ가 영국과 알바니아 간 코르퓨 해협 사건에서 알바니아가 자국의 영해인 코르퓨 해협에 지뢰가 매설되어 있음을 알면서도 이 사실을 사전에 통보하지 않았던 것이 국제법을 위반한 것이라고 판결하면서 확인된 법리이다.

> The obligations incumbent upon the Albanian authorities consisted in notifying, for the benefit of shipping in general, the existence of a minefield in Albanian territorial waters and in warning the approaching British warships of the imminent danger to which the minefield exposed them. Such obligations are based, not on the Hague Convention of 1907, No. VIII, which is applicable in time of war, but on certain general and well-recognized principles, namely: elementary considerations of humanity, even more exacting in peace than in war; the principle of the freedom of maritime communication; **and every State's obligation not to allow knowingly its territory to be used for acts contrary to the rights of other States.**[66]

ICJ는 알바니아의 영해가 영국에 해(害)를 주는 방식으로 이용되었다고 보고 알바니아가 국제법을 위반하였다고 판단한 것이다. ICJ는 이러한 법리가 기본적인 인간적 고려(elementary considerations of humanity)에서 나온다고 보고 있다. 타국에 손해를 끼치는 방식으로 자국의 영토를 사용해서는 안 된다고 하는 것은 Principle of Good

---

66　ICJ. *Corfu Channel case*, Judgment of April 9th, 1949, para.22.

Neighborliness라고 한다. 이는 로마법에서 '너의 재산을 타인의 권리에 피해를 주는 방식으로 사용해서는 안 된다'는 善隣 원칙에서 나온 것이다. 이러한 법리에 따르면 국가들은 자국에서의 활동이 타국에 환경 피해를 주는 것을 허용해서는 아니 된다. 이를 '타국이익보호의 원칙'이라고 한다.

ICJ는 1996년 핵무기 사용의 합법성 여부에 대한 권고적 의견에서 국가들이 자국의 관할권이나 통제하의 활동이 타국 및 국가관할권을 넘어선 환경을 존중해야 하는 것은 국제관습법이라고 판시하였다.

> The Court recognizes that the environment is under daily threat and that the use of nuclear weapons could constitute a catastrophe for the environment. The Court also recognizes that the environment is not an abstraction but represents the living space, the quality of life and the very health of human beings, including generations unborn. **The existence of the general obligation of States to ensure that activities within their jurisdiction and control respect the environment of other States or of areas beyond national control is now part of the corpus of international** law relating to the environment.[67]

국가들은 자국 활동이 타국에 환경 피해를 발생시켜서는 안 되기 때문에 모든 국가는 자국 내의 활동이 타국에 피해를 주지 않도록 하는 **주의의무**(due diligence)를 진다. 또한 환경피해가 발생하지 않도록 사전에 미리 대처하는 것이 중요하다. 이를 **사전 예방의 원칙**(Principle of Prevention)이라고 한다. 따라서 국가들은 자국 내의 어떤 프로젝트에 앞서서 해당 프로젝트가 환경에 미칠 영향을 평가(EIA: Environmental Impact Assessment)하여야 한다. 또한 프로젝트의 환경적 영향과 관련된 국가들과도 사전에 협의(prior consultation)하고 그들의 이익과 입장이 충분히 반영될 수 있도록 하여야 한다.

사전예방의 원칙과 관련하여 환경보호 분야에서는 precautionary principle(또는 precautionary approach, 사전주의의 원칙)이 널리 받아들여지고 있다. 이는 어떤 활동이나 개발 프로젝트 등으로 인하여 실제 심각한 피해가 예상되는 경우(foreseeability of actual and serious harm) 그 인과관계에 대한 완전한 과학적 입증이 되지 않는다고 하여 활동이나 프로젝트를 그대로 진행하지 말라는 것이다. 과학적 불확실성(scientific uncertainty)이 있다고 하여 예상되는 피해를 무시하고 행동하지 말고 조심스럽게 즉 자제하라고 하는 의미이다. 역으로 문제의 활동이나 프로젝트가 환경에 무해하다는 것이 과학적으로 입증되지 못하면 문제의 계획된 활동이나 프로젝트를 추진하여서는 안 된다는 의미이다.

---

67 *ICJ Reports*, 1996년, para.29.

여기에서 **입증 책임의 전환**(shift of burden of proof)이 일어난다. 즉, 환경에 피해가 예상되는 활동이 프로젝트를 하려는 측이 자기의 계획이 환경에 문제가 없다는 것을 입증해야지 그 계획에 대해 실제 발생할 환경적 피해를 우려하는 사람들이 계획과 피해와의 인과관계를 과학적으로 완전하게 입증하지 못했다고 해서 계획을 진행시키면 안 된다는 것이다. 과학적 불확실성이 있을 때는 환경의 이익으로 판단한다는 것이다. 1992년 리우 환경개발선언 제15원칙은 precautionary principle을 규정하고 있다.

> In order to protect the environment, the precautionary approach shall be widely applied by states according to their capabilities. Where there are threats or serious or irreversible damage, lack of full scientific certainty shall not be used as a reason for postponing cos-effective measures to prevent environmental degradation.

그러나, 어떤 합리적인 근거도 없이 환경 피해를 주장하면서 타국의 적법한 활동이나 개발 프로젝트를 막을 수는 없을 것이다. 환경피해를 주장하려면 중대한 피해가 발생할 것이라고 하는 합리적 근거(reason to believe 또는 reasonable ground for concern)가 있어야 한다. 1997년 국제사법재판소의 슬로바키아-헝가리와 간의 가부치코보-나기마로스 댐 사건에서 헝가리는 precautionary approach에 입각하여 댐의 건설이 가져올 환경적 위험을 강조하면서 양국 간 합의를 어기고 일방적으로 가부키고보 댐의 건설을 중단한 것을 정당화하였으나 재판부는 이를 받아들이지 않았다. 2001년 국제해양법 재판소(ITLOS)는 아일랜드-영국 간 Mox Plant 사건(가처분 조치)에서 아일랜드가 precautionary approach를 원용하면서 영국의 핵 발전소 건설을 중지시켜달라고 했던 청구를 받아들이지 않았다.[68] 또한 2006년 국제사법재판소(ICJ)의 아르헨티나 우루과이 간의 Pulp Mills 사건(가처분조치)에서 아르헨티나 측이 precautionary approach를 인용하며 우루과이 강변에 설립된 제지 공장의 가동을 중지시키는 가처분조치를 신청하였으나 재판소는 원고 측이 주장하는 중대한 위험을 인정하지 않고 제지공장의 가동을 중단하라는 가처분 조치 청구를 받아들이지 않았다.[69] 위의 판례들을 보면 precautionary

---

68 ITLOS 결정문 제75항. Considering that the United Kingdom argues that Ireland has failed to supply proof that there will be either irreparable damage to the rights of Ireland or serious harm to the marine environment resulting from the operation of the MOX plant and that on the facts of this case, the precautionary principle has no application.

69 Pulp Mills on the River Uruguay (Argentina v. Uruguay), Provisional Measures, Order of 13 July 2006, Para. 74. Whereas Argentina has not persuaded the Court that the construction of the mills presents irreparable damage to the environment; whereas it has also not been demonstrated that the construction of the mills

principle이 인정되기 위해서는 심각한 위험이 존재한다는 것을 완전하게 과학적으로 증명할 필요는 없으나 어느 정도의 객관적인 근거로 설득력 있게 보여 주어야 한다는 것을 알 수 있다. 1999년 국제해양법재판소의 호주·뉴질랜드-일본 간 남방참다랑어 사건(가처분조치)에서 국제해양법재판소는 호주와 뉴질랜드가 precautionary approach에 입각하여 남방참다랑어에 대한 과획(over-fishing)으로 남방참다랑어 어족에 돌이킬 수 없는 훼손을 야기한다는 주장을 받아들여 시험조업이라는 명분으로 하는 행하는 일본의 조업을 중단하도록 하는 가처분 조치를 명령했다.[70] 2003년 국제해양법재판소의 말레이시아-싱가포르 간 Land Reclamation 사건(가처분 조치)에서 재판소는 말레이시아의 precautionary approach에 입각한 주장을 받아들여 싱가포르의 간척사업이 조호르 해협의 해양환경에 돌이킬 수 없는 훼손을 줄 수 있다고 보고 간척 사업의 중단을 명령했다.[71]

국제하천의 이용에 관련 하천의 상류국은 하천의 수로 변경 등 하류국의 하천 이용에 영향을 미칠 수 있는 것에 대해서는 **사전에 통고, 협의해야 하는 의무**(obligation of prior notification, prior consultation)가 있다. 1957년 스페인과 프랑스 간의 라누 호(Lax Lanaux) 중재사건에서는 상류국인 프랑스가 라누 호로부터 흘러나오는 물을 전력발전을 위해서 변경하겠다고 하류국인 스페인에 통보했으나 스페인은 수로변경을 절대 반대하였다. 이에 대해 중재법원은 프랑스는 수로 변경을 한 후에 다시 이를 라누 호로부터 흘러나오는 카롤(Carol) 강으로 돌려보냄으로써 스페인의 권리를 해치는 것은 없으며 스페인의 권리를 충분히 고려하였다고 판단하였다. 만약, 상류국 프랑스의 수로 변경이 스페인의 하천이용권에 피해를 미치는 것이 있었다면 중재판정의 결과는 달라졌을 것

constitutes a present threat of irreparable economic and social damage; whereas, furthermore, Argentina has not shown that the mere suspension of the construction of the mills, pending final judgment on the merits, would be capable of reversing or repairing the alleged economic and social consequences attributed by Argentina to the building works; 이후 국제사법재판소는 2010년 Pulp Mills 사건의 본안에 대한 판결에서도 우루과이가 환경에 훼손하지 않았다고 판단하였다.

70 Southern Bluefin Tuna (New Zealand v. Japan; Australia v. Japan), Provisional Measures, Order of 27 August 1999.

71 Land Reclamation in and around the Straits of Johor(Malaysia v. Singapore), Provisional Measures, Order of 8 October 2003. Considering that, given the possible implications of land reclamation the marine environment, prudence and caution require that Malaysia and Singapore establish mechanisms for exchanging information and assessing the risks or effects of land reclamation works and devising ways to deal with them in the areas concerned. Para. 106. The Tribunal, Directs Singapore not to conduct its land reclamation in ways that might cause irreparable prejudice to the rights of Malaysia or serious harm to the marine environment, taking especially into account the reports of the group of independent experts.

이다. 상류국의 하천이용이 하류국에 피해를 미친다면 상류국은 하류국과 상호 협의하여 하류국에 피해가 미치지 않는 방법으로 문제를 해결해야 했을 것이다.

코르퓨 해협사건에서 구체적으로 문제가 된 것은 알바니아가 자국 영해 내에 지뢰가 매설되어 있다는 것을 영국에게 사전통보(prior notification)하지 않은 데 있다. 사전통보라고 하는 것은 자국에서 발생하는 긴박한 위험을 그 피해를 입을 관련국에 피해가 발생하기 전에 조속히 통보하는 것이다. 이와 관련 유엔해양법 협약 제198조는 해양환경 피해에 대한 통보제도를 규정하고 있다.

> When a State becomes aware of cases in which the marine environment is **in imminent danger of being damaged or has been damaged by pollution, it shall immediately notify other States** it deems likely to be affected by such damage, as well as the competent international organizations.

피해가 일어나기 전에 사전에 통보해야 하는 것은 물론이지만, 사고가 실제 발생한 경우도 당연히 피해가 예상되는 관련국에 신속하게 통보를 해야 할 것이다. 사고가 발생한 경우의 신속한 통보는 특히 핵사고에 있어서 매우 중요하다. 1986년 소련(현재 우크라이나 지역)의 체르노빌의 원자력 발전소 폭발사고 시에 소련은 관련국에 대한 통보를 신속하게 하지 못했다. 이를 교훈 삼아 1986년 원자력 사고의 조기 통보에 대한 비엔나 협약이 채택되었다.[72]

> 1.1 This Convention shall apply in the event of any accident involving facilities or activities of a State Party or of persons or legal entities under its jurisdiction or control, referred to in paragraph 2 below, from which a release of radioactive material occurs or is likely to occur and which has resulted or may result in an international transboundary release that could be of radiological safety significance for another State.
>
> 2.1. In the event of an accident specified in article 1 (hereinafter referred to as a "nuclear accident"), the State Party referred to in that article shall:

---

72 해외에 주재하고 있는 외교관들은 주재국에서 원전사고가 나면 자국에 주재하는 외국공관들에게 긴급 공문을 보내서 사고 설명회 개최를 통보하기 때문에 사고가 나면 사고 통보가 언제 올지 또 자국의 훈령에 따라서 사고와 관련하여 어떠한 사실을 확인하여야 하는지 또 사고 처리에 있어서 자국 정부와 협조를 하라고 요청할 것인지 등에 대해서 미리 준비하여야 한다. 2011년 일본의 후쿠시마 원전 발전소 사고 시에 일본 외무성은 동경에 주재하는 외국 대사관들에게 사고 설명을 위한 안내공문을 팩스로 통보하였다고 하는데 관련 팩스를 잘 챙기지 못하여 회의에 참석하지 못하여 본국 정부나 본국 언론으로 붙터 질타를 받는 경우가 있으니 항상 due diligence를 가지고 오는 공문을 잘 챙겨야 한다.

(a) forthwith notify, directly or through the International Atomic Energy Agency (hereinafter referred to as the "Agency"), those States which are or may be physically affected as specified in article 1 and the Agency of the nuclear accident, its nature, the time of its occurrence and its exact location where appropriate; and

(b) promptly provide the States referred to in sub-paragraph (a), directly or through the Agency, and the Agency with such available information relevant to minimizing the radiological consequences in those States, as specified in article 5.

A 국가에서 발생한 오염이 국경을 넘어 B국의 국민들에게 손해를 발생시킨 경우에 손해를 입은 B국의 국민들은 이러한 피해에 대해서 어떻게 배상을 받아 낼 수 있을 것인가? B국에서 소송을 한다면 A국의 오염발생지에 있는 증거 확보나 판결 후에 동 판결을 집행하기가 용이하지 않을 것이다. 오염을 발생시킨 주체가 공장이든 개인이든 A국에 소재하고 있다면 B국의 국민은 A국에 가서 민사소송을 하는 방법이 있을 것이다. 구체적으로 B국 사람들이 A국에 가서 오염 발생자와 관련 증거를 찾아내서 A국의 법에 따라서 소송을 진행시키기는 현실적으로 용이하지 않을 것이다. 실제 미국과 캐나다간의 Trail melter Arbitration 사건도 캐나다의 브리티시 콜로비아에 소재한 사기업이 미국 워싱턴 주의 미국 국민들에게 손해를 입힌 사건이다. 또한 국내구제절차완료의 원칙에 따라 B국 정부가 자국 국민들이 A국에 가서 소송을 하도록 하고 그 결과를 다 지켜본 후에 A국에 대해서 외교적 보호권을 행사하거나 또는 국가책임을 추궁하려고 하는 것도 효과적이지 않다. 이러한 점에서 초국경적 환경 피해에 대해서는 국내구제절차완료의 원칙을 배제하여야 한다는 의견도 설득력 있게 제시되고 있다.[73]

나. 주요 국제 환경 선언

1972년 스톡홀름에서 열린 유엔인간환경회의(U.N. Conference on the Human Environment)에서는 **인간환경선언**(스톡홀름 선언, Declaration on the Human Environment)을 채택하였다. 스톡홀름 선언은 인간의 복지와 기본적 생활에 있어서 환경 보호의 중요성을 강조하고 오염 방지 및 환경 보호를 위한 26개의 원칙을 담고 있다. 스톡홀름 선언은 구속력이 없는 soft law 이지만 국제 사회가 환경보호를 위해 나아가야할 이

---

73 P. Birnie, A. Boyle, C. Redgewell, *International Law and the Environment*(제3판 2009년), p. 224. 이와 관련하여 ILC의 외교적 보호권에 관한 초안(2006년) 제15조 (C)가 초국경적 환경피해에 있어서 국내구제절차의 완료를 배제하고 있다고 설명하고 있다. Local remedies do not need to be exhausted where: (C) there was no relevant connection between the injured person and the State alleged to be responsible at the date of injury;

정표를 제시한 데에 그 의의가 있다. 이후 20년 후 다시 유엔 총회 결의에 의거하여 브라질의 리오데자네이로에서 유엔 환경개발회의(UN Conference on Environment and Development: UNCED, 일명 리우 회의)가 개최되어 **리우 선언**(리우 환경개발 선언, Rio de Janeiro Declaration on Environment and Development)을 채택하였다. 리우 선언은 지구 환경의 더 이상의 악화를 방지하고 보다 나은 인류의 환경 조성을 위해 모든 국가들의 지구 동반자적 정신을 강조하고 환경과 개발을 조화시키는 지속성 있는 개발을 강조하는 27개의 원칙을 채택하였다. 주요 내용은 선진국과 개도국 간의 공동의 그러나 차별적 책임(common but differentiated responsibilities)과 선진국의 주도적 역할 의무(원칙 7), 개도국 및 기타 취약국의 특수 사정 고려(원칙3), 환경과 경제·무역관계의 조화(원칙 12), 예방의 원칙(원칙 16), 오염자 부담원칙(원칙 16), 환경영향평가(원칙 17), 사전 통보 원칙(원칙 19) 등 오늘날 국제환경법의 주요한 원칙들을 담고 있다. 이들 원칙들은 soft law로 채택이 되었지만 30년이 지난 오늘날은 대부분 국제관습법으로 발전하였다고 볼 수 있다. 리우 선언의 핵심 주제는 지속가능한 개발 또는 환경과 개발의 조화라고 할 수 있다. 지속가능한 개발(Sustainable Development)의 개념은 WCED(World Commission on Environment and Development, 일명 Brundtland Commission)이 1987년에 발간한 Our Common Future라는 보고서의 내용을 수용한 것이다.

> Sustainable development is development that meets the needs of the present without compromising the ability of future generations to meet their own needs.

요컨대 지속가능한 개발이란 현세대의 개발이 미래 세대가 살아가는데 부담을 주지 않아야 한다는 것으로 그 안에는 현세대와 미래세대간의 형평성(intergenerational equity)의 개념이 내포되어 있다. 즉, 현세대가 환경을 훼손하는 방식으로 개발을 한다면 미래 세대는 훼손된 환경을 물려받게 되어 미래 세대가 살아가는데 어려움을 겪게 되므로 이는 현세대와 미래세대간의 형평에 맞지 않는 것이고 따라서 미래세대에 부담을 주지 않는 지속가능한 방식으로 개발하여야 한다는 것이다.

1992년 리우 선언이 채택됨과 동시에 리우 선언을 이행하기 위한 Agenda 21이 채택되었다. 4부로 구성되어 있는 Agenda 21은 제1부에서 사회경제적 정책 및 조치, 2부에서 개발을 위한 자원의 보존 및 관리, 제3부에서 주요 그룹의 역할 강화, 제4부 이행방안(재원 및 재정체제, 기술이전, 지속적 개발을 위한 과학, 교육 훈련 및 홍보, 개도국의 능력 향상을 위한 국제협력)을 담고 있다. Agenda 21을 이행하기 위하여 Commission on Sustainable Development가 설치되어 활동하고 있다.

다. 주요 환경협약

광역월경대기오염에 관한 협약(1979년 채택, Convention on Long-Range Transboundary Air Pollution)은 산성비의 원인이 되는 산화유황(sulphur oxides, SO2) 및 산소질소(nitrogen oxides, NOx)를 규제하기 위한 것이다. 협약 자체는 당사국들에 대하여 대기오염물질의 구체적인 감축의무를 부과하지 않고 있고 대기오염물질의 배출 감축을 위한 일반적 노력 의무 및 정보 교환 등 일반적 협력 의무만을 담고 있다. 이후 **협력 사업의 장기적 재정을 위한 의정서**(EMEP 의정서, Protocol on Long-Term Financing of the Co-Operative Programme for Monitoring and Evaluation of the Long-Range Transmission of Air Pollutants in Europe, 1984년 채택), **SO2 의정서**(Protocol on the Reduction of Sulphur Emission or Their Transboundary Fluxes by At Least 30 Percent, 1885년 채택), **NOx 의정서**(Protocol on the Reduction of Sulphur Emission or Their Transboundary Fluxes, 1988년 채택)를 통해 구체적인 배출 감축 의무를 부과하고 있다. SO2 의정서는 당사국들이 1980년 배출량을 기준으로 늦어도 1993년까지 최소 30% 감축하도록 하고 있다. NOx 의정서는 당사국들이 늦어도 1994년 말까지 NOx 배출량을 1987년 배출량의 수준을 초과하지 않도록 하고, 무연연료를 충분히 공급하고 촉매변환장치(catalytic converter)를 갖춘 차량의 통행을 촉진하도록 하고 있다.

오존층 보존협약(Vienna Convention for the Protection of the Ozone Layer, 1985년 채택, 1992년 한국 가입)은 CFCS와 할론(halons) 등 오존층 파괴 가스의 소비·생산을 규제하기 위한 것이다. 오존층 보존 협약은 오존층의 보존을 위한 일반적인 협력 의무만을 규정하고 있고 구체적인 소비·생산 규제는 1987년 채택된 **몬트리올 의정서**(Montreal Protocol on Substances that Deplete the Ozone Layer)를 통하여 이루어졌다. 몬트리올 의정서는 CFCS와 할론 물질로 된 여러 종류의 오존층 파괴 가스의 생산과 소비를 1986년 수준을 기준으로 하여 1994년 말까지 80%까지 줄이고, 1999년 말까지는 50%까지 감축하도록 규정하되 개도국에 대해서는 10년간 유예기간을 주고 있다. 몬트리올 의정서는 당사국들에게 규제물질의 생산, 수입, 그리고 수출에 관한 통계적 정보를 사무국에 제출하도록 하는 정보제공의무를 부과하여 의정서의 이행여부를 감시받도록 하고 있다. 또한 몬트리올 의정서는 의정서의 실효성을 높이기 위해 비 당사국에 대한 무역규제조치를 취하고 있다. 즉, 당사국은 비 당사국과 규제물질의 수입 및 수출을 할 수 없도록 되어 있다. 이러한 규제조치는 규제물질이 함유된 제품에도 확대 적용되어, 규제물질이 함유된 제품과 규제물질을 함유하지는 않았지만 이를 사용하여 생산된 제품을 비당사국에 수출하는 것을 금지 또는 제한한다. 뿐만 아니라 비 당사국에 대한 규제물질의 생산기술 및 이용기술의 수출도 억제되고 있다. 한편, 몬트리올 의정서는 개도국에 대한 유예를 허용하면서 개도국에 대한 재정지원과 기술이전이 효과적으로 이루어질 수 있도록 오존기금(Ozone Fund)을 설치하고 있다. 한국은 1994년 당사국 회의에서 몬트리올 의정서 제5조 1항에 따른 수혜개도국의 지위를 인정받아 규제물질의 생산과 소비 일정에 대한 유예기간을 확보하였다.

몬트리올 의정서를 개정하기 위한 1990년 런던 개정(London Adjustments and Amendments to Montreal Protocol)에서는 몬트리올 의정서보다 대폭적인 감축조치를 취하고 있다. 구체적으로 CFCS 및 할론 등의 경우 1986년도의 소비·생산 양을 기준으로 1995년부터는 50%, 2000년에 이르러는 완전히 폐기하도록 규정하고 있다. 다만 개도국(5조 1항의 적용을 받는 나라들)의 기본적 수요 충족과 산업합리화를 위한 공급을 위해 일정 한도 내의 생산을 허가하고 있다. 이후 1992년 코펜하겐 개정(Copenhagen Adjustments and Amendments to Montreal Protocol)에서는 이전 런던 개정에서 CFCS와 할론을 2000년까지 완전히 폐기하기로 한 스케줄을 1996년으로 더욱 앞당겼다. 또한 코펜하겐 개정에서는 이전 런던 개정에서 CFCS의 대체물질로 개발된 HCFCs를 과도기적 물질로 규정하여 규제를 보류하였던 것을 HCFCs의 잠재적인 악영향을 인정하여 2030년까지 이를 전면 폐기하도록 규정하였다. 또한 코펜하겐 개정은 HBFCs 및 메틸브로마이드도 규제대상 물질로 추가하였다. HBFCs에 대해서는 1996년 1월 1일부터 소비·생산을 전면 금지하고 메틸브로마이드는 1995년 1월 1일부터 1991년 수준으로 동결하도록 하였다. 이어 1995년 비엔나 개정(Vienna Adjustments to Montreal Protocol)에서는 몬트리올 의정서, 런던 개정 및 코펜하겐 개정에 규정된 오존층 파괴물질의 규제일정을 더욱 강화하였다. 비엔나 개정은 메틸브로마이드를 2010년부터 전면 금지하였다. 비엔나 개정에 따라 HCFCs는 2030년까지 전면금지되며 2020년부터 2030년까지는 냉장고, 에어컨 등 기존설비 재충전용으로만 허용한다. 또한 비엔나 개정에서는 CFCS, 할론 등에 대해서 런던 개정 당시의 선진국에 대한 전면금지 일정인 2000년에 유예기간 10년을 가산한 2010년을 수혜개도국에 대한 전면금지기간으로 통일하였다. 이후 몬트리올 의정서는 1997년 Montreal 개정, 1999년 북경 개정, 2016년 Kigali 개정을 거쳤다. 이러한 개정을 거치면서 현재 대부분의 오존층 파괴 가스들이 사용 및 생산의 중단되었고 **현재 감축 대상이 되고 있는 가스는 HCFCs(수소염화불화탄소)및 HFCs(수소불화탄소)**이다. Kigali 개정에서는 HFCs에 대해서 미국, 유럽 등 선진국들은 2019년부터 2011년~2013년 사용량을 기준으로 10%를 줄이고 2036년에는 85%를 감축해야 한다. 우리나라와 중국을 포함한 100개국 이상은 HFCs를 2024년까지는 동결, 2029년 10% 감축,

2035년 30% 감축, 2040년 50% 감축, 2045년 80% 감축토록 하도록 하였다.[74]

　1992년 채택된 **유엔기후변화협약**(UN Framework Convention on Climate Change)의 목적은 이산화탄소 등 온실가스가 지구 기온 상승을 초래하여 지구와 인류에 치명적인 기후 변화를 가져옴을 인식하여 온실가스의 배출을 규제하려는 것이다. 유엔기후변화협약은 공통의 차별화된 책임 원칙에 따라 모든 당사국들에게 적용되는 공통의 의무와 부속서(附屬書) I 국가군과 부속서 II 국가군에 차별 적용되는 의무사항으로 구별된다. 공통의무는 국가별 온실가스의 통계목록 작성, 기후변화 완화조치 및 적응조치 수립, 과학적 연구협력 및 체계적 관측 체제 유지·발전, 교육·훈련 계획개발 및 기후변화에 관한 공중의 인식제고 등이다. 차별화된 의무로서 협약 부속서 I에 포함된 42개국(Annex I)에 대해 2000년까지 온실가스 배출 규모를 1990년 수준으로 안정화시킬 것을 권고하였다.[75] 한편, 협약 부속서 II(Annex II)에 포함된 24개 선진국에 대해서는 개도국의 기후변화 적응과 온실가스 감축을 위해 재정과 기술을 지원하는 의무를 규정하였다.[76]

　1997년 채택된 **교토의정서**(Kyoto Protocol)는 **협약 부속서 I 국가**에 대해서는 1차 공약기간(2008-2012년)에 1990년 대비 평균 5%이상의 온실가스 감축의무를 부과하고, 그 감축의무는 국가별로 차등하게 설정하였다. 구체적으로 보면, EU는 8% 감축, 미국은 7% 감축, 일본·캐나다는 6% 감축, 러시아는 0%(1990년 수준 동결), 호주는 8% 증대이다. 또한 부속서 I 국가군에 속하는 나라들은 온실가스의 배출량과 흡수량을 추산하는 국가제도를 마련해야 하며, 연간 온실가스의 배출통계 작성 및 주기적 국가보고서 제출 의무를 지며, 또한 개도국에 대한 재정지원 및 기술지원 의무(OECD 회원국만 해당)를 진다. 교토의정서는 온실가스를 보다 효과적으로 규제하기 위해 환경규제에 시장성 원리를 도입한 **교토 메커니즘**을 규정하고 있다. **공동이행제도**(Joint Implementation, 제6조)는 유엔기후변화협약 부속서 I 국가들 사이에서 온실가스 감축 사업을 공동으로 수행하는 것을 인정하는 것으로, 한 국가가 다른 국가에 투자하여 감축한 온실가스 감축량의 일부분을 투자국의 감축 실적으로 인정하는 제도이다.

74　기준수량은 2020년-2022년간 HFC 평균 생산·소비량+HCFC 기준수량의 65%이다.

75　부속서 I에 해당하는 국가는 다음과 같다. 오스트레일리아, 오스트리아, 벨기에, 캐나다, 덴마크, 구주경제공동체, 핀란드, 프랑스, 독일, 그리스, 아이슬란드, 아일랜드, 이탈리아, 일본, 룩셈부르크, 네덜란드, 뉴질랜드, 노르웨이, 포르투갈, 스페인, 스웨덴, 스위스, 터어키, 영국, 미국 등 OECD 선진국과 벨라루스, 불가리아, 체크슬로바크, 에스토니아, 헝가리, 라트비아, 리투아니아, 폴란드 ,루마니아, 러시아, 우크라이나 등 시장경제로 전환 중인 국가들이다.

76　부속서 II에 해당하는 국가는 다음과 같다. 오스트레일리아, 오스트리아, 벨기에, 캐나다, 덴마크, 구주경제공동체, 핀란드, 프랑스, 독일, 그리스, 아이슬란드, 아일랜드, 이탈리아, 일본, 룩셈부르크, 네덜란드, 뉴질랜드, 노르웨이, 포르투갈, 스페인, 스웨덴, 스위스, 터어키, 영국, 미국.

청정개발체제(Clean Development Mechanism, 제12조)는 의무를 부담하는 유엔기후변화협약 부속서 I 국가가 비부속서 I 국가에서 온실가스 감축사업을 수행하여 그 실적에 따라 부속서 I 국가인 선진국은 온실가스 배출권을 얻고, 비부속서 I 국가인 개도국은 지속가능한 개발을 위한 기술과 재정지원을 얻을 수 있도록 하는 제도이다. **배출권거래제도**(International Emissions Trading, 제17조)는 구체적인 감축을 공약한 교토의정서 부속서 B군(Annex B)의 당사국들이[77] 자국이 공약한 온실가스 의무 감축량을 초과하여 달성하였을 경우 이 초과분을 부속서 B군 내 다른 국가와 거래할 수 있는 제도이다. 교토의정서의 문제는 중국과 인도와 같이 세계 최대의 온실가스 배출국들이 개도국의 명분으로 감축의무 대상국에서 포함되어 있지 않았던 데에 있었는데, 2001년에는 미국이 이러한 상황에서 자국 경제에 부담만 준다는 이유로 교토 의정서를 탈퇴하였다. 2012년 제18차 당사국 총회(COP18, 도하)에서 당사국들은 교토의정서의 제2차 공약기간을 2013년부터 2020년으로 설정하는 도하 개정(Doha Amendment)을 채택하였다. 그러나 기존의 교토의정서 불참국인 미국 외에도 일본, 러시아, 캐나다, 뉴질랜드 등이 제2차 공약기간에 불참을 선언하면서, 참여국 전체의 배출량이 전 세계 배출량의 15%에 불과하게 되었다. 이에 따라 교토 의정서의 실효성이 크게 상실되었다.

교토의정서가 실효성을 상실한 가운데 2015년에는 **파리협정**(Paris Agreement)이 채택되었고, 2016년 11월 4일에 발효되었다. 파리협정은 지구 평균기온 상승을 산업화 이전 대비 2℃ 보다 상당히 낮은 수준으로 유지하고, 1.5℃로 제한하기 위해 노력한다는 전 지구적 장기목표 하에 모든 국가가 2020년부터 기후행동에 참여하며, 5년 주기로 이행점검을 통해 점차 노력을 강화하도록 규정하고 있다. 파리 협정은 또한 모든 국가가 스스로 결정한 온실가스 감축목표를 5년 단위로 제출하고 국내적으로 이행토록 하고 있으며, 재원 조성 관련, 선진국이 선도적 역할을 수행하고 여타 국가는 자발적으로 참여하도록 하고 있다. 협정은 기후행동 및 지원에 대한 투명성을 강화하는 동시에 각국의 능력을 감안하여 유연성을 인정하고 있으며, 2023년부터 5년 단위로 파리 협정의 이행 및 장기목표 달성 가능성을 평가하는 전 지구적 이행점검(global stocktaking)을 실시한다는 규정을 두고 있다.

파리협정에서는 선진국들이 경제 전반에 걸친 절대량의 배출 감축을 목표로 함으로

---

77 부속서 B의 국가군은 다음과 같다. 호주, 오스트리아, 벨기에, 불가리아*, 캐나다, 크로아티아*, 체크 공화국*, 덴마크, 에스토니아*, 구주공동체, 핀란드, 프랑스, 독일, 그리스, 헝가리*, 아이슬란드, 아일랜드, 이탈리아, 일본, 라트비아*, 리히텐슈타인, 리투아니아*, 룩셈부르그, 모나코, 네덜란드, 뉴질랜드, 노르웨이, 폴란드*, 포르투갈, 루마니아*, 러시아*, 슬로바키아*, 슬로베니아*, 스페인, 스웨덴, 스위스, 우크라이나*, 영국, 미국 이다. * 표시 국가는 시장경제로 이행 중인 국가를 나타낸다.

써 주도적 역할을 하도록 하며, 개발도상국들은 상이한 국내 여건에 맞춰 시간의 경과에 따라 경제 전반의 배출 감축 또는 제한 목표로 나아가도록 장려하고 있다. 각 당사국들은 달성하고자 하는 국가 결정기여(Nationally Determined Contributions: NDC)를 결정하고, 통보하며, 유지한다. 당사자는 그러한 국가결정기여의 목적을 달성하기 위하여 국내적 완화 조치를 추구한다. 파리 협정 당사국들은 2020년부터 국가별 자발적 기여분(Nationally Determined Contributions)에 따라 배출량의 감축을 실시하기로 약속했다.

파리협정은 선진국만이 온실가스 감축의무를 부담토록 한 기존의 교토 기후체제의 한계를 극복하고 선진국과 개도국 모두가 온실가스 감축에 참여하는 보편적(universal)이고 포괄적인(comprehensive) 신기후체제의 근간을 마련하였다고 평가된다. 모든 협정 당사국들은 자율적으로 자국의 온실가스 감축목표(NDC)를 설정하고 이러한 목표 이행 상황을 주기적으로 기후변화협약 사무국에 제출하여야 한다. 이와 같이 제출된 각국의 이행 실적들은 전 지구적 차원의 온실가스 감축 성과 점검에 활용되며, 그 점검 결과를 토대로 각국은 기후변화 대응 수준을 점차적으로 강화해 나가는 노력을 하여야 한다. 파리협정체제하에서 모든 협정 당사국들은 기후변화의 부정적 영향과 취약성에 대응하기 위한 적응 계획을 수립하여 이행하여야 하는 한편, 선진국은 개도국의 기후변화 대응 지원을 위해 재원을 제공하고 기술과 역량 배양을 지원해야 한다.[78]

우리나라는 2009년 '2020년 온실가스 배출전망(BAU: Business As Usual) 대비 30% 감축'이라는 자발적인 목표를 제시하고, 2011년 저탄소녹색성장기본법을 제정하여 목표 이행을 위해 법적 기반을 마련하였다. 이후 2012년 온실가스 · 에너지 목표관리제 실시, 2014년 온실가스 감축 로드맵 수립, 2015년 배출권거래제 실시, 2015년 국가 기후변화 적응대책 마련 등 온실가스 배출 감축을 노력을 경주하고 있다. 우리나라는 2015년 6월 '2030년 온실가스 배출전망(BAU) 대비 37% 감축'이라는 의욕적인 목표를 포함한 INDC(Intended Nationally Determined Contributions: 2020년 이후 기후변화 대응 기여 방안으로, 온실가스 감축목표 등이 포함되며, 각국이 스스로 결정)를 제출함으로써 우리의 기후변화 대응 의지를 국제사회에 보이고 신기후체제 출범을 위한 국제사회 노력에 동참

---

[78] 우리나라는 2016년 11월 3일 비준서를 기탁하여 동년 12월 3일 부로 우리나라에 대해 발효하였다. 우리 정부는 2010년 「저탄소 녹색성장 기본법」을 제정하여 국가 기후변화 대응 정책을 수립·시행해 오고 있으며, 2013년 「온실가스 배출권의 할당 및 거래에 관한 법률」 제정을 통해 2015년에 전국단위의 배출권거래제를 도입하는 등 기후변화 대응을 위한 법적·제도적 체계를 마련해 놓고 있다. 또한 우리나라는 국제사회에 약속한 2030년 온실가스 감축 목표(2030년까지 배출전망치 대비 온실가스 배출을 37% 감축)의 원활한 이행을 위해 「2030 온실가스 감축 로드맵」 및 「기후변화대응 기본계획」을 연내 수립하고, 「2050 장기 저탄소 발전 전략」을 수립해 나갈 계획이라고 한다.

해 왔다.[79]

1972년 채택된 **런던 덤핑협약**(폐기물 및 기타물질의 투기에 의한 해양오염방지에 관한 협약, Convention on the Prevention of Marine Pollution by Dumping of Wastes and Other Matters: London Dumping Convention, 한국 1993년 가입)은 바다에 폐기물을 투기하는 것을 규제하는 것이다. 국가들은 육상에서 발생하는 산업 쓰레기 및 생활 쓰레기를 바다에 버리는 방식으로 처리하여 왔는데 이러한 해상 투기가 해양 환경을 심각한 오염을 발생시킴에 따라 채택된 것이다. 72년 런던덤핑협약은 투기(dumping)를 다음과 같이 정의하고 있다.

Dumping means:
(i) any deliberate disposal at sea of wastes or other matter from vessels, aircraft, platforms or other man-made structures at sea;
(ii) any deliberate disposal at sea of vessels, aircraft, platforms or other man-made structures at sea;[80]

런던 덤핑협약은 폐기물의 범주를 구분하여 가장 유해한 물질에 대해서만 투기를 금지하고 나머지 물질들에 대해서는 특별허가 또는 일반허가에 따라 투기를 할 수 있도록 규정하고 있다. 이 협약의 **부속서 I**(black list)에 열거된 폐기물은 유독성이 가장 강한 물질로서 해양투기가 절대적으로 금지된다. 여기에 해당되는 물질은 할로겐 혼합물, 수은과 수은 혼합물, 카드뮴과 카드뮴 혼합물, 플라스틱과 다른 합성물질, 원유 및 그 폐기물과 석유제품, 석유 증류찌꺼기 등이다. 그리고 인류 건강과 생태계에 미치는 영향의 이유로 국제 원자력기구에서 덤핑에 부적절하다고 결정한 고준위 핵폐기물, 생물전(biological warfare) 및 화학전(chemical warfare)을 위해 만든 물질 등도 포함된다. **부속서 II**(grey list)에는 **사전 특별허가를 요하는 폐기물**이 열거되어 있다. 특별허가를 요하는 물질은 비석, 납, 구리, 아연과 그 혼합물, 오르가노 실리콘 혼합물, 시안화 칼륨, 불화물, 부속서 I에 포함되지 않은 살충제 등이다. 항해나 어업활동에 장애가 되는 콘테이너, 금속폐기물과 기타 부피가 큰 폐기물, 중준위 및 저준위 핵 폐기물 등도 이 범주에 속하여 특별허가의 대상이 되며, 각 당사국은 이들 물질의 해양투기 허가 시에 국제 원자력기구의 권고를 충분히 고려하도록 되어 있다. 그 밖의 물질은 사전에 일반허가를 얻어야 한다.[81] **1993년 런던덤핑협약개정**(한국 1994년 가입)에서는 부속서 I을 개정하여 모든

---

79   외교부 홈페이지, 기후변화협상 자료 참고.

80   런던덤핑협약 제3조 1항 a.

81   외교부 홈페이지 자료 및 UNEP 자료 참고.

핵 폐기물의 해양투기를 전면 금지하였다. 동 개정에서는 바다에 투기가 금지되는 물질로 '방사성 폐기물 또는 그 밖의 방사성 물질(Radioactive wastes or other radioactive matter)'을 추가하였다.

1996년 런던 개정의정서(한국 2009년 가입)는 투기가 금지되는 물질을 부속서에 명시하는 종래의 negative system에서 부속서에 규정된 물질 외에는 투기하지 못하는 positive system으로 규제방법을 전환하였다. 이에 따라 체약당사국은 부속서 1에 열거된 물질을 제외한 모든 폐기물이나 그 밖의 물질의 투기가 금지된다. 부속서 1에 열거된 물질은 준설물질, 하수 오니(汚泥), 생선폐기물이나 산업적 생선가공공정에서 발생되는 물질, 선박 및 플랫폼 또는 그 밖의 인공해양구조물, 불활성 무기질물질, 자연 기원의 유기물질, 강철, 철, 콘크리트 및 이와 유사한 무해한 물질로 구성된 부피가 큰 물질, 격리 목적의 이산화탄소 포집 공정으로부터 발생한 이산화탄소 스트림 등 이다. 또한 1996년 개정의정서는 일체의 해상 소각을 금지하고 있다. 해상소각이란 선박·플랫폼 또는 그 밖의 인공해양구조물상에서 열적 파괴에 의한 의도적인 폐기를 목적으로 하는 연소를 말한다.[82] 또한 1996년 개정의정서는 폐기물이나 그 밖의 물질을 투기 또는 해상소각을 하기 위하여 다른 국가에 수출하는 것도 금지하고 있다. 1972년 런던 덤핑협약 및 1996년 개정 의정서는 불가항력적 상황의 경우에는 해양 투기 금지 및 해상 소각 금지 규정의 적용 예외로 하고 있다.[83] 1996년 런던 개정의정서는 환경 피해에 관한 국가책임을 위해 당사국들이 관련 절차를 개발해 나가도록 규정하고 있다.[84]

> In accordance with the principles of international law regarding State responsibility for damage to the environment of other States or to any other area of the environment, **the Contracting Parties undertake to develop procedures regarding liability arising from the dumping or incineration at sea of wastes or other matter.**

또한, 1996년 런던 개정의정서는 당사국 간의 분쟁이 있을 경우에 일방의 요청에 의해 자체 부속서 III에 따른 국제중재에 의해 해결하도록 하고 있다.

1973년 채택된 MARPOL 협약은 이후 1978년 채택된 의정서와 함께 MARPOL

---

82 1996년 개정의정서에서는 내수(internal waters)를 일반적 해양환경 보호 의무와 관련한 한도 내에서만 적용대상에 포함시키고 있고, 구체적 해양 투기 금지 의무 및 해상소각 금지 조항에는 내수가 적용이 되지 않는다.

83 1996년 의정서의 4.1항은 해양 투기 금지, 5조는 해양소각 금지를 규정하고 있다. 1972년 런던덤핑협약 제 5조는 불가항력 상황에 의한 예외규정을 두고 있는데 당시 협약에는 해양소각 금지 규정이 없어서 불가항력 예외규정에도 해양소각 관련 내용이 없다.

84   1996년 의정서 제15조.

73/78이라고 하는데 선박으로부터의 배출(discharge)을 규제하기 위한 협약이다. MARPOL 협약은 discharge를 다음과 같이 정의하고 있다.[85]

> Discharge, in relation to **harmful substances or effluents containing such substances, means any release howsoever caused from a ship** and includes any escape, disposal, spilling, leaking pumping emitting or emptying;
>
> 배출은 원인여하를 불문하고 선박으로부터의 모든 유출을 의미하며, 유실, 폐기, 누출, 누설, 배수, 방출 또는 공출을 포함한다.

이러한 discharge의 개념에는 런던덤핑협약이 규제하고 있는 투기(dumping)는 포함되지 않는다. 덤핑은 선박으로부터 폐기물을 바다에 던지는 것이라면 배출은 배의 운항 과정에서 생기는 유류 폐기물이나 선박이 운반하는 유류나 유해한 물질이 사고 등으로 인하여 선박으로부터 바다에 흘러나오는 것을 말한다. MARPOL 협약은 선박으로부터 이러한 배출을 방지하기 위하여 선박의 관련 구조(예: 밸러스트 탱크)를 규제하고 선박의 관련 기록을 유지하도록 하고 또 선박운항 중 발생하는 유류 폐기물을 규제 및 금지하는 것이다.

MARPOL 협약이 배출을 규제하고 있는 물질은 MARPOL 협약의 부속서가 계속해서 채택됨에 따라 추가되었다. 제1부속서는 선박으로부터 나오는 유류를 규제하고 있으며, 제2부속서는 선박에 의해 벌크(bulk)로 운반되는 유해물질(noxious liquid)의 배출을 규제하고 있고, 제3부속서는 선박에 의해 컨테이너 등 포장된 형태로(harmful substances carried by sea in packaged form) 운반되는 유해물질에 대해서 규제하고 있으며, 제4부속서는 선박으로부터의 오수(sewage) 배출을 규제하고 있으며, 제5부속서는 선박으로부터의 쓰레기(garbage) 배출을 규제하고 있다.

MARPOL 협약은 기본적으로 각 선박이 등록한 기국에 의한 관할권 행사를 기본으로 하고 있다. 따라서 각 선박의 기국(旗國, flag state) 당국은 자국에 등록한 선박들이 MARPOL 협약의 규정에 맞게 배의 관련 구조를 완비하고 관련 규정에 맞게 운항하고 관련 일지를 작성하고 있는지 검사할 권한이 있으며 그 위반에 대해서는 기국의 관련법에 따라서 행정 및 사법 처리하여야 한다.[86] 기국 이외의 당사국도 자국의 관할권 내에

---

85 MARPOL 73/78 제2조 3항 b.

86 MARPOL 73/78 제4조(1) Any violation of the requirements of the present Convention shall be prohibited and sanctions shall be established therefor under the law of the Administration of the ship concerned wherever the violation occurs.

서 외국의 선박이 MARPOL의 규정을 위반하였을 때에는 자국의 관련 법에 따라 동 외국 선박을 행정, 사법 처리하거나 또는 기국에 통보하여 동 선박이 기국에 의하여 처리되도록 할 수 있다.[87] 한편, 당사국(寄港國, port state)은 타국의 선박이 자국의 항구에 기항하였을 때 해당 외국 선박이 MAARPOL 규정을 준수하였다는 관련 증서(certificates)를 선박에 게재하고 있는지 검사(inspection)할 수 있다. 이 검사는 선박 또는 그 설비의 상태가 동 증서의 기재사항과 실질적으로 합치하지 아니하다고 믿을 만한 명백한 근거가 존재하지 아니하는 한, 선내에 유효한 증서가 있다는 것을 확인하는 것에 한정된다. 한편 기항국은 자국의 항구로 들어온 타국의 선박에 대해 MARPOL협약에 위반한 배출위반이 있었는지 조사할 수 있다.[88] 동 기항국은 동 외국 선박이 MARPOL 규정에 위반하여 유해물질을 배출하였다는 증거가 있는 경우에는 동 증거를 기국에 제출하여야 한다. 기국은 기항국에 관련 정보를 더 요청할 수 있으며 수집된 정보를 바탕으로 추정된 위반에 대한 소송절차를 취할 수 있을 만큼 충분한 증거가 있다고 인정할 경우에는 기국은 자국의 법률에 따라 가능한 한 조속히 동 절차를 취하여야 한다.

1989년 채택된 **바젤협약**(유해폐기물의 월경 이동 및 처리의 통제에 관한 바젤협약)은 아프리카 등 77그룹이 주도하였는데 이는 후진국이 선진국의 폐기물 처리장이 되어서는 안 된다는 문제의식에서 출발한 것이었다. 유해폐기물의 종류에 대해서는 바젤협약 부속서에서 규정하고 있는데 의료폐기물, 수은·납·카드뮴 등 중금속함유 폐기물, 폴리클로리네이티드 비페닐(PCBS) 등 독성함유폐기물, 폐유, 폐산 등 47여 개 품목이며, 그 밖에 특별고려가 요구되는 폐기물 즉, 가정으로부터 수거된 폐기물 및 폐기물의 소각 잔재물에도 적용된다. 또한 당사국들은 국내법에 따라 유해폐기물을 추가할 수 있다. 방사성 물질은 바젤협약의 범위에서 제외된다. 바젤협약 상 당사국들은 외국의 유해폐기물(특별고려가 요구되는 그 밖의 폐기물 포함)이 자국 내로 수입되는 것을 금지할 수 있다. 당사국은 유해폐기물의 수입을 금지하는 경우 이를 타방 당사국들에 통보하여야 하며,

---

87 MARPOL 73/78 제4조(2) Any violation of the requirements of the present Convention within the jurisdiction of any Party to the Convention shall be prohibited and sanctions shall be established therefor under the law of that Party. Whenever such a violation occurs, that Party shall either.

(a) cause proceedings to be taken is accordance with its law; or

(b) furnish to the Administration of the ship such information and evidence as may be in its possession that a violation has occurred.

88 MARPOL 73/78 제6조(2) A ship to which the present Convention applies may, in any port or off-shore terminal of a Party, be subject to inspection by officers appointed or authorized by that party for the purpose of verifying whether the ship ha discharged any harmful substances in violation of the provisions of the Regulations. If an inspection indicates a violation of the Convention, a report shall be forwarded to the Adminstration for any appropriate action.

당사국들은 유해폐기물을 수입 금지한 국가에 대해서 유해폐기물 수출을 금지해야 하며, 수입을 금지하지 않은 나라에 대해서는 동 국가의 서면동의를 얻어서만 수출을 할 수 있다. 또한 바젤협약은 남극지역(남위 60도 이남의 지역) 및 바젤협약에 가입하지 않은 비당사국에 대한 수출, 폐기물을 환경적으로 건전하게 처리하지 못할 것으로 판단되는 국가에 대한 수출을 금지하고 있다. 한국은 1994년 바젤협약에 가입하였고, 「폐기물의 국가 간 이동 및 그 처리에 관한 법률」을 제정하고 국내적으로 이행하고 있다.

라. 원자력 안전과 사용후 연료 및 방사능 물질의 운송

1994년에 채택된 원자력 안전에 관한 협약(Convention on Nuclear Safety)은 1986년 소련에서 발생한 체르노빌 원전사고를 계기로 원전사고가 초래하는 광범위하고 심각한 피해를 막기 위하여 국제적인 규범 및 제도적 장치가 필요하다는 인식에서 추진된 것이다. 원자력안전협약은 국제원자력기구(International Atomic Energy Agency: IAEA)의 주도 하에 추진되었다. 원자력안전협약이 대상으로 하는 시설은 원자력 발전소 및 원자력 발전소 부지 내 방사성 물질의 저장 및 처리시설 등이다. 원자력안전협약은 안전우선원칙을 규정하고 원전의 부지 선정에서부터 설계, 건설 및 운전단계에서의 안전성 확보와 관련된 의무사항 등을 규정하고 있다. 특히 가동 중인 원자력발전소에 대해서는 조속히 안전성을 평가하여 필요한 개선조치를 취하고, 보완이 불가능한 경우 가동중지계획을 수립·시행해야 한다는 특별 조항을 두고 있다. 각 당사국은 협약 상 의무사항들에 대한 이행현황을 국가보고서(National Report)로 작성하여 3년마다 국제원자력기구에 제출하여야 한다.

1997년 채택된 사용 후 방사성 폐기물 안전 공동협약(Joint Convention on the Safety of Spent Fuel Management and on the Safety of Radioactive Waste Management)은 원전 시설의 가동으로부터 나오는 사용 후 핵연료 및 방사능 폐기물이 높은 수준에서 안전하게 처리 및 관리될 수 있도록 하는 데 목표를 두고 있다. 협약은 사용 후 원료 및 방사성폐기물의 관리 시설이 모두 높은 수준의 안정성을 갖추도록 하고 이를 위해 관리시설의 건설에 앞서 부지 선정에 있어서 안전성 영향평가를 하도록 하며, 이미 있는 기존 시설에 대해서는 안전성을 검토하여 안전성을 개선시키는 조치를 취하도록 하고 있다. 이 협약은 사용 후 핵연료 및 방사능 폐기물의 국경 간 이동시 인수국의 사전통보 및 동의 아래 시행하도록 하고, 경유국 통과 시 운송 수단별 국제적 의무를 따르도록 하며, 인수국은 폐기물 관리에 필요한 행정·기술적 능력 및 규제체제를 보유할 경우에만 이동을 승인하도록 규정하고 있다. 그러나 동 규정은 처리(processing)를 목적으로 방사성 폐기물을 수입한 당사국이 처리 이후에 방사성 폐기물 및 그 밖의 생성물질을 원산지국으로 반환하는 것과, 타국에서의 재처리(reprocessing)를 위하여 사용후 핵연료를 수출하는 것과, 또는 재처리를 목적으로 사용 후 핵연료를 수입한 당사국이 재처리과정에서 발생되는 방사성폐기물 및 그 밖의 생성물질을 원산지국으로 반환하는 것을 금지하는 것은 아니다.

국제원자력기구(IAEA)는 원전의 평화적 이용과 관련하여 건강보호와 생명재산에 대한 위험의 최소화를 위한 안전 표준(노동조건의 표준을 포함한다)을 설정하고 채택하는 권한을 가지고 있다.[89]

> The Agency is authorized to establish or adopt, in consultation and, where appropriate, in collaboration with the competent organs of the United Nations and with the specialized agencies concerned, standards of safety for protection of health and minimization of danger to life and property (including such standards for labour conditions.

IAEA는 이러한 권능(functions)하에서 1961년 핵물질의 안전한 수송에 관한 규칙(Regulations on safe transport of nuclear material)을 처음으로 채택하고 이후 개정하여 왔다. 동 규칙은 육상, 해상 및 항공을 통한 모든 핵물질의 운송 방법을 규제하고자 하는 것으로서 주로 핵물질의 운송을 위한 포장(packing) 및 화물의 적재·운송·하역과 관련된 규칙을 담고 있다. 이후 IAEA는 1990년 방사성 폐기물의 국제적 이동에 관한 실천 코드(Code of Practice on the International Transboundary Movement of Radioactive Waste)를 채택하였다. 실천코드에서는 방사성 폐기물의 국제적 이동은 국제안전기준 적합하여야 함을 강조하고, 발송국(sending State), 수령국(receiving State) 및 통과국(transit State)의 사전 통보와 동의가 있어야 한다고 규정하고 있다.[90]

---

89 국제원자력기구협약 제3조 A(6)항.

90 Code of Practice on the International Transboundary Movement of Radioactive Waste, Basic Principles,
4. Every State involved in the international transboundary movement of radioactive waste should take the appropriate steps necessary to ensure that such movement is undertaken in a manner consistent with international safety standards.
5. Every State should take the appropriate steps necessary to ensure that, subject to the relevant norms of international law, the International transboundary movement of radioactive waste takes place only with the prior notification and consent of the sending, receiving and transit States in accordance with their respective laws and regulations.

마. 환경보호를 위한 무역조치

앞서 살펴본 바와 같이 환경보호를 위한 다자간 환경협정(Multilateral Environmental Agreements: MEAs)은 여러 가지 무역 제한조치를 담고 있다. 문제는 이러한 MEAS의 무역제한조치(수출 및 수입 규제)는 자유로운 무역을 촉진하는 WTO/GATT의 규정과 충돌할 수 있다는 것이다. 예컨대 1987년 몬트리올 의정서는 의정서의 실효성을 높이기 위해 비 당사국에 대한 무역규제조치를 취하고 있다. 즉, 당사국은 비 당사국과 규제물질의 수입 및 수출을 할 수 없도록 되어 있다. 만약 몬트리올 협약 당사국이 이러한 조항에 근거하여 몬트리올 협약 비당사국에게 이러한 무역금지 조치를 취할 경우 이 국가는 해당 무역 금지 조치가 차별적 조치이며 WTO/GATT 규정 위반이라고 주장할 수 있다.

WTO/GATT 규정은 회원국 간에 무역 촉진을 위해 내국민 대우, 최혜국 대우에 의한 무차별적 대우를 규정하고 있고, MEAS는 환경을 보호하기 위한 조치로서 무역 제한 조치를 포함하고 있는 것이므로 설사 무역 분쟁의 당사자가 WTO/GATT 회원국이며 동시에 특정 환경협정의 당사국일지라도 어느 규정이 우선 먼저 적용되는가에 대해서는 일률적으로 답하기 어렵다. 무엇이 상위법인가? 무엇이 특별법인가? 몬트리올 의정서에 가입한 국가 A와 B국이 또한 동시에 WTO/GATT 회원국일 경우에 A국이 몬트리올 의정서에 근거하여 B국에 대하여 수입금지조치를 취한 것에 대하여 B국이 이를 WTO/GATT의 분쟁해결절차에 가져갈 가능성은 사실상 없다. 그럼에도 법률적으로 MEAS와 WTO/GATT가 상충할 수 있다. 이러한 가능성에 대비하여 예컨대 북미지역 내 자유무역을 촉진하기 위해 체결된 NAFTA 협정에서는 특정 MEAS(몬트리올 의정서, 바젤협약, 멸종동식물 호보협약 등)가 NAFTA 또는 WTO/GATT 규범과 충돌하는 경우에 MEAS가 우선한다고 규정하고 있다.[91]

환경보호를 위한 무역 조치로서 외국에서 들어오는 비환경친화적 제품에 대해서 **탄소세와 같은 환경세(environmental tax)를 부과하는 경우** 이러한 조치가 환경보호의 측면에서 정당화된다고 하더라도 WTO/GATT의 규정에 부합하여야 할 것이다. 우리나라 일각에서는 탄소관세를 부과하여야 한다고 하는 주장도 있으나 GATT 제2조 1항에 따라 관세는 합의된 관세양허표에 따라야 하므로 이러한 관세는 부과할 수 없다. 따라서 GATT 제3조에 따라 일단 수입된 물품에 대한 내국세로서의 환경세를 검토할 수 있을 것이다. GATT 제2조(2)(a)는 GATT 제2조의 최혜국 대우 조항은 수입국이 일단 수입된 물품에 대해서 내국세 부과를 금지하는 것은 아니라고 규정하고 있다.

---

91 1992년 North American Free Trade Agreement, Article 104(1).

2. Nothing in this Article shall prevent any contracting party from imposing at any time on the importation of any product:

(a) a charge equivalent to an internal tax imposed consistently with the provisions of paragraph 2 of Article III in respect of the like domestic product or in respect of an article from which the imported product has been manufactured or produced in whole or in part;

GATT 제3조는 수입된 상품에 대한 내국세 부과, 기타 부담금 및 국내 규제의 적용에 있어서의 내국민 대우를 규정하고 있다.

1. The contracting parties recognize that internal taxes and other internal charges, and laws, regulations and requirements affecting the internal sale, offering for sale, purchase, transportation, distribution or use of products, and internal quantitative regulations requiring the mixture, processing or use of products in specified amounts or proportions, should not be applied to imported or domestic products so as to afford protection to domestic production.

일단 수입된 물품에 대해서 환경세가 Border tax adjustment로서 부과될 수 있을 것이다. GATT 규정에 부합되기 위해서는 이러한 환경세 부과는 수입국 국내의 동종 상품에도 동일하게 적용되는 것이어야 한다. 문제는 해당 수입상품이 제조과정에서 어느 특정한 방식(예, 탄소를 많이 쓰는 방식의 제조)을 썼다고 하여 이를 근거로 환경세를 부과할 수 있는지에 대해서는 법적인 문제가 생길 수 있다는 점이다. 수입국이 자국의 제조공법만이 친환경적이라고 주장하며 이를 수출국에 강요하는 것이 적절한가의 문제가 있으며 실제로 수출국에서 어떤 과정으로 만들었는지에 대해서도 검증하기가 어렵다. 이러한 세금은 taxes on resources use라고 할 수 있으며 이는 직접세(direct tax)가 되어 제조업자를 타겟으로 하는 것이 된다. 그렇다면 수입되는 물건의 예상 사용 시 발생하는 탄소를 기준으로 국내 동종 제품과 차별 없이 부과하거나 또는 수입되는 물품의 부품 중 특히 비환경적인 것이 있다면 동 부품의 크기와 수에 따라 국내세를 부과하는 방법이 GATT 규정에 합치하는 것이 될 것이다.[92] 환경보호를 이유로 한 무역조치에 대해서는 뒤에서 WTO 체제와 주요 무역규범을 설명할 때 상세하게 다루고자 한다.

---

92 P. Birnie, A. Boyle, C Redgewell, *International Law and the Environment*, pp.798-799 참조. 이러한 국내세를 Border adjustment tax라고 한다. A. Boyle교수는 영국 에딘버러대 법대교수로 필자의 박사학위 지도교수였다.

1. 2011년 일본 후쿠시마에서 발생한 원전사고를 생각해 보자. 원전사고는 쓰나미에 의하여 발생하였고 일본의 도쿄전력은 방사능 오염수를 희석하여 저준위 오염수로 하여 바다에 흘려보내고 있다. 바다로 흘려보내는 지점은 일본의 내수이다. 일본 바깥에 있는 외국의 사람들은 원자력 손해배상에 관한 파리 협약과 제네바 협약체제에 따라 피해가 있는 경우 일본에 가서 일본 법원에서 소송을 하여야 한다. 그러면 이번에는 후쿠시마 원전사고에 런던 덤핑협약 또는 MARPOL 협약을 적용해 보자. 첫째, 동 사고에 따른 저준위 방사능 오염수의 바다로의 유출은 '덤핑'인가? 아니면 MARPOL 협약상 'discharge'인가? 도쿄전력의 방사능 오염수 유출지점은 일본의 내수인데 런던 협약의 적용 대상이 될 수 있는가? 천재지변에 의한 불가항력을 적용할 수 있는가? 한국인들이 또는 중국인들이 동 방사능 오염수로 인하여 피해를 보았다고 할 수 있는가? 만약 한국 정부나 혹 중국 정부가 일본 정부를 상대로 동 유출이 런던덤핑협약 위반이라고 주장한다면 협약상 어떤 구제조치가 가능한가? 일본 정부가 동 구제조치에 응하지 않을 경우 또는 환경오염 관련 국제법 위반이 없다고 하는 경우에 그 논거는 무엇이 될 것인가? 한국 또는 중국이 동 문제를 외교적 또는 국제 중재나 국제 재판으로 끌고 갈 근거가 있는지 논하시오.

2. 우리가 살고 있는 지구는 인간의 활동으로 인하여 오존층이 파괴되고 또 기후가 상승하여 기후 온난화의 문제를 낳고 있다. 한국은 오존층 보호를 위한 1987년 몬트리올 의정서에서 개도국의 입장을 인정받아 CFC 등 오존층 파괴 물질을 다른 나라보다 더 오래 쓸 수 있었고 이로 인하여 경제발전과 무역에 혜택을 받았다. 아울러 유엔 기후변화 협약 및 교토의정서에서도 개도국으로서 온실가스 감축에 아무런 의무도 부담하지 않았으나, 최근 파리 협정체제에서 2009년 '2020년 온실가스 배출전망(BAU: Business As Usual) 대비 30% 감축'이라는 자발적인 목표를 제시하고, 2011년 저탄소녹색성장기본법을 제정하여 목표 이행을 위해 법적 기반을 마련하였다. 실제로는 선진국의 경제적 규모와 기술을 갖추고 온실가스나 오존층을 파괴하는 물질을 많이 생산·소비하는 국가가 국제 협약 상의 의무를 회피하기 위하여 개도국의 지위를 받기 위해 외교적 교섭에 힘을 기울이고 그 성과를 자랑하는 것이 올바른 외교정책인가 생각해 보자. 외교관은 인류의 환경보호라는 목표에도 오로지 자국 산업의 이익만을 대변해야 하는가? 만약 당신이 새로운 온실가스를 규제하기 위한 국제회의에 참여하고 한국이 OECD 당사국으로서 그에 걸맞는 감축 공약과 개도국에 대한 기술 지원을 요구받았는데 국내의 경제 부서에서 우리 산업보호를 이유로 반대한다면 당신은 어떤 입장을 취하겠는가? 당신의 경제적, 국제정치적, 국제법적 논리는?

3. 온실가스를 규제하기 위해 채택된 교토 의정서는 그 취지에도 불구하고 중국·인도와 같이 세계 최대의 온실가스 배출국들이 개도국의 명분으로 감축의무 대상국에서 포함되어 있지 않았고 2001년에는 미국이 이러한 상황에서 자국 경제에 부담만 준다는 이유로 교토 의정서를 탈퇴하여 실효성이 더욱 문제가 되었다. 2012년 제18차 당사국 총회(COP18, 도하)에서 당사국들은 교토의정서의 제2차 공약기간을 2013년부터 2020년으로 설정하는 개정안(Doha Amendment)을 채택하였다. 그러나 기존의 교토의정서 불참국인 미국 외에도 일본, 러시아, 캐나다, 뉴질랜드 등이 제2차 공약기간에 불참을 선언하면서, 참여국 전체의 배출량이 전 세계 배출량의 15%에 불과하게 되었다. 이에 따라 교토 의정서의 실효성이 크게 상실되었다. 이후 파리협정이 채택이 되었으나 당사국들은 자발적인 공약에 따르게 되므로 강제성이 없다. 이러한 과정에서 미국은 탄소세 부과를 거론하고 있다. 공산품 제조과정에서 나오는 온실가스를 경제학적으로 외부효과라고 하고 수입국이 외국으로부터 들어오는 물품에 대해서 탄소세를 부과할 경우 발생하는 효과를 그래프로 설명해 보자. 또한 탄소세의 부과가 WTO의 관세장벽으로 정당하게 인정받을 수 있는지 논해 보라. 당신이 주요한 지위에 있는 외교관이라면 탄소세를 각국의 국내조치에 맡기지 않고 새로운 협약을 제정하여 탄소세를 도입한다고 할 경우 어떤 내용과 체제로 규정하여야 할 것인지 작성해 보자.

4. 우리나라의「해양오염방지법」과「선박오염법」을 읽어보고 런던 덤핑협약과 MARPOL 협약이 어떻게 국내법으로 정비되어 있는지 검토해 보자. 혹 누락되거나 잘못된 것은 없는지 검토해 보자.

5. 일본은 자국이 원자력 발전소에서 사용한 연료를 영국에 보내서 영국이 이를 다시 재처리한 것을 수입해서 쓴다고 한다. 일본의 사용 후 핵연료(MOX)를 영국에서 재처리하여 다시 이를 일본으로 수출할 목적으로 재처리된 핵연료를 실은 선박이 영국의 배로우 항구를 출발하여 대한해협을 거쳐 일본으로 들어간다는 보도가 나오자, 한국의 환경단체에서 우려의 소리가 나왔다. 이와 관련, 재처리된 핵연료를 영국에서 대한해협을 거쳐 일본으로 수송하는 것이 어떤 국제법적 문제가 있는지 검토하자 이 검토에는 대한해협에서의 항행관련 지위도 검토하여야 한다. 동 보고서에는 국내의 반대 여론을 감안하여 영국 정부에게 공개적으로 전달할 메시지안도 작성하여야 한다.

6. 우리나라는 후쿠시마 원전사고 이후 후쿠시마 주변의 현(縣)에서 생산되는 수산물의 수입을 금지하였다. WTO/GATT의 어떤 규정과 논리로 정당화할 수 있는가? 당신이 일본 정부라면 어떤 논리로 한국의 후쿠시마 수산물 수입금지조치를 반박하겠는가?

7. 어떤 한국 업체가 동남아의 어느 나라에 한국의 생활쓰레기를 대량으로 수출했는데 수입을 한 업체는 정작 그 쓰레기를 처리하지 못하고 바닷가에 방치하였고 그 쓰레기가 바람에 날려 현지에서 막대한 환경 피해를 일으키고 있는 것이 보도되었다고 하자. 현지에서는 수입한 업자를 욕하는 것이 아니라 쓰레기를 수출한 나라 한국과 한국 정부를 욕하고 있었다. 현지인 인터뷰에서는 왜 한국이 쓰레기를 자기나라로 수출하였냐고 하면서 한국을 욕하고 있고 수입한 업자는 한국 업자가 돈을 준다고 하여 수입을 받았다고만 하고 쓰레기인 줄 몰랐다고 하며 역시 한국 업자를 욕하고 있다. 한국과 그 동남아 국가는 모두 바젤협약 당사국이다. 한국 정부가 바젤협약상 위반한 것은 무엇이고 동남아의 그 국가가 바젤협약상 위반한 것은 무엇인가? 한국 정부의 국가책임이 성립하는가? 한국 정부는 동남아 그 국가의 정부에 대해서 어떤 잘못을 주장할 수 있는가? 동남아 국가와 그 책임을 과실 상계할 수는 없는가? 현지에서 방치된 쓰레기로부터 다이옥신이 방출되었다면 누구의 책임인가?

15 조약의 체결, 조약의 해석과 적용

가. 국제법의 주요 법원(法源)으로서의 조약

국제법의 법원(法源, sources of international law)이라고 하는 것은 국제법의 내용을 구성하고 있는 규범들이 어디에서 나오느냐 하는 개념이다. 예컨대 국제법을 물이라고 한다면 그 물이 나오는 연원(淵源=샘, fontes juris)을 의미한다. 국제법의 법원은 조약과 국제관습법이 양대 연원이라고 할 수 있으며 이외에도 법의 일반원칙, 국제법 판례와 학설, 형평(衡平)과 선(善)이 보충적 또는 보조적 법원이다.

조약은 국가 간에 서면으로 된 명시적 합의이다. 국제관습법은 국가들의 일반적 관행(general practice)에 법적 확신(opinio juris)이 형성되어 법 규범이 된 것이다. 법의 일반원칙은 조약이나 국제관습법으로 규범화되지는 않았으나 문명국의 법의 일반적 원칙에 비추어 타당하게 여겨지는 것들을 말한다. 주로 로마법의 법언(法諺, maxim)에 기원하고 있다. 신의 성실의 원칙, 권리 남용 금지의 원칙, 손해 배상 책임의 원칙, 금반언의 원칙, 선린관계의 원칙 등이다. 법의 일반원칙은 국가 간의 어떤 상황에서 적용할 만한 구체적이고 명확한 조약이나 국제관습법이 없을 때라도 국가들이 법의 일반원칙에 비추어 마땅히 하여야 할 바를 보여줌으로써 국제법의 공백을 메울 수 있다는 점에서 국제법의 보충적 법원(complementary source)이라고 할 수 있다. 한편, 국제법 판례와 학설은 국제법을 해석 적용하는 데 도움을 주는 것으로 보조적 법원(subsidiary source)이라고 할 수 있다. 형평과 선은 실정 국제법에 엄격히 따를 경우에 불공평한 결과가 도출되는 경우에 대안으로 적용될 수 있다. 국제사법재판소 규정은 당사자가 합의하는 경우에 형평과 선으로 재판할 수 있다고 하여 실정 국제법에 대한 대체적 또는 보충적 개념으로 보고 있다.[93] 국제법의 법원에 대한 일반적 규정(規定)은 없다. 다만, 국제사법재판소 규정(規程, statute) 제38조는 국제사법재판소가 적용하는 준칙을 규정하고 있으며 이는 법의 법원을 간접적으로 열거하는 것으로 여겨진다.

1. The Court, whose function is to decide in accordance with international law such disputes as are submitted to it, shall apply:

a. **international conventions**, whether general or particular, establishing rules expressly recognized by the contesting states;
b. **international custom**, as evidence of a general practice accepted as law;
c. **the general principles of law** recognized by civilized nations;
d. subject to the provisions of Article 59, **judicial decisions and the teachings of the most highly qualified publicists** of the various nations, **as subsidiary means for the determination of rules of law.**[94]

2. This provision shall not prejudice the power of the Court to decide a case **ex aequo et bono,** if the parties agree thereto.

나. 조약의 무효(invalidity)

오늘날 국가 간의 조약의 체결, 조약의 효력, 조약의 해석, 조약의 정지와 종료 등 조약에 관해서는 1969년에 채택된 「조약법에 관한 비엔나협약(Vienna Convention on the

---

93 형평은 법 내의 형평(equity *infra legem*), 법을 넘어서는 형평(equity *praeter legem*), 법에 반하는 형평(equity *contra legem*)으로 나누어진다. 법 내의 형평(equity infra legem)은 실정법을 바탕으로 하되 형평으로써 법의 기계적 적용에 의한 불공평한 결과를 시정하기 위한 것이고, 법을 넘어서는 형평(equity *praeter legem*)은 법에 규정이 없을 때 이러한 공백을 메우기 위한 것이며, 법에 반하는 형평(equity *contra legem*)은 실정법에 따를 경우 해당 사건에서 현저히 불공평한 결과가 초래되는 경우 법 규정과 달리 형평한 결과를 도출하기 위한 것이다. 법에 반하는 형평(equity *contra legem*)은 영국법상 형평법원(court of equity)이 common law를 적용하는 것이 현저히 불공평한 결과를 초래하는 경우에 당사자들의 신청에 따라 common law의 적용을 배제하고 적용하는 equity의 개념과 유사하다. 국제사법재판소 규정에서 당사자들이 합의하는 경우 형평과 선을 적용할 수 있다고 규정한 것은 형평과 선이 실정 국제법과 충돌하는 경우 즉, 법에 반하는 형평(equity *contra legem*)의 적용을 염두에 둔 것이라고 할 수 있다.

94 ICJ 規程 제59조는 ICJ의 판결이 오직 당사국만 구속하며 기판력이 없다는 규정이다.

Law of Treaties)」에서 다루고 있다. 조약은 국가와 국가 간 뿐만 아니라 국가와 국제기구 간에도 체결될 수 있으나 가장 기초가 되고 대부분을 차지하는 것은 국가 간의 조약이다. 이하에서는 국가 간의 조약에 중점을 두고 설명한다.

조약이란 국가 간의 서면(in writing)에 의한 합의(agreement)이다. 조약의 체결 및 조약의 이행, 해석, 적용, 정지와 종료에 관한 것들은 국제법의 적용을 받는다. 구체적으로는 말하면 조약들은 국제법 중에서도 조약법의 적용을 받는다. 조약은 조약법의 적용을 받지만 역시 조약법과 동등한 국제법이다. 국내법에서 계약은 민법의 적용을 받지만 계약은 법 자체는 아니고 법의 하위에 있는 것과는 차이가 있다. 조약은 국제법이면서 역시 국제법인 조약법의 적용을 받는다. 일단 적법하게 체결되고 발효한 조약은 조약의 당사자를 구속한다. 하지만 조약 체결 과정에서 흠결이 있는 조약은 무효가 될 수 있다. 무효는 조약 체결 후 **부적법화(invalidation)를 통한 무효와 처음부터 무효인 경우로 구분된다.** 부적법화를 통한 무효는 계약법상 취소(avoidable)에 상응하는 개념이고 조약법에서 상대적 무효라고 설명하기도 한다. 조약이 조약 체결 때부터 중대한 하자로 인하여 처음부터 무효인 것은 계약법상 원천무효(null and void)에 상응하는 개념이다. 조약법상 절대적 무효라고 부르기도 한다.

상대적 무효 즉, 일단 적법하게 성립된 조약에 대해서 부적법화(invalidation)를 주장할 수 있는 사유로는 조약체결권한에 관한 국내법 규정위반(조약법에 관한 비엔나 조약 제46조), 국가동의의 표시 권한에 대한 권한 위반(제47조), 착오(제48조), 사기(제49조), 국가 대표의 부패(제50조)가 있다.

조약체결권한에 관한 국내법 규정위반(제46조)이란 조약의 체결과정에서 조약 체결권에 관한 근본적으로 중요한 국내법 규정이 명백하게 위반된 경우이다. 조약의 당사국은 조약의 불이행에 대한 정당화의 방법으로 그 국내법 규정을 원용해서는 안 되는 것이 원칙이다. 따라서 조약을 체결한 국가가 나중에 조약의무를 회피하기 위하여 조약체결 당시에 근본적으로 중요하지 않은 절차를 위반하였다고 주장하거나 또 근본적으로 중요한 규정에 관련된다고 하더라도 명백한 위반이 아닌 경우에는 이를 원용하여 부적법화(invalidation)를 주장할 수 없다.

국가동의의 표시 권한에 대한 권한 위반(제47조)이란 조약을 체결하는 국가의 대표가 자신에게 주어진 권한 범위를 넘어서 체결을 한 경우에 그러한 권한 범위를 사전에 상대국에 통보하였다면 이 국가는 부적법화(invalidation)를 주장할 수 있다. 국가의 대표가 자국을 대표하여 조약을 체결하는 경우 즉, 기속적(羈束的) 동의를 표시하는 경우에는 이에 앞서 전권위임장을 상대방 국가에 제시한다. 이때 동 대표가 가지는 체결의 권한 범위는 전권위임장에 표시하는 것이 일반적이다. 따라서 국가들은 조약체결에 앞서 상대방 대표가 제시한 전권위임장(full powers)의 내용을 꼼꼼히 체크하여야 한다. 예컨대 전권위임장에는 가서명만 하도록 권한을 부여하거나 또는 교섭만을 위한 권한을 부여하거나 특정 조건하에 특정 조약 하나만을 체결하도록 권한을 부여할 수 있다. 국가대표가 본국의 위임범위 안에서 조약을 체결하지 않은 경우에 부적법화(invalidation)를 주장할 수 있도록 한 것이다.

착오(제48조)는 조약상의 착오라는 것은 조약이 체결된 당시에 존재한 것으로 국가가 추정한 사실 또는 사태로서, 그 조약에 대한 국가의 기속적 동의의 본질적 기초를 구성한 것이 사실이 아닌 경우를 말한다. 이 경우 착오한 국가는 조약의 부적법화(invalidation)를 주장할 수 있다. 다만 착오를 한 국가가 스스로 그 착오를 유발하거나 또는 착오가 사실이 아니라고 알고 있었을 정황인 경우에는 착오를 원용하여 부적법화(invalidation)를 주장할 수 없다.

사기(제49조)란 국가가 상대국의 기만적 행위에 속아서 조약을 체결한 경우이며 이 경우 사기에 속은 국가는 해당 조약의 부적법화(invalidation)를 주장할 수 있다.

국가대표의 부패(제50조)는 국가의 대표가 조약을 체결할 때 상대방 국가로부터 뇌물 등을 받아서 부정하게 기속적 동의를 표시한 경우이다. 부패한 대표의 본국은 추후 자국 대표의 부패를 들어 조약의 부적법화(invalidation)를 주장할 수 있다.

조약이 처음부터 중대한 하자로 인하여 유효하게 성립된 것이 아닌 절대적 무효가 되는 사유에는 국가대표의 강박(제51조), 국가에 대한 강박(제52조), 현행 국제강행규범(jus cogens)에 충돌하는 조약의 경우(제53조)가 있다. 국가대표의 강박(Coercion of a representative of a State)이란 국가 대표에 대해서 행동(acts)나 위협(threats)을 통한 강박으로 조약을 체결한 경우이며 이 경우에 조약은 처음부터 무효이다. 1905년 한일 간 소위 을사보호조약(을사늑약) 체결 당시에 일본은 군대를 회의장 주변에 배치하고 조약 체결에 반대하는 대한제국의 대신들을 옆방으로 데려가 위협하였는데 이러한 경우에 해당한다.

국가에 대한 강박(Coercion of a State by the threat or use of force)은 무력으로 국가를 굴복시키거나 무력으로 위협하여 조약을 체결하는 경우이다. 무력의 위협 및 사용금지의 원칙은 2차 세계대전이 끝난 후 유엔헌장에 의하여 성립된 규범으로 과거에는 불법이 아니었다고 할 수 있다. 1910년 한일병합조약 당시에 대한제국은 일제의 무력에 의하여 한일병합조약을 강요당하였다. 한편, 조약이 현행 국제강행규범에 충돌하는 경우(제53조)에는 무효이다. 국제강행규범이라고 하는 것은 국제법의 근본 규범으로서, 그로부터의 이탈이 허용되지 아니하며 또한 동일한 성질을 가진 일반 국제법의 추후의 규범에 의해서만 변경될 수 있는 규범이자, 전체로서의 국제 공동사회가 수락하며 또한 인정하는 규범이다.[95] 만약 조약이 일단 적법하게 성립하고 성립당시에는 국제강행규범에 충돌하지 않았으나 후에 출현한 국제강행규범과 충돌하는 경우에는 종료된다(becomes void and terminates).

조약의 무효를 주장하는 국가는 그 사유를 적어서 상대방 국가에 대하여 통고하여야 한다. 만약 3개월 이내 상대국이 문제를 제기하지 않거나 동의하는 경우에는 무효의 주장을 받아들인 것으로 되어 해당 조약은 무효이다. 법률적으로 세분하여 본다면 상대적 무효의 경우에는 일단 적법하게 성립된 조약을 취소하여 무효화하는 것이고 절대적 무효의 경우에는 원래 무효를 확인한 것이 될 것이다. 조약이 무효화되거나 무효로 확인되면(if invalidity is established), 그 조약을 기초로 신의성실하게 이행한 결과물을 어떻게 처리하느냐가 문제가 된다. 조약이 무효성이 확인되면 당사국은 상대국에 대해서 양국관계를 가급적 원래의 상태로 되돌려 놓도록 요구할 수 있다. 일방 당사국이 문제의 조약에 근거하여 받은 것이 있다면 반환하여야 한다(목적물 반환). 다만, 상대방이 무효를 주장하기 전에 국가가 신의성실하게 조약에 따라 이행한 행동은 무효를 이유로 불법화되지 않는다. 그러나 무효의 귀책사유가 자국에 있는 경우에는 원상회복을 주장하거나 조약에 따른 행동이 불법이 아니라는 것을 주장할 수 없다. 한편, 현행 국제강행규범에 저촉되는 조약의 경우에는 무효성이 확인되면 문제 조약으로 인해 발생한 결과를 최대한 제거하여야 한다. 추후의 국제강행규범에 저촉하여 종료된 조약은 조약의 종료 전에 그 조약의 시행을 통하여 생긴 당사국의 권리·의무 또는 법적 상태에 영향을 주지 않는다.

현실적으로 조약의 절대적 무효를 주장하는 측과 조약의 합법적 체결을 주장하는 측 간에 입장 대립이 있을 수 있다. 실제 한국 정부는 1960년대 한일국교정상화 교섭 과정에서 을사보호조약(을사늑약)이나 한일병합조약(경술국치) 등이 원천무효라고 주장을 했고 일본 측은 이러한 조약들이 합법적으로 체결되었으나 이후 일본의 패전과 샌프란시스코 조약에 의하여 종료되었다는 주장을 하였다. 양측 주장의 절충으로 1965년 한일기본관계조약 제2조는 다음과 같이 규정하고 있다.

---

95 조약법에 관한 비엔나 협약 제53조: For the purposes of the present Convention, a peremptory norm of general international law is a norm accepted and recognized by the international community of States as a whole as a norm from which no derogation is permitted and which can be modified only by a subsequent norm of general international law having the same character.

It is confirmed that all treaties or agreements concluded between the Empire of Korea and the Empire of Japan on or before August 22, 1910 are already null and void.

1910년 8월 22일 및 그 이전에 대한제국과 대일본제국 간에 체결된 모든 조약 및 협정이 이미 무효임을 확인한다.

다. 조약의 해석과 이행, 정지, 종료

조약은 조약문의 문맥 및 조약의 대상과 목적에 비추어 그 조약의 용어에 부여되는 통상적 의미에 따라 성실하게 해석되어야 한다(비엔나 협약 제31조).

A treaty shall be interpreted in good faith in accordance with the ordinary meaning to be given to the terms of the treaty in their context and in the light of its object and purpose.

조약의 문맥(context)에는 조약문을 기본으로 하여 조약의 前文, 부속서 및 조약의 체결에 관련하여 당사국들 간에 이루어진 그 조약에 관한 합의가 포함된다. 문맥은 아니지만 문맥과 함께 고려되어야 할 것으로는 조약과 관련한 당사국 간의 추후의 합의(subsequent agreement), 추후의 관행(subsequent practice), 당사국 간에 적용되는 관련 국제법(relevant rules of international)이 있다.

조약을 그 조약문의 문맥 및 조약의 대상과 목적에 비추어 통상적 의미에 따라 성실하게 해석하였는데 의미가 모호해 지거나(ambiguous or obscure) 명백히 불합리한 결과(manifestly absurd or unreasonable result)가 도출되는 경우에는 조약 해석의 보충적 수단(Supplementary means of interpretation)이 동원된다. 조약 해석의 보충적 수단은 조약의 교섭 기록(*travaux préparatoires*) 및 그 체결시의 사정(circumstances of its conclusion)이다.

조약이 적법하게 체결되면 당사국들은 조약을 성실하게 이행하여야 한다. 그러나 조약의 이행과정에서 큰 문제가 발생하면 당사국은 해당 조약의 이행을 정지하거나(suspension), 또는 종료(termination)할 수 있다. 이러한 사유에 해당하는 것으로 조약의 중대한 위반(material breach)이 발생한 경우, 조약이 추후 관련 목적물의 소실 등으로 인하여 후발적으로 이행이 불가능해진 경우(supervening impossibility of performance), 사정의 근본적 변경(fundamental change of circumstances, *clausula rebus sic stantibus*) 등이 있다.

조약의 중대한 위반이란 일방 당사국이 조약의 대상과 목적에 필수적인 의무를 이행하지 않는 것을 말한다. 이때 타방 당사국은 해당 조약의 정지 또는 종료를 위해 중대한 위반을 원용할 수 있다. **후발적 이행불능**은 그 조약의 시행에 불가결한 대상이 영구적 소멸 또는 파괴된 경우에, 당사국은 그 조약을 종료시키거나 또는 탈퇴하기 위한 사유로서 그 이행불능을 원용할 수 있다. 그 이행불능이 일시적인 경우에는 조약의 시행 정지를 위한 사유로서만 원용될 수 있다. **사정변경의 원칙**이란 조약의 체결 당시에 조약의 체결에 본질적 기초를 형성한 사정이 추후 예기치 못하게 변하게 되어, 계속 조약을 이행하게 되면 당초 상정했던 조약 의무의 범위가 크게 변동되어 조약 이행을 하기가 크게 곤란한 경우이다. 이 경우 조약을 종료 또는 탈퇴하는데 원용할 수 있다. 조약의 일방 당사국의 중대한 위반(material breach)이나, 후발적 이행불능(supervening impossibility of performance), 또는 사정의 근본적 변경(fundamental change of circumstances, *clausula rebus sic stantibus*)을 주장하면서 조약의 이행을 정지시키거나 종료시키고자 할 때에는 상대방 국가에게 통보를 하여야 한다. 그러나 상대방 국가는 이를 인정하지 않을 수 있다. 즉, **자국이 혼자 판단하여 일방적으로 조약을 정지, 종료시킬 수는 없다.** 타국이 이에 대해 동의하면 문제가 없겠지만 이의를 제기하고 수용하지 않으면 국제분쟁이 되고 그러한 일방적 행위가 국제법에 위반된 것이라면 그에 따른 국가 책임을 져야 한다.

국제법상 사정변경의 원칙 그 자체는 인정되지만 국제재판에서 일방 당사국이 사정변경을 들어 조약의 의무에서 벗어나고자하는 주장은 잘 받아들여지지 않는다. 사정변경의 원칙에 관한 판례로서는 1997년 국제사법재판소에서 다룬 헝가리와 슬로바키아 간의 가브치코보-나기마로스(Gabcikovo-Nagymaros) 댐 사건이 있다. 1977년 헝가리와 체코슬로바키아가 양국에 걸쳐 흐르는 다뉴브 강에 전력 발전 및 홍수 관리를 위해 공동으로 댐을 여러 개 건설하기로 합의하였는데 나중에 헝가리는 댐의 건설이 환경에 위해하며 이에 대한 국내적 비판여론이 높다고 하면서 댐의 건설 작업을 일방적으로 중단하였다. 헝가리는 사정 변경 원칙을 들어서 1977년 체결된 양국 간 조약 이행의 정지 및 조약의 종료를 정당화하려고 하였다.[96] 이에 국제사법재판소는 헝가리의 주장을 받아들이지 않았다.

> 104. Hungary further argued that it was entitled to invoke a number of events which, cumulatively, would have constituted a fundamental change of circumstances. In this respect it specified profound changes of a political nature, the Project's diminishing economic viability, the progress of environmental knowledge and the development of new norms and prescriptions of international environmental law.

---

96 헝가리가 내세운 근거는 다섯 가지이다. These were the existence of a state of necessity; the impossibility of performance of the Treaty; the occurrence of a fundamental change of circumstances; the material breach of the Treaty by Czechoslovakia; and, finally, the development of new norms of international environmental law.

The prevailing political situation was certainly relevant for the conclusion of the 1977 Treaty. But the Court will recall that the Treaty provided for a joint investment programme for the production of energy, the control of floods and the improvement of navigation on the Danube. In the Court's view, the prevalent political conditions were thus not so closely linked to the object and purpose of the Treaty that they constituted an essential basis of the consent of the parties and, in changing, radically altered the extent of the obligations still to be performed. The same holds good for the economic system in force at the time of the conclusion of the 1977 Treaty. Besides, even though the estimated profitability of the Project might have appeared less in 1992 than in 1977, it does not appear from the record before the Court that it was bound to diminish to such an extent that the treaty obligations of the parties would have been radically transformed as a result. The Court does not consider that new developments in the state of environmental knowledge and of environmental law can be said to have been completely unforeseen. What is more, the formulation of Articles 15, 19 and 20, designed to accommodate change, made it possible for the parties to take account of such developments and to apply them when implementing those treaty provisions. The changed circumstances advanced by Hungary are, in the Court's view, not of such a nature, either individually or collectively, that their effect would radically transform the extent of the obligations still to be performed in order to accomplish the Project. A fundamental change of circumstances must have been unforeseen; the existence of the circumstances at the time of the Treaty's conclusion must have constituted an essential basis of the consent of the parties to be bound by the Treaty. The negative and conditional wording of Article 62 of the Vienna Convention on the Law of Treaties is a clear indication moreover that the stability of treaty relations requires that the plea of fundamental change of circumstances be applied only in exceptional cases.[97]

라. 조약의 유보

조약의 유보(留保, Reservation)란 다자조약에서 일방 당사국이 협약상의 어떤 의무를 배제하거나 변경시키는 일방적 선언이다. 당사자가 둘 밖에 없는 양자조약에서는 처음부터 서로 지킬 수 있는 것만 조약에 담으면 되기 때문에 유보가 의미가 없다. 다자조약은 보다 많은 당사국들을 끌어들이기 위해서 각 당사국이 자국의 사정에 맞게 일부 조항에 대해서 유보를 할 수 있도록 하고 있는 경우가 많다. 즉, 나라마다 각 국의 사정에 맞게 다자조약이 규정하는 일부 의무 사항을 자국에 대해 배제하거나 변경시키는 것이다. 그러나 다자조약에 가입하면서 문제의 다자조약이 상정하고 있는 목적달성에 꼭 필

---

97 *Gabcikovo-Nagymaros Project* (Hungary/Slovakia),Judgment, 1. C. J. Reports 1997,

요한 핵심 의무 사항에 대해 유보를 한다면 이는 실질적인 의미 없는 협약 가입이 될 것이다. 보통 협약은 성안 시에 협약의 어떤 내용에 대해서 유보가 허용되는지를 명시적으로 규정하고 있으며 명시적으로 허용하지 않는 경우에도 협약의 내용상 유보가 허용되는 경우가 있다. 이 경우에도 조약의 목적과 대상에 저촉되는 유보는 허용되지 아니한다. 1951년 국제사법재판소는 제노사이드 협약의 유보에 관한 권고적 의견에서 유보는 해당 협약의 목적과 대상에 부합해야 한다는 compatability test 의견을 제시하였다.

유보는 해석적 선언과 구별된다. 해석적 선언은 조약의 당사자가 조약의 의무 내용을 변경하지 않는 범위 내에서 자신의 조약에 대한 이해를 선언하는 것이다. 유보를 한 당사국(reserving State)과 유보를 하지 않은 당사자 간에는 유보에 의하여 변형된 의무관계가 적용된다. 만약 어느 당사국이 유보를 하였고 다른 당사국이 그 유보에 반대하면서 유보국이 당사국이 되는 것 자체에는 반대하지 않았다면 유보와 관련된 조항은 유보국과 유보 반대국 간에 적용되지 아니한다.

생각해 볼 문제

1. 2005년 12월 한국과 일본은 위안부합의를 하였고 한국정부는 일본 정부로부터 총 10억 엔을 받아 화해치유재단을 설립하고 피해자들 일부에게 위로금이 지급되었다. 이후 한국에 새로운 정부가 들어서서 동 합의는 피해자들의 입장이 반영되지 않은 것임을 들어 화해치유재단을 해산하고 위로금 지급을 중단하였다. 그러나 위로금 지급 후 남은 돈은 일본에 반납하지 않은 채 있으며 관련 합의를 무효화하지 않고 있다. 이 문제와 관련, 동 합의의 법적 성격, 한국정부가 일방적으로 합의의 이행을 정지시킬 수 있는지 여부 및 정지에 필요한 절차 및 종료에 필요한 절차, 국내적으로 피해자들의 입장이 반영되지 않았다고 하는 것이 조약법상 어떤 의미가 있는가? 동 위안부 합의와 1965년 청구권협정과의 관계는?

2. 만약 당신이 헝가리의 외교부 공무원이라고 가정하자. 국내에서 1977년 체코슬로바키아와 맺은 조약은 환경에 위험하므로 폐기시켜야 한다는 주장이 비등하여 대통령이 동 조약의 폐기를 검토하라고 했다고 하자. 당신은 조약의 폐기가 가능한 경우를 설명하고 또 이러한 가능한 이유들이 있다고 하여 당연히 일방적으로 폐기하는 것이 아님을 설명하여야 한다. 조약법 협약의 규정을 보면서 보고서를 작성해 보자.

16 인권과 국제법

가. 국제인권법의 발전

국제사회에서 전통적으로 인권은 각국의 내부문제로 인식되었으므로 인권은 원래 국제법에서 규율하는 대상이 아니었다. 그러다가 1차 세계대전 이후에 국제적으로 소수자(minorities) 권리의 보호 및 난민의 보호의 필요성이 대두되었고[98] 잔혹했던 2차 대전을 거치면서 국제적으로 인권보호의 필요성이 더욱 절실하게 대두되었다. 국제인권법의 발전은 2차 세계 대전 이후 체계적으로 이루어졌다.

유엔헌장은 인권보호의 필요성을 강조하고 있다. 유엔 헌장은 前文에서 기본적 인권, 인권의 존엄 및 가치, 남녀평등을 재확인하고 있다(to reaffirm faith in fundamental human rights, in the dignity and worth of the human person, in the equal rights of men and women).[99] 이어 유엔 헌장 제55조(c)는 "유엔은 인종, 성별, 언어 또는 종교 종교에 관한 차별이 없는 모든 사람을 위한 인권 및 기본적 자유 보편적 존중과 준수를 촉진한다"고 규정하고 있다

> the United Nations promote... (c)universal respect for, and observation of, human rights and fundamental freedoms for all without distinctions as to race, sex, language, or religion.

1947년에 유엔 경제사회이사회 산하에 **인권위원회**(Commission on Human Rights: UNCHR)가 설치되어 세계인권선언 및 여러 인권협약을 초안하는데 많은 기여를 하였다. 1948년 제3차 유엔총회에서 **세계인권선언**(Universal Declaration of Human Rights)이 채택되었다.[100] 세계인권선언은 기본적인 인권에 대해서 포괄적으로 규정하고 있다. 제1조는 '모든 사람은 태어날 때부터 자유롭고, 존엄성과 권리에 있어 평등하다. 사람은 이성과 양심을 부여 받았으므로 서로에게 형제의 정신으로 대하여야 한다'고 규정하고 있다. 세계인권선언은 인간의 자유권, 고문을 받지 않을 권리, 법 앞에서의 평등, 자의적 체포 구금의 금지, 무죄추정의 원칙, 사생활 보호권, 거주 이전의 자유, 국적을 가

---

98 소수자란 한 국가 내 다수를 차지하는 인종과 구별되는 소수민족으로서 언어, 문화, 풍습, 종교적 면에서 소수자의 입장에 있는 사람들을 말한다. 1차 세계대전 이후에 패전국 및 신생국은 평화조약 또는 특별조약에 의하여 국내의 소수자를 보호할 의무를 지게 되었다.

99 유엔헌장은 전문 이외에도 제1조 2항, 3항, 제55조, 제56조에서 인권을 강조하고 있다.

100 유엔 인권위원회는 원래 더 포괄적인 국제인권장전(國際人權章典, International Bill of Human Rights)의 안을 작성토록 위임받았으나 계획이 변경되어 우선 일차적으로 세계인권선언을 작성하였다.

질 권리, 결혼권, 재산권, 사상과 양심의 자유, 표현의 자유, 집회 결사의 자유, 참정권, 사회보장제도에 관한 권리, 직업선택의 자유, 근로와 휴가의 권리, 교육의 권리, 문화적 권리, 인격권 등을 망라하여 규정하고 있다. 세계인권선언은 그 자체로서는 법적 구속력을 갖고 있지 않지만, 전 세계 국가 공동체가 나아가야 갈 인권의 방향과 목표를 제시하고 있다. 세계인권선언을 바탕으로 하여 많은 인권 조약들이 탄생하게 되었고 선언의 내용이 대다수 국가의 헌법에 반영되었다.

나. 1966년 양대 인권규약

1966년에는 경제적·사회적·문화적 권리에 관한 규약(International Covenant on Economic, Social, and Cultural Rights: ICESCR, A규약, 사회권 규약)과 시민적·정치적 권리에 관한 국제규약(International Covenant on Civil and Political Rights: ICCPR, B규약, 자유권 규약)이 채택되었다. 사회권 규약은 가능한 범위 내에서 권리의 실현을 점진적으로 (progressively) 촉진할 의무(제2조 1항)를 당사국에게 부과하고 있는 반면, 자유권 규약은 당사국이 즉각적인 권리의 실현을 위하여 필요한 입법조치 또는 기타 조치를 실시할 의무를 당사국에 부과하고 있다(제2조 1항, 2항).[101] 이와 같이 양 규약이 차이가 나는 이유는 사회권 규약의 경우에는 국가가 경제적, 사회적, 문화적 인권의 보장을 위해서는 각국의 경제적 사회적 조건에 따라 적극적인 조치를 취하여야 하는 측면이 있으나, 자유권 규약에서 대상으로 하고 있는 것은 국가의 개입 금지라는 소극적 조치를 통해서도 이루어 질 수 있는 측면이 강하기 때문이다.[102]

사회권 규약은 경제적 권리로서 노동에 대한 권리, 공정한 노동조건, 단결권을 규정하고 있고, 사회적 권리로서 사회보장에 대한 권리, 국가의 가정에 대한 보호 의무, 적절한 생활수준을 향유할 권리, 신체적 정신적 건강을 향유할 권리를 규정하고 있으며, 문화적 권리로서 교육권, 국가의 무상교육 실시 의무, 문화생활의 권리를 규정하고 있다. 사회권 규약에서 규정하고 있는 권리들은 공공복리증진을 목적으로 법률에 의하여만 제한할 수 있다(규약 제4조).

자유권 규약은 생명권의 존중과 보호(제6조), 고문 및 잔학한 형벌 금지(제7조), 노예 및 강제노동 금지(제8조), 신체의 자유 및 체포 구금의 제한(제9조), 피고인의 권리(제10

---

101 2조 2항. Where not already provided for by existing legislative or other measures, each State Party to the present Covenant undertakes to take the necessary steps, in accordance with its constitutional processes and with the provisions of the present Covenant, to adopt such legislative or other measures as may be necessary to give effect to the rights recognized in the present Covenant.

102 杉原高嶺, 『國際法講義』 제2판, pp. 470-485 참조함.

조), 계약상 의무 불이행을 이유로 한 구금 금지(제11조), 외국인의 추방제한(제13조), 공정한 재판을 받을 권리 및 무죄추정의 원칙(제14조), 소급 처벌의 금지(제15조), 거주 이전 및 출국의 자유(제12조), 사상, 양심, 종교의 자유(제18조), 표현의 자유(제19조), 집회의 지유(제21조), 결사의 자유(제22조), 결혼의 자유(제23조), 법 앞의 평등(제18조), 사생활을 보호받을 권리(제17조), 아동의 보호(제24조), 참정권(제25조), 소수민족의 권리(제27조)를 규정하고 있다. 자유권 규약에서 규정하는 권리들의 경우에는 비상사태의 경우에 제한 할 수 있으나(제4조 1항), 생명권(제6조), 고문 등 잔혹한 행위(제7조), 노예 금지(제8조), 계약상 의무 불이행을 이유로 한 구금 금지(제11조), 죄형법정주의(제15조), 법앞의 평등(제16조), 사상, 양심, 종교의 자유(제18조)는 이탈불가능한 권리(non-derogable rights)로서 비상사태의 경우에도 이를 제한할 수 없다.

사회권 규약과 자유권 규약은 모두 당사국에게 보고서 제출의 의무를 규정하고 있다. 자유권 규약의 경우에는 **인권이사회**(Human Rights Committee)를 설치하여 당사국이 유엔사무총장에게 제출한 보고서를 심의하도록 하고 있다.[103] 사회권 규약의 경우에는 당사국이 유엔사무총장에게 제출한 보고서를 경제사회이사회가 심의하도록 하고 있으며, 경제사회이사회는 필요한 경우 동 보고서를 인권위원회(Commission on Human Rights)에 검토를 위하여 송부할 수 있다(제19조). 1985년에 경제사회이사회 결의로서 **경제·사회·문화 권리 위원회**(Committee on Economic, Social and Cultural Rights)가 설치되어 사회권 규약에 따른 당사국의 보고서를 심사하는 역할을 맡고 있다. 이사회 또는 위원회는 보고서를 심사한 후 평가서를 작성하여 당사국들에게 송부한다.

즉각적 실현을 목표로 하고 있는 자유권 규약은 보고서 제도 이외에도 당사국들이 타 당사국의 규약 불이행을 통보(communications)하여 주의를 환기시킬 수 있는 **국가통보제도**를 두고 있다. 일방 당사국에 의해 통보된 문제가 관계 당사국들에 의해 6개월 이내에 조정되지 않으면 동 문제는 일방 당사국의 요청에 의하여 인권이사회(Human Rights Committee)에 회부될 수 있다. 이사회는 관련 문제를 심사하고 우호적 해결을 위해 주선(good offices)을 제공한다. 이후 이사회는 관련 보고서를 작성, 제출한다. 자유권 규약은 채택 당시인 1966년 별도의 조약으로 선택의정서(시민적, 정치적 권리에 관한 국제규약의 선택 의정서)를 자유권 규약과 함께 채택하였다. 동 선택의정서의 목적은 **개인통보제도**를 규정하기 위한 것이다. 개인통보제도는 자유권 규약상의 권리가 침해되었다고 주장하는 개인의 청원(통보, communications)을 제도적으로 보장하기 위한 것이다. 그러나 그

---

103 자유권 규약에 의해 설치된 인권이사회(Human Rights Committee)와 1947년 경제사회 이사회 산하에 설치된 인권위원회(Commission on Human Rights)와 2006년 유엔 총회 산하에 설치된 인권이사회(Human Rights Council)를 잘 구별하여야 한다.

러한 청원은 국내구제절차의 완료 원칙에 따라야 한다. 또한 규약의 특징상 국가에 의한 인권침해만을 대상으로 하며 사인에 의한 침해를 대상으로 하는 것이 아니다.

한편, 사회권 규약에는 당사국이 타 당사국의 규약 불이행을 통보하는 규정이 없다. 또한 1966년 협약 채택당시에 자유권 규약과 같이 개인의 청원을 위한 별도의 의정서가 채택이 되지 않았다가 나중에 2008년에 선택의정서(Optional Protocol to the International Covenant on Economic, Social and Cultural Rights)가 채택되어 자유권 규약 선택의정서와 같은 방식으로 개인이 경제·사회·문화 권리 위원회(Committee on Economic, Social and Cultural Rights)에 통보(communications)할 수 있도록 하고 있다.

다. 주요 인권협약의 인권보호 메커니즘

인권과 관련한 기타 중요한 국제협약으로서 1953년 여성의 정치적 권리에 관한 협약, 1979년 여성에 대한 모든 형태의 차별폐지협약, 1965년 인종차별 철폐협약, 1984년 고문 방지협약, 1985년 외국인의 인권에 관한 협약, 1989년 아동권리협약, 1990년 이주노동자 권리 보호 협약, 2008년 장애인 권리협약 등이 채택되었다. 이러한 인권 협약들의 특징은 관련되는 실체적 권리를 규정하고 당사국들의 협약이행사항을 감독할 위원회를 설치하며 당사국들로 하여금 보고서를 정기적으로 제출토록 하고 타 당사국에 대한 불이행을 위원회에 통보할 수 있도록 하고 권리를 침해받은 개인이 국내구제절차 완료 후에 위원회에 청원(complaints 또는 통보, communications)할 수 있도록 하고 있다는 점이다.[104]

라. 난민의 보호

난민은 정치적 사상, 인종, 종교, 국적 등을 이유로 하여 국적국으로 부터 박해를 받거나 박해를 받을 현저한 우려가 있어 외국에 거주하며 국적국으로의 송환을 희망하지 않고 외국의 비호를 구하는 사람을 의미한다. 난민협약과 난민 의정서상 난민은 원래 이와 같이 정치적 난민을 대상으로 하고 있으나 최근에는 경제적 이유에 의한 난민도 포함하는 추세이다.[105] 예컨대 단순히 경제적 이유로서 국적국을 탈출한 사람의 경우에 원래 탈출 동기는 경제적 이유였으나 자국으로 돌아갈 경우에 박해의 우려가 현저한

---

104 협약별 위원회 설치 현황 및 위원회에 대한 개인의 청원제도를 갖춘 협약에 대하여는 정인섭, 「신국제법 강의」, 2010년, 박영사, pp.635-640.

105 1967년 채택된 난민 의정서는 1951년 난민협약상 난민의 정의가 1951년 1월 1일 이전 상황에 적용되는 시간적 제한을 없애기 위하여 채택된 것이다.

경우에 이를 난민이 아니라고 부인하기 어려운 점이 있기 때문이다. 난민은 무국적자와 구별되는 개념으로서 난민은 무국적자일 수도 있으나 대부분 국적이 있다. 다만 난민은 국적국의 외교적 보호가 배제되는 점에서 사실상 무국적자와 같은 상황에 처한다. 난민이 거주하고자 희망하는 나라에서 난민의 지위를 인정할지 여부는 해당 국가에 달려있다. 난민이 자국을 벗어나 타국에 있을 때 그 국가는 박해가 우려되는 그의 본국으로 돌려보내서는 안 된다는 불송환의 원칙(principle of non-refoulement)이 적용된다.

바. 유엔 인권이사회의 인권보호 메커니즘

그간 유엔에서는 경제사회이사회 산하에 1947년에 설치된 인권위원회(Commission on Human Rights: UNCHR, 53개국)가 인권의 국제적 보호를 위한 협약 초안 작성 및 프로그램 개발 등 주된 역할을 하여 왔으며, 이와 더불어 그 산하의 인권소위(Sub-Committee on Promotion and Protection of Human Rights, 26명 개인자격 위원)가 전문적인 검토 등을 수행하여 왔다. 그러다가 인권위원회 구성과 활동에 대해 비판의 소리가 있게 되었고 이에 따라 2006년 유엔총회 결의에 따라 인권위원회(Commission on Human Rights)가 폐지되고 총회산하에 인권이사회(Human Rights Council)로 개편되었다. 이에 따라 인권소위(Sub-Committee on Promotion and Protection of Human Rights)도 폐지되고 자문위원회(Advisory Committee, 18명의 개인 위원)로 개편되었다.

인권이사회(Human Rights Council) 체제에서는 개별적 인권협약과 별도로 인권 보호를 위한 제도를 두고 있다.[106] 보편적 정기심사(Universal Periodic Review; UPR)제도는 2006년 인권이사회를 설치하면서 인권이사회의 핵심 업무로 도입된 제도이다. 이에 따르면 유엔의 회원국들은 정기적으로(원칙 4년)으로 자국의 전반적인 인권 상황에 대해서 인권이사회에 보고서를 제출하여야 한다. 인권이사회는 각국의 보고서를 심사하고 평가한다. 특별절차(Special Procedures)는 과거 인권위원회(Commission on Human Rights) 때부터 있던 제도로서 심각한 인권 침해의 문제가 있는 특정 국가에 대한 조사를 하는 국별 절차(country-specific procedure)와 특정한 분야의 인권을 주제로 하여 여러 국가들을 조사하는 테마별 절차(thematic procedure)가 있다.[107] 국별 절차는 보통 특별보고관을

---

106 인권이사회(Human Rights Council)는 1947년 유엔의 경제사회이사회 결의로서 그 밑에 설치되어 있었던 인권위원회(Commission on Human Rights: UNCHR)를 대체하기 위하여 2006년 3월 새로이 발족하였다. 인권이사회는 유엔 인권고등판무관실과 긴밀히 협조한다.

107 국가별 조사는 1967년 남아프리카의 인종차별정책에 따른 인권침해 조사를 결정한 경제사회이사회 결의 1235의해 시작되어 1235 절차라고도 한다. 테마별 절차는 1980년대 강제적, 비자발적 실종에 관한 워킹그룹의 설치를 계기로 시작되었다.

임명하여 진행한다. **청원처리 절차(Complaints Procedure)**는 경제사회이사회 결의 1503호(1970년)에 따른 것으로 인권의 심각한 침해가 있다는 개별적인 신고(개인 또는 NGO)에 대해서 이사회가 조사하는 방식이며, **신고한 사람 개인의 권리침해를 구제하는 절차는 아니다.**

생각해 볼 문제

1. 자유권적 인권협약과 사회권적 인권협약 상 보고제도의 차이점과 그 이유를 설명해 보자.

2. 인권협약에서 개인의 청원제도를 설명하고 청원의 요건을 설명해 보자.

17 남북한 관계와 국제법

가. 남북한 특수관계론

남한과 북한(Republic of Korea and Democratic Peoples' Republic of Korea)은 1991년 유엔에 동시 가입하였으며 따라서 유엔 및 국제사회에서 대한민국과 조선민주주의인민공화국은 두 개의 다른 국가이다. 그러나 같은 민족이고 같은 나라였으나 일제 식민지와 이후 2차 대전의 결과로 해방을 맞아 정부를 수립하는 과정에서 냉전의 산물로 분단이 되었다.

대한민국의 헌법 제3조는 "대한민국의 영토는 한반도 및 그 부속도서로 한다"라고 규정하여 북한 지역을 대한민국에 속하는 것으로 규정하고 있으며, 대법원 판례에 따르면 북한 지역에서 대한민국의 주권과 부딪치는 어떠한 정치도 법리상 인정될 수 없다는 입장이다. 대한민국 헌법 제4조는 "대한민국은 통일을 지향하며, 자유민주적 기본질서에 입각한 평화적 통일정책을 수립하고 이를 추진한다"라고 규정하여 한반도 전체의 통일을 목표로 하고 있다.

한편, 북한의 조선로동당 규정 前文은 "조선 로동당의 당면 목적은 공화국 북반부에서 사회주의의 완전한 승리를 이룩하여 전국적 범위에서 민족해방과 인민민주주의의 혁명과업을 완수하는데 있으며"라고 하고 있고, 북한 헌법 제5조는 "조선민주주의 인민공화국은 북반부에서 사회주의의 완전한 승리를 이룩하여 전국적 범위에서 외세를 물리치고 민주주의적 기초위에서 조국을 평화적으로 통일하여 완전한 민족적 독립을 달성하기 위하여 투쟁한다"라고 하여 대한민국에 대하여 적대적인 규정을 두고 있다.

남한과 북한이 각각의 헌법에서 서로를 국가로 인정하지 않는 것은 국제법의 승인이론에 비추어 보면 서로를 국제법상 부존재로 보는 것이라고 할 수 있다. 국제법의 승인이론을 엄격하게 적용하면 승인되지 않은 정부의 국가나 그 국가의 원수는 국가면제를 향유할 수 없으며 동 국가의 법제도, 해당 정부의 행정 행위, 사법부의 판결도 인정되지 않는다. 이러한 국가승인이론을 엄격하게 적용하면 북한에서의 각종 제도, 법률, 행정 행위 등은 대한민국에서 인정될 수 없다. 현재 우리 법원의 입장도 이와 같다. 다만, 북한이탈주민의 보호 및 정착에 관한 법률에 따라서 대한민국에 거주하게 된 북한이탈주민이 북한에서 취득한 학력과 자격은 인정될 수 있도록 하고 있다.

국제사회에서 국제법적으로 볼 때 남한과 북한은 별개의 주권국가이지만 각각의 국내법적으로는 상대를 국가로 인정하지 않고 있다. 즉, 남북한 간의 관계는 국제법과 국내법이 상충된다. 예컨대, 중국에 북한으로부터 탈북한 북한 주민이 있다고 하자. 이 사람이 중국에 있는 우리나라 영사관에 가서 어떤 영사 조력을 요청한다고 하자. 북한 주민은 우리 헌법상 대한민국 국민이라면 중국에 있는 우리 대사관은 무슨 근거로 탈북 북한 주민에 대해서 영사조력을 거부할 수 있는가? 만약 이 사람이 한국 전쟁 때 대한민국의 군인이었고 포로로 끌려갔다가 탈출한 것이라면 이 사람은 국제법상 어느 나라 사람인가? 이 사람은 북한의 국내법과 대한민국의 국내법상 어느 나라 사람인가? 중국에 있는 대한민국 영사관은 이 사람을 대한민국 국민으로 취급해야 되는 것이 아닌가? 만약 이 사람이 대한민국 국군 포로가 아니고 북한에서 태어난 사람이라고 하자. 이 사람은 대한민국의 헌법과 국적법상 한국인 아닌가? 그러나 북한에서 태어나 조선민주주의인민공화국 공민권을 가지고 있는 사람을 국제법상 대한민국 사람이라고 할 수 있을까? 또 중국 정부는 중국에 있는 대한민국 대사관이 이러한 탈북자들을 위해서 어떠한 영사 조력권을 행사하려고 하거나 이들을 한국으로 보내려고 할 때 어떤 입장을 취할 것인가? 한국과 중국 간에는 국제법이 적용되므로 한국이 자국 헌법을 들어 중국내 북한인 또는 탈북자를 대한민국 국민으로 간주하여 영사 활동을 한다고 하는 주장은 중국에 대하여 대항력이 없을 것이다. 그럼에도 중국 내 한국 대사관이나 영사관에 진입하여 한국으로 가기를 원하는 사람들에 대해서는 한국 헌법상 이들을 한국 국민으로 취급해야 할 것이며 한국으로의 이송과정은 중국 당국과 협조하여 관련 국제법 및 관례에 따라야 할 것이다.

1991년 남한과 북한 사이에 체결된 남북기본 합의서(남북사이의 화해와 불가침 및 교류협력에 관한 기본합의서)는 "남과 북은 쌍방 사이의 관계가 **나라와 나라 사이의 관계가 아**

닌 통일을 지향하는 관계에서 잠정적으로 형성된 특수관계라는 것을 인정하고"라고 하고 있다. 즉, 남한과 북한이 국제사회에서 별개의 국가로 활동하더라도 남한과 북한은 서로 국가가간의 관계가 아닌 통일을 지향하는 특수관계라는 것이다.

그러면, 남한과 북한이 법적 구속력이 있는 합의서를 체결하는 경우 이는 조약인가? 그렇다면 그 합의서의 조약의 해석과 적용에 있어서 조약법에 관한 비엔나 협약에 내용들이 적용되는가? 만약 그 합의서가 국회의 비준 동의를 받아야 하는 내용을 포함하고 있다면 국회에 조약의 체결 비준 동의건으로 제출되어야 하는가?[108] 이 문제는 2005년 남북관계발전에 관한 법률이 제정되어 현실적, 실무적으로 해결되었다. 남북관계발전에 관한 법률은 "국회는 국가나 국민에게 중대한 재정적 부담을 지우는 남북합의서 또는 입법사항에 관한 남북합의서의 체결·비준에 대한 동의권을 가진다"라고 규정하여 현실적인 문제는 일단 해결하였으나 국회가 국가 간 조약이 아닌 남북합의서의 체결 비준에 대한 동의권을 가지는 것은 헌법적 근거가 모호한 법리상의 문제가 있다.

남북한 간의 특수관계를 과거 동서독 간의 특수관계론과 비교해 볼 수 있겠다. 동서독은 과거 1972년 '동서독 기본관계조약'을 체결하여 협력을 도모하기 시작하였으며 당시 서독의 브란트 총리는 '독일에 두 개의 국가가 존재한다고 해도 그들은 서로 외국이 아니다. 두 국가는 단지 특별한 관계를 가지고 있는 것이다'라고 하여 동서독 간의 관계는 국가 간의 관계이나 외국 간의 관계가 아니라고 하였다. 이는 남북 기본 합의서에서 남북 간의 관계는 나라 대 나라의 관계가 아닌 민족 내부의 관계라고 하는 것과는 차이가 있다. 독일의 특수관계론에 따르면 독일이라는 국가는 1945년 제2차 세계대전에서의 패배에도 불구하고 붕괴하지 않고 국제법 주체로서 권리능력을 가지고 있으나 행위 능력은 없으며 동독과 서독이 각각 전체 독일의 일부에 대해 국가로서의 행위 능력을 가진다는 것이다. 이에 따라 1972년 동서독 기본관계조약이나 여타 동서독 간의 조약은 전체 독일 국가 내의 조약이며 이는 연방국가내에서의 두 구성국가 간의 조약과 같은 것으로 본다는 것이다. 서독은 1972년 동서독 기본관계조약 이전에는 서독이 독일의 유일합법정부라는 입장을 취하였으나 그럼에도 모든 독일의 영토가 서독(Federal Republic of Germany)의 영토라는 입장을 취하지는 않았다. 이는 대한민국의 헌법에서 대한민국의 영토는 한반도 전체와 그 부속도서로 한다는 규정과 차이가 있다. 서독의 기본법 제23조는 동독 여러 주들의 가입 전까지는 서독 지역에서만 기본법이 시행될 것으로 하고 있었다. 1990.8.31. 베를린에서 서독과 동독 간에 통일 조약이 체결되었고,

---

108 대한민국 헌법 제 60조 ①국회는 상호원조 또는 안전보장에 관한 조약, 중요한 국제조직에 관한 조약, 우호 통상항해조약, 주권의 제약에 관한 조약, 강화조약, 국가나 국민에게 중대한 재정적 부담을 지우는 조약 또는 입법사항에 관한 조약의 체결·비준에 대한 동의권을 가진다.

1990년 9월 12일 모스크바에서 열린 동서독 양 당사국과 미국, 영국, 프랑스, 소련의 이른바 2+4 조약에서 통일을 승인 받았다. 마침내 동독의 5개주가 1990년 10월 3일을 기해 독일연방공화국에 편입키로 결정하여 1949년 동서독 성립 이래 41년 만에 하나의 독일로 통일되었다. 동독의 5개 주가 기본법 제23조에 의하여 독일연방공화국에 가입하는 형식을 취함으로써 서독(독일연방공화국)의 기본법이 동독 영역에 까지 효력을 미치게 된 것이다.

나. 정전상태 청산과 평화조약 체결문제

현재 남북한 간의 국제법적인 관계는 엄밀하게 보면 정전상태이다. 1953년에 북한의 도발로 발발한 한국전쟁은 1953년 7월 체결된 정전협정으로 정지되었으며, 아직도 정전협정은 유효하며 한반도를 규율하는 법적 체제이다. 보기에 따라서는 정전협정으로 사실상 평화가 왔다고 할 수 있고 또 정전협정의 여러 부분들이 사문화되었지만 정전협정에 근거한 군사분계선과 비무장지대를 기준으로 남북이 대치하고 있는 현실이다. 현재에도 유엔군이 정전협정에 따라 비무장지대의 남측에 대한 관할권을 행사하고 있다. 정전협정은 살아 있다. 한반도는 아직 정전사태이며 대체적인 전투행위는 일단 종료되었으나 가끔 재발하기도 하며 대체적인 전투행위(hostilities)의 종료와 관계없이 법적인 의미의 전쟁(war)은 종료되지 않은 상태이다. 정전체제는 평화협정으로 대체되어야 법적으로 전쟁이 종료된다. 평화조약이 체결되면 전쟁의 당사국 간에 전시관계가 종료되고 보통의 평화관계가 수립된다. 법적인 전쟁상태가 종식되고 당사국들 간에 평화조약이 체결되면 남북한 간의 평화관계 및 북한과 미국 간의 평화관계가 수립될 수 있다. 북한은 적절한 조건하에서 평화조약을 통해 미국과의 수교로 나아가기를 희망할 것이나. 미국은 북한의 핵 문제가 해결되지 않는 한 평화조약 및 미북수교를 추진하지는 않을 것이다.

종전선언과 관련된 미국의 관행에서 보면 '전쟁상태 종료선언(Proclamation of termination of the state of war)'은 법적으로 전쟁을 종식시키는 의미를 가지는 것으로서 '적대행위의 종료선언(Proclamation of termination of hostilities)'와는 구별되는 개념이다. 미국에서는 종전선언에 따라서 적대국과의 전쟁관계에 따르는 미국 내 법률의 효력을 종료시키는 실질적 의미를 가지고 있다. 한편, 형식적으로 보면 미국의 종전선언은 미국 헌법상 전쟁선포권을 가지고 있는 미 의회의 합동결의를 전제로 하는 미국 대통령의 일방적 선언이며 평화조약이 있는 경우 평화조약의 발효 날짜와 종전선언의 선포 날짜를 일치 시켰다. 예컨대, 미국의 트루먼 대통령은 1952년 4월 28일 미국과 일본 간의 전쟁이 동일자로 종료함을 선언하였다.[109] 이날은 샌프란시스코 강화조약이 발효하는 날 이었다.[110] 최근 한국 정부에서 추진하는 종전선언은 미국이 관행에 따른 것이거나 법적인 종전선언이 아닌 정치적 의미의 종전 추진 선언 내지는 평화조약 추진 선언인 것으로 보인다.

만약 정전협정을 종식시키는 평화조약이 체결된다면 서명 주체와 형식에 관한 것이 문제가 된다. 현재 1953년도의 정전협정은 유엔군을 대표하여 미국을 일방 당사자로 하고 중국 및 북한이 타방 당사자로 서명되었다. 한국의 서명은 빠져있다. 북한은 종래 남한을 빼고 미국과 북한 간에 평화협정 체결을 주장하는 입장이었다. 한국은 정전협정에 빠져 있지만 당연히 한반도의 당사자로서 평화협정의 당사자가 되어야 할 것이다. 또 하나의 문제는 정전협정이 종료될 경우 한국전쟁 발발 당시 유엔 안보리 결의에 의하여 설립되고 이어 정전협정에 의하여 군사분계선 이남의 정전협정의 관리를 책임지고 있는 유엔사는 일단 더 이상 존립 근거가 없어진다. 유엔사의 해체와 주한미군은 관계가 없으나 유엔사 해체의 경우에 유사시 유엔군의 일본 내 기지 사용이 문제가 될 수 있다.[111] 더 큰 문제는 법적으로 주한 미군 존속과 유엔사는 관계가 없지만 평화협정 체결 이후에 주한미군이 존속할 수 있는 명분과 역할의 변화에 대한 문제가 대두될 것이라는 점이다.

18 유엔해양법의 주요 문제

가. 해양법의 발전과정

국제해양법은 바다를 대상으로 하여 국가들의 권리와 의무를 규율하는 국제법이다. 그로티우스(Hugo Grotius)는 1609년 『자유해론(Mare Liberum)』을 써서 연안에서 떨어진 바다 전체는 한 나라가 독차지 할 수 없는 공유물(res communis)이라고 주장하였다.[112] 이러한 그로티우스의 주장은 당시 포르투갈이 유럽에서 아프리카 남단 희망봉을 돌아 동

---

109 Proclamation No. 2947.

110 김선표, "남북한 특수관계하의 종선선언의 법적 의의와 조건에 관한 소고", 「국제법 평론」, 2008, pp. 110-138.

111 미일양국은 1951년 9월 애치슨-요시다 교환공문을 통하여 일본이 한국에서의 유엔행동에 참가하는 군대에게 시설 및 역무를 제공하기로 합의한 바 있다.

112 Sun Pyo Kim, *Maritime Delimitation and Interim Arrangements in North East Asia*, Martinus Nijhoff Publishers, 2002년, pp.5-9.

인도로 가는 무역항로를 독점하는 것에 대한 반대 논리를 제공하는 것이었다. 1636년 영국의 존 셀던(John Selden)은 『폐쇄해론(*Mare Clausum*)』을 써서 영국 인접 바다에 대한 권리를 주장했다. 이는 당시 영국 근해에서 유럽의 어선들이 대규모로 청어 조업을 하는데 따른 피해를 막기 위한 것이었다. 1704년에는 바인케르후크(Bynkershoek, 빈켈스호크)가 착탄 거리설(Cannon Shot Rule)을 주장했다. 당시 대포의 최대 거리에 맞추어 연안국이 대포로 지킬 수 있는 3해리까지를 연안국의 영해로 인정해야 한다는 것이었다. 착탄 거리설에 의한 3해리 영해설은 20세기 중반까지 국가들의 관행이 되었다. 특히, 영국이나 미국과 같이 전통적인 해양강국은 각 국가들의 영해를 3해리로 국한하여 그 이원(以遠)의 공해에서 자국이 항해의 자유를 누리는 것이 중요했다.

　20세기 중반 이후, 해양에서의 석유나 어업자원을 독점하기 위하여 연안국들이 자국의 바다로 관할권을 확장하기 시작했다. 1945년 미국의 트루먼 대통령은 대륙붕에 관한 선언과 공해어업자원에 관한 선언을 하여 미국의 연안에 인접한 수역 및 대륙붕의 자원에 대한 자국의 권리를 주장하였다.[113] 이에 영향을 받아 많은 중남미 국가들이 200해리 수역에 대한 주권을 선포하였다. 한국도 1951년 대한민국의 인접해양에 관한 선언(일명 평화선 또는 이승만 라인)을 하여 한반도에 인접한 광대한 수역에 대한 권리를 주장하였다.[114] 1958년에는 제네바에서 제1차 유엔해양법회의가 개최되었다. 영해의 폭이 중요한 쟁점이었으나 합의에 이르는데 실패하였다. 당시 미국은 6(영해)+6(어업수역)을 주장하였으나 이 안은 채택되지 못하였다. 1차 유엔해양법회의 결과, 4개의 협약이 채택되었다. 첫째, 영해 및 접속수역에 관한 협약, 둘째, 공해에 관한 협약, 셋째, 공해의 어업 및 생물보존에 관한 협약, 넷째, 대륙붕에 관한 협약이며 그 외에도 제네바 제 협약과 관련된 분쟁의 강제적 해결에 관한 선택의정서가 채택되었다. 영해 및 접속수역에 관한 협약에서는 영해의 폭에 대한 규정은 없으나 접속수역은 영해기선에서 12해리까지 설정할 수 있다고 규정하고 있다. 이어 1960년에 제2차 유엔해양법회의가 개최되어 영해의 폭에 관하여 논의하였으나 합의 도달에 실패하였다. 1973년부터 1982년간 제3차 유엔해양법회의가 개최되어 1982년 12월 10일 자메이카의 몬테고베이에서 유엔해양법협약이 채택되었고, 1994년 11월 16일에 발효되었다. 우리나라는 1996년 1월 26일 비준서를 기탁하여 2월 26일 우리나라에 대해 발효하였다. 우리나라

113　1945년 9월 28일에 미국 대통령 트루먼은 '대륙붕의 지하 및 해저의 천연자원에 관한 선언'과 '공해 수역에서의 연안어업에 관한 선언'을 하였다. 대륙붕 선언은 자국 연안에 인접한 수심 183m까지 대륙붕의 자원이 자국의 관할 하에 있다고 주장하였고, 어업선언은 자국 연안에 인접한 공해상에 '보존수역'(conservation zones)을 설정한 것이다.

114　인접 해양에 대한 주권에 관한 선언, 국무원고시 제14호, 1952.1.18.

는 유엔해양법 협약 발효 및 가입을 계기로 영해법 개정을 통한 접속수역 설정, 입법을 통한 배타적경제수역의 설정, 주변국가와의 어업협정 체결 및 주변국가와의 배타적경제 경계획정을 위한 교섭을 시작하게 되었다.

나. 영해 기선

연안국은 기선(baseline)으로부터 12해리 이내에서 영해(territorial waters)를 설정할 수 있다. 영해 기선을 설정함에 있어서는 **통상기선**(normal baseline)을 사용하는 것이 원칙이나 예외적인 지리적 상황에서는 **직선기선**(straight baseline)을 사용할 수 있다. 통상기선이란 대축적 지도(5만분의 1 이상 상세한 지도)에 표시된 저조선(바닷물이 완전히 빠졌을 때 바닷물과 해안이 만나는 선)을 기준으로 한다. 그러나 해안선이 깊게 굴곡지거나 잘려 들어간 지역(deeply indented or cut into), 또는 해안을 따라 아주 가까이 섬이 흩어져 있는 지역(if there is a fringe of islands along the coast in its immediate vicinity)에서는 적절한 지형의 외곽의 지점을 연결하는 직선기선을 사용할 수 있다. 연안국이 직선기선을 사용하는 경우에는 연안국에 귀속되는 내수(internal waters), 영해(territorial waters) 및 배타적경제수역이 확대되는 효과가 있으므로 직선기선은 지리적 요건이 맞는 곳에만 설정되어야 한다.[115]

한국은 영해 및 접속수역 법 및 그 시행령에서 통상 기선을 원칙으로 하고 예외적으로 남해안(1.5미터암에서 절명서까지) 및 서해안(소흑산도에서 소령도까지) 직선기선 및 동해안의 울산만과 영일만의 만구 폐쇄선을 직선기선으로 사용하고 있다. 대한민국의 영해의 폭은 12해리를 원칙으로 하고 대한해협의 경우에는 영해를 3해리로 하여 그 3해리 외측에 자유항행이 이루어지도록 되도록 하고 있다.[116]

다. 무해통항권과 통과통항권

모든 국가의 선박은 영해에서 **무해통항권**(Right of innocent passage)을 향유한다. 모든 선박이 무해통항권을 향유하는 것이므로 군함도 해당된다고 본다. 우리나라의 영해 및

---

115 직선기선의 요건에 관한 규정은 유엔해양법협약은 물론 이 이전의 1958년 영해 및 접속수역에 관한 제네바 협약에도 있었다. 제네바 협약상 직선기선에 관한 규정은 ICJ가 1951년도 판결을 내린 영국-노르웨이 간 어업분쟁 사건에서 재판소가 직선기선의 요건에 관하여 판단한 부분을 인용하여 규정하고 있었다. 그 후 1982년 채택된 유엔해양법협약도 제네바 협약의 직선기선관련 규정을 그대로 수용하고 있다.

116 대한해협의 한일 간 영해 3해리 외측에는 순수한 공해는 없고 한국과 일본의 배타적경제수역이 중복되고 있으나 항행의 관점에서는 유엔해양법협약 제58조에 따라 공해자유의 원칙이 적용되므로 공해대(公海帶)라고 불러도 무방하다. 유엔해양법협약 제58조. 제88조부터 제115조까지의 규정(공해자유의 원칙 규정)과 그 밖의 국제법의 적절한 규칙은 이 부에 배치되지 아니하는 한 배타적경제수역에 적용된다.

접속수역법에서는 외국 군함이 우리나라 영해 내 무해통항을 하고자 하는 경우에는 사전에 신고하도록 하고 있다.[117] 외국의 군함이라고 할지라도 사전신고를 하면 우리나라 영해를 무해통항할 수 있으므로 우리나라도 외국군함에 대해서 무해통항을 인정하는 것으로 볼 수 있다.

무해 통항은 계속적이고 신속하여야 한다. 무해하다는 것은 연안국의 평화, 공공질서 또는 안전을 해치지 아니한다는 것을 의미한다(Passage is innocent so long as it is not prejudicial to the peace, good order or security of the coastal State). 잠수함과 그 밖의 잠수항행기기는 영해에서 해면 위로 국기를 게양하고 항행하여야 한다. 외국선박이 영해에서 다음의 어느 활동에 종사하는 경우, 무해하지 않은 것으로 본다.[118]

(a) 연안국의 주권, 영토보전 또는 정치적 독립에 반하거나, 또는 국제연합헌장에 구현된 국제법의 원칙에 위반되는 그 밖의 방식에 의한 무력의 위협이나 무력의 행사

(b) 무기를 사용하는 훈련이나 연습

(c) 연안국의 국방이나 안전에 해가 되는 정보수집을 목적으로 하는 행위

(d) 연안국의 국방이나 안전에 해로운 영향을 미칠 것을 목적으로 하는 선전행위

(e) 항공기의 선상 발진·착륙 또는 탑재

(f) 군사기기의 선상 발진·착륙 또는 탑재

(g) 연안국의 관세·재정·출입국관리 또는 위생에 관한 법령에 위반되는 물품이나 통화를 싣고 내리는 행위 또는 사람의 승선이나 하선

(h) 고의적이고도 중대한 오염행위

(i) 어로활동

(j) 조사활동이나 측량활동의 수행

(k) 연안국의 통신체계 또는 그 밖의 설비·시설물에 대한 방해를 목적으로 하는 행위

(l) 통항과 직접 관련이 없는 그 밖의 활동

연안국은 항행의 안전을 위하여 필요한 경우 자국의 영해에서 무해통항권을 행사하는 외국선박에 대하여 선박통항을 규제하기 위하여 지정된 항로대와 규정된 통항분리

---

117 대한민국 영해 및 접속수역법 제5조(외국선박의 통항) ① 외국선박은 대한민국의 평화·공공질서 또는 안전보장을 해치지 아니하는 범위에서 대한민국의 영해를 무해통항(無害通航)할 수 있다. 외국의 군함 또는 비상업용 정부선박이 영해를 통항하려는 경우에는 대통령령으로 정하는 바에 따라 관계 당국에 미리 알려야 한다.

118 유엔해양법협약 제19조.

방식을 이용하도록 요구할 수 있다. 특히 유조선, 핵추진선박 및 핵물질 또는 본래 위험하거나 유독한 그 밖의 물질이나 재료를 운반중인 선박에 대하여서는 이러한 항로대만을 통항하도록 요구할 수 있다. 외국의 핵추진선박과 핵물질 또는 본래 위험하거나 유독한 그 밖의 물질을 운반중인 선박은 타국의 영해에서 무해통항권을 행사하는 경우, 이러한 선박에 대하여 국제협정이 정한 서류를 휴대하고 또한 국제협정에 의하여 확립된 특별예방조치를 준수하여야 한다. 연안국은 무해하지 아니한 통항을 방지하기 위하여 필요한 조치를 자국 영해에서 취할 수 있다. 이와 관련, 영해를 통항중인 외국선반이 연안국의 평화, 공공질서 또는 안전을 해치는 행위를 한 경우 즉, 무해하지 않는 행위를 한 경우에는 위반한 혐의가 있다고 인정될 때에는 연안국은 정선(停船)·검색·나포(拿捕) 등의 단속조치를 할 수 있는 것으로 인정되고 있다.[119] 다만, 외국군함에 대해서는 무해통항의 위반이나 연안국의 법령 위반의 경우에 퇴거조치를 요구할 수 있을 뿐이다.

한편, 영해 중에 국제항행에 이용되는 해협에는 무해통항이 아닌 **통과통항**(transit passage)이 적용된다. 통과통행제도는 유엔해양법협약에서 새로이 도입된 제도이다. 과거 1958년 제1차 해양법회의 시 채택된 제네바 영해 및 접속수역 협약에서는 무해통항권만이 규정되어 있었다. 유엔해양법협약에서 영해의 폭을 12해리로 명문화하면서 과거에 3해리 이원의 공해로서 자유통항이 적용되었던 지역이 12해리 영해로 편입되어 항행의 자유가 축소되는 방지하기 위하여 만든 제도이다. 국제항행에 이용되는 해협이란 그 양 끝이 공해 또는 배타적경제수역으로 연결된 것을 말한다. 다만, 해협이 해협연안국의 섬과 본토에 의하여 형성되어 있고 항행상 및 수로상 특성에서 유사한 편의가 있는 공해 통과항로나 배타적경제수역 항로가 그 섬의 외측 바다 쪽에 있으면 통과통항을 적용하지 아니한다. 한국의 경우에 제주해협이 국제항행용 해협인가 하는 문제가 있으나, 제주도 외측에 항행상 및 수로상 유사한 편의가 있는 수로가 있다고도 할 수 있고 한국은 1977년부터 12해리 영해 폭을 적용하여 왔으므로 한국 본토와 제주도 사이에 원래부터 자유항해가 적용되는 항로대가 없었기 때문에 유엔해양법협약을 계기로 제주해협을 통과통행이 적용되는 해협으로 개방하여야 할 국제법적 의무는 없는 것으로 보인다.[120]

통과통항이란 오직 계속적으로 신속히 통과할 목적으로 **항행과 상공비행의 자유**를 행사함을 말한다. 통과통항을 하는 선박이나 항공기는 다음을 준수하여야 한다.

---

119 대한민국 영해 및 접속수역법 제6조 참조. 이에 대해 유엔해양법협약 제25조는 연안국은 무해하지 아니한 통항을 방지하기 위하여 필요한 조치를 자국 영해에서 취할 수 있다고 규정하고 있을 뿐이다.

120 다만, 북한에서 제주해협의 통과권(무해통항)을 요구하여 한 때 남북해운합의서 및 그 부속서에 의거 북한 민간 선박의 제주해협 통과권을 인정하였던 적이 있다.

가. 해협 또는 그 상공의 지체 없는 항진

나. 해협연안국의 주권, 영토보전 또는 정치적 독립에 반하거나, 또는 국제연합헌장
   에 구현된 국제법의 원칙에 위반되는 그 밖의 방식에 의한 무력의 위협이나 무력
   의 행사의 자제

다. 불가항력 또는 조난으로 인하여 필요한 경우를 제외하고는 계속적이고 신속한
   통과의 통상적인 방식에 따르지 아니하는 활동의 자제

유엔해양법협약은 연안국이 통과통항에 관한 법령을 제정할 수 있다고 규정하고 있
으나 이를 방지하거나 위반에 관한 조치에 관하여는 아무런 규정이 없다. 생각건대 통
과통항권은 과거 공해대가 존재했던 해협에 대해서 자유통항권에 준하는 통과권을 부
여한 것이며, 통과통항권의 위반인 경우라는 것이 신속하게 지나가지 않거나 또는 연안
국에 대한 무력의 행사 또는 위협의 경우가 되는 경우이므로 그 위반에 대한 대응은 해
당 선박에 대해 신속하게 빨리 지나가라고 요구하거나 또는 무력 위협과 행사에 대처하
는 심각한 상황이 된다.

라. 접속수역

연안국은 자국의 기선으로부터 24해리 이내에서 영해 바깥에 **접속수역**(contiguous
zone)을 설정할 수 있다. 연안국은 접속수역에 연안국의 관세·재정·출입국관리 또는
위생에 관한 법령의 위반방지 및 그 위반에 대한 처벌을 위해 **필요한 통제**(necessary
control)를 할 수 있다.

마. 배타적경제수역

연안국은 영해기선으로부터 200해리 이내에서 **배타적경제수역**(exclusive economic
zone: EEZ)을 설정할 수 있다. 배타적경제수역은 영해 바깥으로 설정되며, 접속수역이
설정된 경우 배타적경제수역은 접속수역과 일부 중복된다. 연안국은 자국의 배타적경
제수역(해저, 하층토 및 상부 수역; 대륙붕 포함)에서 생물이나 무생물 등 **천연자원에 대한
주권적 권리**(탐사, 개발, 보존 및 관리)를 가지며 아울러 해수 해류 해풍을 이용한 **에너지
생산과 관련된 주권적 권리**를 가진다. 또한 연안국은 자국의 **배타적경제수역**에서 인공
섬·시설 및 구조물의 설치와 사용, 해양과학조사, 해양환경의 보호와 보전과 관련된 관
할권을 가진다. 한편, 모든 국가는 타국의 배타적경제수역에서 항행·상공비행의 자유,
해저전선·관선 부설의 자유를 향유한다. 연안국은 자국이 이용가능한 최선의 과학적

증거(the best scientific evidence available to it)를 고려하여, 남획으로 인하여 배타적경제수역에서 생물자원의 유지가 위태롭게 되지 아니하도록 적절한 보존·관리조치를 하여야 한다. 이러한 조치는 어획대상 어종의 자원량이 **최대지속생산량**(the maximum sustainable yield)을 가져올 수 있는 수준으로 유지되도록 계획한다. 이를 위해 연안국은 자국 배타적경제수역내 생물자원의 **총허용어획량**(total allowable catch, allowable catch)을 결정한다. 연안국은 총허용어획량 중에서 자국이 어획할 수 있는 능력을 결정하고, 전체 허용어획량을 다 어획할 능력이 없는 경우, 타국과 어업협정을 체결하여 잉여량에 대해 다른 국가의 입어를 허용한다. 연안국은 배타적경제수역의 생물자원 보존에 관한 자국법령을 준수하도록 보장하기 위하여 승선, 검색, 나포 및 사법절차 등 필요한 조치를 취할 수 있다. 나포된 선박과 승무원은 적절한 보석금이나 그 밖의 보증금을 예치한 뒤에는 즉시 석방된다. 배타적경제수역에서 어업법령 위반에 대한 연안국의 처벌에는, 관련국 간 달리 합의하지 아니하는 한, 금고 또는 다른 형태의 체형이 포함되지 아니한다.

서로 마주보고 있거나 인접한 연안을 가진 국가 간의 배타적경제수역 경계획정은 공평한 해결에 이르기 위하여, 국제법을 기초로 하는 합의에 의하여 이루어진다. 유엔해양법협약 성안과정에서 중간선 원칙을 주장하는 그룹과 형평한 원칙을 주장하는 그룹의 입장이 대립하였으나 결과적으로는 공평한 해결을 지향하여 관련국간에 합의로 경계획정을 한다는 규정으로 성립되었다.

한편, 연안국은 배타적경제수역과 별도로 대륙붕을 가진다. 대륙붕에 대한 연안국의 권리는 명시적 선언에 의존하지 아니한다. 즉, 대륙붕을 연안국의 대륙의 자연적 연장에 따른 육지 영토의 종물로 보는 것이다. 연안국은 대륙붕을 탐사하고 그 천연자원을 개발할 수 있는 주권적 권리를 가진다.

육지의 자연적 연장을 어디까지 볼 것인가에 대해서 제3차 유엔해양법협약은 대륙붕의 개념을 1958년 대륙붕 협약보다 더 연장하였다. 과거 1958년 대륙붕 협약에서는 대륙붕을 대륙으로부터 바다의 깊이가 200미터 되는 곳까지로 하였었다.[121] 오늘날 제3차 유엔해양법 협약에서는 대륙붕의 정의를 대륙변계의 끝까지로 하여 대륙붕의 지리적 거리를 더 연장하였다. 유엔해양법협약하에서 연안국의 대륙붕은 육지의 자연적 연장에 따라 대륙사면(continental slope)을 넘어 대륙변계(continental margin)의 바깥 끝까지 이어질 수 있다.[122] 만약, 대륙변계의 바깥 끝이 영해기선에서 200해리에 못 미치는 경우, 대

---

121 대체로 수심 200미터는 연안으로부터 거리 200해리 지점과 비슷하다.

122 대륙붕은 육지대륙이 계속 바다 속으로 이어져 들어간 부분(shelf)를 말하는데, 점점 경사가 완경사를 띠고 내려가면서 대륙사면(continental slope) 단계를 거치면 그 끝이 대륙 사면의 발(foot of the slope)이다. 거기서부터 다시 2단계로 더 점점 그 퇴적층 바위가 얇아지면서 길게 내려가는데 이 부분을 대륙변계라고 한

륙붕은 영해기선으로부터 200해리까지 설정될 수 있다. 그러나 대륙붕은 어느 경우에
도 영해기선으로부터 350해리를 넘거나 2500미터 등심선+100해리를 넘을 수 없다.

배타적경제수역은 해저 및 하층토, 상부 수역을 포함하고 대륙붕은 해저 및 하층토
를 대상으로 하기 때문에 지리적으로 대륙붕과 배타적경제수역과 중복이 된다. 이와 관
련, 유엔해양법협약(제76조)은 배타적경제수역에서의 해저, 하층토에 관한 연안국의 권
리, 의무 및 관할권에 관하여는 대륙붕 제도(협약 제6장)가 적용된다고 규정하고 있다.[123]
배타적경제수역은 제3차 유엔해양법협약이 만들어 낸 제도이고 대륙붕은 육지의 자연
적 연장에 따른 개념으로 1958년 제네바 협약체제 이전부터 이미 국제사회에 존재하
던 제도이다. 따라서 연안국에 따라서는 배타적경제수역만을 입법으로 설정하고 기존
의 대륙붕 관련 제도를 배타적경제수역에 관한 규범에 포함시킬 수 있다. 그러나, 예컨
대 연안국에 따라서는 배타적경제수역이 아닌 어업수역만을 선포하고 대륙붕제도를 별
도로 유지할 수도 있다. 대륙붕 제도가 의미가 있는 경우는 200해리 배타적경제수역
너머로 육지의 자연적 연장을 따라 대륙붕이 있는 경우라고 할 수 있다.

바. 공해

배타적경제수역의 밖은 공해가 된다. 공해는 어느 국가의 관할권에도 속한 것이 아
니므로 국가들은 항해자유, 상공 비행의 자유를 가진다. 한편, 배타적경제수역이라고
할지라도 연안국의 주권적 권리나 관할권을 침해하지 않는 범위 내에서 공해 자유의 원
칙이 적용된다.[124]

공해에서 항행하는 선박에 대해서는 기국주의 원칙이 적용된다.[125] 이와 관련, 유엔
해양법협약은 선박충돌 사고 및 항행사고와 관련하여 엄격하게 기국주의 및 가해자 속
인주의가 적용된다고 규정하고 있다. 즉, 공해상 선박충돌 사고 및 항행사고와 관련하
여 피해자 국적국의 관할권 행사를 금지하고 있는 것이다. 기국주의의 예외가 되는 것
은 해적행위이다. 모든 국가는 공해 또는 국가 관할권 밖의 어떠한 곳에서라도, 해적

다. 대륙변계도 점점 얇아지면서 ocean floor 속으로 사라진다. 여기가 대륙변계의 끝이 된다. 대륙변계가
ocean floor속으로 사라지는 마지막 지점의 두께(a)와 거기에서 대륙사면의 발까지의 거리(b)를 비교해서 a
가 b의 1%가 되는 지점까지가 유엔해양법협약상 대륙붕의 개념이다.

123 유엔해양법 협약 제56조(배타적경제수역에서의 연안국의 권리, 관할권 및 의무). 제3항. 해저와 하층토에
관하여 이 조에 규정된 권리는 제6부에 따라 행사된다.

124 유엔해양법 협약 제58조. 제88조부터 제115조까지의 규정(공해자유의 원칙 규정)과 그 밖의 국제법의 적
절한 규칙은 이 부에 배치되지 아니하는 한 배타적경제수역에 적용된다.

125 유엔해양법 협약 제92조. 선박은 어느 한 국가의 국기만을 계양하고 항행하며 공해에서 그 국가의 배타적
인 관할권에 속한다.

선·해적항공기 또는 해적행위에 의하여 탈취되어 해적의 지배하에 있는 선박·항공기를 나포하고, 그 선박과 항공기내에 있는 사람을 체포하고, 재산을 압수할 수 있다.[126] 유엔해양법 협약은 노예수송이나 마약이나 향정신성 물질의 불법거래를 진압하기 위해 당사국들이 서로 협력하도록 규정하고 있지만 해적행위와 같이 보편 관할권을 인정하고 있지는 않다. 군함은 공해상에서 항행하고 있는 선박이 타국적의 선박이라고 할지라고 동 선박이 해적, 노예수송, 무허가 방송, 무국적선, 군함과 같은 국적의 선박이 국적을 속이는 경우(외국기 게양) 등의 혐의에 대한 합리적 근가가 있을 때 해당 선박에 대해서 **임검권**(Right of visit)을 행사할 수 있다.

공해 바다의 밑은 심해저가 된다. '심해저'라 함은 국가관할권 한계 밖의 해저·해상 및 그 하층토를 말한다. 심해저와 그 자원은 인류의 공동유산이다. 유엔해양법 협약에 따라서 심해저에서의 망간단괴와 같은 자원개발 및 조사 연구는 현재 자메이카에 소재한 국제해저기구를 통해서 이루어지고 있다.

연안국의 해양환경보호와 관련하여 배타적경제수역에서 연안국의 주권적 권리와 관할권을 저촉하지 않는 범위 내에서 타국 선박에 대해서 공해자유의 원칙이 적용되기 때문에 배타적경제수역에서 오염행위를 한 선박을 동 선박이 배타적경제수역을 항행 중에 나포할 수 있는가가 문제가 된다. 배타적경제수역에서 외국 선박이 연안국에 **중대한 피해**(major damage)를 야기하거나 야기할 위험(causing major damage or threat of major damage to the coastline or related interests of the coastal State)이 있는 배출을 행하였다는 명백하고 객관적인 증거가 있는 경우에는 자국 법률에 따라 선박의 억류를 포함한 소송을 제기할 수 있다.[127]

연안국은 자국의 배타적경제수역과 대륙붕에서의 해양과학조사를 규제, 허가 및 수행할 권리를 가진다. 타국의 배타적경제수역과 대륙붕에서의 해양과학조사를 하기 위하여는 연안국의 동의를 얻어야 한다. 연안국은 자국의 배타적경제수역과 대륙붕에서 다른 국가 또는 권한 있는 국제기구에 의한 해양과학조사 실시사업이 다음과 같을 경우에는 동의를 거부할 수 있는 재량권을 가진다.

---

126 유엔해양법협약 제105조

127 유엔해양법 제220조 6항. Where there is clear objective evidence that a vessel navigating in the exclusive economic zone or the territorial sea of a State has, in the exclusive economic zone, committed a violation referred to in paragraph 3 resulting in a discharge causing major damage or threat of major damage to the coastline or related interests of the coastal State, or to any resources of its territorial sea or exclusive economic zone, that State may, subject to section 7, provided that the evidence so warrants, institute proceedings, including detention of the vessel, in accordance with its laws.

가. 생물 또는 무생물 천연자원의 탐사와 개발에 직접적인 영향을 미치는 경우

나. 대륙붕의 굴착, 폭발물의 사용 또는 해양환경에 해로운 물질의 반입을 수반하는 경우

다. 인공섬, 시설 및 구조물의 건조, 운용 또는 사용을 수반하는 경우

라. 해양과학조사와 관련 연안국에 제출된 정보가 제출된 정보가 부정확하거나 국제 기구가 이전에 실시된 조사사업과 관련하여 연안국에 대한 의무를 이행하지 아니한 경우

어느 국가가 타국의 배타적경제수역 또는 대륙붕에서 연안국의 동의를 받지 않고 해양과학조사를 하거나 또는 동의를 받은 조사가 동의의 조건이나 동의 시 제출된 내용과 다르게 진행되는 경우에 연안국이 이에 대해 어떠한 조치를 취할 수 있을 것인가? 이에 대해 유엔해양법협약은 해양과학조사가 동의 요청 시 제출된 정보에 따라 수행되지 않거나 특수 조건을 이행하지 않는 경우에는 정지(suspension)를 요구할 수 있으며, 해양과학조사가 연안국에 제출된 정보와 달리 중대한 변경을 하여 수행되는 경우에는 중지(cessation)를 요청할 수 있다고 규정하고 있다. 유엔해양법협약은 타국의 해양과학조사 선박이 조사에 대한 동의조건을 위반할 경우에 연안국이 나포할 수 있다는 규정이 없으며, 또한 연안국의 동의를 받지 않고 조사를 하는 선박에 대해서 연안국이 어떤 조치를 취할 수 있다는 규정이 없다.[128]

사. 해양경계획정

1958년 제네바 대륙붕협약(제6조)에서는 이웃하는 연안국 간에 중첩되는 대륙붕의 경계획정에 적용되는 원칙은 특별한 사정이 있는 경우를 제외하고는 중간선/등거리선으로 획정하는 것으로 하고 있었다.[129] 그러나, 1982년 채택된 유엔해양법협약은 중간

---

[128] 2006년 일본 정부 선박이 독도 주변의 영해 밖 수역에서 한국 정부의 동의 없이 해양과학조사를 일방적으로 하겠다는 것이 알려졌을 때 한국 정부는 국제법과 국내법에 따라 나포도 하겠다는 방침이었으나 실제 유엔해양법상 해양과학조사 선박에 대한 나포 규정은 없다. 이에 대해 결국 한국 정부와 일본 정부는 독도 주변을 포함한 동해상에서 공동으로 해양과학조사를 분담하여 하는 방안으로 문제를 해결했다.

[129] 제네바 대륙붕 협약 제6조

1. Where the same continental shelf is adjacent to the territories of two or more States whose coasts are opposite each other, the boundary of the continental shelf appertaining to such States shall be determined by agreement between them. In the absence of agreement, and unless another boundary line is justified by special circumstances, the boundary is the median line, every point of which is equidistant from the nearest points of the baselines from which the breadth of the territorial sea of each State is measured.

선/등거리 원칙이나 형평의 원칙 자체에 대한 언급을 피하고 있다. 유엔해양법협약 제 74조는 배타적경제수역의 경계획정에 대해서 다음과 같이 규정하고 있다.[130]

> The delimitation of the exclusive economic zones between States with opposite or adjacent coasts **shall be effected by agreement on the basis of international law,** as referred to in Article 38 of the Statute of the International Court of Justice, **in order to achieve an equitable solution.**

이와 같은 유엔해양법협약의 경계획정 관련 규정은 유엔해양법협약 성안 당시에 경계획정에 적용될 원칙으로 중간선/등거리선을 주장하는 그룹과 형평의 원칙을 주장하는 그룹간의 주장 대립이 해결되지 못한 것에 기인한 것이다. 이에 따라 유엔해양법협약은 대향 또는 인접하는 국가 간의 경계획정은 국제법에 따라 형평한 결과에 이르도록 해야 한다고 간결하게 규정하고 있다.[131] 물론, 형평의 원칙(principles of equity)의 핵심은 경계획정에서 형평한 결과를 도출하는 것이긴 하지만 상기 유엔해양법협약 제74조의 규정은 형평의 원칙 자체는 언급하고 있지 않는데 주목할 필요가 있다. 또한 중간선이 형평한 결과를 도출하는 경우도 많이 있다. 이에 따라 유엔해양법협약의 경계획정 규정은 형평의 원칙을 주장하는 국가나 또는 중간선/등거리선을 주장하는 국가가 모두 이 규정을 가지고 자국에게 유리하게 주장할 수 있는 여지를 주고 있다.

실제 해양경계획정에서는 잠정적인 중간선을 작도하고 양국이 주장하는 경계선(maximum claims)과 해당 수역에서 고려하여야 할 제반 관련 요소(relevant circumstances)를 고려하여 당사국 간의 공평한 수역의 배분을 지향한다. 해양경계획정은 관련 당사국 간 직접 교섭에 의하여 결정하기도 하며 양국 간 직접 교섭에서 각국의 대표단은 자국이 주장하는 경계선을 최대로 주장하고 관련 사례와 국제 판례로 자국이 주장하는 경계

---

2. Where the same continental shelf is adjacent to the territories of two adjacent States, the boundary of the continental shelf shall be determined by agreement between them. In the absence of agreement, and unless another boundary line is justified by special circumstances, the boundary shall be determined by application of the principle of equidistance from the nearest points of the baselines from which the breadth of the territorial sea of each State is measured.

130 대륙붕경계획정에 관하여는 유엔해양법협약 제84조에서 같은 규정을 두고 있다.

131 유엔해양법협약 제74조

1. The delimitation of the exclusive economic zone between States with opposite or adjacent coasts shall be effected by agreement on the basis of international law, as referred to in Article 38 of the Statute of the International Court of Justice, in order to achieve an equitable solution.

2. If no agreement can be reached within a reasonable period of time, the States concerned shall resort to the procedures provided for in Part XV.

선을 정당화한다. 국가 간의 협상이 성공하지 못하는 경우 경계획정 문제를 국제재판이나 중재를 통해서 해결하기도 한다. 이하에서는 해양경계획정관련 중요한 국제판례를 살펴보고자 한다.

1969년 국제사법재판소의 **북해대륙붕 사건**은 서로 인접하고 있는 네덜란드, 독일(서독), 덴마크 간의 대륙붕 경계획정에 관한 것이다. 네덜란드와 덴마크는 중간선 원칙을 주장하였지만 독일로서는 자국의 연안선이 오목하여 중간선에 따라 경계획정을 할 경우 자국의 대륙붕 몫이 적어지고 북해 먼 바다로부터 cut-off되므로 특별한 사정을 고려하여 형평의 원칙을 적용할 것을 주장했다. 이에 재판소는 대륙붕협약 제6조의 중간선 규정이 국제관습법이 아니라고 판시하고 형평의 원칙에 따라 독일의 연안선의 길이를 고려하여 중간선에 따른 경계선보다 독일에 더 유리하게 분배하였다. 이 사건에서 재판소는 대륙붕은 육지의 자연 연장이며 따라서 경계획정에서 연안선의 길이를 반영해야 한다고 판단했다.

1977년 **영불대륙붕중재사건**에서는 기본적으로 중간선 원칙을 적용하되, 영국의 연안에서 멀리 떨어진 소제도인 실리 제도(Scilly Isles)는 프랑스의 d'Ouessant에 대해 50%의 효과만을 부여하고 프랑스 연안에 근접한 영국의 채널 제도(Channel Islands)에 대해서는 12 해리 영해만을 인정하여 채널제도는 프랑스 영해 안측에 엔클레이브(enclave, 위요지[圍繞地])로서 위치하게 되었다.

1982년 국제사법재판소의 **튀니지-몰타 대륙붕 사건**에서는 양국은 서로 형평의 원칙을 주장하였지만 서로 주장하는 경계선이 자국에게 유리한 방향으로 주장하여 일치하지 않았다. 국제사법재판소는 형평의 원칙을 적용하고 등거리 방식이 절대적 원리가 아니라고 판시했다. 형평의 원칙의 핵심은 공평한 결과라고 강조하였다. 이어 양국 식민국인 프랑스(튀니지)와 이탈리아(몰타) 통치 때부터 인정되어 온 육상 경계선의 연장선과 이후 양국 조광권 설정에 기준이 된 경계선이 해안선의 일반적 방향을 고려한 것으로 양국이 이를 인정하여 왔음을 지적하고 이를 기초로 경계획정을 하였고 튀니지의 케거나 섬(Kerkennah)에 대해서는 반분 효과만을 인정하였다.

1984년 국제사법재판소의 **미국과 캐나다 간의 메인만(Gulf of Maine) 해양경계획정**은 대륙붕과 어업수역에 대한 단일경계선에 대한 판결이다. 캐나다는 기본적으로 등거리선에 따른 경계선을 주장하면서도 형평의 원칙에 따라 관련 사정을 고려할 것을 주장하였다. 미국도 형평의 원칙에 따라 역시 관련 사정을 고려하여야 한다고 주장하였다. 미국은 해안선의 길이의 차이 반영, 육지의 자연연장을 감안하여 등거리 선보다 더 멀리 나가 캐나다 쪽으로 있는 노스이스트 채널(Northeast Channel) 근처까지 주장하고, 또한 조지 뱅크(George Bank)에서의 미국의 전통적 조업을 반영하여 줄 것을 주장했다. 재판소는 기본적으로 등거리선 방법을 사용하고 형평의 결과에 도달하기 위해 등거리 선을 일부 조정하는 방법을 사용하였다. 재판소는 경계를 획정할 부분을 메인만의 연안으로부터 대서양 쪽으로 이르는 부분을 3개의 구역(segments)으로 구분하였다. 미국의 seal island의 왜곡효과를 고려하여 seal island에 대해서는 반분효과만 인정하였다. 이어 미국과 캐나다의 해안선의 길이가 1.31:1인 것을 감안하여 잠정 등거리 선을 캐나다 쪽으로 이동시켰다. 조지 뱅크에 대한 미국의 역사적 기득권은 인정되지 않았고 캐나다의 조업 현실도 반영이 되어 조지 뱅크는 일부 캐나다 수역에도 배분되었다.

1985년 국제사법재판소의 리비아-몰타 대륙붕 사건에서 몰타는 중간선 원칙을 주장하고 리비아는 몰타 인근에 몰타 해구(rift)가 있는 것을 근거로 육지의 자연 연장에 따라 몰타 해구까지의 경계선을 주장했다. 재판소는 당시 이미 200해리 배타적경제수역 제도를 규정하고 있는 유엔해양법협약이 채택되어 있던 상황에서 200해리 이내에서 육지의 자연연장과 지질학적 요소는 고려되지 않는다고 판단하였다. 그러나 재판소는 중간선을 기초로 하면서도 경계선으로 나누어지는 양국 간의 수역의 비가 각국의 관련 연안선의 길이의 비와 비례해야 한다고 판단하였다(test of proportionality). 당시 재판소는 몰타의 관련 연안선은 24 해리, 리비아의 관련 연안선은 192 해리로서 상당히 차이가 나는 것에 주목하였다. 그러나 경계획정으로 배분되는 수역의 비를 연안선의 길이에 비에 엄격하게 맞추지는 않았다. 너무 엄격하게 할 경우 작은 나라인 몰타에게 현저하게 불리한 결과가 나오게 되기 때문이다. 결국 몰타의 관련 연안선이 상대적으로 리비아에 비해 작은 것을 적절히 감안하여 잠정적 중간선을 몰타 쪽으로 1/4 이동 조정하여 결과적으로 몰타에 3/4 효과만을 인정하였다.

1993년 국제사법재판소의 그린란드(덴마크령)-얀 마옌(Jan Mayen, 노르웨이 소도) 간의 해양경계획정 사건에서는 덴마크는 200해리 선을 주장하고 노르웨이는 중간선을 주장하였다. 재판부가 우선 고려한 특수 사정은 문제 해역에서의 그린란드 해안선과 얀 마옌 섬의 해안선 격차였다. 그린란드와 얀 마옌 섬의 관련 해안선의 길이의 비는 9:1로 상당한 격차가 있었다. 재판부는 해안선 길이 격차가 극심한데 등거리선을 적용하는 것은 명백히 불공평한 결과를 초래할 수 있다고 지적하였다. 재판부는 이러한 상황을 고려하여 경계선을 중간선 보다는 얀 마옌 섬 방향으로 이동시켜 중간선 보다는 좀 더 넓은 해역을 그린란드에게 배정하는 것이 공평하다고 판단하였다. 또한 중간선에 따라 경계를 획정할 경우 덴마크가 빙어(capelin) 어장의 많은 부분을 노르웨이에 주게 되는 결과가 초래됨도 고려하였다. 결국 노르웨이가 주장하는 그린란드로 부터의 200해리선과 노르웨이가 주장하는 중간선이 중첩되는 수역을 대체로 양분하여 경계를 획정하였다.

오늘날 해양경계획정에서 적용되는 국제법은 경계획정의 결과가 형평한 결과에 도달해야 한다는 유엔해양법의 규정이며 실제 방법론에서는 잠정적인 중간선으로 시작하여 해당 수역의 연안선의 길이 및 여타 여러 관련 등을 고려하여 잠정 중간선을 조정하여 경계선을 획정하고 있다. 경계획정 과정에서 연안에서 멀리 떨어진 바위나 섬은 기점으로서의 효과가 제한된다.

아. 유엔 해양법협약상 분쟁해결제도

유엔 해양법협약은 동 협약의 해석과 적용에 관한 당사국간의 분쟁을 평화적 방법으로 해결하도록 규정하고 있다. 당사국들은 분쟁이 발생할 경우 신속하게 의견 교환을 통하여 분쟁을 해결하도록 노력하여야 한다. 당사국들은 합의에 의하여 분쟁을 조정(conciliation, 협약 제5부속서)에 회부할 수 있다. 당사국 간의 의견 교환이나 조정에의 합의에 의해 분쟁 해결에 실패하는 경우에 일방 당사국의 요청에 의하여 강제적 분쟁해결절차에 회부될 수 있다. 유엔 해양법협약이 규정하고 있는 강제적 분쟁해결 절차는 ⅰ)국제해양법재판소(International Tribunal for the Law of the Sea: ITLOS 협약 제6부속서), ⅱ)국제사법재판소(International Court of Justice: ICJ), ⅲ)중재재판(협약 제7부속서), ⅳ)특별중재 재판(협약 제8부속서)이다. 유엔해양법협약의 당사국들은 협약에 가입하면서 또는 그 이후 언제라도 상기 4개의 절차 중 자국이 원하는 하나 또는 그 이상의 절차를 선택할 수 있다. 만약 아무것도 선택하지 않았다면 중재를 선택한 것으로 간주된다. 일방 당사국의 요청에 의하여 강제 절차에 회부될 때에는 양 당사국이 공통으로 수락한 절차로 회부가 된다. 만약 양국이 공통으로 선택한 것이 없다면 중재로 회부된다.

유엔 해양법협약의 해석과 적용에 관련된 분쟁 중에는 강제적 절차의 적용으로부터 예외가 되는 것들이 있다. 기본적으로 협약 상 당사국이 유엔해양법협약상의 분쟁을 강제분쟁에 회부할 의무가 없는 것이 있다. 이러한 유형에 해당하는 분쟁은 ⅰ) 연안국이 자국의 배타적경제수역이나 대륙붕에서 해양과학조사와 관련된 재량권의 행사나 타국의 해양과학조사에 대한 중지 또는 정지와 관련된 분쟁, ⅱ) 배타적경제수역에서 해양생물자원관련 연안국의 주권적 권리와 관련된 분쟁이다.

또한 당사국이 유보를 함으로써 유엔해양법협약 상의 강제분쟁해결절차를 배제할 수 있는 것이 있다. 이를 선택적 예외라고 한다. 이에 해당하는 분쟁으로서는 ⅰ) **해양경계획정** 및 역사적 만과 관련된 분쟁, ⅱ) **군사활동**에 관한 분쟁 및 연안국의 주권적 권리나 관할권의 행사와 관련된 **법집행활동**에 관한 분쟁 ⅲ) 유엔 안보장이사회가 권한을 수행하고 있는 분쟁이다.

강제적 분쟁해결기구(국제해양법재판소, 국제사법재판소, 중재재판소, 특별중재재판소)는 회부된 분쟁과 관련 당사국의 요청에 의하여 최종 판결이 날 때까지 각 분쟁당사자의 이익을 보전하기 위하여 또는 해양환경에 대한 중대한 손상을 방지하기 위하여 적절하다고 판단하는 잠정 조치를 명령할 수 있다. 잠정조치를 요청받은 재판소는 본안에 대한 관할권 판단 이전에 해당 사건에 대해서 일응(*prima facie*) 관할권이 있다고 판단하면 잠정조치를 심사하고 명령할 수 있다. 만약 분쟁이 중재재판소에 회부되었다면 분쟁 당사국은 중재재판소가 구성되기 이전이라도 국제해양법재판소에 잠정조치를 요청할 수 있다. 만약 분쟁이 유엔해양법재판소에 회부되었다면, 분쟁당사국은 본안판결이전에 잠정조치를 요청할 수 있다. 유엔해양법협약상 잠정조치는 법적 구속력을 가지며 분쟁 당사국은 명령된 잠정조치를 신속히 이행하여야 한다.

한편, 자국의 선박이 타 당사국에 의하여 억류되고 적정한 보석금이나 금융 보증이 예치되었음에도 불구하고 억류국이 선박이나 선원을 신속히 석방하지 않는 경우에 당사국은 억류국이 관할권을 수락한 재판소나 또는 국제해양법재판소에 일방적으로 신속한 석방(prompt release)을 위한 재판을 요청할 수 있다. 재판소가 결정한 보석금이나 기타 금융 보증이 예치되는 즉시 억류국의 당국은 선박과 선원들을 석방하여야 한다.

생각해 볼 문제

1. A국의 배타적경제수역을 지나던 B국의 화물선이 항행 도중 선적하고 있던 통나무 10여 개가 바다에 떨어졌다. A국의 해양경찰이 이를 목격하였다. A국의 해양경찰은 B국의 화물선을 해양환경 오염으로 나포할 수 있는가? 유엔해양법의 관련 규정에 따라 절차 및 나포 가능 여부 등을 논하라.

2. A국과 B국은 300해리의 폭의 바다를 두고 서로 마주 보고 있다. A국과 B국은 양국의 사이에 있는 섬(Island of Park)에 대하여 서로 영유권을 주장하고 있고 실제로는 A국의 해양경찰이 Island of Park 섬에 상주하고 있으며 A국이 이 섬 및 12해리 영해에 대해 실효적 지배를 하고 있다. 양국 간은 EEZ 경계획정이 되어 있지 않은 상태이다. 어느 날 A국의 해양경찰은 Island of Park 섬의 영해 밖 3해리를 순찰 중 B국의 공기업 소속 선박이 사전 통보나 동의 요청 없이 탄성파를 이용한 해저지질조사를 하면서 지나고 있는 것을 발견하였다. 이에 대해 A국의 해양경찰은 B국의 해양조사선박에 대해 어떤 조치를 할 수 있는가? 이어 동 B국의 선박은 Island of Park의 영해로 진입하여 계속 탄성파 조사를 하였다. 이에 대해 A국 경찰이 할 수 있는 조치는 무엇인가?

19 WTO 체제와 주요 무역 규범

가. WTO와 GATT

WTO(World Trade Organization, 세계무역기구)는 1986년 9월부터 1994년 4월까지 7년간 진행된 우루과이라운드 협상의 결과로 채택된 '세계무역기구설립을 위한 마라케쉬 협정'(이하 '세계무역기구설립협정')이라는 국제조약에 의하여 설립된 국제기구이다. 세계무역기구설립협정은 1995년 1월 1일 발효함에 따라 무역기구로서의 GATT(관세 및 무역에 관한 일반협정)를 대체하게 되었다. 그러나 법 규범으로서의 GATT는 여전히 유효하다. 1947년 GATT의 조문은 1994년 GATT에서도 그대로 적용된다. 다만, GATT 조문 관련 양해사항이나 결의 등 후속합의가 있는 경우에는 그 내용이 반영되어 적용된다.[132]

1994년 GATT는 1947년에 채택된 1947년 GATT와는 법적 지위가 다르다. 1947년 GATT체제에 있어서는 GATT 협정문과 분야별 다자간 무역협정 간에 충돌이 있는 경우에 GATT협정문이 우선 적용되었으나, WTO 협정체제에서는 1994년 GATT 협정문과 여타 분야별 다자간 무역협정문들이 모두 '세계무역기구설립협정'의 부속서로서의 지위를 가지게 되었다. 이 양자 간의 관계 즉, 1994년 GATT 협정문과 여타 분야별 다자간 무역 협정문 간의 관계에 대하여 WTO 설립협정 부속서 1가의 주해는 "1994년 관세 및 무역에 관한 일반협정의 규정과 '세계무역기구설립협정'의 부속서 1가의 그 밖의 협정의 규정이 상충하는 경우 상충범위 내에서 그 밖의 협정이 우선 한다"라고 규정함으로서 분야별 다자간 무역협정들이 1994년 GATT협정문보다 위에 있게 되어 상하 지위가 변경되게 되었다. 생각건대, 이는 일반법과 특별법의 관계로 보아야 할 것이다. 즉 1994년 GATT 협정문은 일반법이고 분야별 다자간 무역협정은 특별법의 지위를 가지게 된 것으로 이해할 수 있다.[133]

나. GATT의 기본 원칙

GATT의 기본 목표는 국제사회에서 자유무역 제도를 촉진하는 것이다. 자유로운 시장경쟁에 의하여 무역에 참여하는 국가들이 모두 이익을 얻을 수 있다는 리카르도의 비

---

132 1994년 GATT를 구성하는 문건을 열거하고 있다. 이에 따르면 1994년 GATT는 1) 1947년 GATT, 2) 1947년 GATT하에서 발효한 법률문건으로서 관세양허와 관련된 의정서, 가입의정서, 1947년 GATT 제25조와 관련된 면제에 관한 결정, 1947년 GATT 체약 당사단의 결정, 3) 1947년 GATT 조항과 관련된 양해들 4) 1994년 마라케시 의정서이다.

133 김선표, "WTO 協定 體制下 兩者間 貿易關聯 合意書의 法的 性格에 관한 小考", 「대한국제법논총」, 통권 제113호(2009년), pp. 11-19. 참조.

교우위에 의한 자유무역론에 입각하고 있다. 자유무역제도로서 참여하는 국가들이 이익을 얻고 이를 통해 전쟁을 막고 평화를 촉진할 수 있다는 철학에 기반하고 있다. 자유무역의 촉진을 위하여 국가들이 자국의 시장을 개방하되 수입제한을 위한 조치로는 관세(tariff)만을 허용하고 관세로 점차적으로 낮추어 가는 것을 목표로 한다. 이에 따라 양허된(합의된) 관세에 의한 수입 제한만을 허용하고 수입에 대한 수량제한(quota)과 같은 비관세 장벽은 원칙적으로 금지하고 있다. 그러나, 수출국이 통상의 시장 가격보다 너무 저렴한 가격에 수출하여 자국의 시장에 피해를 주는 덤핑의 경우에 수입국이 반덤핑 관세로 자국 시장을 보호하는 조치를 취할 수 있도록 하고, 수출국이 자국의 수출 상품에 보조금을 지급하여 상품의 가격을 낮추어 수출하는 데 대해서는 수입국이 상계관세를 부과할 수 있도록 하고 있다. 이와 같이 하여 GATT의 규범은 자유롭고 공정한 자유무역을 촉진하는 것을 목표에 두고 모든 규정들이 이루어져 있다. 그럼에도 GATT는 국가들이 자국의 보건 위생과 관련되는 문제에 대해서는 수입제한 조치를 할 수 있도록 하고 있다. 또한 GATT는 농산물과 같이 국가의 사회정책과 관련된 분야에 대해서는 별도의 규범을 두고 있다.

이하에서는 GATT의 규범을 구체적으로 살펴보고자 한다. GATT 제1조는 **최혜국대우**(most-favored nation) 원칙을 규정하고 있다. 최혜국 대우란 수입국과 여러 수출국의 관계에서 수입국이 어느 수출국에 부여된 최고의 대우가 다른 수출국에도 자동으로 적용되도록 하는 것이다. 예컨대, 수입국이 A국으로부터 수입되는 2000cc 자동차에 대해서 5%의 관세를 부과하기로 하였다면 A국이 아닌 다른 나라의 동급의 자동차에 대해서도 같은 관세율을 적용하여야 한다. GATT는 모든 회원국 상호간에 최혜국대우를 의무화함으로써 한 회원국이 타 회원국에 부여한 어떠한 최혜국 대우가 다른 회원국에도 적용되도록 하고 있다. GATT 제3조는 **내국민 대우**(national treatment) 원칙을 규정하고 있다. 이는 수입국이 수입된 외국의 상품에 대해서 자국의 동종 상품과 비교하여 동등하거나 불리하지 않은 대우를 부여하는 것을 말한다. 예컨대, 자국에서 생산된 2000cc 자동차에 대해서는 아무런 부가가치세가 없는데 외국에서 수입된 동급의 자동차에 대해서만 사치세를 부과하여 외국 자동차의 수입을 제한하려고 하는 것은 내국민 대우에 대한 위반이다.

다. 반덤핑관세, 상계관세, 긴급수입제한조치

특정의 상품이 정상가격(normal price)보다 현저히 낮은 가격에 수입되어 수입국의 동종상품(like product)에 실질적인 피해(material damage)가 발생한 경우에 수입국은 **반덤핑**

관세를 부과할 수 있다. 반덤핑관세액은 덤핑차액을 초과할 수 없다. 반덤핑 관세에 관하여는 GATT 제6조에 규정되어 있으며 별도로 반덤핑 관세협정(1994년 GATT 6조 이행협정)이 상세한 반덤핑 관세 부과에 대해서 규정하고 있다. 수출국의 보조금을 받은 상품의 수입으로 국내 동종 상품의 산업이 피해를 받는 수입국은 당해 보조금의 한도 내에서 **상계관세(상계조치)**를 부과할 수 있다. 보조금이란 국가 또는 공동단체가 특정 국내산업에 대해 제공하는 각종의 재정적 지원을 말한다. 그러나 지급이 예외적으로 허용되는 보조금이 있다. 허용되는 보조금은 특정성이 없는 보조금, 특정성이 있더라도 국제무역의 자유화를 왜곡하지 않는 연구개발, 지역개발, 환경개선을 위한 보조금 등이다. 보조금 및 상계관세에 관하여는 GATT 규정 및 보조금 및 상계조치에 관한 협정이 있다. 수입품이 덤핑 가격으로 들어오거나 또는 보조금을 받아 들어오는 것이 아닌 경우에도 특정 상품의 수입의 급증으로 국내 산업이 심각한 손해를 받거나 받을 우려가 있는 경우에 수입국은 국내 산업의 보호를 위하여 **긴급수입제한조치**(safeguard measures)를 취할 수 있다. 긴급수입제한조치는 관세 또는 비관세 수입조치를 포함한다. 긴급수입제한조치를 취하기 위하여는 두 가지 요건이 충족되어야 한다. 첫째, 특정상품의 수입량이 급증하였고, 둘째, 이러한 수입량의 급증으로 인하여 수입국 내 동종상품이나 경쟁상품을 생산하는 국내산업에 중대한 손해가 발생하였거나 발생할 위협이 있어야 한다. 긴급수입제한 조치는 해당 품목에 대해서 모든 수출국에 대하여 무차별적으로 적용되어야 한다. 제한조치는 심각한 피해를 방지하거나 치유하고 구조조정을 용이하게 하는데 필요한 기간에 한정되어야 한다.

라. 환경보호를 이유로 한 무역제한조치

환경보호와 무역과 관련하여 어려운 법적인 문제는 한 국가(수입국)가 자국 내 수입되는 **물품의 제조과정**(production method) **또는 수확과정**(harvest method)이 환경에 피해를 준다는 이유로 금지조치를 하거나 또는 차별하는 경우이다. 이와 관련하여 1991년 GATT에서의 멕시코-미국 간 Tuna-Dolphin 사건이 있다. 이 사건에서 미국은 자국의 해양포유류 보호법(Marine Mammal Protection Act)에서 참치의 어획 과정에 돌고래가 우발적으로 포획되지 않도록 하는 규정을 두고 있었는데 이 규정을 근거로 멕시코의 참치잡이 어선들이 동 법상 요구되는 기준에 따라 돌고래를 보호하지 않고 참치를 어획하였다고 하여 미국으로의 수입을 금지하였다. 이에 멕시코는 이와 같은 미국의 수입조치가 GATT 규정 위반이라며 GATT의 분쟁해결절차에 제소하였다. 핵심쟁점은 제품(참치)의 문제가 아닌 생산과정(process)을 문제 삼아 일방적 수입금지 조치를 할 수 있는가의 문제였다. 미국은 Marine Mammal Protection Act에 따른 조치는 미국의 국내 수산업자에게도 적용되는 것이므로 GATT 3조의 내국민 대우 조항에 위반되지 않는 조치라고 강조했다. GATT 패널은 GATT 제3조는 제조 과정에 대한 것이 아니라 제품에 관한 것이라고 하면서 미국의 주장을 인정하지 않았다. 동 분쟁심판에서는 GATT 제20조의 일반적 예외 조항에 대한 해석의 문제가 대두되었다. GATT 제20조는 다음과 같이 규정하고 있다.

Article XX: General Exceptions

Subject to the requirement that such measures are not applied in a manner which would constitute a means of arbitrary or unjustifiable discrimination between countries where the same conditions prevail, or a disguised restriction on international trade, nothing in this Agreement shall be construed to prevent the adoption or enforcement by any contracting party of measures:

(b) necessary to **protect human, animal or plant life or health**;
(g) **relating to the conservation of exhaustible natural resources** if such measures are made effective in conjunction with restrictions on domestic production or consumption;

GATT 패널은 GATT 제20조에 규정된 보호 대상들은 당사국의 영토 내에 있는 것이라고 한정했다.[134] 미국의 수입금지 조치는 인간과 동물을 보호가기 위한 necessary 한 조치도 아니고 relating to the conservation of exhaustible natural resources 조치도 아니며 미국의 국내적 보호조치를 타국에 강제하려는 조치라고 보았다. 그러나 GATT패널의 이러한 입장은 이후 1998년 Shrimp-Turtle 사건에서 바뀌었다. 동 사건에서 미국은 US Endangered Species Act of 1973에 의거하여 바다거북이를 보호종으로 지정하고 바다새우 어획과정에서 바다거북이가 그물에 걸려들지 않도록 하는 turtle excluder devices을 장착하고 조업을 하도록 하였다. 동 규정은 미국의 영해뿐만 아니라 공해에도 적용이 되었고 동 장치를 장착하지 않고 어획한 바다 새우의 미국 내 수입을 금지하였다. 이에 따라 인도, 말레이시아, 파키스탄, 태국의 바다 새우가 미국 내 수입이 금지되자 이들 나라들이 미국을 WTO의 분쟁해결 절차에 회부하였다. 동 사건에서 결과적으

---

134 이후 멕시코 업자가 어획한 참치로 만든 통조림에 대해서 미국이 수입금지조치를 취하자 이에 반발하여 미국을 GATT 분쟁 해결절차에 제소한 Tuna-Dolphin II 사건에서도 패널은 같은 입장을 취했다. 다만, Tuna-Dolphin II 사건에서 GATT 패널은 GATT 제20조상의 환경보호가 수입금지조치를 취하는 당사국의 영토에 있는 것으로 한정되는 것은 아니라고 판단하였다.

로 미국은 패소하였지만 그 이유는 미국이 바다거북이를 보호하기 위한 조치가 WTO/GATT 규정에 위반하거나 또는 수입금지국이 보호 대상으로 하는 것은 자국 영토내의 환경에 한정된다는 이유에서가 아니었다. 그것은 미국이 동 바다거북이 보호 장치 장착 및 바다새우 금지 조치에 대해서 카리브해 몇몇 국가에 대해서만 유예기간을 인정하고 지원조치를 하는 등 차별적 조치를 한다는 이유였다.[135]

> 190. What we *have* decided in this appeal is simply this: although the measure of the United States in dispute in this appeal serves an environmental objective that is recognized as legitimate under paragraph (g) of Article XX of the GATT 1994, this measure has been applied by the United States in a manner which constitutes arbitrary and unjustifiable discrimination between Members of the WTO, contrary to the requirements of the chapeau of Article XX. For all of the specific reasons outlined in this Report, this measure does not qualify for the exemption that Article XX of the GATT 1994 affords to measures which serve certain recognized, legitimate environmental purposes but which, at the same time, are not applied in a manner that constitutes a means of arbitrary or unjustifiable discrimination between countries where the same conditions prevail or a disguised restriction on international trade. As we emphasized in **United States– Gasoline**, WTO Members are free to adopt their own policies aimed at protecting the environment as long as, in so doing, they fulfill their obligations and respect the rights of other Members under the **WTO Agreement**.
>
> 191. For the reasons set out in this Report, the Appellate Body:... concludes that the United States measure, while qualifying for provisional justification under Article XX(g), fails to meet the requirements of the chapeau of Article XX, and, therefore, is not justified under Article XX of the GATT 1994.

한편, GATT 제20조는 b호는 무역을 제한할 수 있는 일반적 예외에 해당하는 것으로서 인간, 동물 또는 식물의 생명과 건강을 보호하기 위한 것(necessary to protect human, animal or plant life or health)을 들고 있다. 그러나 수입국이 이러한 일반 예외 조항을 들어 일방적으로 수입을 규제하기는 어려우며 관련 **위생과 관련된 수입 제한 조치**는 '위생 및 식물위생 조치의 적용에 관한 협정'(Agreement on the Application of Sanitary and

---

135 1998년 Report of the Appellate Body. 판정문에서 언급된 US Gasoline Standards 사건은 1995년 베네주엘라와 브라질이 미국의 가솔린의 품질기준이 차별적인 것으로 GATT의 최혜국 규정과 내국민 대우 규정에 위반하며 또한 GATT제20조의 일반예외조항 20조(g)에도 어긋난다고 주장하며 기술적 무역장벽이라고 주장한데 대해 WTO 항소심기구는 국가들은 환경보호를 위한 조치를 취할 수 있으나 GATT의 규정에 합치하여야 하는데 미국의 가솔린 규제는 이를 위반한다고 보았으며 20조(g)의 예외에도 해당되지 않는다고 판정하였다.

Phytosanitory Measurers, SPS협정; 위생협정)에 따른 기준과 절차에 따라야 한다. 위생협정은 특히 농산물의 교역과 관련성이 크다. 농업협정은 제14조에서 "회원국은 위생 및 식물의 보호 조치의 적용에 관한 협정을 시행하는데 합의한다"라고 규정하고 있다. 위생협정의 목적은 인간, 동물 또는 식물의 생명 또는 건강의 보호를 위한 조치가 국가 간에 자의적 또는 부당한 차별 또는 국제무역에 대한 위장된 제한을 구성해서는 안 된다는 기본적 취지 하에서 관련 국제기구에 의해 개발된 국제기준, 지침 및 권고를 기초로 하여 회원국 간에 조화된 위생 및 식물위생 조치의 사용을 촉진하기 위한 것이다.[136] 위생협정에 따르면 위생조치는 과학적 기초 위에서 시행되어야 하며, 위생조치는 최혜국 대우와 내국민대우에 따라 비차별적으로 적용되어야 한다. SPS협정 부속서에 따르면 동물위생 및 동물성 전염병의 경우, 회원국의 위생조치는 국제수역사무국의 후원하에 개발된 표준, 지침 및 권고에 기초하도록 규정하고 있다.[137]

마. 원산지 규정

원산지 규정(rules of origin)은 각국이 시행하고 있는 물품에 대한 원산지의 결정과 관련된 규정을 말한다. 원산지 규정에 따라 어느 상품은 품질을 인정 받는 나라에서 만든 제품이 될 수 있고 그렇지 않을 수 있어 원산지 규정에 따라 관련 물품의 시장가치가 달라질 수 있다.[138] 또한 개도국이나 특정한 국가를 원산지로 하는 경우에 최혜국 대우의 적용을 받지 않고 낮은 관세나 무관세의 혜택이 주어질 수 있다. 따라서 국제적으로 원산지 규정과 관련하여 국제적 표준화가 필요하게 된다. 원산지규정협정은 원산지의 결정 기준으로서 상품이 **전체적으로 완성된**(wholly obtained) 국가 또는 2개 이상의 국가가 상품생산에 관련되어 있을 경우 **최종적인 실질적 변경**(last substantial transformation)이 이루어진 국가로 하고 있다.

---

136 김선표, "WTO 協定 體制下 兩者間 貿易關聯 合意書의 法的 性格에 관한 小考", 「대한국제법논총」, 통권 제113호(2009년), pp. 36-39. 참조.

137 쇠고기 및 쇠고기 제품의 위생조치는 국제수역사무국(OIE: Office International des Epzooties)에 기초하여야 한다. 2008년 한미간에 쇠고기 교역 위생조건에 관한 협의 배경도 결국 국제수역사무국의 위생기준에 기초한 것이 이러한 이유이다.

138 개성공단에서 생산된 제품은 한미 FTA, 한EU FTA에서는 대한민국산으로 인정이 되지 않았다. 그러나 한-인도 CEPA, 한-싱가포르 FTA, 한-EFTA, 한-ASEAN FTA에서는 대한민국산으로 인정되었다. 업체에 따라서는 한국 내수용은 개성에서 완제품을 만들어 'Made in Korea'를 붙이고, 수출용 제품은 개성에서 반제품을 만든 뒤 부산에서 완성해 'Made in Korea'를 붙였다고 한다.

바. 무역관련 투자조치

무역관련 투자조치(Trade-Related Investment Measures)는 국가가 외국으로부터 투자를 유치하면서 투자 업체에 대해 유치국의 특정한 물품을 쓰도록 하는 등 무역관련 조치를 취하여 자유 무역의 흐름을 왜곡시킬 수 있는 조치를 말한다. 무역관련투자조치는 외국인 투자가에게 적용되는 것이므로 내국민 대우 원칙에 위반되는 것이라고 할 수 있다. 무역관련투자조치 협정은 외국 투자업체에게 의무적으로 특정 물품을 사용하도록 하거나 또는 국내생산량에 비례하여 국내산품을 쓰도록 하거나 또는 해당 기업의 수입품의 구매량을 그 기업의 수출물량의 금액만큼 하는 조치 등을 금지하고 있다.

WTO설립협정은 그 부속서의 하나로 서비스 무역에 관한 일반협정(General Agreement on Trade in Service: GATS)을 포함하고 있다. 서비스 무역이란 법률 서비스, 금융 서비스, 통신 서비스, 항공운송 서비스 등의 국제적 이동을 통한 제공을 말한다. 원래 GATS는 우루과이 라운드의 결과로서 채택된 협정이다. 서비스 무역에 있어서 원칙적으로 최혜국 대우가 적용되나 서비스 무역의 특성을 고려하여 예외를 인정하고 있다. 즉, 각 회원국은 서비스 분야 중 최혜국 대우의 예외를 희망하는 분야를 양허표에 기재하고 그 기간을 명시할 수 있다. 그러나 이러한 예외는 10년을 초과할 수 없다. 회원국은 서비스 공급에 필요한 자격 요건과 관련하여 타 회원국에서 취득한 학력, 면허, 자격 등을 상호 인정한다.

사. 무역관련 지적재산권 보호

WTO 체제에서는 과거에 GATT에 의하여 직접 규율되지 않았던 무역관련 지적재산권 보호문제를 다루기 위해 무역관련 지적재산권에 관한 협정(Agreement on Trade-Related Aspects of Intellectual Property Rights: Agreement on Trips)을 부속서로 채택하였다. TRIPS 협정은 저작권, 상표권, 영업비밀 등 모든 형태의 지적재산권을 보호하고 있다. 무역관련 지적재산권의 보호에서 중요한 원칙은 역시 최혜국 대우와 내국민 대우이다. 이와 관련하여 권리 소진 원칙이라는 것은 지적재산권의 소유자가 라이센스 계약에 의하여 외국인 등 타인에게 권리 사용을 허가한 후에는 배타적 사용권을 주장할 수 없는 원칙을 말한다. TRIPS 협정은 집적회로 배치설계(layout-designs of integrated circuits)를 보호한다. 배치설계 및 배치설계를 포함한 집적회로는 권리소유자의 허가 없이는 상업적 목적으로 유통될 수 없다.

아. 농산물 시장 개방

원래 GATT에서 농산물은 규제대상에서 제외되어 왔다. 그러나, 우루과이 라운드에서 농산물을 GATT의 규율대상으로 포함시키는 데 합의가 되어 WTO 부속협정으로서 **농업에 관한 협정**(Agreement on Agriculture)이 채택되어 농산물에 대한 비관세 장벽을 철폐하는데 합의가 되었다. 농업에 관한 협정에서는 모든 농산물에 대한 비관세 장벽을 철폐하고 관세부과만을 허용하고 있다. 또한 농산물에 대한 관세율도 점진적으로 낮추어 가도록 하고 있다. 농업협정은 전통적 기초식량에 대해서는 WTO 협정 발효후 10년간 관세화 유예를 허용하고 10년째 되는 2005년에 유예기간의 연장 여부를 재협상하도록 하고 있다. 한국은 1995년에 쌀을 제외한 모든 농산물을 관세화하고 쌀은 예외적으로 1995~2004년과 2005~2014년 두 차례 관세화를 유예했다. 대신에 일정 물량(국내 쌀 소비량의 1%-8%)에 대해 5%의 낮은 관세를 허용하는 TRQ(저율관세할당; TRQ :Tariff Rate Quotas)를 적용했다.[139] 한국은 2014년 9월 관세화 유예가 종료되면서 쌀의 관세율을 513%로 설정한 수정 양허표를 WTO에 제출했다. 한국정부가 수입 쌀에 대해 설정한 513% 관세율에 대해 WTO 회원국들이 승인해야 하는데 미국·중국·베트남·태국·호주 등 5개국이 이의를 제기하여 협의가 진행돼 2019년 말 협의가 마무리됐다. 우리나라 정부는 2021년 3월 쌀 관세율을 확정하여 대한민국 양허표 일부 개정을 관보에 공표하였고, 이로써 쌀의 관세화를 위한 절차가 모두 완료되었다. 이에 따라 수입 쌀에 대해 513%의 관세율을 적용하되, 저율관세할당물량(TRQ)인 40만 8700t에 대해서는 관세화 이전과 같이 관세율 5%가 그대로 유지된다.

자. WTO의 분쟁해결절차

과거 GATT 체제에서 분쟁해결절차는 회원국단이 패널 보고서를 채택하는 형식이었는데 패널 보고서의 수락 여부가 당해 분쟁 당사국의 재량에 달려 있었고 수락을 해도 실제 위반 사항의 시정에 대해 효과적이지 못하였다. 효과적인 분쟁해결을 위하여 WTO체제에서는 WTO내에 **분쟁해결기구**(Dispute Settlement Body)를 두고 있다. 회원국 간에 분쟁이 발생하면 일방 당사국은 협의를 요청할 수 있으며 협의에 의한 분쟁 해결이 실패한 경우 이의제기국의 요청에 의하여 분쟁해결기구에 회부된다. 분쟁해결기구는 1심에 해당하는 **패널 절차**와 1심이후의 **상소절차**가 있다. 1심의 **패널**은 설치 후 20일 이내에 해결하려는 분쟁에 관한 위임사항을 결정하여야 하며, 위임사항 결정 후 60

---

139 저율관세할당(TRQ :Tariff Rate Quotas)이란 정부가 허용한 일정한 물량에 대해서만 낮은 관세를 매기고, 이를 초과하는 물량에 대해서는 높은 관세를 부과하는 일종의 이중관세 제도이다.

일 이내에 보고서를 분쟁해결기구에 제출하여야 한다. 분쟁해결기구는 회원국들에게 보고서를 배포하여 20일의 검토기간을 부여하여야 한다. 분쟁 당사국이 이에 대해 상소 결정을 통보하거나 또는 분쟁해결기구가 회원국들의 컨센서스로 동 패널 보고서를 채택하기로 결정하지 않으면 패널 보고서가 배포된 지 60일 이내에 분쟁해결기구에 의하여 채택된다. 피제소국은 패널보고서에 포함된 권고 및 결정 사항을 합리적 기간내에 이행하여야 한다. 만약 합리적 기간 내에 이행이 되지 않을 경우에 피제소국은 제소국의 요청에 따라 보상을 위한 협의를 시작하여야 한다. 만약 보상에 대한 합의가 이루어지지 않을 경우 제소국의 분쟁해결기구에 대해서 피제소국(위반국)에 대한 양허 또는 협정 상의 의무의 이행을 정지하여 줄 것을 요청할 수 있다. 한편, 분쟁당사국이 패널 보고서를 수용하지 않을 경우 상소절차에 회부할 수 있다. 상소기구는 당사국으로부터 상소 통지를 받을 날로부터 통상 60일 이내(부득이한 경우 90일 이내)에 보고서를 회원국들에게 배포하며 상소기구의 보고서가 회원국들에게 배포된 후 30일 이내에 회원국들의 컨센서스에 의하여 보고서를 채택하기로 결정하지 않으면 동 보고서는 채택이 된다. 분쟁 당사국은 동 보고서를 수락하여야 한다. 이후 절차는 1심 패널 보고서 채택 이후와 같다. 즉, 피제소국은 보고서에 포함된 권고 및 결정 사항을 합리적 기간 내에 이행하여야 한다. 만약 합리적 기간 내에 이행이 되지 않을 경우에 피제소국은 제소국의 요청에 따라 보상을 위한 협의를 시작하여야 한다. 만약 보상에 대한 합의가 이루어지지 않을 경우 제소국의 분쟁해결기구에 대해서 피제소국(위반국)에 대한 양허 또는 협정상의 의무의 이행을 정지하여 줄 것을 요청할 수 있다. 1심 패널 보고서 채택 이후이든 또는 상소 기구의 보고서 채택 이후이든, 제소국이 피제소국(위반국)에 대한 양허 또는 협정 상의 의무의 이행을 정지하여 줄 것을 요청한 데 대해 당사국(위반국)이 이의를 제기하는 경우에는 **중재재판**에 회부되며 중재 판정은 최종적이며 당사국을 구속한다.

20 분쟁의 평화적 해결

가. 평화적 분쟁해결 원칙과 여러 가지 방법

오늘날 유엔체제 하에서는 분쟁의 해결을 위해 당사국이 무력을 사용하는 것은 금지되어 있으며 분쟁의 당사국들은 무력을 사용하지 않고 평화적으로 분쟁을 해결할 의무를 지고 있다. 유엔 헌장은 국제평화와 안전의 유지를 위태롭게 할 우려가 있는 분쟁의 경우 관련 당사국은 우선 교섭, 심사, 중개, 조정, 중재재판, 사법적 해결 등을 통해 평화적으로 해결하도록 하고 있다(헌장 제33조 1항). 이와 관련 안전보장이사회는 필요하다고 인정되는 경우 분쟁의 당사자에 대하여 분쟁을 평화적 방법에 의하여 해결하도록 요청할 수 있다(헌장 제33조 2항).

분쟁이 발생하면 가장 우선적으로는 당사국의 외교 채널을 통한 직접적인 **교섭**(negotiation)의 방법으로 해결을 시도하는 것이 일반적이다. **주선**(good office)은 제3국이 당사국 간의 직접교섭에 의한 분쟁의 해결을 도모하기 위하여 사무적인 편의를 제공하는 것을 말한다. 예컨대 2019년 미북간 하노이 회담에서 베트남 정부가 미국과 북한 간의 핵문제 해결을 위해 문제의 실질 내용 교섭에는 관여하지 않고 회담장의 제공 및 여타 교통편 제공을 하여 해결을 도모한 사례가 이에 해당한다. **중개**(仲介, mediation)는 제3국이 분쟁 당사자의 사이에서 문제의 실질 내용에 관여하여 서로에게 양보안이나 해결책을 제시하는 경우이다. **사실조사**(inquiry)는 제3자가 분쟁의 발생원인 및 관련 사실에 대해 객관적으로 조사하여 분쟁의 해결을 도모하는 것이다. **조정**(調停, conciliation)은 제3자가 양측의 입장을 듣고 분쟁을 심사한 후에 비구속적인 해결안(권고, recommendation)을 작성하여 당사자들에게 제시하는 것이다. 조정은 실제 중재재판과 유사하게 진행되나 그 결과가 중재판정과 달리 법적 구속력이 없는 권고를 제시한다는 점에서 다르다. **중재**(仲裁, arbitration)는 제3자가 분쟁 당사자의 입장을 듣고 검토한 후에 법적 구속력이 있는 중재판정(award)을 내리는 것이다. 실제 중재재판은 재판의 법정과 유사한 절차로 진행된다. 다만, 중재재판은 국제재판보다 분위기가 덜 공식적이며 우호적이라고 할 수 있다. 중재판정은 법적 구속력을 가지며 이러한 중재판정의 구속력은 당사국들이 중재재판 결과에 따른다는 사전 합의로부터 나오는 것이기 때문에 중재에의 회부는 당사국 간에 중재에 대한 합의가 있어야 한다.

1901년 헤이그 평화궁전(Peace Palace)에 설치된 **상설중재법원**(The Permanent Court of Arbitration: PCA)은 국제분쟁의 중재에 의한 해결을 위해 설치되었다. PCA는 중재관 명부 및 표준 중재 절차(model procedure)를 작성 비치하고 있으며 국가들이 PCA에 의한 중재에 합의하는 경우에 당사국들은 비치된 명부에서 자신들이 원하는 중재관을 선택하고 표준 절차 또는 자신들이 원하는 절차에 따라 중재재판을 받을 수 있다.

나. 국제사법재판소(ICJ)

유엔은 국가 간의 분쟁의 평화적 해결을 위해 국제사법재판소(International Court of Justice: ICJ)를 두고 있다. ICJ의 재판절차는 ICJ **규정**(規程, Statute) 당사국들에게 개방되며(이용할 수 있으며), 유엔의 회원국은 자동적으로 ICJ 규정의 당사국이 된다. ICJ의 소송절차는 국가에만 개방되며 개인이나 국제기구에는 개방되지 않는다. 국가만이 소송 당사자 능력이 인정된다. 유엔이 승인한 국제기구는 ICJ에 권고적 의견(advisory opinion)을 요청할 수 있다.[140]

ICJ가 어떤 분쟁에 대해서 관할권을 갖기 위해서는 ⅰ)분쟁 당사자가 분쟁이 발생한 후에 해당 분쟁을 특별합의(special agreement, compromis)에 의해 회부하거나 ⅱ)양 당사국이 분쟁 발생 이전에 별도 조약이나 조약상의 분쟁해결조항에 의하여 장차 분쟁이 발생할 경우에 ICJ의 재판을 받도록 미리 합의하였거나 ⅲ)양 분쟁당사국이 ICJ 규정 제36조 2항(Optional Clause, 선택조항)에 따라 ICJ의 강제관할권(compulsory jurisdiction)을 사전에 수락하여 해당 분쟁이 양 당사국의 강제관할권 수락의 범위가 일치하는 경우이거나 ⅳ) 위의 어느 것에도 해당하지 않는 상황에서 일방 당사국이 분쟁을 ICJ에 제소하였는데 피소된 당사국이 이 제소에 대응하여 ICJ의 본안 소송에 참여하는 경우에 성립하는 확대 관할권(forum prorogatum)의 경우이다.[141]

만약 일방 당사국이 어떤 분쟁에 대해서 타 당사국을 ICJ에 제소하고 ICJ가 재판 절차를 개시하는 경우 동 타 당사국이 해당 분쟁에 대한 ICJ의 관할권을 인정하지 않는다면 ICJ는 해당 분쟁에 대해서 관할권이 없다는 선결적 항변(Preliminary Objection)을 해야 한다. ICJ에 피소된 국가가 해당 분쟁과 관련하여 자국에 대해 ICJ는 재판관할권이 없다고 주장하는 경우에도 만약 선결적 항변에서 ICJ가 관할권이 없다는 주장을 하지 않고 바로 본안 문제에 대해서 다투게 되면 암묵적으로 ICJ의 관할권을 인정하는 것이 되어 ICJ의 확대관할권이 성립하게 된다. 1949년 ICJ의 영국-알바니아 코르퓨 해협사건에서 알바니아는 영국의 제소에 대해서 선결적 항변 없이 본안에 대한 소송에 참여함으로써 ICJ의 관할권을 인정한 것으로 간주되었다.[142]

ICJ 규정의 당사국은 규정 제36조 2항의 선택조항에 따라 ICJ의 강제관할권을 수락함에 있어서 어떤 어떠한 분쟁은 ICJ 관할권 수락에서 제외된다는 조건(유보)을 붙일 수 있다. 양 당사국간 선택조항에 따른 ICJ의 강제관할권의 성립은 양 당사국이 강제관할권을 수락한 공통의 범위 내에서만 가능하다(유보의 상호성, reciprocity of reservation). 원래 국내문제는 유엔헌장상 국내문제 불간섭의 원칙에 따라 ICJ의 물적 관할권에서 배제됨에도 불구하고 실제로는 국가들이 ICJ의 선택조항을 수락하면서 국내문제에 대해 유보를 붙이는 경우가 있다. 이 경우 무엇이 국내문제인지가 문제가 될 수 있는데 무엇이

---

140 ICJ 規程 제65조.

141 응소관할권이라고도 한다.

142 알바니아는 ICJ의 판결을 이행하지 않았다.

국내문제인지에 대해서 자국이 판단한다는 내용을 덧붙이는 경우가 있다. 국가들이 이와 같이 국내문제의 유보 및 무엇이 국내 문제인지에 대해서 자국이 판단한다는 유보를 하게 되면 자국이 국내 문제라고 주장하는 문제에 대해서는 ICJ의 강제관할을 자동적으로 피해가게 되므로 **자동유보**(automatic reservation) 또는 미국에서 동 유보를 제안한 상원이름을 따서 Connally Amendments라고도 부른다.

　ICJ에서 진행되는 재판의 결정에 영향을 받을 수 있는 제3국은 소송참가를 신청하여 ICJ의 허가 결정을 받으면 소송참가(intervention)를 할 수 있다(규정 제62조). 만약 ICJ에 회부된 소송과 관련한 협약의 해석이 제3국에게 영향을 미친다고 판단되는 경우 ICJ는 해당되는 제3자에서 소송의 참가(intervention)를 요청할 수 있다(ICJ 규정 제63조). 제3국이 ICJ의 요청을 받고 소송에 참가한 경우 판결의 관련 해석에 구속된다고 규정되어 있다.

　ICJ의 심리절차는 서면제출(written proceedings)과 구두변론(oral proceedings)으로 이루어진다. ICJ는 당사국의 요청에 의하여 **잠정조치**(provisional measure)를 결정할 수 있다. 잠정조치는 ICJ의 본안에 대한 판결이 있기 이전에 긴박하게 당사국의 권리의 보전을 위해서 취해진다(제41조). ICJ의 잠정조치가 분쟁 당사국에게 강제적 구속력이 있는지에 대해서는 논란이 있다. 이와 관련 1999년 ICJ에서 다룬 독일 대 미국 간 라그란트(LaGrand) 사건이 있다. 독일은 미국 당국이 미국에 거주하는 독일인 라그란트 형제를 수사하고 재판하고 사형을 언도하는 과정에서 이들에 대해 영사접견권을 통보하지 않아 비엔나영사협약 위반이라고 주장하고 이를 근거로 1999년 3월 2일 미국을 ICJ에 제소하면서 동시에 같은 날 미국 당국이 라그란트 형제에 대한 사형 집행을 중지할 것을 요청하는 잠정조치를 ICJ에 신청했다. 국제사법재판소는 바로 다음날인 3월 3일에 매우 신속하게 라그란트 형제에 대한 사형집행을 중지하도록 하는 잠정조치를 명령했으나, 미국은 잠정조치를 무시하고 사형을 집행하였다. 미국 사법부는 국제사법재판소의 잠정조치 명령이 강제력이 없다고 판단하였던 것이다. 국제사법재판소 규정 제 41조는 잠정조치(가처분조치)에 대해서 다음과 같이 규정하고 있다.

　　1. The Court shall have the power to indicate, if it considers that circumstances so require, any provisional measures which ought to be taken to preserve the respective rights of either party.

　　2. Pending the final decision, notice of the measures suggested shall forthwith be given the parties and to the Security Council.

ICJ의 판결은 최종적이며, 당해 사건의 당사자만을 구속한다. 제3국이 ICJ의 요청을 받고 소송에 참가한 경우 판결의 관련 해석에 구속된다. 패소국은 판결을 이행하여야 한다. 판결 후 관련 당사국이 판결 내용을 이행하지 않으면 다른 일방 당사국은 이를 안전보장이사회에 제소할 수 있으며 안전보장이사회는 판결의 이행을 권고하거나 취해야 할 조치를 결정할 수 있다. 유엔 헌장 제94조는 다음과 같이 규정하고 있다.

1. Each Member of the United Nations undertake to comply with the decision of the International Court of Justice in any case to which it is a Party.
2. If any party to a case fails to perform the obligations incumbent upon it under a judgment rendered by the Court, the other party may recourse to the Security Council, which may, if it deems necessary, make recommendations or decide upon measures to be taken to give effect to the judgment.

경제학의 핵심이론

III

III 경제학의 핵심이론

1 수요공급과 시장가격 결정 메커니즘

가. 수요곡선

미시경제학은 상품을 구매하는 소비자(수요)와 상품을 만들어 파는 생산자의 행동(공급)이 시장가격에 의하여 균형을 이루는 원리를 설명한다.[1] 시장에서 소비자는 자신의 만족(효용)을 위해 돈(비용)을 지불하고 재화(goods) 또는 용역(service)을 구매하며, 생산자는 돈(이윤)을 추구하기 위해 재화 또는 용역을 만들어서 판다. 소비자와 생산자는 돈을 매개로 시장에서 상품을 팔고 삼으로써 상호작용을 한다. 소비자는 한정된 예산에서 자기가 지불하는 돈(비용)에서 최대의 효용을 얻으려고 한다.

소비자가 어떤 물건을 구매할 때 기꺼이 지불하려고 하는 비용은 그 물건의 한계 효용과 관련된다. 즉, 소비자가 기꺼이 지불하려고 하는 비용은 사려고 하는 물건이 소비자에게 주는 **한계효용의 화폐적 가치**라고 할 수 있다. 소비자는 한정된 가용소득의 범위 내에서 최대의 만족을 얻으려고 한다. 한정된 예산 내에서 최대한의 만족을 주는 물품의 조합은 다양할 것이다. 예컨대, 한 소비자는 만원의 예산에서 상품 A와 상품 B의 수를 다양하게 조합을 할 수 있다. 이러한 다양한 조합을 나타난 그래프를 **무차별 곡선**이라고 한다. 즉, 한 무차별 곡선 내의 어느 지점이든지 거기에서 소비자가 얻는 효용은 같다. 즉, 무차별하다는 의미이다. 소비자는 상품 A와 B의 양(量)의 조합을 조절하면서 무차별곡선 내에서 구매를 한다. 만약 A의 가격이 올라가면 A의 구매를 줄이고 B의 구매를 늘린다. 소비자가 A의 가격 상승에 반응하여 A의 구매를 줄이는 것은 A의 가격대비 A가 주는 효용을 B가 가격대비 주는 효용과 비교하는 것이다. A의 가격이 올라가면 소비자는 A의 소비를 줄이고 B를 더 구매하는 대체효과가 나타난다.

대체효과는 왜 해당 상품의 가격이 올라가면 왜 그 상품에 대한 구매가 줄어드는지 설명해 준다. 즉, 소비곡선(x축 상품 수요량, y축 가격)이 왜 우하향(右下向)하는 지를 설명해 준다. 즉, 가격이 떨어지면 수요가 늘어난다는 수요의 법칙을 보여준다. 하나의 상

---

[1] 이 부분은 필자가 대학 시절 이만우 교수로부터 경제학을 배울 때의 교재인 「미시경제학」을 참조함. 이 책은 미시경제학의 이론을 알기 쉽게 체계적으로 설명하고 있으며 수식 문제 풀이도 많이 수록이 되어 있다.

품에 대해서 보면 소비자는 자기가 가진 예산의 범위에서 최대의 효용을 얻으려고 하기 때문에 해당 상품의 가격이 오르면 그 상품을 덜 사게 된다. 즉, 개별 소비자의 소비곡선은 右下向한다. 이러한 특정 상품에 대한 개별소비자의 소비곡선을 함께 다 합하면 같은 모양의 우하향한 시장수요곡선이 도출된다.

나. 공급곡선

생산자는 물건을 만들어 시장에 팔아 이윤을 얻기 위하여 여러 생산요소를 투입하여 물건을 만든다. 공장에서 노동량을 더 많이 투입하면 어느 정도까지는 생산량이 증가하지만 어느 시점이 지나면 비효율성이 나타나 한계생산성은 떨어진다(遞減한다). 이를 수확체감의 법칙(law of diminishing returns) 또는 한계생산물 체감의 법칙이라고 한다. 생산자가 물건을 생산하기 위해서는 노동만이 아니라 여러 가지 생산요소가 필요하다. 예컨대, 생산자가 생산요소로서 노동과 자본이라는 두 가지를 쓴다고 하자. 생산자는 노동과 자본이라는 생산요소를 여러 가지로 배합하면서 일정수준의 생산량을 유지할 수 있다. 등량곡선은 생산자가 일정량의 상품을 생산하는 등량의 수준에서 여러 가지 생산요소를 다양하게 배합하는 집합을 나타낸다.

소비자 이론에서의 무차별곡선과 유사하다. 생산자가 생산요소를 증가하여 투입하는 것은 생산비용의 증가를 나타내며 또 시장에 팔 상품의 양의 증가를 의미한다. 만약 시장 가격이 높다면 생산자는 더 많은 생산요소를 투입하여 더 많은 물건을 생산하여 시장에 팔아서 이윤을 극대화하려고 할 것이다. 가격이 높을수록 더 만들어 팔려고 하는 생산자의 태도는 우상향(右上向)한 공급 곡선(x축 상품 공급량, y축 가격)으로 나타난다. 생산자는 이윤극대화를 추구하기 때문에 자기가 파는 상품의 가격(P), 생산요소들의 가격(w, r)이 주어진 조건하에서 각 생산요소들의 한계생산물 가치와 자신이 요소에 지불하는 비용(인건비, 자재비 등)이 같아지도록 선택을 한다.

다. 독점시장과 과점시장

앞서 살펴본 소비곡선과 생산곡선의 도출 및 이에 따른 수요공급 곡선은 완전경쟁시장을 상정하고 있다. 그러나 현실에서는 완전경쟁시장만이 존재하는 것은 아니다. 유일한 공급자만이 존재하는 독점시장과 몇 개의 공급자만이 존재하는 과점시장이 있다. 독점시장의 문제는 독점기업이 자신의 이윤극대화를 위해서 시장에서의 가격과 수량을 결정하는 시장 지배자로서 활동한다는 데에 있다. 독점시장에서는 독점기업이 지장지배자로서 결국 상품의 시장 가격을 올리고 공급량도 적게 하여 사회적 비용을 초래한다는 데 문제가 있다. 여기서 **사회적 비용**이라고 하는 것은 독점기업이 적정량보다 적은 수준을 생산함으로써 자원이 **비효율적으로 배분되는** 문제와 소비자가 가져야 할 소득을 독점기업에 이전시키는 **소득분배효과**를 말한다.

라. 시장의 외부성과 공공재

완전경쟁시장임에도 효율적인 자원배분이 이루어지지 않는 경우로서 시장의 외부성이 있다. **시장의 외부성**이란 시장에서 어떤 물품이 소비자와 생산자 사이에서 어떠한 가격에서 매매가 이루어지고 있을 때 그 가격에 반영되어야 할 요소가 누락되어 있는 경우이다. 예컨대 A라는 생산자가 상품 a를 생산하면서 공해를 배출하여 인근에서 상품 b를 제조하고 있는 생산업자 B의 생산에 차질이 빚어졌다면 손해를 발생한 만큼을 상품 a의 가격에 반영하여야 하는데 이를 반영하지 않고 시장에서 매매하였다면 그 **생산의 외부성**이 가격에 반영되지 않은 것이다. 이러한 점에서 외부성을 **비가격효과**(non-price effect) 또는 **파급효과**(spill-over effect)라고도 부른다. 시장의 가격기구가 해당 물품의 생산 시에 발생한 환경오염에 따른 비용을 반영하고 있지 못하기 때문에 시장의 실패라고도 한다. 최근에는 오염자 부담원칙에 따라서 생산활동에 따르는 환경오염의 치유비용에 대해서는 생산자가 부담하도록 하는 원칙이 받아들여지고 있다.

시장의 실패의 또 하나의 경우로 공공재가 있다. 공공재는 국가가 제공하는 국방, 치안, 철도와 같은 것이다. 실제로 국민들은 국방, 치안, 철도의 혜택을 보고 있지만 실제로 개인들이 이를 누리기 위해 지불하는 비용은 미비하다. 국가는 조세수입으로 막대한 예산을 들여 공공재를 제공한다. 공공재의 특성은 **비경합성과 비배제성**이다. **비경합성**이란 한 개인의 소비가 다른 사람의 소비를 배제하지 않는다는 것이다. 여러 사람이 동시에 공공재를 사용할 수 있다는 점을 나타낸다. **비배제성**이란 일단 공공재가 공급이 되면 특정 집단을 그 사용(혜택)으로부터 배제할 수 없다는 것이다. 공공재는 제공에는 막대한 예산(생산비용)이 소요되지만 실제 이를 소비하는 사람들이 내는 대가는 미비하거나 없다. 이런 점에서 공공재는 **시장 가격 메커니즘의 실패**(market failure)라고 할 수 있다. 한편, 공공재의 비배제성과 비경합성으로 인하여 즉, 일단 제공되면 누구나 혜택을 누릴 수 있다는 점에서 사람들은 기꺼이 공공재 제공에 필요한 비용을 지불하지 않고 일단 제공된 공공재를 무료로 누리려고 하는 무임승차의 태도를 보이게 된다.

수요 공급의 양과 가격을 결정하는 시장의 가격 메커니즘은 완전경쟁시장을 상정하고 있다. **시장의 가격 결정 메커니즘은 한 사회내 자원을 효율적으로 배분하는 장치**라고 할 수 있다. 시장 메커니즘을 통해서 생산량, 소비량, 가격이 결정됨으로써 한 사회

내의 자원이 효율적으로 배분된다. 시장의 가격결정 메카니즘이 제대로 작동하지 않는 경우를 시장의 실패라고 하며 우리는 생산이 환경오염에 따른 외부성과 공공재의 경우를 살펴보았다.

마. 파레토 최적

파레토 최적이라고 하는 것은 한 사회 내에서 한 경제주체의 효용의 증대는 타인의 희생을 강요하지 않고는 달성될 수 없는 상태를 말한다. 상품시장이나 상품의 생산에 필요한 요소 시장에서 완전경쟁이 이루어지면 파레토효율이 달성된다. 즉, 완전경쟁시장에서 생산자는 이윤극대화를 추구하고 소비자는 효용극대화를 추구하면 가격 메커니즘에 의하여 파레토 최적은 이루어 진다. 그러나, 시장의 가격기구가 제대로 작동하지 못하는 시장 실패의 경우에는 시장 가격 메커니즘에 따른 파레토 최적은 달성되지 못한다.

2 거시경제정책의 이론적 기초

가. 고전학파의 자동균형론

거시경제학은 국가 차원에서 국민총생산(GNP)의 결정 문제, 물가상승 문제, 실업 문제, 경제 성장의 문제를 다루는 분야이다.[2] 미시경제학에서는 소비자와 생산자의 행태를 수요공급과 시장가격 메커니즘으로 설명하였는데, 거시경제학에서는 거시(巨視, MACRO)로서 국가 전체의 총수요 및 총공급의 차원에서 분석한다. 원래 **아담 스미스**(『국부론』, 1795년)의 이론에 따르면 한 국가 내에서 생산자와 소비자들이 각각 이기적으로 자기들의 이익을 추구하면 가격기구에 의하여 균형이 이루어질 수 있다고 보았다.

문제는 1930년대 미국의 대공황에서 이러한 고전학파의 이론이 현실과 맞지 않는 현상이 나타난 것이다. 공장에서는 생산을 많이 하여 시장에 내어 놓았지만 소비자들은 물건을 살 능력이 되지 않았고(수요가 적었다는 의미), 기업은 자기의 제품이 시장에서 팔리지 않자 노동자를 해고하니 수입이 없어진 노동자들은 더욱 더 물건을 살 능력이 없어 수요는 더욱 축소되었다. 이에 미국의 경제는 더욱더 불황의 늪으로 빠지게 된 것이다. **고전학파인 세이의 법칙(Say's Law)에 따르면, 공급은 스스로의 수요를 창출하게 되어있다.** 즉, 공급이 과잉되면 상품의 가격이 떨어질 것이고 이에 따라 소비자는 가격이 떨어

---

2   이형순, 「거시경제학」 제3판을 참조함. 필자는 대학시절 이형순 교수님으로부터 이 책(의 제2판을 가지고 거시경제학을 배웠음. 거시경제학의 전반적 흐름을 잘 설명하고 있다.

지면 사게 되어 결국 공급된 상품은 하락된 가격에서 팔리게 될 것이라는 것이었다.

나. 케인즈의 총수요 관리 정책

세이의 법칙이 아주 장기적으로 보면 맞을 수도 있다. 시간이 지나면 언젠가는 과잉 공급된 상품이 다 팔릴 수 있다. 그러나 너무 오랜 시간이 걸릴 수 있다. 시장의 가격 메 커니즘에 의하여 공급과 수요가 균형을 이루는 때를 기다리다가 실업이 넘쳐나고 기업 은 도산할 수 있다. 이렇게 되면 케인즈(J. M. Keynes)의 말처럼 '장기간에는 우리는 모두 죽는 것이다(In the long run, we will be all dead)'가 되는 현상이 발생할 수 있는 것이다. 케 인즈는 당시 대공황을 극복하기 위해서는 정부가 적극적으로 시장에 개입하여 **총수요 를 늘려야 한다고 주장하였다.** 총수요를 늘림으로써 과잉공급된 상품을 흡수하여 국민 소득을 놀리고 실업문제를 해결한 것이었다. 케인즈는 세이의 이론과는 정반대로 총수 요가 총공급을 결정한다고 보았다. 미국은 케인즈의 이론에 따라 정부가 경제에 적극 개입하여 총수요를 관리한 것이다. 한 나라의 **총수요(AD)는 I(투자)+C(소비)+G(정부지출) 의 합이다. 즉, AD=I+C+G가 된다.** 미국은 경기불황을 극복하기 위해 뉴딜 정책으로써 정부의 지출을 늘려 총수요를 늘린 것이다. 총수요를 늘리면 총수요를 늘린 것 이상 몇 배의 국민총생산이 늘어난다. 이를 **승수효과(multiplier effect)**라고 한다. 정부가 총수요관 리 정책으로 총공급을 늘리면 국민소득이 늘어나면서 고용량도 이에 따라 증가하게 된 다. 반대로 인플레이션이 가속화 될 때에는 총수요를 삭감하여 물가의 안정을 도모할 수 있다. 즉, 총수요를 불황일 때는 늘리고 인플레이션 때에는 줄이는 정책을 **총수요관 리 정책**이라고 한다.

한 나라의 경제는 그 나라에서 생산되는 모든 재화와 용역을 합쳐 **총공급 곡선**으로 나타낼 수 있고, 또 그 나라에서 생산된 모든 재화와 용역에 대한 수요를 합쳐 **총수요곡 선**으로 나타낼 수 있다. 미시경제학의 수요 공급 곡선과 마찬가지로 총수요 곡선(x축 총 수요량, y축 물가)은 우하향(右下向)하고, 총공급곡선(x축 총공급량, y축 물가)은 우상향(右上 向)한다. 총수요와 총공급이 만나는 지점에서 물가가 결정되고 총생산=총공급의 양을 화폐단위로 하면 이는 실질 GNP가 된다.

정부가 경기진작을 위해 총수요(C+I+G)를 증가시킬 수 있는 방법은 정부의 지출(G) 를 통해서 하는 방법이 있고 또 다른 하나는 민간의 투자(I)와 소비(C)를 늘리는 방법이 다. 민간의 투자와 소비를 늘리기 위해서는 조세를 낮추어 민간의 실질 소득을 올려주 거나 또는 이자율을 떨어뜨려서 화폐의 공급을 늘리는 방법이 있다. 조세를 낮추는 방 법은 **조세정책**이고, 이자율을 떨어뜨리는 것은 **금융정책**이다. 이와 관련 **테일러 준칙**

(Taylor's Rule)이란 중앙은행이 물가상승률과 경제성장률 등 경제 기초여건을 고려해 적정 범위에서 정책금리를 결정해야 한다는 원칙을 말한다. 테일러의 준칙에 따르면 중앙은행은 실제 경제성장률과 잠재 경제성장률의 차이인 GDP 갭과, 실제 물가상승률과 목표 물가상승률과의 차이인 인플레이션 갭에 가중치를 부여해 금리를 조정한다. 예를 들어 물가상승률이 목표치를 상회하거나 경제가 완전고용 상태에 이르렀을 때 중앙은행은 기준금리를 높여 경기를 안정시키게 된다.

다. 화폐의 수요와 공급

케인즈의 이론에서는 이자율 조정을 통한 화폐공급량의 조정이 실물 경제에 영향을 미친다고 보고 있다. 즉, 실물경제와 화폐경제가 긴밀히 연관되어 있다고 보는 것이다. 이자율을 떨어뜨려 화폐가 공급되면 이는 투자로 이어져 총수요를 늘리는 것이다. 과거의 고전학파들은 화폐경제와 실물경제가 서로 연관이 없다고 본 것에서 탈피한 것이다. 이자율 변동에 따른 화폐수요공급과 실물경제와의 관련한 케인즈의 이론을 유동성 선호(liquidity preference)의 이자이론이라고 한다. 유동성선호이론에 따르면, 화폐의 공급은 이자율에 영향을 미치고 이자율의 변동은 투자지출에 영향을 미쳐 실물경제에 영향을 미쳐 화폐경제와 실물경제는 서로 긴밀히 관련되어 있다는 것이다. 케인즈의 유동성 선호이론을 수식으로 나타내면 다음과 같다.

$$MD= k(PY)+L(r)$$

MD는 화폐수요를 나타내며, PY는 화폐국민소득으로 k(PY)는 거래적 화폐수요(Mt)를 나타내며, L(r)은 이자율에 반응하는 투기적 화폐수요를 나타낸다. 케인즈는 거래적 화폐수요는 명목 GNP에 의하여 결정되지만 투기적 화폐수요는 시장이자율(r)에 의하여 결정된다고 보았다. 케인즈는 거래적 화폐수요는 명목GNP에 비례한다는 케임브리지학파 마샬, 피구의 화폐수량설을 그대로 받아들였다. 다만, 케인즈는 시장이자율이 낮을 때 투기적 화폐수요는 증가하고 시장이자율이 높을 때 투기적 화폐수요는 감소한다고 보았다. 케인즈의 이론에 따르면 이자율이 변동하면 투자가 한계효율에 따라 이루어져 투자승수효과에 의해 실물경제에서 실질GNP를 변동시킨다는 것이다.

라. IS-LM 분석

이후 케인지언들은 이자율 변동에 따른 투자의 변동(IS 곡선)과 이자율 변동에 따른 화폐수급의 변동(LM)을 가지고 IS-LM 분석으로 체계화시켰다. IS 곡선은 이자율의 변화(y축)와 국민소득의 변화(x축)의 상관관계를 나타낸다. IS-LM 모델은 두 개의 방정식으로 되어 있다. 즉, I(r, Y)=S(r,Y)식과 M/P=L(r,Y)식이다. 여기에서 명목화폐공급량(M)이 주어지면 물가수준(P)에 상응하는 실질총수요(Y)를 보여주는 총수요곡선이 도출된다.

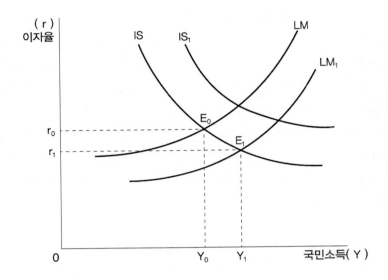

이자율이 떨어지면 투자는 증가하고(투자 비용이 줄어드니까), 투자가 증가하면 국민소득이 늘어난다. 따라서 이자율과 국민소득은 반대로 움직인다. IS 곡선은 우하향(右下向)한다.[3] LM곡선은 이자율의 변동에 따른 화폐의 수급과 국민소득간의 관계를 나타낸다.[4] 이자율이 오르면 화폐 보유에 대한 수요가 증가한다. 따라서 LM 곡선은 우상향(右上向)한다. 국민소득이 증가하면 투기적 화폐 수요가 증가하며 투기적 화폐수요의 증가되면 실질화폐공급량과 균형을 맞추어야 하기 때문에 이자율을 올라간다. 따라서 국민소득

---

3 IS에서 I는 투자 investment를 나타내고, S는 저축 saving을 나타낸다. IS곡선은 저축과 투자가 모두 실질이자율에 따라 움직인다고 보고, 이자율 변화에 따라 저축과 투자가 균형을 이루는 선을 표시한 것이다.

4 LM곡선에서 L은 Liquidity 선호 즉, 화폐 수요를 나타내고, M은 Monetary supply를 나타낸다. LM곡선은 이자율의 변화에 따라 화폐의 수요와 공급이 균형을 이루는 선을 나타낸다.

과 이자율의 관계는 비례한다(右上向). IS곡선과 LM곡선이 만나는 점(Eo)에서 균형국민소득(x축의 Yo)과 균형이자율(y축의 ro)이 결정된다. IS곡선과 LM곡선이 만나는 점(Eo)은 생산물 시장과 화폐시장이 균형을 이루고 있다는 것을 의미한다. 이 점에서는 생산물 시장, 화폐시장, 채권시장에서 각각 수요와 공급이 일치되어 있는 것을 나타낸다. 그렇다고 할지라도 이 점이 완전고용의 상태를 나타내는 것은 아니다. 현행의 임금수준에서 일하고 싶어도 일자리가 없는 상황이 존재할 수도 있다. 이를 위해서는 정부가 정부지출(G)를 늘려서 유효수요를 늘려 IS곡선을 우측으로 이동시켜(IS→IS₁), 국민소득을 늘리고 완전고용을 달성할 수 있다.

IS-LM곡선은 그 도출 과정에서 물가수준이 일정하다고 가정하고 있다. 따라서 IS-LM곡선은 물가수준이 상승하는 인플레이션의 문제를 분석할 수 없다는 단점이 있다.[5] IS-LM곡선은 고정된 물가를 상정하고 유효수요의 원리에 따라 지출이 소득을 결정하는 것을 보여주기 때문에 **소득-지출모델**이라고 한다.

만약 주어진 IS-LM곡선에서 물가가 하락하였다고 하면, 이는 실질화폐공급량이 증가한 것이 되므로 LM곡선은 우측으로 이동한다(LM→LM₁). 이때 이자율이 하락하고 투자를 증가시켜 국민소득이 증가한다(Y_0→Y_1). 반대의 경우에는 즉, 물가가 상승하는 경우에는 국민소득이 감소하게 될 것이다. LM곡선은 화폐의 공급이 늘어나는 경우에 우측으로 이동한다(국민소득 증가, 이자율 하락).

마. 머니터리스트

이와 같이 케인즈언들은 총수요 관리 정책을 통한 경기 부양과 완전고용을 추진하였다. 그러나, 1970년대 스태그플레이션을 맞이하면서 총수요관리정책은 물가만 올리고 별다른 효과를 거두지 못하였다. 즉, 종래에는 경기가 침체하면 물가가 하락했는데 불경기에 물가가 하락하는 현상에 부딪힌 것이다. 이러한 상황에서 머니터리스트(통화론자)들은 총수요 확대정책이 물가만 올리고 실물경제에 도움을 주지 못한다고 비판하였다. 케인즈의 유동성 선호 모형에 따르면 화폐공급의 증가는 이자율을 낮추고 이는 투자를 유발한다고 보지만 통화론자인 밀턴 프리드만(Milton Friedman)은 이러한 유동성 효과는 전체적인 효과의 일부분에 불과하다고 보았다. 화폐공급의 증가는 다른 모든 조

---

5 이에 케인지언들은 **필립스 곡선**을 도입하여 인플레이션의 문제를 분석한다. 원래 필립스 곡선은 실업률과 임금상승률과의 관계를 분석하는 것이었는데 이에 따르면 실업률과 임승상승율은 반비례한다. 결국 임금은 노조의 의한 것이 아니라 자유경쟁에 의하여 결정된다는 것을 보여준다. 물가에 관한 필립스 곡선은 물가상승률과 실업률이 반비례한다는 것을 보여준다. 따라서 물가와 실업을 동시에 잡을 수 없다는 것을 보여준다.

건이 일정하도록 놔두지 않으며, 시간의 흐름에 따라 물가, 소득 및 기대인플레이션 효과를 수반하여 오히려 이자율을 상승시킬 가능성이 있다는 것이다.[6]

바. 합리적 기대학파

이어 1970년대에는 합리적 기대학파가 등장하였는데 이들은 경제 주체들이 현재 이용 가능한 모든 정보를 이용하여 미래를 예측한다고 보았다. 만약 사람들이 물가가 현재와 동일하게 계속 상승할 것이라는 적응적 기대를 한다고 가정한다면, 다음과 같이 나타낼 수 있다. $Et=\pi(t+1)= \pi t$ 여기서 E는 통계학에서 말하는 수학적 기대치를 말하고, π는 현실의 물가상승률을 나타낸다. t는 현재이고 t+1은 미래이다. 따라서 어떠한 정책이라도 경제주체들이 현재의 정보를 바탕으로 예측 가능한 정책이라면 이미 모두 반영이 되어 있기 때문에 실물부문에 영향을 미칠 수 없다고 보았다.

물가수준이 계속해서 상승하는 경우에 물가의 상승률(π)과 균형국민소득은 인플레이션형 총수요곡선과 인플레이션형 총공급곡선이 만나는 점에서 결정된다. 명목화폐 공급량(M)이 주어지면 물가수준(P)에 상응하는 실질총수요(Y)를 보여주는 총수요곡선이 도출된다. 前期의 실질총수요가 주어져있고 중앙은행이 공급하는 명목화폐공급량의 증가율($\Delta M/M$)이 주어져 있을 때 인플레이션형의 총수요곡선이 도출된다. 인플레이션형 총수요 방정식은 다음과 같이 나타낼 수 있다.

$$Y=Y-1+h(m-\pi)$$

여기서 h는 실질화폐공급에 따른 승수효과이다. 이와 같이 도출된 총수요곡선에 따르면 前期(t-1)의 실질총수요(Y-1)가 주어졌을 때 금기(今期)의 실질총수요는 명목화폐증가율($\Delta M/M$)과 물가상승률($\Delta P/P$)의 차이에 달려있다. 만약, 물가상승률(π)과 명목화폐 공급량의 증가율(m)이 같다면 今期의 실질총수요는 전기(前期)의 실질총수요와 같아진다.

총공급곡선도 물가에 대응하는 공급량이 아닌 물가상승에 대응하는 공급량(국민소득)을 나타내는 인플레이션형 총공급곡선의 방정식을 다음과 같이 표시할 수 있다.

$$\pi=\pi e+\beta(Y-Yf), \ \beta>0$$

---

6   2021년도 외교관 선발시험 2차 경제학 1번 문제 지문에서 인용함.

여기서 π는 물가상승률, πe는 예상물가상승률, Y는 실질 GNP, Yf는 완전고용 GNP 이다. 여기에서 β는 플러스의 정수이다. 완전고용 GNP(Yf)와 예상물가상승률(πe)이 일정하다고 하면 물가상승률(π)과 총공급(Y)의 관계는 정비례관계로 우상향하는 인플레이션형 총공급곡선을 도출할 수 있다.

3 국제경제 이론

가. 무역 이론

국제경제학은 국가간에 상품(재화와 용역)의 흐름(무역)과 돈의 흐름의 원리를 설명한다. 우선 왜 국가간에 무역이 일어나는가? 무역에 참여함으로써 국가들은 어떤 이익을 얻는가? 무역의 발생이유와 무역으로 얻어지는 이익에 대해서는 **리카르도의 비교우위의 법칙**(「정치경제와 과세의 원리」, 1817년)이 이를 잘 설명하고 있다. 우선 국가 A와 국가 B가 있다고 가정을 하자. 국가 A와 국가 B는 모두 양털과 구두를 생산한다고 가정하자. 국가 A는 1시간의 노동으로 양털 80자루를 만들 수 있고, 1시간의 노동으로 40켤레의 구두를 만들 수 있다고 하자. 그런데 국가 B의 전반적인 노농력의 생산성은 A국가보다 떨어져서 B국가에서는 1시간의 노동으로 양털 10자루를 만들 수 있고 또 1 한 시간의 노동으로 20 켤레의 구두를 생산한다고 가정하자. 이러한 가정 하에서 A국은 양털과 구두라는 두 가지 상품에 모두에 있어서 B국보다 절대 우위에 있다. 그런데 A국만 놓고 보면, A국은 양털 생산에 비교우위가 있고 구두의 생산에 있어서는 비교열위에 있다. 또 B국만 놓고 보면, B국은 구두의 생산에 비교 우위가 있고 양털의 생산에 비교 열위가 있다고 할 수 있다.[7]

---

7   도미니크 살바토레 저, International Economics, 최낙일, 김갑용 역, 국제경제학 원론(2008년), 주 시그마 프레스를 참고함. 필자가 외무고시 준비 당시에도 살바토레 국제경제학 번역본으로 공부하였으며, 이외 국제무역론, 국제금융론을 공부했었다. 살바토레 저, 최낙일, 김갑용 역, 국제경제학 원론은 국제경제학 이론을 체계적으로 알기 설명하고 있다. 리카르도의 원저에 2국 2상품 모델이 등장하나 설명방식이 다소 다르다. 결론은 두 상품에 모두 절대 열위를 가진 나라도 무역을 함으로써 이익을 볼 수 있다는 것이다. 다만, 이 모델이 수백 개의 상품의 생산에서 절대 우위에 있는 나라와 최빈국 농업 국가 간에도 적용될 수 있는지, 또 실제로 거의 모든 생필품 생산에 가격 경쟁력을 가진 중국과 여타 국가들 간의 무역에도 적용될 수 있는 지에 대해 개인적으로 의문을 가지고 있다.

A국	B국
양털(Wool) 80자루	양털(Wool) 10자루
구두(Shoes) 40켤레	구두(Shoes) 20켤레

A국은 비교우위를 가지고 있는 양털을 B국에 수출하고, B국은 B국이 비교우위를 가지고 있는 구두를 A국에 수출한다고 하자. A국과 B국이 교역을 통해 양털 80자루(80W)와 구두 80켤레(80S)를 교환하게 된다고 하자. A국은 양털 80자루의 값(1시간 노동 값)으로 원래 40켤레의 구두를 얻을 수 있었으나 교역을 통해 80켤레의 구두를 얻을 수 있으므로 40S(1시간 노동 값)의 이익을 본다. B국은 양털 80자루를 만드는 비용(8시간 노동 값)으로 구두 160켤레(160S)를 만들 수 있으며 이 중 80켤레는 A국에 수출하고 나머지 80켤레(4시간 노동 값)가 남는 이익을 본다. A국이 양털 및 구두 생산 모두에 있어서 B국보다 절대 우위에 있지만 B국과의 교역에 있어서 비교 우위에 있는 양털 생산에 특화하여 양털을 수출함으로써 이익을 볼 수 있다는 것을 나타내며 B국도 A국과의 교역에 참여함으로써 이익을 얻을 수 있다는 것을 보여준다. B국의 경우는 양털과 구두의 생산에 있어서 모두 A국 보다 절대 열위에 있다. 즉, B국의 생산이 A국 보다 비효율적이다. 그런데 어떻게 B국이 A국에 가격 경쟁력을 가지고 수출할 수 있는 것일까? 이는 절대적으로 열위에 있는 나라인 B국의 노동의 값 즉, 임금이 A국 보다 싸기 때문에 B국이 생산하여 수출하는 구두의 가격이 A국 국내에서 생산되는 구두보다 싸기 때문이다. 한편, A국이 비교우위를 가지고 있는 양털의 경우에는 A국이 워낙 효율적으로 생산하기 때문에 수출하는 양털의 가격이 B국에서 생산하여 B국에서 유통되는 양털의 가격보다 더 싸게 된다. 양털의 가격이 A국에서 더 싸기 때문에 무역업자들은 A국에서 양털을 사서 B국에 수출하려고 하게 된다. 한편, 구두의 가격은 B국이 더 싸기 때문에 구두를 B국에서 수입해서 A국 시장에 팔려고 하게 된다. A국과 B국이 교역을 통해 서로 이익일 볼 수 있는 범위는 40S〈 80W〈160S라고 할 수 있다. 위의 예에서는 80W=80S가 되는 선에서 교역이 이루어졌다고 가정한 것이다.

이와 같이 각 국가가 타국의 무역에 있어서 자국이 특화하는 것을 얼마를 수출하고 타국이 생산하는 것을 얼마를 수입할 것인가를 보여주는 것을 오퍼 곡선(offer curve)이라고 한다. 달리 말하면 한 국가가 자국이 특화한 물품을 생산하여 외국에 수출하여 공급한다고 할 때 그 각각의 수출량에 대응하여 상대방 국가로부터 얼마만큼의 수입량을 요구하는가를 보여준다. 다른 각도에서 보면, A, B 각국이 x, y의 여러 상대 가격 하에서 즉, Px/Py의 가격하에서 -예컨대 여기서 Px는 예컨대 양털의 가격, Py는 구두의 가격하에서- 수출하고자 하는 양과 수입하고자 하는 양의 변화를 곡선으로 보여준다. 논의의 단순화를 위해서 오퍼 곡선에서는 A, B 각 국가가 두 개의 상품 x(예컨대 양털), y(예컨대 구두)를 가지고 무역하는 것을 상정하고 수입품 대한 수출품의 가격의 비로 나타낸다. 여기서 A국이 상품 x를 특화하고 B국이 상품 y를 특화한다고 했을 때, Px/Py는 A국의 교역조건이 되고(B국으로 보터 수입하는 상품 y의 가격을 1로 보았을 때 A가 수출하는 상품 x의 가격비), Py/Px는 B국의 교역조건(A국으로부터 수입하는 상품 x의 가격을 1로 보았을 때 B국이 수출하는 상품 x의 가격)이 된다. 즉, A국의 교역조건은 A국의 수입품인 y의 가격대비 A국의 수출품인 y의 가격이다. 즉, 수출하는 상품의 상대적 가격이 높아지면 **교역조건이 좋아진다**고 할 수 있다. B국의 교역조건은 역으로 Py/Px가 된다. 즉, B국으로서는 자국이 수입하는 상품인 x의 가격 대비 자국이 수출하는 상품 y의 가격이다. A국에게 교역조건이 좋아지다는 것은 A국이 x를 수출하는 가격이 수입품에 대해 지불하는 가격보다 상승한다는 것을 의미한다.

다시 리카르도의 비교우위론으로 돌아가 보자. 그러면, 국가들이 어떤 상품에 대해서는 비교우위가 있고, 어떤 상품에는 비교열위가 있다. 비교우위와 비교우위를 결정짓는 요인은 무엇인가? 스웨덴의 경제학자 헥셔와 오린에 따르면 **국가들의 특정 상품에 대한 비교 우위를 결정하는 가장 중요한 요소는 생산요소의 상대적 풍부성과 상품의 상대가격이라고 한다.** 헥셔-오린 이론(정리)에 따르면 각 국가들은 자국 내에서 상대적으로 풍부하고 따라서 저렴한 생산요소를 집약적으로 사용하여 만들 수 있는 상품을 특화하여 수출하며 반대로 자국에 상대적으로 희귀하고 값비싼 생산요소가 투입되어야 하는 상품은 수입하게 된다는 것이다. 상대적으로 풍부하고 저렴한 생산요소가 많은 것을 이용하여 생산하는 상품이 타 상품(비교열위가 있는 상품)에 비해 상품가격이 상대적으로 저렴해지기 때문이다.

나. 개방경제하의 총수요, 총공급

앞서 우리는 거시경제학 부분에서 총수요, 총공급을 공부하였다. 수출과 수입을 제외한 총수요, 총공급이었다. 그러나 무역이 이루어지면 총수요와 총공급이 변한다. 수출(Ex)과 수입(Im)을 감안한 개방경제하에서 총수요(YD)는 소비(C), 투자(I), 정부지출(G)에 수출(Ex)를 합한 것이다. 이를 수식으로 나타내면 다음과 같다.

$$YD = C + I + G + Ex$$

한편, 총공급은 국내 생산(Y)에 수입(Im)을 합한 것이 된다. 이를 수식으로 나타내면 다음과 같다.

$$총공급 = Y + Im$$

따라서 총수요와 총공급을 일치시키는 국민소득 수준을 다음의 식으로 나타낼 수 있다.

$$C + I + G + Ex = Y + Im$$

이를 변형하면 다음과 같다.

$$Y = C + I + G + (Ex - Im)$$

다. 환율과 무역

환율은 외화의 가격을 다른 화폐의 가치로 표시한 것이다. **환율을 국내 통화로 표시한 외국통화의 가격**이라고도 할 수 있다. 예컨대, 달러의 한국 원에 대한 환율은 1달러의 가치를 한국 돈인 원화로 표시한 것을 말한다. 예컨대 달러의 한국 원에 대한 환율이 1,200원이라면 1달러의 가격이 한국 돈으로 1,200원이라는 것이다. 달러의 환율이 1,300원이 되었다면 1달러의 가격이 1,200원에서 1,300원이 되었으므로 달러의 가치가 평가절상(또는 평가상승, appreciation)되고 원화의 가치는 평가절하(또는 평가하락, depreciation)된 것이다. 환율이 오르면 외국통화의 가치가 상승되었다는 것을 의미한다.

환율 즉, 외국통화의 가치는 해당 통화에 대한 수요와 공급으로 결정된다. 이때 환율에서 해당 외국 통화(예, 달러화)와 그 환율의 표시 통화(예, 한국 원화)와의 관계에서 예컨대 미국-한국간의 달러와 원화에 대한 수요와 공급으로 결정되는 것이다. 예컨대, 미국 달러에 대한 수요는 한국이 미국산 상품을 많이 수입할 때 수요가 발생한다. 즉, 미국으로부터 물건을 수입할 때에는 한국 돈을 미국 달러로 바꿔서 사야하기 때문에 달러 수요가 증가한다. 반대로 한국이 미국으로 상품을 많이 수출하여 수출 대금으로 달러를 받으면 달러의 공급이 늘어난다. 또 한국에서 미국으로 투자를 많이 하는 경우에 외환시장에서 한국 돈을 팔고 미국 달러를 사서(한국 돈을 미국 달러로 바꾸어서) 투자를 해야하기 때문에 달러에 대한 수요가 늘어난다. 미국에 투자를 하는 이유는 예컨대 미국에서 미국의 이자율이 높아서 미국 은행의 높은 이자율을 바라고 한국의 원화를 팔고 미달러로 바꿔서 미국 은행에 예치하는 경우이거나 또는 미국의 채권을 사거나 또는 미국의 증권에 투자하는 경우는 미 달러에 대한 수요가 되기 때문에 미 달러의 환율 상승시키는 작용을 한다. 만약에 대외 투자가 금지되어 있고 오로지 무역에 대한 대금 지불에 따른 외환의 수급만이 있다면 상품의 수출과 수입은 외환의 유일한 수요공급 요소로서 환율을 결정하게 된다. 실제로 수출과 수입은 외환에 중요한 역할은 한다.

역으로 외환의 변동은 수출과 수입에 크게 영향을 미친다. **이와 같이 상품**(재화와 용역)**의 국제적 이동을 기초로 하여 환율의 변동을 살펴보는 것을 무역 접근방법 또는 탄력적 접근방법**(모형)**이라고 한다.** 이 모형에 따르면 환율은 한 국가의 수출액과 수입액이 균형을 이루는 방향으로 움직인다는 것이다. 예컨대, 한국의 미국산 물품에 대한 수입이 증가하면 미 달러에 대한 수요가 증가하는 것이므로 한국 원화에 대한 달러의 환율이 상승한다. 이에 따라 한국 원화는 평가하락한다(달러 환율은 오른다). 이러한 한국 원화의 평가하락에 따라 미국에 수출하는 한국 상품의 달러 표시 가격이 하락하면 한국 상품의 미국 수출이 늘어난다. 이에 따라 미 달러의 공급이 증가하고 달러 환율은 내린다(원화는 평가상승한다). 환율의 조정 속도는 수입과 수출이 환율에 적응하는 정도 즉, 환율에 대한 탄성력에 달려있다. 이와 같은 무역 접근방법은 장기적인 환율변동의 근본적인 측면을 설명해 주고 있는 점에 그 가치가 있으나 환투기등에 따른 단기적인 급격한 환율 변동을 설명하지 못하는 한계가 있다.

지금까지 우리가 이야기한 것은 원화와 달러화간의 교환비율로서 **명목환율**(nominal exchange rate)**이다.** 명목 환율을 바탕으로 **실제 구매력까지 반영하여 조정한 환율을 실질환율**(real exchange rate)**이라고 한다.** 실질환율(real exchange rate)은 한 나라와 외국 간의 물가 변동 차이로 조정한 환율이기 때문에 한 나라 상품의 국제 가격 경쟁력을 측정하는 데 널리 이용된다. 장기적인 환율의 변동을 설명하는 접근방법으로서 **구매력평가이론**(PPP)이 있다. 즉, 두 통화사이의 환율은 두 나라간 물가수준의 비율과 같아지는 시점에서 균형을 이룬다는 것이다. 즉, **환율 R=P′**(자국 물가)**/P**(외국 물가)**이다.** 예컨대 맥도날드에서 파는 더블치즈버거 한 개의 가격이 한국에서 1,200원이고 미국에서 1달러라면, 환율 R= 1,200/1이 되어 원화에 대한 달러 환율은 1,200이 된다는 것이다. 이를 절대적 구매력평가이론이라고 한다. 절대적 구매력평가이론은 국제적으로 같은 상품은 한 가지 통화로 표시했을 때 같은 가격이 된다는 일물일가(一物一價)의 법칙에 기초하고 있다. 한편, 상대적구매력평가이론은 환율변화율을 양국간 물가 변화율의 차이로 파악한다. **환율의 변화율 R′= P**(자국의 물가 변동율)**-P***(외국의 물가변동율)**로 파악한다.** 이러한 상대적 구매력평가이론(PPP이론)은 절대적구매력평가이론과 같이 일물일가의 법칙에 기초하여 물가의 변동의 차이를 환율변동의 차이로 파악하는 것이다. 환율에 관한 구매력 평가이론의 근저에는 한나라의 물가가 싸지면 그 나라로 부터 물가가 비싼 나라가 상품을 수입하여 물품의 가격이 결국 하나의 통화로 표시했을 때 같아지도록 움직인다는 것이다. 즉, 한국의 물가가 미국보다 비싸지면 한국은 미국으로부터 상품을 더 수입하게 되고(언제까지? 물가가 같아지는 시점까지) 이에 따라 달러의 수요가 늘고 이에 미국 달러의 환율이 올라간다(언제까지? 양국의 물가의 비와 환율이 같아지는 시점까지).

지금까지는 환율을 수출과 수입의 결과로서 결정되는 것으로서 보아 무역의 측면에서 고찰을 하였는데, 이와는 다른 시각에서 외국 돈을 하나의 상품(자산)으로 보고 이에 대한 포트폴리오 수요적 관점에서 환율을 보는 것을 **환율에 대한 자산시장 또는 포트폴리오 모형**이라고 한다. 환율관련 자산시장의 포트폴리오는 크게 외국의 화폐와 외국의 채권(bond) 두 가지가 있다.[8] 예컨대 미국에서 이자율(금리)을 올리면 한국의 화폐를 보유하는 것 보다 미국의 화폐를 보유하는 것이 더 유리하다. 이에 사람들은 한국의 원화를 내려놓고 이를 달러로 바꿔서 미국 은행에 예치를 하려고 하거나 미국의 채권(bond)을 사려고 한다. 그러면 미국 달러에 대하 수요가 증가하므로 달러의 환율이 올라간다. 예컨대 한국의 통화량이 증가하면 한국에서의 이자율은 내려가고 사람들은 한국 화폐를 내려놓고(원화를 팔고) 미국 달러로 바꿔서(달러를 사서) 미국의 채권을 구매하게 된다. 그렇게 되면 달러의 수요가 올라가서 미 달러화에 대한 한국 원화의 가치는 하락한다. 그런데, 한국의 원화가 하락하였으므로 한국에서 생산하여 미국으로 수출하는 한국 상품의 미 달러화 표시 가격은 하락한다. 이에 따라 한국 상품의 가격 경쟁력이 올라가서 미국에 대한 수출은 증가하고, 비싼 미국 상품(환율 상승으로 원화로 고가로 표시된 미국 상품)에 대한 수입은 감소하여 무역수지가 차차 개선된다. 포트폴리오 모형은 사람들이 외환을 하나의 자산 투자 대상으로 삼아 외국환의 통화량과 이자율의 변화에 민감하게 반응함으로써 환율의 급격한 변동 즉, **오버슈팅**(overshooting)이 발생할 수 있다는 것을 보여준다.

환율이 변동하기 때문에 외국환을 보유하는 것은 경우에 따라서는 손해가 발생할 수 있다. 이를 환위험이라고 한다. 어떤 한국의 수출업자가 미국에 물품을 수출하고 6개월 뒤에 미국의 수입회사로부터 수출대금으로 10만 달러를 받기도 되어 있다면 그 한국의 수출업자는 현 시점에서 수출계약서를 근거로 어음을 발행하여 은행에서 10만 달러를

---

8   환율관련 자산시장 포트폴리오에서 말하는 채권(bond)는 증권, 사채, 공채 등 화폐 이외의 자본자산을 다 포함하는 개념이다.

빌려(차입하여) 이를 한국 돈으로 바꿔서(환전하여) 1억 2천만 원을 은행에 예치하여 6개월간의 이자를 받고 6개월 뒤에 미국에서 받는 10만불을 은행에 지불하면 된다. 이와 같이 한국의 수출업자가 환위험을 피하기 위해 들이는 비용은 차입 10만 달러에 소요되는 대출이자와 1억 2천만 원의 예금이자(소득) 간의 차이가 된다. 이와 같이 미래 환율의 변동에 따른 환위험(오픈 포지션; 어떻게 될지 모르니까 오픈이라 한다)을 커버하는 것을 헷징(hedging)이라고 한다. 환율의 변동에 따른 위험을 커버하려는 헷징과 반대로 환율의 변동에 따라 이익을 볼 수 있다고 보고 미래의 오픈 포지션을 수용하고 외환을 보유의 대상으로 하는 것을 환투기라고 한다. 투기는 보통 선물환(先物煥) 시장(commodity future, forward transaction)에서 발생한다. 선물환 시장이란 현재에서 미래 특정 시점의 외환을 구매 보유하는 것이다. 환투기를 하는 사람은 예컨대 6개월 뒤 현물환율이 6개월 선물환율보다 상승할 것으로 예측한다면 그는 6개월 선물환율로 외국환을 구입한다. 미래의 시점에서 보유하게 되는 것이므로 先物이라고 한다.

한편, 단기적으로 해외에서 보다 더 높은 수익을 얻기 위한 단기유동자본의 국제적 이동을 **이자재정**(interest arbitrage)이라고 한다. 이자재정은 보통 환위험을 커버하고 있다. 예컨대, 한국의 투자가가 연 5%짜리 미국의 채권(bond)를 구입하였을 때 그는 장차 만기가 되었을 때의 달러환율의 변동에 따른 위험에 대처하기 위하여 현재의 환율로 한국 돈을 달러로 바꿔서 미국의 채권을 사고, 만기 도래일에 받게 될 채권의 원리금을 만기 도래일 시점에 맞추어 선물환으로 미리 매도하는 것이다.

라. 국제통화제도

제2차 세계대전말 **브레튼 우즈체제**가 성립되었다(1944년-1971년). 브레튼 우즈체제는 미국의 달러를 기축통화로 하고 금의 가격을 1온스당 35달러에 고정하여 누구든 달러를 가지고 미국에 와서 금으로 바꾸어 달라고 하는 경우에 미국이 금으로 바꾸어 준다는 것을 보증하는 제도이다. 미국 이외의 나라들은 자국 통화의 가격을 미국 통화에 고정시키고 달러 환율 변동폭이 상하 1%를 초과하지 못하도록 개입하는 제도이다. 브레튼 우즈 체제를 달러화를 기축 통화로 하는 **금환본위제도(또는 금본위제)**라고 할 수 있다. 달러화를 기축통화로 하는 금본위제는 미국이 제2차 세계대전을 거치면서 세계적인 경제대국이 되었고 당시 미국은 세계 금의 약 70%를 보유하고 있었기 때문에 성립이 가능했다. 브레튼 우즈 체제는 기본적으로 고정환율제이며 소폭의 변동을 허용하기 때문에 **조정가능 페그(peg)제도**라고 할 수 있다.

1950년대 말부터 유럽과 일본의 경제성장에 따라 미국의 국제수지는 적자가 되었고 미국은 달러 부족상태가 상태가 되었다. 미국은 자국의 적자에도 불구하고 달러로 결제했고 다른 나라들은 달러를 국제결제수단으로 계속 받아들였다. 그러나 1960년대와 1970년대를 거치면서 미국의 국제수지적자는 크게 증가했다. 당시 미국의 유럽에 대한 직접투자가 증가하고 베트남 전쟁에서의 전비지출에 따른 인플레이션이 주요 원인이었다. 즉, 미국은 자국이 보유한 금의 양에 관계없이 달러를 찍어냈던 것이다. 이에 1970년에 들어 미국은 금준비는 크게 감소하였으나 미국을 제외한 외국의 달러 보유는 크게 증가하여서 미국은 외국 정부의 달러에 대한 금태환 요구에 응할 수 있는 충분한 금을 확보하지 못한 상태에 이르렀던 것이다. 이러한 상황에 세계의 여러 나라들의 미국에 대해 달러를 주고 금태환을 요구하자 미국은 이러한 금태환 요구에 응할 수 없는 처지가 되었다. 이에 1971년 8월 미국의 닉슨 대통령은 달러의 **금태환** 중지선언을 하게 되었다. 이로서 브레튼 우즈체제는 붕괴하였다. 이어 1991년 12월 스미소니언 체제(협정)가 성립되었다. 스미소니언 체제에서는 미국의 달러는 금과의 태환성이 보장되지 않고 달러가 달러 그 자체로서 기축통화로서 역할을 하게 된 것이다. 달러본위제가 된 것이다. 스미소니언체제에서는 달러의 가치를 금에 대비하여 9% 평가절하 시키고, 독일 마르크화 및 일본의 엔화를 달러에 대비하여 각각 17%, 14% 평가절상 시켰다. 달러의 환율 변동폭이 上下 2.5%를 초과하지 못하도록 하였다. 스미소니언 체제역시 브레튼 우즈 체제와 같이 기본적으로 고정환율제도였다. 이러한 스미소니언 체제는 금태환 정지 이후에 초래되었던 각국 외환시장의 혼란을 잠정적으로 진정시키는 역할만 하였을 뿐 고정환율제도는 무너져 가고 있었다. 1976년 **자메이카 협정**으로 **킹스턴 체제**(Kingston system)가 출범함으로써 고정환율제도는 붕괴하고 변동환율제도가 공식 인정되었다. 각국은 외환시장에서 시장 메커니즘에 따라 환율의 변동이 자율적으로 움직이도록 하되 단기적인 급격한 환율의 변동을 막을 수 있도록 개입할 수 있도록 한 것이다. 따라서 오늘날 국제사회는 달러에 대한 금의 공식가격이 없는 **관리변동환율제도**이다.

마. 1985년 플라자 합의와 2008년 국제금융위기

1980년대에 들어서도 미국의 국제수지적자는 계속 악화되었으며 아울러 재정적자가 확대되어 소위 **쌍둥이 적자**(twin deficits)의 문제가 나타났다. 미국 대 독일 및 대 일본 무역적자는 더욱 확대되었고, 당시 레이건 대통령이 소득세 감면 정책을 추진하여 미 정부의 세수는 감소하였고 이러한 상황에서 재정지출은 확대하면서 재정적자가 확대되었다. 재정지출의 확대는 수입의 증대로 이어져 무역수지 적자로 이어졌다. 이러한 상황에서 미국의 고금리 정책으로 미국으로 자금이 유입되면서 달러가 고평가되어 있었다. 고평가된 달러는 다시 미국의 수입을 증가시키고 미국, 독일 등 주요 수출국들의 미국에 대한 수출을 증가시키는 요인으로 작용하였다. 이에 미국은 1985년 9월 뉴욕 **플라자 호텔**에서 독일, 일본, 영국, 프랑스 재무장관을 조치하여 G-5 재무장관 회의에서 **달러를 평가절하하기로**(달러가치의 안정화) 합의하였다. 플라자 합의 이후 달러의 가치는 안정화(평가절하)되었으며, 이에 미국의 해외 수출은 늘고 수입이 줄어 무역수지가 개선되고 미국경제가 회복세로 돌아섰다. 반면 일본은 엔고로 인하여 수출에 타격을 받았고 그 여파로 버블 경제가 붕괴하는 등 어려움을 겪었다.

2000년대에 들어서는 중국이 독일과 일본을 제치고 세계적인 수출국이 되었고 중국은 미국에 대해 막대한 무역흑자를 내게 되었다. 중국은 이와 같이 대미 무역에서 벌어들인 미국의 달러화를 다시 미국의 공채에 투자하였다. 이에 미국에서는 무역적자임에도 달러화의 유동성(화폐공급)이 증대되었고 이는 금리의 하락으로 이어졌다. 달러화의 유동성 증대와 이로 인한 금리의 하락은 미국 부동산금융업계인 서브프라임 모기지(신용이 프라임 즉, 1등급이 아닌 저신용등급자에 대한 부동산담보 대출을 의미함) 금융의 하락으로 이어져 신용이 낮은 사람들도 저리로 융자를 받아 주택을 사게 되어 주택에 대한 수요가 급증하였고 이로 인해 주택 가격이 상승하게 되었다. 서브프라임 모기지 회사들은 다시 대출시에 확보한 주택 저당권을 금융상품(MBS)으로 재판매하는 파생상품을 만들어 냈다. 실제 실물경기에 비해 과도하게 금융시장이 과열된 것이었다. 이에 경기과열을 우려한 미국 정부는 고금리 정책을 취하게 되었고 이에 고금리를 감당하지 못하는 서브프라임 모기지 대출자는 파산하게 되었다. 은행들은 채권 확보를 위해 대출회수에 적극 나서게 되고 이에 대출담보로 확보한 부동산 자산을 앞 다투어 매각하면서 미국 내 부동산 가격이 급락하고 이는 결국 은행파산을 가져왔다. 2008년 리만 브라더스(Lehman Brothers)등 미국의 대형 투자은행들이 파산하였다. 이는 미국 금융의 위기 및 경제침체로 이어졌고 이는 다시 유럽으로 파급되어 글로벌 금융위기로 확산되었다.

2009년에는 미국發 글로벌 금융위기의 여파로 그리스가 경제위기를 맞게 되었다. 2009년경 그리스의 무역적자와 재정적자는 GDP대비 15%에 달하게 되었다. 그리스의 신용 등급은 대폭하락 되었고 그리스 국채가 대폭락했다. 그리스 주가도 급하락하였다. 그리스는 2010년 4월 구제 금융 지원을 요청했다. 그리스 경제의 위기는 그리스가 2001년 유로존에 가입하여 환율조정기능을 상실한 것이 주요한 원인이라고 할 수 있다. 그리스의 유로화 가입은 물가의 상승과 임금상승을 초래하고 수입의 증대와 수출의 감소를 가져왔다. 그리스는 유로화 가입의 이점을 활용하여 저리의 해외자본을 유치하였으나, 차입금을 인프라 등 생산적 투자보다는 부동산 등 비생산적인 분야에 소진한 것이다. 그리스가 자국 통화인 드라크마를 계속 법정 통화로 사용하였다면 자국화폐의 평가절하를 통해 수입을 줄일 수 있었을 것이다. 아울러, 그리스의 경제위기는 선심성 사회복지 지출 확대 등에 따른 국가부채 급증, 대외환경에 취약한 경제구조, 부정부패, 과도한 지하경제 등 여러 요인이 복합적으로 작용한 결과라고 할 수 있다. 그리스의 경제 위기에 이어서 스페인과 포르투갈도 유사한 경제 위기를 겪었다.

주요 참고 문헌

국제정치학

1. H. Morgenthau, *Politics among Nations*, 제6판, 1973.

2. 이호재 역, 「현대 국제정치론」, 법문사, 1987년.

3. Kenneth N. Waltz, *The Theory of International Politics*, 1979.

4. 박건영 역, 「국제정치 이론」, 사회평론.

5. John Mearsheimer, *The Tragedy of Great Power Politics*, 2001.

6. Stephen M. Walt, "Alliance Formation and the Balance of World Power", International Security Vol. 9, No. 4 (Spring, 1985).

7. Stephen Walt, *Taming American: The Global response to U.S Primacy*, 2005.

8. Robert Gilpin, *War and Change in World Politics*, 1981.

9. Robert Gilpin, *The Political Economy of International Relations*. 1987.

10. C. Kindleburger, *The World in Depression*, 1929-1939. 1973.

11. Alexander Wendt, *Social Theory of International Politics*, 1999.

12. Randall L. Schweller, *Deadly Imbalances: Tripolarity and Hitler's Strategy of World Conquest*, 1998.

13. Randall L. Schweller, *Unanswered Threats*, 2006.

14. Stephen Van Evera, *Causes of War*, 1999.

15. Robert Jervis, *Perception and Misperception in International Politics*. 1976.

16. Graham Alison, *Essence of Decision*, 1971.

17. Irving Janis, *Groupthink: Psychological Studies of Policy Decisions and Fiascoes*, 1982.

18. Kozak and Keagle, *Bureaucratic Politics and National Security: Theory and Practice*, 1988.

19. R. Keohane and J. Nye, Jr., *Power and Interdependence*, 1977.

20. R. Keohane, *After Hegemony: Cooperation and Discord*, 1984.

21. Scott P. Handler, *International Politics*, 2012.

22. Robert Jackson, et el, *Introduction to International Relations*, 2016.

23. 이근욱, 「왈츠이후」, 한울, 2009년.

24. 이기택, 「국제정치사」, 일신사, 1983년.

25. 김용구, 「세계외교사」, 서울대학교출판부, 1993년.

26. 르네 알브레히트 까리에 저, 김영식·이봉철 역, 「유럽 외교사」 까치, 1983년.

27. 박재영, 「국제정치의 패러다임」, 제5판, 법문사, 2021년.

국제법

1. *Oppenheim's International Law*, 9th edition, edited by Robert Jennings and A. Watts, Oxford University Press, 1992.

2. Ian Brownlie, *Principles of Public International Law*, 4th ed., Oxford University Press, 1990.

3. Malcolm N. Shaw, *International Law*, 6th ed., Cambridge, 2008.

4. D.J Harris, *Cases and Materials on International Law*, 6th ed., Sweet&Maxwell, 2005.

5. Martin Dixon, *Textbook on International Law*, 7th ed., Oxford, University Press, 2013.

6 Martin Dixon *et el*, *Cases & Materials on International Law*, 6th ed., Oxford University, 2016.

7. Lord McNair, *The Law of Treaties*, Oxford University. 1961.

8. Anthony Aust, *Modern Treaty Law and Practice*, 2nd ed., Cambridge University Press. 2007.

9. James Crawford, *The International Law Commission's Articles on State Responsibility: Introduction, Text and Commentaries*, Cambridge University Press, 2002.

10. R.R. Churchill and A. Lowe, *The Law of the Sea*, 4th ed., Manchester University, 2002.

11. P. Birnie, A. Boyle, C. Redgewell, *International Law and the Environment*, 제3판, Oxford University Press, 2009년.

12. GATT 사무국, *Guide to GATT law and practice*, 1994년.

13. WTO 사무국, *WTO Analytical Index: Interpretation and application of WTO*

agreements, 2012년.

14. 杉原高嶺, 「國際法講義」, 제2판, 2013년.
15. 이중범·이병조, 「국제법신강」, 제9판, 2008년, 일조각.

경제학

1. 이만우, 「미시경제학」 율곡출판사, 1993년.
2. 이형순, 「거시경제학」, 제3판, 법문사, 1990년.
3. 도미니크 살바토레 저, 최낙일·김갑용 역, 「국제경제학 원론」, 시그마프레스, 2008년.

찾아보기

저자약력

김선표

고려대 정치외교학과를 나와 고려대 대학원 법학석사, 영국 에딘버러 대학교에서 법학석사 (LL.M) 및 법학박사학위(Ph.D)를 받았다. 그간 인하대, 고려대, 이화여대, 한국외국어대학 등에서 한국어 및 영어로 강의해 왔다. 외무고시 면접위원 및 행정고시 면접 위원을 역임한 바 있다.

김선표 대사는 1991년 제25회 외무고시를 수석합격하고, 주영국 대사관 2등 서기관, 외교부 국제법규과장, 청와대 외교안보실 행정관, 주네덜란드 대사관 참사관, 국제법률국 심의관, 주아랍에미레이트 대사관 공사, 주히로시마 총영사를 역임하고, 현재 대사로 근무 중이다. 본부 근무 중에는 6자회담에도 참여했고 북한에서 남북 간 협상에 참여하기도 했으며 한일 간 및 한중간 해양 문제, 한반도 문제 등에 관한 협상에 참여하기도 했고 한일과거사관련 법적 검토 및 여러 외교 현안에 대한 국제법 검토를 담당했다.

김선표 대사의 국제정치학과 국제법&경제학 핵심이론 강의

초판발행   2022년 5월 30일

지은이   김선표
펴낸이   안종만·안상준

편 집   양수정
기획/마케팅   손준호
표지디자인   BEN STORY
제 작   고철민·조영환

펴낸곳   (주) 박영사
             서울특별시 금천구 가산디지털2로 53 210호(가산동, 한라시그마밸리)
             등록 1959.3.11. 제300-1959-1호(倫)

전 화   02)733-6771
f a x   02)736-4818
e-mail   pys@pybook.co.kr
homepage   www.pybook.co.kr
ISBN   979-11-303-4182-8   93360
copyright©김선표, 2022, Printed in Korea

정 가   28,000원